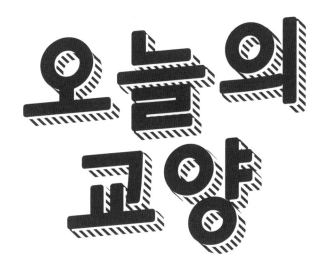

오늘의 교양

5주 만에 끝내는 인문학 수업

로랑 아베주, 자멜 벵아씬, 필립 씨에라 지음

강현주 옮김

종횡무진책

MISSION CULTURE GE

By : Laurent Avezou, Philippe Sierra, Jamel Cathelin-Benhas © Larousse 2020

Korean translation Copyright © 2021 Bookstory

Arranged through Icarias Agency, Seoul

오늘의 교양 (원제 : MissionCultureGe)

1판 1쇄 2022년 12월 1일

지 은 이 로랑 아베주 | 자멜 벵아씬 | 필립 씨에라
옮 긴 이 강현주

발 행 인 주정관
발 행 처 더좋은책
주 소 서울특별시 마포구 양화로 7길 6-16
　　　　　 서교제일빌딩 201호
대표전화 02-332-5281
팩시밀리 02-332-5283
출판등록 2011년 11월 25일(제2020-000287호)
홈페이지 www.ebookstory.co.kr
이 메 일 bookstory@naver.com

ISBN 978-89-98015-43-5 03030

※잘못된 책은 바꾸어드립니다.

머리말

:

현대사, 국제사, 지리학, 지정학, 환경, 신화, 철학뿐 아니라 영화, 음악과 같은 취미 분야까지 두루 다루고 있는 『오늘의 교양』을 통해서 여러분은 책장을 넘길 때마다 다양하고 폭넓은 주제의 지식을 접할 수 있습니다.

매주 30개씩 다양한 주제의 지식을 읽으면서 사고의 깊이를 더하고, 그런 다음 한 주 분량이 마무리될 때마다 제공되는 퀴즈를 통해서 새롭게 습득한 지식을 확인해볼 수 있습니다.

마음의 준비가 되었나요? 그렇다면, 더 이상 망설이지 말고 최소한의 시간에 최대한의 지식을 습득할 수 있도록 특별히 설계된 지적 여행을 떠나보세요!

CONTENTS

:

첫 번째 주

이번 주에
배울 주제는 다음과 같습니다

독일은 1990년에 베를린 장벽이 무너지면서 통일됐다.

보리스 옐친은 보통선거로 당선된 러시아 최초의 대통령이다.

지도제작법은 고대 그리스에서 시작되었다.

헤로도토스는 최초의 지리학자 중 한 명이다.

미국의 옐로스톤 국립공원은 세계에서 가장 오래된 국립공원이다.

파라오는 혈통의 순수성을 유지하기 위해서 자신의 여동생과 결혼해야만 했다.

오트쿠튀르(Haute-couture, 고급 여성복)는 20세기 초에 시작되었다.

러시아 혁명

20세기 초에 러시아 제국은 신흥 강대국이었다.
뒤늦게 시작했지만 유망한 산업의 발전과 시베리아 횡단 열차 덕분에
거대한 영토를 가진 러시아 제국은 개발되고 있었다.

하지만 러시아는 농업이 뒤처져 있어서 국력이 약했다. 특히 1905년 러일전쟁을 비롯한 대외 전쟁에서 패배하면서 차르¹⁾ 중심의 냉혹한 전제 군주체제에 대한 불만이 퍼져 나가고 있었다. 관리, 성직자, 귀족은 이 체제를 유지하고 싶어했지만 다양한 형태의 반정부 세력들(자유민주의자, 농민들을 기반으로 하는 사회주의 혁명가, 마르크스주의 사회민주주의자)은 아직 침묵하고 있었다.

반복되는 혁명: 1905년 러시아 혁명

1905년 1월 22일, 상트페테르부르크Saint-Petersburg에서 니콜라이 2세Nicolas II는 청원을 하러 온 평화 시위대를 향해서 발포했다. 이 '피의 일요일' 사건으로 파업과 반란이 러시아 전역으로 물결처럼 퍼져 나갔다. 이 사건을 소재로 만든 영화 중 1926년에 세르게이 예이젠시테인Sergei.Eisenstein이 감독한 〈전함 포템킨〉이 가장 유명하다. 러시아 전역에서 소비에트(노동자, 농민, 군인평의회)가 결성되었고, 이들은 혁명의 승리로 법적인 권리를 얻게 되었다. 러일 전쟁 패배 후에는 부르주아 계급도 소비에트 운동에 가담하게 되었다.

처음에는 시위대의 청원에 귀를 닫았던 차르는 1905년 10월에 마침내 **10월 선언문**에 합의했고, 이를 통해 기본적인 인권과 자유를 보장하고 '두마'Duma라는 의회를 개설하고 투표권을 확대할 것을 약속했다. 그러나 차르의 측근들은 경제 성장을 빌미 삼아 이러한 개혁에 대한 약속을 무시하려고 했다.

1917년 혁명

1905년의 혁명과 마찬가지로 1917년의 2월 혁명(그레고리력 3월) 역시 1914년에 시작된 제1차 세계대전으로 인한 엄청난 손실과 혼란 때문에 일어났다. 민중은 빵과 석탄, 독재 체제의 종식을 요구하면서 자발적으로 혁명에 가담했다. 그 결과 니콜라이 2세는 퇴위하고, 2월 혁명을 주도했던 케렌스키 임시정부가 집권했다. 민중이 가담한 이후

에도 개혁은 제한적으로 이루어졌고, 임시정부마저 전쟁을 계속하려 했기 때문에 그에 대한 실망감이 급격히 퍼져 나갔다.

볼셰비키²⁾의 레닌Lenin은 직업 혁명가들을 내세워 혁명의 원칙을 선언했다. 이것이 바로 **10월 혁명**(사실상 쿠데타)이다. 볼셰비키는 겨울궁전을 점령한 후에 인민위원회를 결성했고, 레닌이 그 의장을 맡았다. 그리고 사회주의 혁명의 기초가 되는 평화, 토지, 국적 및 노동자위원회에 관한 일련의 법령을 공포했다.

소비에트 사회주의 연방이 준비되다

반볼셰비키 사회주의자, 자유주의자, 백군(반혁명가)의 반대를 무력화하고, 1918년 독일과 평화롭게 갈라선 후³⁾ 러시아에 등을 돌린 연합군의 개입을 종식시키기 위해서 볼셰비키 정부는 전시공산주의 체제를 도입했다. 그리고 경제 독재, 관료주의, 정치 경찰, 적군(트로츠키가 창건) 및 코민테른⁴⁾을 결성하여 세계적인 혁명을 준비했다.

내전에서 승리를 거둔 후 레닌은 무너진 경제를 재건하기 위해 반자유주의를 중단하고 NEP(신경제정책, 1921~1928)⁵⁾를 채택했다. 하지만 국가에 대한 공산당의 지배력은 더욱 강해졌고, 침묵하던 민족주의자들은 1922년에 선언된 소련(소비에트 사회주의 연방공화국)에 편입되었다.

레닌의 영향력이 약해지면서 자연히 레닌의 후계자 경쟁이 치열해졌다. 1928년에 레닌의 뒤를 잇는 데 성공한 사람은 당의 총비서였던 스탈린Staline이었다. 권력을 잡은 스탈린은 최초의 사회주의 경제를 건설하기 시작했다.

스탈린에서 고르바초프까지

25년 동안 스탈린은 전체주의 국가에서 모든 권력을 장악했다.
프롤레타리아 독재뿐만 아니라 당의 절대 권력은 바로 당이 만든 한 사나이의 것이 되었다.

스탈린 시대(1928~1953)

사회주의 경제 건설은 과격하고(계획경제, 생산수단의 집단화, 과도한 산업화) 대대적인 조직 파괴(우크라이나 대기근, 부유한 '농민'인 쿨락[6] 처형)로 이루어졌다. **정치 정화**는 비정상적인 모습이었다. 당은 특히 1936년부터 1938년까지의 대공포 시기에 정적이나 반대파로 의심되는 모든 사람을 정기적으로 '숙청'했다.

1941년 독일로부터 기습 침공을 당한 소련은 엄청난 희생을 치르고 승리했기 때문에 이 전쟁을 **대조국 전쟁**이라고 불렀다.

1945년의 승리로 긴장이 완화되기는커녕, 심지어 제1기보다도 훨씬 더 독재적인 제2기 스탈린 시대가 시작되었다. 비상식적인 목표를 내세운 5개년 계획, 소수민족에 대한 과도한 러시아화, 공포정치로의 복귀가 특징이었다.

긴장 완화 시기에서 브레즈네프 시대까지 (1953~1982)

1953년 스탈린이 사망하자 집단지도체제로 복귀했다. 하지만 곧 당의 초대 서기였으며, 1958년부터는 국가평의회 의장을 맡은 흐루시초프의 권한이 서서히 공고해지기 시작했다.

공포정치가 종식되고, 탈스탈린화 정책(1956년 제20차 당대회에서 스탈린에 대한 개인숭배를 비판했고, 1961년 제22차 당대회에서 스탈린의 범죄 행위를 공격했다)과 반자유주의적 개혁(중앙집권적 경제를 완화하기 위한 국민경제회의 창설, 농업 효율성 증진을 위한 획기적인 노력)이 진행되고, 민족주의자들과 예술가에 대해 격려와 억압을 반복하는 모순적인 정책을 펼치는 등 긴장이 완화되기 시작했다.

1964년 흐루시초프가 실각하면서, 1970년대부터 당의 총비서였던 브레즈네프를 중심으로 한 집단지도체제가 다시 등장했지만, 여전히 브레즈네프가 지배적인 권한을 행사했다.

대중이 정치에 무관심해지면서 소련의 권력은 사회적 합의와 균형을 이룬 것처럼 보였지만, 실제로는 경직되어가고 있었다. 또다시 불안정해질 수 있다는 두려움 때문에 일체의 토론이 사라졌고, 당과 사회에서 특권자 명부 등재자(노멘클라투라Nomenklatura)와 공산당 중진이 특권을 누리고 있었고, 자본주의 국가보다 뒤처진 것을 만회하기 위한 비효율적인 경제 개혁이 반복되고 있었다. 하지만 환경에 대한 순응주의가 지식인들의 저항(솔제니친Solzhenitsyn, 사하로프Sakharov)이나 소수민족의 민족주의 운동(발트와 코카서스 국가)을 막지는 못했다.

소련의 붕괴 (1982~1991)

브레즈네프와 그의 임시 후계자들이 사망한 후에 당의 새로운 세대를 대표하는 **미하일 고르바초프**가 1985년에 공산당 서기장이 되었다. 그는 새로운 개혁 정책인 **페레스트로이카**(재건)과 **글라스노스트**(개방)를 실시했으나, 몇몇 표현의 자유와 복수 후보에 대한 허가제는 체제에 대한 비판으로 이어졌다.

동유럽의 인민민주주의가 연쇄적으로 무너지고 소련 내에서 민족주의자들의 요구가 커지자, 소련을 구할 수 있다고 믿었던 고르바초프는 1990년에 공산당의 주도적인 역할을 폐지했다. 하지만 1991년 8월에 보수파가 쿠데타를 시도하자, 러시아의 개혁파 대통령이던 보리스 옐친이 쿠데타를 진압했다. 그 후 옐친은 소련의 해체를 가속시켰고, 결국 12월에 소련의 해체를 선언했다.

소련 이후 러시아

러시아는 주도적인 공화국으로서 입지를 다졌지만, 소련 내 민족주의자들의 주장에 대해 자유롭지 못했다.
1990년에 러시아 공화국은 보리스 옐친 대통령 주도로 독립을 선언했다.
소련이 해체된 후 러시아연방이라는 이름으로 소련을 구성했던 다른 10여 개의 공화국과 함께
CIS(독립국가연합)에 가입했고, 소련의 뒤를 이어 유엔 안전보장이사회의 영구 회원국이 되었다.

옐친 시대(1991~1999)

옐친 대통령 시대에는 **시장경제 도입**으로 엄청난 인플레이션이 야기되었고, '새로운 러시아인'과 과두 정치가들의 등장으로 빈곤과 부패가 심각해졌다. 소련에 대한 향수를 가진 사람들이 1993년에 새로운 헌법 제정과 최고회의 해산을 반대했고, 옐친은 이를 무력으로 해산시켰다. 총선에서 극우 민족주의자들이 부상했는데, 이들은 대통령을 지지하는 개혁파와 연합한 후에 2위 자리를 차지하게 되었다.

소련은 해체되었지만, 러시아 내 민족주의자들의 열망은 채워지지 않았다. 그로 인한 민족주의 운동은 북코카서스 지역에서 특히 강하게 나타났다. 러시아로부터 독립을 원하는 **제1차 체첸 전쟁**(1994~1996)으로 6만 명이 사망했다.

1998년에 러시아는 심각한 경제 및 금융 위기로 흔들렸고, 병든 옐친의 권력은 점점 더 약해졌다. 옐친은 1999년 12월 31일에 대통령직에서 물러났고, 러시아군은 체첸에서 새로운 공격을 시작했다.

푸틴 시대(2000년부터)

옐친이 대통령 권한대행으로 내정했던 블라디미르 푸틴은 제2차 체첸 전쟁을 과격하게 진압하여 항복시키면서 인기를 얻었다. 그리고 그 인기를 바탕으로 2000년에 대통령으로 선출되었다. 2004년에 재선에 성공한 푸틴은 2008년에는 대통령직 3연임을 금지하는 헌법 때문에 드미트리 메드베데프 총리를 허수아비 대통령으로 내세우고 자신은 총리를 맡았다. 2012년에 다시 대통령으로 돌아온 푸틴은 2018년에 재선에 성공하면서 강력한 권위주의적 권한 수행을 강조했는데, 이를 **새로운 차르**의 탄생으로 볼 수도 있다.

푸틴 대통령은 **올리가르히 세력**[가]을 뿌리 뽑고(러시아 최대 민간 기업인 유코스의 회장 미하일 호도로코프스키를 체포했다), 내부 반대 세력을 없애는 데 권한을 비공식적으로 사용했으며, 특히 인권운동가였던 안나 폴리코브스카야를 암살하는 데 국가권력을 이용한 것으로 의심된다. 선거를 조작했다는 루머 역시 꾸준히 돌고 있다.

대외적인 차원에서 푸틴은 2001년 9월 11일 테러 이후에 테러에 맞서 싸우기 위해서 서방 진영과 힘을 합치겠다고 했다. 하지만 2008년에 남오세티아와 압하지야의 분리 독립을 지원하기 위해서(국경 반대편에 있는 체첸의 경우는 분리 독립을 억압했다) **조지아와 전격전**을 벌였고, 이를 통해 자신의 영향력을 공고히 다지고자 했다. 그리고 우크라이나의 불안정한 상황을 이용하여 동부의 친러시아 분리주의자들을 지원하고, 2014년에는 크림반도를 우크라이나에서 독립시키고자 했다. 시리아의 바샤르 알아사드 Bashar al-Assad 정권에 대한 푸틴의 군사 지원은 논란이 되고 있다.

1945년 이후의 영국

1945년 평화협정에 참가했지만, 전쟁으로 인해서 영국은 경제 및 정치 강대국으로서 역할을 할 수 없었다. 미국에 비해 영국의 국제사회에 대한 개입은 부수적인 역할에 그치게 되었다. 특히 1956년 수에즈 위기로 프랑스와 함께 크게 굴욕을 당한 이후로 영국을 더욱 혼란에 빠뜨린 큰 문제는 내부에 있었다.

재건에서 위기로

윈스턴 처칠Winston Churchill이 떠난 후에 클레멘트 애틀리Clement Attlee의 노동당 정부(1945~1951)는 **복지국가**로 가기 위한 생산수단의 부분적 사회화와 국유화라는 사회 개혁 프로그램을 단행했다. 하지만 재정 당국은 그에 필요한 비용을 감당하기 어려웠으며, 특히 철강 산업 분야에서 그러했다. 따라서 **영광의 30년**이라는 번영기를 누리면서, 1951년부터 1964년까지 집권한 보수당은 사회 개혁 프로그램을 크게 수정했다. 보수당이 결국 1964년 총선에서 패배하게 된 것은 정치 스캔들 때문이었다.

1714년부터 윈저Windsor 가문이 영국을 통치해온 가운데 1937년 즉위한 조지 6세가 1952년에 사망하자 그의 딸 엘리자베스 2세가 왕위를 승계했다.

1964년 이후 노동당 및 보수당 정부는 인플레이션, 통화 문제와 같은 산업 국가의 고전적인 경제 문제에 대처해야 했다. 이러한 위기는 1970년대에 대부분 산업 분야에서 **실업률이 급격히 늘어나면서** 나라 전체에 꾸준히 영향을 끼치고 있었다.

1973년에 영국은 프랑스 드골 장군의 거부권 행사로 인해서 가입이 두 번이나 거절되었던 유럽 경제 공동체(EEC)에 비로소 가입했다.

대처에서 보리스 존슨까지

웨일스, 스코틀랜드 그리고 특히 북아일랜드의 민족주의자들이 각성하면서, 노동당은 1979년에 실각했다. '철의 여인' 마가렛 대처Margaret Thatcher가 최초의 보수당 출신 총리가 되었고, 그녀는 엄격한 신자유주의 정책을 펼쳤다. 복

지국가와의 단절을 뜻하는 **기업의 민영화, 통화 안정**에 주력한 것이다. 1982년, 영국령이던 포클랜드를 아르헨티나가 침공한 포클랜드 전쟁에서 아르헨티나를 제압하면서 마가렛 대처의 입지는 강화되었다. 1985년 탄광 노동자의 파업을 강경 진압하고, 그 후 인두세를 도입하면서 인기를 잃은 대처는 1990년에 결국 사임했지만, 보수당은 존 메이저John Major가 총리에 당선되면서 정권을 유지했다. 존 메이저 총리는 북아일랜드와 평화 협상을 시작했고, 1991년 사담 후세인의 이라크를 상대로 한 걸프 전쟁에 참전했으며, 유럽 통합에 대한 반대가 많아지고 있음에도 불구하고 마스트리히트 조약*)을 비준했다.

1997년부터 2007년까지 집권했던 노동당의 토니 블레어Tony Blair 총리는 복지국가로 돌아가지 않고 대처의 신자유주의 정책을 유지했다. 토니 블레어 총리는 **벨파스트 협정**(1998, '성 금요일 협정'이라고도 불린다)으로 북아일랜드에서 30년 동안 계속되던 내전을 종식시키고, 2003년에 비난을 받으면서도 이라크에 대한 미국의 개입을 지원했다.

2010년 데이비드 캐머런David Cameron이 총선에서 승리하면서 다시 집권당이 된 보수당은 긴축 정책을 실시했고, 이로 인해서 2011년에는 폭동이 일어났다. 2016년 국민 투표에서 유럽연합 탈퇴(**브렉시트**Brexit)를 찬성하는 분위기는 브렉시트를 반대했던 캐머런의 사임을 촉구했다. 하지만 브렉시트를 적용하는 조건이 너무도 복잡해서 캐머런을 계승한 테리사 메이Theresa May 총리 역시 사임하고 말았다. 결국 **유럽연합 탈퇴를 위한 최종 합의**에 서명한 것은 런던 시장 출신으로 2019년에 총리가 된 보리스 존슨Boris Johnson이었다.

두 개의 독일에서 앙겔라 메르켈까지

포츠담 회담(1945년 7~8월)에서 확실한 평화 협상이 체결될 때까지
독일을 4개의 점령지(미국, 영국, 프랑스 및 소비에트)로 분할하기로 결정했다.

점령기의 독일(1945~1949)

독일의 지방 및 중앙 행정은 산업 분야와 마찬가지로 연합군의 통제를 받았다. 연합군은 생산력을 회복하기 위해 독일인들에게 강제 노동을 요구하는 한편, 공장의 50퍼센트를 해체하여 전쟁 보상금으로 가져갔다. 법률가, 나치 친위대 의사, 강제수용소 간수들을 대상으로 한 탈나치화[9]는 뉘른베르크 재판(1945년 10월~1946년 11월)에서 절정에 달했다. 뉘른베르크 재판은 제3제국[10]의 고위 인사 24명을 기소하여 사형을 포함한 다양한 선고를 내렸다.

서독은 다당제 형태로 새로운 정치가 서서히 싹트고 있었지만, 소련 점령 지역인 동독은 사회주의 통일당(공산주의)이 우세했다. 서독의 바이존bizone[11], 그 뒤 트라이존trizone 형성에 대응하기 위해 소련은 서베를린에서 서독 지역으로 이어지는 육로와 수로를 모두 막아버리는 **베를린 봉쇄**(1948~1949)를 단행했지만, 미국의 항공 수송 덕분에 이러한 봉쇄 작전은 무의미해졌다.

1949년에 트라이존에 독일연방공화국(RFA 또는 서독)이, 구소련 점령지에는 독일민주공화국(RDA 또는 동독)이 탄생했다.

두 개의 독일(1949~1990)

1963년까지 콘라트 아데나워Konrad Adenauer를 총리로 한 독일연방공화국(서독)은 나토NATO[12]의 틀 안에서 군대를 승인받고, 프랑스와 협력 조약을 체결하면서 유럽 국가들과 서서히 협력해나갔다. 이 시기는 **라인강의 기적**으로 불렸다. 당시 재무부 장관이었으며 훗날 총리가 된 루트비히 에르하르트Ludwig Erhard가 옹호하는 '사회적 시장경제'는 공동 관리를 통한 이익 추구와 사회 정책을 조화시키는 정책으로 오늘날까지 독일연방공화국을 유럽의 경제 및 통화 강국으로 만들고 있다. 소련의 통제를 받고 있던 독일민주공화국(동독)은 발터 울브리히트Walter Ulbricht가 1971년까지 이끌었던 공산당이 모든 권력을 장악하고 있었다. 공산당은 1953년 베를린 노동자 봉기를 진압하고, 계획경제 및 중공업 강화 정책을 실시했다. 그리고 독일연방공화국으로의 대규모 이주를 막기 위해 **베를린 장벽**(1961)을 건설했고, 베를린 장벽은 두 독일 간의 단절을 더욱 강화했다.

1970년대에 빌리 브란트Willy Brandt 총리는 화해(동방정책 Ostpolitik)를 장려했지만, 극좌파 테러리스트 단체인 바더 마인호프Baader Meinhof(1977)는 독일연방공화국 내 곳곳에서 충돌을 일으켰다. 1980년대에는 경제적으로 힘든 시기를 겪었는데, 이로 인해서 헬무트 콜Helmut Kohl 총리가 곤경에 처했다. 그럼에도 불구하고 베를린 장벽의 붕괴(1989)로 1990년 독일 통일을 이끈 사람은 바로 헬무트 콜이었다.

독일, 유럽 최강대국일까?

1990년대에 독일은 시장경제와 자유 경쟁에 과거 동독 지역 및 동독 주민들을 통합하면서 발생하는 문제에 직면해야만 했다. 1998년부터 2005년까지 게르하르트 슈뢰더Gerhard Schröder는 사회민주당(SPD)과 녹색당의 연립 정권을 이끌면서 총리를 지냈다. 독일은 코소보의 다국적 평화유지군에 참여하여 유럽 안보 시스템으로 재통합하겠다는 의지를 분명히 밝혔다.

2005년 기민당(CDU, 기독민주당)과 사민당(SPD, 사회민주당)의 대연정을 구성하여 집권한 앙겔라 메르켈 Angela Merkel은 2021년까지 총리를 지냈다. 메르켈 총리는 극우파의 부상(페기다PEGIDA 운동[13]), 이슬람 테러 (2016년 베를린 트럭 테러)에 대응해야 했으며, **난민 수용 정책**에 대해서 비판을 받았다.

1945년 이후 미국의 짧은 역사

전쟁으로 인해서 다시 살아난 경제, 상대적으로 적은 인명 손실(사망자 3만 명), 경제적 잠재 능력 확대,
놀라운 기술 발전(핵, 정보 산업), 절대적인 통화 지배(달러는 금을 대체할 유일한 통화이다)로
미국은 세계대전의 상처에서 벗어나서 늙은 유럽과의 격차를 더욱 벌렸다.

세계 최고의 경제 강국

하지만 이러한 상황은 공공 부채, 물가 자유화, 국내 및 유럽의 수요 증가(재건)에 의한 인플레이션으로 위협받고, 지역 및 인종 간의 불평등(중서부 지역 및 아프리카계 미국인의 빈곤)으로 흔들리고 있었다.

미국의 경제적 우월성은 인구 급증(1945년 1억 4천만 명에서 1960년 1억 8천만 명으로 증가했다)과 다양한 투자(라틴아메리카, 캐나다, 유럽 경제 공동체, 중동)와 자본력 집중(대기업)으로 1960년대 말까지 강화되었다. 철강, 면화, 인조섬유 및 석유의 20퍼센트와 석탄의 25퍼센트가 미국에서 생산되었다.

중산층이 부상하고 물질 중심의 행동이나 취향이 표준화되면서 **대량 소비의 시대**가 도래했다. 하지만 '미국식 삶의 방식'American Way of Life은 보이는 것보다 훨씬 더 취약했고, 도시 집중화 문제(늘어난 게토[14]부터 흑인 문제까지)를 유발했으며, 1960년대 운동(헤르베르트 마르쿠제Herbert Marcuse에 의해 자극받은 신좌익 운동, 히피, 베티 프리단Betty Friedan의 페미니즘 운동)이 비난하는 획일주의라는 부정적인 영향을 만들고 있었다.

1971년에 금태환 정지 선언[15]으로 인한 달러화의 위기, 1973년에 이어진 달러의 평가절하, 1973년부터 1979년까지의 석유 파동 등으로 1970년대는 산업 생산력이 정체된 위기의 시기였다. 그 결과 **실업률과 인플레이션이 폭증**했다.

그럼에도 불구하고 달러는 여전히 신뢰받는 기축통화로 남아 있으며, 미국 경제는 막대한 내수 시장과 다국적 기업들의 능력에 의해서 여전히 유지되고 있다.

깨지기 쉬운 모델

이미 1950년대 초에 **매카시즘**McCarthyism[16]은 미국식 모델의 모순을 드러냈다. 냉전 상황에서 반공주의는 위스콘신 출신 상원의원인 조지프 매카시Joseph McCarthy가 주도한 '마녀사냥'을 정당화했으며, 그 대상은 이민자, 동성애자, 프롤레타리아화하고 있는 중산층 등, '빨갱이'처럼 행동하는 것으로 간주되는 모든 사람에게로 확대되었다.

1960년대는 특히 미국 남부에서 아프리카계 미국인에 대한 **인종차별에 대항한 투쟁**으로 특징지을 수 있는데, 이는 WASP(앵글로 색슨계 신교도 백인종White Anglo-Saxon Protestant) 중심의 미국식 모델의 결함을 드러내고 있었다. 1964년에 마침내 시민권에 대한 법률[17]이 공포되었으나 바로 그 뒤를 이어 베트남 참전이 결정되었다. 인종 분리 반대주의 목사였던 마틴 루터 킹Martin Luther King과 같은 해인 1968년에 암살된 로버트 케네디Robert Kennedy 대통령이 예언했던 것처럼 베트남 전쟁 참전은 나라의 "영혼을 잃게 할" 위험이 있는 고질병을 지속시켰다.

1980년대 미국은 레이건 행정부에서 신자유주의와 냉전의 복귀로 다시 부상했으며, 소련이 붕괴하면서 세계 유일의 강대국으로 남게 되었다. 하지만 과거의 분열은 이제 민족(아프리카계, 라틴계, 앵글로 색슨계 백인), 문화(창조주의자들과 바이블 벨트Bible Belt[18]) 대 자유주의자들과 진보주의자들의 대립) 등에서 집단주의로 나타났다. **최초의 아프리카계 미국인 대통령인 버락 오바마**Barack Obama와 그의 뒤를 이어 대통령이 된 사업가 도널드 트럼프Donald Trump가 이러한 모순을 잘 보여주고 있다.

동유럽 긴장에 대한 관점

오랫동안 적대 관계였던 두 진영 사이에 평화가 자리 잡으면서
냉전이 종식되었지만, 소련의 해체로 과거 공산 진영 국가 내에서
민족적 혹은 국가적 긴장감은 되살아났다.

코카서스의 화약고

1987년부터 본격화된 고르바초프의 개혁은 특히 다양한
민족들이 위험하게 얽혀 있는 코카서스 지역의 긴장 고
조로 이어졌다. 아제르바이잔과 아르메니아의 분쟁이 그
러한 경우이다. 아제르바이잔의 영토 내에 있는 나고르노
카라바흐 자치주가 아르메니아에 편입되기를 요구하면서
상황이 해결되지 않은 상태로 남아 있었다.

1991년에 **소련이 해체**되면서 코카서스 지역에 있는 구소
련의 세 공화국들(아르메니아, 조지아, 아제르바이잔)은 독립
국가가 되었지만, 러시아는 이 국가들의 북쪽에 있는 자
치 공화국들이 이들과 같은 길을 가기를 원하지 않았다.

체첸(스탈린은 체첸인들을 중앙아시아로 강제이주시켰다)은 독
립을 선언하고 제1차 체첸 전쟁(1994~1996)에서 러시아
군에 강력하게 저항했다. 결국 휴전이 선언되었고 러시
아군은 철수했다. 실패한 전쟁으로 남기고 싶지 않았으
며 주변 공화국들(이웃한 인구시Inguch와 같은 공화국들)에 대
한 파급 효과를 두려워하여, 새로 러시아의 대통령이 된
블라디미르 푸틴은 특히 전쟁 이후의 불안감을 이용하여
1999년에 두 번째 전쟁을 일으켰다. 극도로 폭력적이었던
이 전쟁은 2009년에 친러시아 정권 수립으로 공식 마무
리되었다.

독립한 **조지아**는 그들의 영토에 있던 남오세티야와 압하
스 지방의 분리독립 선언을 인정하지 않았다. 2008년에
조지아는 그 지역에서 통제권을 회복하기 위해 공격을 시
도했고, 이것이 러시아군이 개입하는 전쟁으로 이어지면
서, 결국 남오세티야와 압하스의 독립을 인정할 수밖에
없었다. 유럽연합이 휴전 조치를 했지만, 조지아는 이 지
역에 대한 통제권을 잃을 수밖에 없었다.

러시아와 우크라이나

구소련 영토에 대한 러시아 제국주의의 귀환은 우크라이

분열을 거듭한 유고슬라비아

데이턴Dayton 평화 협정(1995) 이후에 구유고슬라비아
는 독립 공화국 여섯 개로 분리되었다. 그러나 여전
히 치열하게 대립하고 있다. 유럽연합에 가입한 국
가(2004년 슬로베니아, 2013년 크로아티아)와 그렇지 않
은 국가 사이의 분열, 보스니아-헤르체고비나 공화
국(크로아티아계-이슬람계 연방과 세르비아계 공화국)을
이루는 두 연방 사이의 분열, 마지막으로 세르비아
공화국[19](2003년까지 유고슬라비아라는 명칭을 유지함)
내에서의 분열이 발생했다. 1999년 세르비아 중심의
신 유고 연방 정부는 알바니아계 코소보 분리주의자
들에 대한 집단 학살을 자행했으며, 나토군의 개입
으로 2008년에 결국 코소보는 독립을 선언하고 국
제사회로부터 인정을 받았다.

나에서도 나타났다. 러시아는 우크라이나의 동부 지역인
돈바스Donbass에서 러시아어를 사용하는 소수민족을 지킨
다는 명분을 내세웠다. 친러시아 성향의 우크라이나 대통
령이던 빅토르 야누코비치가 실각하면서 러시아는 분리
주의자들의 요청으로 돈바스뿐만 아니라 **크림반도**에 개
입할 수 있는 기회를 얻었다. 러시아가 단념하지 않는 전
략적 요충지인 크림반도는 국제사회의 의견 불일치에도
불구하고 주민 투표 가결에 따라 독립을 선언했다. 하지
만 돈바스에서 휴전은 여전히 불안정한 상태이다.

오래된 공화국에서 새로운 공화국으로

제2차 세계대전 이후 소련이 군사적으로 점령했던
모든 국가(동독, 폴란드, 헝가리, 체코슬로바키아, 루마니아, 불가리아)에서 소련은
지역 공산당의 도움을 받아서 '인민민주주의'라는 공산주의 정권을 수립했다.
하지만 '인민민주주의' 정권은 인민을 위하지도 민주적이지도 않았다.
왜냐하면 유일한 당이 정부 기관들을 통제하고 계획경제를 주도했기 때문이다.

소련의 지배

알바니아와 유고슬라비아만 소련의 개입 없이 나치 독일에서 해방되어서 공산주의 체제를 수립했다. 소련 진영으로의 통합은 경제(동유럽경제상호원조회의(Comecon, 1949)와 군사(바르샤바 조약, 1955) 면에서도 이루어졌다.

스탈린이 사망하면서 긴장이 완화될 것이라는 희망이 싹트기도 했지만, 소련은 인민민주주의에 대한 지배력을 강화하기 위해 베를린 봉기(1953)와 **헝가리 혁명**(1956)을 진압했으며, 헝가리 혁명 진압 과정에서 임레 나지Imre Nagy총리를 처형한 것은 특히 잔인했다.

사실, 인민민주주의는 계속 동요하고 있었다. 1968년 프라하의 봄(체코슬로바키아 당 제1서기 둡체크Dubček가 주도했다)은 소련이 탱크 부대로 진압했으며, 1970년과 1980년 폴란드 파업에 대해 소련이 직접 개입하는 것을 피하려고 야루젤스키Jaruzelski 총리는 1981년에 계엄령을 선포했다.

자유 유럽으로의 통합

1989년부터 1990년까지 동유럽의 인민민주주의 정권은 폭력(루마니아 독재자 차우셰스쿠Ceaușescu의 처형), 거리의 압력(체코슬로바키아의 벨벳 혁명, 베를린 장벽 붕괴), 또는 협의(폴란드의 야루젤스키와 폴란드 연대노조(솔리다르노시치Solidarność)의 레흐 바웬사Lech Wałęsa 20) 사이의 원탁 회담)를 통해서 무너졌다. 1991년 **바르샤바 조약 기구가 해체**된 후에 서구 민주주의 국가들과 동유럽 국가, 그리고 구소련 국가들이

개방의 놀라움

자유선거와 다당제 도입은 정치와 경제를 최선(표현의 자유, 기업 활동의 자유) 또는 최악(고삐 풀린 자본주의, 공산주의 시대에 잠잠했던 민족 간 긴장 고조)으로 흔들어 놓았다. 몇몇 국가는 순조롭게 분리되었지만(1993년 체코슬로바키아의 체코 공화국과 슬로바키아 공화국으로의 분리), 몇몇 국가들은 그렇지 못했다. 특히 루마니아와 트란실바니아 지역의 소수 헝가리인, 불가리아와 소수 터키어 사용 민족이 그런 경우이다.

반유대주의 부활, 집시와 난민에 대한 혐오는 오르반 빅토르 총리의 헝가리나 카친스키 형제의 폴란드처럼 자유주의 전통이 잘 확립된 것처럼 보이는 국가들이 보여주는 포퓰리즘의 한 단면이다.

파트너십을 구축하기 위해 북대서양협력회의NACC 21)를 창설했다. 이 기구는 1997년에 유럽-대서양 파트너십 협의회EAPC로 이어졌다.

1999년에 헝가리, 폴란드, 체코, 2007년에 불가리아, 에스토니아, 라트비아, 리투아니아, 루마니아, 슬로바키아 및 슬로베니아, 2009년에 알바니아와 크로아티아가 차례로 나토에 회원국으로 가입했다.

소련의 혁명 지도자들

레닌(1870~1924)

초등학교 교사의 아들 블라디미르 일리치 울리야노프 Vladimir Ilitch Oulianov는 1887년 형 알렉산드르가 차르에 대한 암살 음모 혐의로 처형된 후에 혁명적 마르크스주의자로 전향했다. 변호사가 된 후 울리야노프는 레나 Lena강이 있는 시베리아로 추방되었다. 바로 이곳에서 그는 레닌 Lenin이라는 가명을 얻게 된다.

1900년 스위스로 망명한 후 다시 런던으로 간 레닌은 『무엇을 할 것인가』(1902)를 집필하면서 **프롤레타리아 혁명**에 앞서 공산당 조직론에 대한 자신의 생각을 정리했다. 1905년에 러시아 혁명의 주동자였던 레닌은 실패로부터 교훈을 얻었다. 혁명이 성공하려면 프롤레타리아, 농민, 군인이 함께 행동해야 한다는 것이다. 1917년 러시아로 돌아온 레닌은 '10월 혁명'이라고 알려진 쿠데타를 조직했고, 그 결과 그가 이끌던 **볼셰비키가 정권**을 장악했다.

1917년부터 사망할 때까지 인민위원회 위원장을 지낸 레닌은 백군(러시아 제국 장교 출신들이 지휘하는 반소비에트 군대)이나 연합군에 대한 전쟁에서 공산당의 승리를 확신했다. 전쟁에서 승리한 레닌은 자본주의 요소를 일부 받아들인 신경제정책(NEP)으로 전환을 시작했다. 1922년 이후 병약해진 레닌은 스탈린이 부상하는 것을 걱정하면서 1924년에 사망했다. 그럼에도 불구하고 레닌이 당 중앙위원회의 지도력을 확보하고 내부의 모든 파벌주의를 금지한 덕분에 스탈린은 레닌을 승계할 수 있었다.

스탈린(1879~1953)

당시 러시아 제국에 속해 있던 조지아에서 제화공 아버지와 재봉사 어머니 사이에서 태어난 이오시프 비사리오노비치 주가시빌리 Iossif Vissarionovitch Djougachvili는 트빌리시 신학교에 입학하여 마르크스주의 연구 모임을 만들었고, 그로 인해서 학교에서 퇴학당했다. 1901년부터 1917년까지 그는 직업 혁명가로서 활동

했고, 볼셰비키 당의 기관지 『프라우다』를 이끌면서 1912년에 **강철 사나이**라는 뜻의 스탈린 Stalin이라는 별명을 얻었다.

1917년 10월 혁명 당시에 스탈린은 민족문제인민위원회 의장을 맡았고, 1922년에 공산당 서기장으로 취임하여 죽을 때까지 그 자리를 차지했다. 스탈린의 잔인함과 비인간성에 대해 레닌이 우려했으나, 스탈린은 레닌의 병세와 죽음을 이용하여 그의 뒤를 잇게 된다. 스탈린은 여러 반대 세력을 침묵시키고, 1928년 라이벌 트로츠키 Trotski를 누름으로써 당과 국가 권력을 장악했다.

스탈린은 1941년부터 1945년까지 독일에 대한 '애국 전쟁'을 구실로 전혀 진정될 기미가 없는 공포정치를 펼치면서 당, 경제, 시민의 삶을 과도하게 스탈린화시키며 1953년까지 소련을 이끌었다. 스스로를 '민족의 작은 아버지'라고 불렀던 사람의 죽음에 대해 25년 동안 전체주의적 지배를 받았던 대다수의 인민은 진심으로 애도했다.

패배자 트로츠키(1879~1940)

트로츠키로 불리는 레프 다비도비치 브론슈테인 Lev Davidovitch Bronstein은 처음에는 볼셰비키에 대항했던 직업 혁명가였다. 그는 10월 혁명 직전에 볼셰비키에 가입했다. 전쟁인민위원이던 트로츠키는 **적군을 창설**하여 백군과 연합군에 대한 전투에서 승리를 거두었다.

1925년부터 트로츠키는 점점 커지는 스탈린의 권력을 견제하고 스탈린이 옹호하는 '국가사회주의 건설'에 반대하며 '영구 혁명'과 프롤레타리아 투쟁의 국제화를 주장했다. 서서히 권력에서 밀려난 트로츠키는 1929년에 처음에는 프랑스로, 그 다음에는 멕시코로 망명했으며 1938년에 제4인터내셔널[22]을 결성했다. 그는 결국 1940년에 스탈린이 보낸 요원에게 멕시코에서 암살당했다.

누가 러시아를 통치했는가?

니키타 흐루시초프(1894~1971)

광부이자 목동의 아들로 태어나서 그 자신도 광부이자 산업 연구소에서 공부했던 우크라이나 출신의 흐루시초프는 **진정한 프롤레타리아**이다. 1936년부터 1938년까지의 대숙청 시기에 당의 핵심 세력으로 성장한 그는 스탈린그라드 전투에서 독일에 맞서 스탈린그라드를 지켜냈다. 1953년부터 1964년까지 공산당 제1서기를 지냈으며, 1958년부터는 수상을 겸직했다.

야심이 넘치고 과감한 성격으로 이론가라기보다는 혼란스러운 행동가라고 할 수 있는 흐루시초프는 공산주의를 간결한 언어로 대중의 수준에 맞추는 방법을 알고 있었다. 스탈린 사후에 당의 모든 권한을 유지하기 위해서 데탕트[23]의 필요성을 인식한 흐루시초프는 행동 기반을 넓히고자 했다. 하지만 농업과 산업 분야에서 반복된 실패로 당 중앙위원회 핵심 세력으로부터 분노를 산 그는 1964년에 실각했다.

레오니트 브레즈네프(1906~1982)

우크라이나에서 철강 노동자의 아들로 태어난 브레즈네프는 그 역시 농업 기술자이자 제철소 기사가 되었다. 1937년에 공산당 간부가 된 그는 전쟁 중에 정치 장교로서 베를린과 빈을 점령하기 위한 전투에 참전했다. 여러 자치 지역과 공화국, 소련의 중앙위원회 위원을 지낸 브레즈네프는 1964년 흐루시초프의 뒤를 이어 당의 제1서기(1966년부터 서기장)로 임명되어 사망할 때까지 그 자리를 지켰다.

브레즈네프는 평범한 경력을 폭넓은 전문적인 경험이나 지리학적 지식으로 보완하여 정상의 자리에 올랐다. 당 정치국의 집단 지도 체제에서 서서히 1인 지배 체제를 구축한 그는 1976년부터 안정된 권력 기반을 구축했다(그의 동료들은 반발하지 않았다). 그는 **소비에트 체제의 안정화**를 추구했다.

미하일 고르바초프(1931~2022)

북코카서스에서 태어난 고르바초프는 브레즈네프의 임시 후계자이자 서기장이던 유리 안드로포프Iouri Andropov의 보호를 받으며 농업 문제 전문가로 중앙위원이 되었다. 1985년에 당 서기장으로 선출된 뒤 고르바초프는 두 단어로 요약할 수 있는 정치 경제 개혁 프로그램을 시작한다. 그것은 바로 **글라스노스트**(개방)와 **페레스트로이카**(개혁)이다. 서구에서 매우 인기가 있던(1990년에 노벨 평화상을 수상했다) 고르바초프는 소련에서는 보수파뿐만 아니라 개혁파들로부터 비판을 받았다. 1990년에 소련의 대통령이라는 새로운 직책에 선출되었지만, 1991년 보수파의 쿠데타에 의해 실각할 뻔했으며, 같은 해 말에 소련의 해체를 막을 수 없었다.

보리스 옐친(1931~2007)

1985년부터 모스크바에서 공산당을 이끌던 그는 고르바초프에 대해 **민주적인 대립**을 주도했다. 옐친은 1991년 6월 보통선거에서 러시아 공화국 최초의 대통령으로 선출되었다. 8월에 그는 고르바초프에 대한 보수파의 쿠데타 시도를 진압하고, 12월에 소련 해체에 참여했다.

1999년까지 러시아 대통령이었던 그는 강력한 반발에 부딪히기도 했다. 1993년에 옐친은 의회의 저항을 무시하고 대통령의 권한을 강화하는 개헌을 시도했으며, 1996년에 재선에 성공했지만 건강 문제로 재임 중에 사임했다.

블라디미르 푸틴(1952~)

FSB(러시아 연방보안국, 구 KGB) 국장이던 푸틴은 1999년 8월에 총리로 임명되었으며, 보리스 옐친의 사임으로 러시아 임시 대통령이 되었다. 2000년 선거에서 러시아연방의 수장에 오른 그는 **강하고 지배적인 러시아의 귀환**을 구체화했다. 2008년 3연임을 금지하는 헌법에 따라 또다시 대통령에 출마할 수 없었던 푸틴은 후계자인 드미트리 메드베데프Dmitir Medvedev를 대통령으로 내세우고 그 자신은 총리가 되었으며, 2012년에 6년 임기의 공화국 대통령으로 선출되었고 2018년에 재선되었다.

영국 총리들을 아십니까?

윈스턴 처칠(1874~1965)

하원 의원이던 랜돌프Randolph의 아들 처칠은 샌드허스트 사관학교에 입학한 후 종군 기자로, 그런 다음 보어 전쟁에서 전쟁 영웅으로 두각을 나타냈다. 1904년에 보수당에 입당할 때까지 처칠은 20년 동안 자유당 의원으로 활동했다.

1906년 총선거에서 자유당이 압승하자, 처칠은 1908년에 통상부 장관이 되었고 **사회의 냉혹함**을 경험했다. 1911년부터 1915년까지 해군 장교였던 처칠은 터키의 수도 이스탄불의 입구인 다르다넬스 해협 공격에 대한 실패를 책임져야 했다. 그러한 책임에 대해 처칠은 과도하다고 여겼고, 자신이 요구했던 연립 내각 정부에도 참여하지 않았다.

1917년부터 1922년까지 군비 장관, 전쟁 장관 그리고 식민 장관으로 정치에 복귀한 처칠은 **민족주의자이자 신랄한 반볼셰비키주의자로** 두각을 나타냈다. 1924년과 1925년 사이에 자유당을 떠나 보수당에 복귀하면서 재무부 장관을 지냈지만, 이후 처칠은 기나긴 침체기를 겪었다. 그 당시에 처칠의 경력이 끝났다고 생각했을 수도 있지만, 처칠은 1939년에 해군 장관이 되고, 이윽고 수상 (1940~1945)이 되었다. 단호함과 현실주의로 영국에 활기를 불어넣은 처칠은 독일에 대해 승리를 거둘 때까지 자신을 국가적 대의와 동일시했다.

소련을 경계하던 처칠은 얄타 회담과 포츠담 회담 이후 대동맹에서 과도기 없이 갑자기 냉전(1946년 철의 장막에 대한 풀턴에서의 연설[24])으로 넘어갔다. 1951년부터 1955년까지 총리를 지낸 그는 체력이 약해졌고, 그의 뒤를 이어서 1963년까지 총리를 맡게 되는 당시 주요 장관이던 이든Eden과 맥밀란Macmillan에게 주요 결정을 의지하게 되었다. 처칠은 **1953년에 노벨 문학상을 수상**했다.

마가렛 대처(1925~2013)

1975년에 에드워드 히스Edward Heath의 뒤를 이어 보수당 당수가 된 마가렛 대처는 1979년에 총리직을 맡은 최초의 여성이 되었다. **철의 여인**이라는 별명을 가진 마가렛 대처는 전후의 복지국가 틀을 깨고 엄격한 신자유주의에 기반을 둔 긴축 정책을 추구했으며, 이로 인해서 많은 비판을 받기도 했다. 하지만 1982년 아르헨티나의 포클랜드 침공에 단호하게 대처함으로써 자신의 입지를 강화했다. 대처는 또한 유럽 통합 강화에 반대했다. 1983년과 1987년 선거에서 승리하면서 대처는 1945년 이래 세 번째 임기를 맞게 된 영국 정부의 최초의 총리가 되었다. 하지만 인두세에 대한 반대 여론으로 1990년에 대처는 사임할 수밖에 없었다.

토니 블레어(1953~)

1994년 노동당 대표로 1997년부터 2007년까지 총리를 역임했다. 1980년대에 보수당이 시작한 복지국가 개혁을 이어가고, 지방 분권의 맥락에서 왕국 제도를 현대화하고, 1998년 스토몬트Stormont 협정[25]을 체결함으로써 북아일랜드 분쟁을 해결하기 위해 노력했다. **친유럽적이고 미국의 충실한 동맹**인 그는 2003년 영국군을 이라크 전쟁에 참전시켰다. 그는 모든 정치인으로부터 찬사를 받으며 2007년부터 2015년까지 팔레스타인 분쟁 중재를 담당하는 중동 평화특사(미국, 유럽연합, UN, 러시아)를 역임했다.

보리스 존슨(1964~)

보수주의자이지만 엉뚱한 이미지를 가진 보리스 존슨은 1998년부터 2017년까지 보수당 출신의 런던 시장으로 큰 인기를 얻었다. 2019년에 테레사 메이의 뒤를 이어 총리에 취임했으며, 2020년 1월 31일에 브렉시트를 실시할 수 있도록 **유럽연합 탈퇴에 찬성**하는 표를 과반수 얻기 위한 투표를 실시했다.

현대 정치 시스템

자유주의 정치

신권 중심의 군주제 앞에서, 몽테스키외[Montesquieu 26]와 같은 18세기 자유주의 사상가들은 1689년 혁명으로 탄생한 영국의 의회 모델에서 영감을 받아 자유주의 정치 철학을 설명했다. 법은 **개인이 자유를 행사**할 수 있도록 모두에게 부과되는 한계이다. 이 원칙은 1789년 8월 26일 인간과 시민의 권리 선언에서도 찾아볼 수 있다.

1789년 혁명 이후에 민주주의에 대한 개념이 구체화되면서, 원칙에 대한 논쟁이 다양하게 펼쳐졌다. 누구도 법 위에 있을 수 없다는 원칙에 따라 공화국 체제를 강조하면, 그것과 무관한 해석이 나왔다. 즉, 시민은 **공동체의 결정과 상관없이 자유로운 주체**로 간주된다는 것이다. 민주국가는 각자의 특수한 권리 요구를 합법화해야 한다. 이를 바탕으로 시민권에 가장 중요한 역할을 부여할 수 있으며, 동시에 특수성을 고려할 수 있게 된다.

무정부주의, 사회주의, 마르크스주의

자유주의 정치가 국가의 구성적 역할을 강조한다면, 특히 프루동[Proudon](1809~1865)과 바쿠닌[Bakounine](1814~1876)으로 대표되는 무정부주의는 조직화된 정치권력에 의문을 제기하고 국가 및 모든 사회 제약을 없앨 것을 권장했다. 개인의 권리에 기초한 이 논리를 사회주의자들은 반박했다. 사회주의자들은 **생산 및 교환 수단을 개인이 소유**하는 것에 대해 비난했다.

마르크스[Marx](1818~1883)와 엥겔스[Engels](1820~1895)가 이론으로 정립한 마르크스주의는 권력 관계에 대한 객관적인 지식을 바탕으로 과학적 사회주의를 창설해야 한다고 주장한다. 이것은 생시몽[Saint-Simon]과 푸리에[Fourier]가 주장하던 '공상적 사회주의'[27]를 바탕으로 했다.

복지국가와 초자유주의

오직 부르주아 자본가에게만 이득이 되는 것처럼 보이는 정치적 자유주의의 결함을 고려하여, 1929년 대공황 이후의 미국이나 2차 세계대전 이후의 프랑스나 영국과 같은 일부 국가들은 존 메이너드 케인즈[John Maynard Keynes]의 이론에서 영감을 받은 '복지국가'라고 불리는 사회경제적 개입주의 정책을 실시했다. 시민들의 참여 정신을 요구한다는 비판을 받았던 이 정책은 개인의 주도성과 자유 경쟁을 장려하는 초자유주의에 도움이 된다는 이유로 1980년대에 문제가 제기되었다.

전체주의

20세기 초에 자유주의가 한계에 부딪히고 마르크스 사회주의가 1917년 혁명과 분리되어 등장하자, 정치사상은 전체주의에 대한 충격을 드러냈다. 파시즘, 나치즘, 스탈린주의는 **제도적 정의와 전혀 무관한 정치 체제**가 가능하다는 것을 보여주었다. 공포를 통해서 민족, 인종, 계급 이데올로기를 강요하는 패권주의를 뜻하는 전체주의는 민의를 반영하지 못하는 의회에 실망한 대중의 기대에 부응했지만, 법을 통한 중재라는 정치의 본질에 어긋났다.

현대 자유주의 논리에 대한 논쟁을 넘어서, '공화국'과 '민주주의'는 모호하게 사용될 수 있는 용어이다. 공산주의의 집단주의는 개인의 권리를 부인하면서 인민민주주의 체제라 자처한다. 반면에 일부 이슬람 국가들은 유일한 이슬람 법인 샤리아를 기반으로 삼고 있으면서 스스로 '이슬람 공화국'이라고 칭한다.

의식에서 가장 중요한 것은
자의식일까?

현대 철학에서 의식은 자아와의 밀접한 관계를 통해서 정의된다.
반성이라는 성찰적 모험을 하는 것은 결국 주체로 향하는 의식을 발견하는 것이다.

현실은 허상일까?

데카르트 Decartes 는 『제1철학에 관한 성찰 Méditations métaphysiques』에서 이러한 실험을 한 최초의 철학자이다. 『방법서설 Discous de la méthode』에 이어 출간한 이 저서에서 데카르트는 그때까지 너무도 불안정한 기반 위에 쌓여 있던 지식을 재정립하려는 노력을 계속했다. 감각기관을 통해 우리에게 전달된 인상이 종종 우리를 속인다는 것을 증명하면서 데카르트는 **우리가 인식하는 현실의 본질**에 대해 의문을 제기했다. 꿈을 꾸는 동안에도 우리는 인식하는 대상에 대해 생생한 느낌을 가지지 않는가? 데카르트는 과학의 경우도 마찬가지라고 주장한다. 과학은 속기 쉬운 감각적 인상을 바탕으로 이루어지고, 또한 과학의 논리적 증명 역시 이러한 인상에서 비롯된다. 그러므로 과학이 제대로 작동하려면 근본적이고 의심의 여지가 없는 진리를 식별할 필요가 있다.

데카르트는 이러한 식별을 해내기 위해서 **불합리한 추론**이라는 성찰을 진행했다. 그는 인식할 수 있는 모든 것은 '허상일 수 있으며 매우 강력하며 매우 교활한' 정신의 작용이라고 생각했다. 이것은 우리가 실수를 하도록 만들기 위해서 술책을 쓰는 '악마'에 대한 가설이다. 우리가 인식한 것이 잘못되었다고 생각한다면, 그 순간부터 과연 그러한 인식은 지속될 수 있을까? 데카르트는 교활한 정신은 무언가를 잘 속이기 때문에 가능하다고 답했다.

요약해서 말하면, '모든 것이 잘못되었다'고 생각할 때, 우리는 모든 것에도 불구하고 계속 생각한다. 이 사유하는 실체('res cogitans')는 모든 지식의 기본 원칙이다. 즉각적이고 반박할 수 없는 직관에 가치를 두는 사유하는 실체에 대해 우리는 의문을 제기할 수 없다. 그 유명한 문장 "나는 생각한다. 고로 존재한다" Cogito ergo sum 는 여기에서 탄생했다.

코기토(Cogito)²⁸⁾에서 현상학까지

의식의 진실성을 끝까지 식별해내는 사고 경험을 통해서 자아에 대한 문제 역시 그러한 과정의 결과로 존재하게 된다. 따라서 의식은 자아에 대한 의식일 뿐이다. 내가 사고하는 주체라는 사실을 의식할 때, 나는 나 자신의 내면성에 대한 확신, 다시 말해서 나 자신에게 고유한 일련의 생각, 행동, 성향을 획득하게 된다. **의식의 발견은 따라서 추론 활동이다.** 의식은 내 행동이나 생각에 대한 즉각적인 지식을 나에게 늘 보내주는 거울이다. 이 이론은 주체성에 기초를 두고 있으며, 주체성은 정치적·법률적·도덕적으로 표현된다고 설명한다. 즉, 한 사람은 자신의 행위에 대해서 잘 의식하고 있다고 말할 수 있지 않을까? 따라서 인간의 의식은 모든 지식의 원천이며, 또한 성찰적 지식이기도 하다.

의식을 **내재성의 근본적인 핵심**으로 보는 이러한 개념은 주체성 이론의 틀 안에서 의문을 불러일으켰다. 독일 철학자 에드문트 후설 Edmund Husserl 에게 의식은 고정되어 있으며 파헤칠 수 없는 내면성이 아니라 외부 세계를 향한 투사 활동이다. 그는 의식이 다양한 방식으로 대상과 관계한다고 주장했다. 사물이 의식에 어떻게 나타나는지 연구하는 것이 '현상학'이다. 이러한 관점에서 의식은 카메라와 비슷하다. 우리가 현실을 촬영할 때, 우리는 '사물 그 자체'와 관계를 맺는 것이 아니라 프레임, 대비, 광도를 선택한다.

후설에게 의식은 이와 같은 역할을 하는 것이다. 의식은 매번 특정한 방식으로 세상을 향하고 있으며, 사물의 출현 조건을 만들어낸다. 따라서 모든 의식은 무엇보다 **현상에 대한 의식**이다.

의무를 다하는 것은 모두 도덕적일까?

1961년, 미국의 정치학자 해나 아렌트(Hannah Arendt)는 『뉴요커』 특파원 자격으로
나치 전범 아돌프 아이히만(Adolf Eichmann)의 재판을 참관했다. 아렌트는 그것을 바탕으로 집필한
『예루살렘의 아이히만, 악의 평범성에 대한 보고서』에서 다음과 같이 말했다.
"대량 학살에 일조한 피고인의 변론은 명령에 대한 맹목적인 복종을 통해서
법을 철저히 따랐을 뿐이라고 자신을 정당화한다. 끊임없이 의무를 다했을 뿐이라고 말하면서 말이다."

의무란 무엇일까?

의무란 가장 보편적인 의미에서 그 자체로 도덕적 의무를 뜻하며, 특별한 의미에서 정해진 행동 규칙을 뜻하기도 한다. 따라서 법적 의무, 부모로서 의무, 직업적 의무 등으로 의무의 유형을 정할 수 있다.

도덕은 **규범적인 목적을 가진 일련의 행동 규칙**이다. 도덕적 성찰의 목적은 무엇을 해야 하고 무엇을 하지 말아야 하는지를 정의하는 것이다. 따라서 의무는 도덕적 행동 양식이며, 필요한 경우에 명령의 형태로 나타날 수 있다. 하지만 아이히만은 그가 자행했던 잔혹한 행위를 정당화하기 위해서 바로 이 명령을 명분으로 내세우지 않았는가?

우리가 사용하는 도덕의 개념은 독일 철학자 **임마누엘 칸트**(Immanuel Kant)로부터 비롯된 것이다. 칸트에게 도덕은 의무로 시작하고 또한 의무로 끝난다. 선의 혹은 도덕적 의지는 이성에 따라 법을 순수하게 존중하고 의무에 의한 계명을 지키는 것이다. 따라서 자신의 의무를 다하는 것은 그 결과가 부도덕하다고 하더라도 결과와 상관없이 도덕적으로 행동하는 것이다.

절대적 명령으로서 의무

칸트는 '의무에 따라' 수행한 행동과 '의무에 의해' 수행한 행동의 미묘한 차이를 구별할 필요가 있다고 말했다. 전자는 피상적인 도덕이며 과제를 수행한 것이다. 이는 도덕적 행동의 특징이라고 할 수 있는 선의에 따른 것이 아니다(세금 납부, 법률 준수 등과 같다). 후자는 모든 이익과 상관없이 이루어지며 순수한 의도에 따라 행해진 행동이다. 칸트에게 어떤 행동의 도덕적 가치는 그 의도에 있다. 다시 말해서 이것은 실질적인 결과에 따라 그 행위의 도덕성을 판단하는 '의무론적 도덕'이며, '결과론적 도덕'과 대조된다. 따라서 단순히 동료들로부터 인정을 받으려고 다

구체적인 예를 들어보자. 고객에게 똑같은 가격을 적용하는 상인은 의무에 따라 행동한다. 상인의 태도는 더 많은 이익을 창출하기 위해서 고객을 단골로 만들 목적, 요컨대 불법적인 상황에 놓이지 않겠다는 목적에 따른 행동이다. 이 행동은 단순히 의무에 부합하기 때문에 피상적으로는 도덕적이다. 따라서 의무에 따라 행동하는 것은 도덕적이라고 정의하기에는 충분하지 않다.

른 사람을 도와준 사람은 결과론적 관점에서는 도덕적으로 행동한 것이다. 하지만 칸트는 이와 반대로 우리에게 **한 가지 행위의 도덕성을 판단하려면 의식을 들여다볼 필요가 있다**고 말한다. 따라서 자신의 행동을 작동하는 규칙이 도덕적인지 생각해본 후에 행동하는 사람이 도덕적으로 행동한 것이다. 요약해서 말하면, 우리는 행동 그 자체가 아니라 의지의 원칙에 따라 도덕적 가치를 판단할 수 있다.

만일 내가 당황스러운 상황에 처하게 된다면, 나는 거짓말로 둘러대면 궁지에서 벗어날 수 있을까? 칸트는 그것을 알아보려면, 스스로에게 다음과 같은 질문을 해야 한다고 한다. 거짓말을 하고 궁지에서 벗어날 수 있도록 허용하는 규칙이 나쁠뿐만 아니라 다른 사람들에게도 보편적인 규칙으로 간주된다는 사실을 내가 받아들일 수 있을까? 이 질문에 대한 대답이 '아니오'라면, 이 거짓말은 부도덕한 것이다. 따라서 각자는 매 순간 자신의 행동을 일반화하고 그 행동으로부터 도덕적 결과를 얻을 수 있는지 생각해봄으로써, 각자의 의무가 어떤 것인지를 알 수 있다.

지도를 만들다

지도를 만든다고? 아주 오래된 아이디어임이 분명하지만,
고대에 지도를 만들려던 흔적은 아주 예외적으로 남아 있다.

지도 제작에 대한 아이디어가 그리스에서 싹트다

현대 지도 제작법의 기원은 그리스에 있다. 지구를 평평하게 표현하기 위해서, '투영법'이라고 부르는 방법을 사용해야 했다. 하지만 **모든 투영은 변형을 전제로 하고 있**어서 어려움이 많았다. 그리스의 사상가들은 상상의 선으로 지구본을 절단하여 기준선을 만들었다. 지구의 자전축이 통과하는 가상의 점인 남극과 북극을 잇는 경선과 **경선**을 직각으로 교차하는 **위선**이 그것이다. 그 당시에 만들어진 지도는 우리에게 전해지지 않았지만, 지도 제작 전문가들이 보존되어 있는 자료들을 통해서 당시의 지도를 복원하는 데 성공했다.

중세에 만들어진 지도 역시 거의 남아 있지 않다. 하지만 13세기에 제작된 알비의 마파 문디Albi의 마파 문디Mappa Mundi **29**)는 중요한 자료이다. 마파 문디는 양피지에 동쪽을 위로 두고 대륙을 표현하고 있다.

근대 시대의 유럽 군주들은 지도를 원했다!

15세기부터 진행된 탐험과 정복으로 지도 제작의 진정한 황금기가 시작되었다. 유럽의 군주들은 자국의 면적을 확인하기 위해서 지도를 원했고, 다른 국가들의 항해가들을 속이기 위해서 날조된 지도를 유포하기도 했다. 지도 제작은 세계를 새로운 표현으로 재구성할 수 있는 기회였다. 하지만 그 작업은 매우 까다로웠다. 왜냐하면 한 지점

의 위도를 찾기는 쉬웠지만(정오에 태양의 기울기를 통해서 추론했다), 기준이 되는 경선까지의 거리를 알지 못하면 경도를 정할 수가 없었기 때문이다! 경도를 정하는 것은 **18세기의 위대한 과학적 모험**이었다. 천문학자들은 여러 가지 방법을 시도했지만, 결국 해결책을 찾아낸 사람은 시계 제작자인 존 해리슨John Harrison(1693~1776)이었다. 그가 개발한 최초의 해상 시계를 이용하면 현지 시각과 출발지 시각의 차이를 비교할 수 있었다. 경도 15°마다 1시간씩 차이가 난다는 사실을 알고 나서부터 세계를 정확하게 표현하는 것이 가능해졌으며, 80일 만에 세계를 일주하는 것도 가능해졌다.

19세기와 20세기: 세상의 빈 곳을 채우다

19세기에 대륙의 윤곽을 알게 되고, 모든 섬을 찾아내고, 남극 대륙을 발견하면서 지구 전체를 정확하게 표현하고자 하는 지도 제작에 새로운 길이 열렸다. 지도 제작은 과학을 위해서, 그리고 정복을 위해서였다. 식민지 전쟁은 임시로 만들어진 지도에 의지했다. 세계대전 당시에 비행기는 사진을 찍어서 지도를 개선하는 용도로 사용되었다. 21세기에는 **위성 관측**을 광범위하게 사용하고 있다.

그러나 대륙을 지도로 완전히 표현했다고 하더라도, 해저를 정확하게 지도로 표현하는 일은 여전히 어려운 과제로 남아 있다.

지도의 방향

'orienter'(방향을 정하다)라는 단어에는 orient(동양), 즉 동쪽, 태양이 뜨는 곳이라는 의미가 있다. 죽는 곳을 뜻하는 occident(서양)의 반대 의미이다. 실제로 중세 시대에 지도의 방향은 예루살렘(동쪽에 위치)을 향하고 있었다. 지구 자기장의 북극을 가리키는 나침반 때문에 지도의 방향은 서서히 북쪽으로 향하게 되었다.

지리학자란 누구일까?

생텍쥐페리(Saint-Exupéry)의 『어린 왕자(Le Petit Prince)』에는 지리학자,
자신의 별에서 혼자 살며 탐험가들의 말을 통해서만 정보를 수집하는 한 남자가 등장한다.
그는 '서재의 지리학자'의 모습을 계속 떠올리게 한다.

세상을 설명하는 지식인들

지리학자들은 이 책벌레와는 대조적으로 현장 실습을 중심으로 학문적 기반을 쌓는다. 많은 사람이 **헤로도토스** Herodotos(BC. 480~425)를 예로 든다. 당시 페르시아에 맞서서 아테네의 전쟁을 이끌었던 페리클레스를 위해서 일했던 헤로도토스는 키케로 Cicero에 의해 '역사의 아버지'라고 불렸지만, 무엇보다 최초의 지리학자 중 한 사람이다. 그는 특히 자신이 전혀 모르는 지역에 대해서는 단 한 마디도 하지 않을 것이라고 말한 것으로 유명하다. 헤로도토스는 지구를 더 이상 괴물과 신으로 채우기를 거부하고, 그 반대로 지구에서 사는 사람들과 그들의 풍습을 우리가 만날 수 있는 모습 그대로 묘사하기 위해서 신화를 전혀 참고하지 않았다.

신화에서 벗어나려는 이러한 의지는 '지리학'이라는 단어의 창시자 **에라토스테네스** Eratosthenes(BC. 275~195)에서 더욱 강해졌다. 지구 둘레를 처음으로 계산한 이 위대한 과학자는 지구를 표현하는 방식을 좀 더 깊이 연구하여 당시의 지식을 종합했지만, 우리는 단지 참고문헌을 통해서만 그의 저술을 알 수 있을 뿐이다.

이 위대한 진전이 중세 서양에서는 방치된 것처럼 보이는 반면에, 아랍 세계의 지리학자들은 유럽과 아시아 사이의 무역이 발달함에 따라 세계를 묘사하는 기술을 더욱 발전시켰다. 특히 **알이드리시** Al-Idrisi의 이름을 기억할 필요가 있는데, 그는 12세기에 팔레르모의 왕을 섬기면서 지리학 지식을 집대성하여 지도를 만들었다.

하지만 지리학의 새로운 중요성은 15세기부터 부각되었다. 그 시기에 유럽 왕국들은 자국 영토를 보다 정확하게 지도로 나타낼 뿐 아니라, 세계지도를 만들어서 세계를 정복하기를 원했다. 따라서 군주들의 명령에 따라 지리학자는 지도를 제작했으며, 심지어 경쟁자들을 속이기 위해서 지도를 날조하기도 했다.

학문의 탄생

지리학은 학술적인 계산과 여행 이야기 사이에서 매우 이론적인 분야로 남아 있다. 19세기에 세계 탐험은 서구 지식인들을 매료시켰고, 지리학은 인기 있는 학문이 되었다. 대학교수 **카를 리터** Carl Ritter(1779~1859)는 독일에서 지리학을 가르쳤고, 탐험가 **알렉산더 폰 홈볼트** Alexander von Humboldt(1769~1859)는 그 방법론을 더욱 명확하게 했다. 프랑스에서 **엘리제 르클뤼** Élisée Reclus(1830~1905)가 쓴 책의 성공은 특별했다. 무정부주의자이자 채식주의자, 페미니스트, 생태학자이자 위대한 여행가였던 르클뤼는 1870년 파리 코뮌에 가담했다는 이유로 추방된 후에 세계의 모든 지역을 설명하는 『신세계지리 Nouvelle Géographie universelle』라는 방대한 지리학 서적을 출간했다.

그와 같은 시기에 프랑스 역사가이자 대학교수 **폴 비달 드 라 블라쉬** Paul Vidal de La Blache(1845~1918)는 지리학을 독립된 학문으로 체계를 만들었다. 그는 지리학의 목표를 자연환경과 인간 행동을 동시에 고려하여 지구의 지역을 연구하는 것으로 제시했다. 그의 신조는 환경이 사회의 미래를 결정할 것이라는 지리적 결정론을 거부하는 것이다. 이러한 '가능주의'는 풍경, 지형 및 생활 유형에 대한 연구를 기반으로 동일한 환경에서 사회가 어떻게 다양한 조직을 만들어내는지를 이해하고자 했다. 따라서 도면을 만들고 견본을 채취하고 주민들에게 인터뷰하기 위해 현장에 나갔다.

하지만 제2차 세계대전 직후에 지리학을 자연과학인 동시에 인문과학으로 보는 관점은 새로운 세대의 지리학자들에 의해 도전을 받았다. 일부 지리학자들은 이 학문이 공간 기능의 법칙을 객관적인 방식으로 결정하기 위해서 특정 분야를 넘어서야 한다고 생각했다. 또 다른 지리학자들은 이와 반대로 인간의 경험을 통합하여 보다 문화적인 접근 방식을 채택해야만 한다고 생각했다. 따라서 몇몇 지리학자들은 환경 연구에 다소 초점을 맞추고, 또 다른 지리학자들은 사회의 공간 조직에 초점을 맞추고 있다.

지정학이란 무엇인가?

'지정학'이라는 단어를 사용한 지 이제 한 세기가 지났다.
1899년 스웨덴의 지리학자이자 정치학자 루돌프 헬렌(Rudolf Kjellen)이 처음으로 이 용어를 사용했으며,
그는 국가를 생명력이 있는 존재로 간주하고 연구하는 학문을 만들고자 했다.
그 당시에 지정학은 국가의 정책과 지리학적 여건(면적, 기복, 자원 등) 사이의 관계를 가리켰다.

오랫동안 거부되었던 단어

아주 재빨리 독일의 지리학자가 이 단어를 다시 사용했지만, 약간 다른 의미에서였다. 1918년 패전 직후에 지리학과 특히 생활권의 필요성을 더 잘 고려해야만 하는 지도자들에게 지침을 제공한다는 분명한 목표가 있었다. 독일의 지정학 연구는 당시의 저명한 지정학자 카를 하우스호퍼Karl Haushofer(1869~1946)가 주도했으며, 히틀러가 『나의 투쟁Mein Kampf』에 쓴 생활권에 대한 아이디어도 그로부터 얻은 것이다.

제2차 세계대전 이후에 '지정학'이라는 단어는 화약 냄새가 나고, 따라서 나치즘과 동일시되었기 때문에 거의 사용되지 않았다.

지정학의 르네상스

이 단어는 1970년대가 되어서야 가까스로 다시 사용되기 시작했다. 미국의 언론인들은 그 시대의 논리(냉전)에 맞지 않는 분쟁을 설명하기 위해서 이 단어를 사용했다. 이런 분위기 속에서도 지리학자들은 객관성을 잃지 않기 위해서 국가 간의 정치적 권력 관계에 대한 분석을 피했다.

프랑스의 '제3세계' 전문 지리학자 이브 라코스트Yves Lacoste(1929~)는 베트남 전쟁에 대해 연구한 후 1976년에 『지리학은 무엇보다 전쟁을 하는 데 사용된다La géographie, ça sert, d'abord, a faire la guerre』라는 책을 출간했다.

이를 통해 그는 지정학적 유형 분석의 이점을 모두 증명했다. 사실상 분쟁 과정은 다양한 측면에서의 관찰을 통합할 때 이해할 수 있게 된다. 지정학은 그때부터 이브 라코스트에 의해 **영토에 대해 행사하는 권력의 경쟁 관계에** 관한 연구로 정의되었다.

지정학은 국가들이 특정 영토의 지배권을 놓고 싸운다는 차원에서 무엇보다 대외적이다. 하지만 지정학은 또한 모든 규모의 개발, 지명 등에 대한 갈등을 통해 경쟁 관계가 구체적으로 드러난다는 차원에서 대내적이기도 하다. 분쟁은 때로 완전히 물질적인 이익(유전, 통행로에 대한 통제권 등) 때문에 벌어지기도 하지만, 훨씬 더 자주 지정학적 위치 관계, 다시 말해서 한 집단은 하나의 영토를 바탕으로 이루어진다는 **지정학적 대표성** 때문에 벌어지곤 한다.

이브 라코스트와 홍강 댐에서 잃어버린 폭탄

1972년에 이브 라코스트는 북베트남 정부의 요청으로 홍강 제방에 투하되었던 미국의 포격에 대해 연구했다. 그 당시에 그는 비군사 지역에 떨어진 이 폭탄이 실제로 물로부터 가장 많은 압력을 받는 곡류 지점에 투하된 것임을 알게 되었다. 어뢰와 같은 작은 폭탄의 사용은 제방을 파괴하기 위한 것이 아니라, 몬순(우기) 동안 제방이 무너질 수도 있도록 지반을 충분히 약하게 만들어서 마치 '자연' 재해인 것처럼 보이게 만든다. 『르 몽드Le Monde』지는 라코스트가 연구한 결과를 기사로 실어서 전 세계에 반향을 불러일으키고 펜타곤으로 하여금 이러한 전략을 포기하도록 이끌었다.

국경은 어떻게 만들어졌을까?

퓌르티에르(Furtière)는 1690년에 출간한 사전에서 국경을
'하나의 왕국 또는 국가 안으로 적이 들어가고자 할 때 발견하게 되는 최극단'으로 정의했다.
따라서 이 단어는 처음에는 선보다 경계지역으로서의 의미가 더 컸다.

국경의 고안

국경선은 현대에 와서 특히 국가가 소유하는 지도에 분명하게 그려서, 학생들에게 국가의 경계를 확실하게 가르치기 위해서 만들어졌다. 국경은 현대 국가, 특히 하나의 주권국 또는 국가가 통치하는 영토에 대해 완전한 의미를 부여했다. 정확한 국경이 없는 경우라면 국경을 만들어야 했다. 19세기 말에 유럽 국가들이 아프리카에서 했던 것이 바로 이런 일이었다. 가장 놀라운 사실은 **국경의 대부분, 특히 유럽 국경의 대부분이 최근에 만들어졌다**는 사실이다. 따라서 24만 8천 킬로미터에 달하는 전 세계 국경선 중 2만 5천 킬로미터는 1991년(소련이 해체되고 냉전이 종식된 해) 이후에 만들어졌으며, 현재 효력을 가지고 있는 국경선의 아주 일부만이 1800년 이전에 만들어졌다.

지도상의 착각

지리학자 미셸 푸셰Michel Foucher가 지적했듯이 국경은 '지도상의 착각'일 뿐이다. 벽으로 된 국경이 있는 경우나 어느 정도의 공간이나 강으로 구분되는 경우 말고, 대부분 국경에 대한 표시가 구체적으로 없기 때문이다. 게다가 국경은 우리가 막연하게 그럴 거라고 생각하는 곳에서 경험하지 못한다. 비자를 받을 때 대사관에 가는 것처럼 우리가 가고 싶은 나라와 멀리 떨어진 곳에서 그 나라의 국경이 활약하는 경우가 꽤 많다. 그리고 우리가 비행기로 외국에 입국할 때, 국경을 건너는 경험을 하는 곳은 바로 공항이다.

더욱이 이러한 국경선을 지도에 그리거나 국제 협약을 통해 정의하는 수많은 경우에 두 국가 중 한 국가가 그것을 인정하지 않거나 실제로 존재하지 않는 경우가 많다. 이런 경우에 **국가 간의 긴장**이 야기되거나 **완충지대**가 만들어지기도 한다. 따라서 우리는 국가들이 통제하지 않는 일부 영토에 대해 '회색지대'라는 표현을 사용한다. 콜롬비아 무장혁명조직 FARC가 통제하고 있는 지역이나 이란, 아프가니스탄, 파키스탄 사이에 놓인 황금의 삼각지

대가 그러한 경우이다. 이 산악지대에서 생산된 아편은 미국이 주도하는 국제연합에 대항해서 전쟁을 벌이고 있는 탈레반의 자금원이다.

보이지 않는 국경: 하늘과 바다

처음에 바다는 자유지대로 간주되었다. 하지만 20세기 후반에 수산 자원의 고갈, 연안 석유 개발 가능성, 냉전 및 세계 해양 무역의 급증으로 인해 바다에 대한 **다양한 단계의 주권**이 정의되었고, 사실상 국가가 권리를 행사할 수 있는 국경을 만들었다. 따라서 한 나라의 통치권이 미치는 해안으로부터 12해리(1해리=1,852미터)까지는 '영해'로 정하고, 접경 국가는 200해리까지 '배타적 경제수역'을 가지는 것으로 정했다. 해안은 직선이 아니기 때문에, 그 경계에 대해서 수많은 의견 차이가 발생하고 있다.

하늘은 상황이 더욱 복잡한데, 육상 국경이나 해상 경계를 단순히 투영하는 것으로 충분하지 않기 때문이다. 이 경우에는 **고도**, 특히 공항 접근성을 고려할 필요가 있다.

모로코와 국경

모로코는 알제리와의 국경 대부분을 인정하지 않았다. 실제로 20세기 초 식민지 시대에 프랑스는 모로코 왕국을 훼손하여 알제리령으로 만들었다. 또 알제리가 독립했을 때, 모로코는 알제리에 과거 모로코의 영토를 돌려달라고 했지만, 알제리는 거절했다. 결국 이 문제는 새롭게 독립한 두 나라 간의 무력 충돌로 이어졌다. 따라서 인정할 수 없다는 의미로 모로코의 학생들은 알제리를 국경이 폐쇄되지 않은 국가로 그리도록 배운다. 심지어 실제 영토상에서 이 국경은 거의 완전히 폐쇄되어 있고 군인들에 의해서 철저하게 감시되고 있는데도 말이다.

세계 속의 장벽

자국의 영토를 보호하기 위해서 장벽을 세운다는 생각은 전혀 새롭지 않다. 하드리아누스 성벽[30]이나 중국의 만리장성은 이미 잘 알려져 있다. 하지만 장벽은 오래전부터 실패를 상징하기도 했다. 1961년에 건설된 베를린 장벽은 자국민의 탈출을 막으려는 동독의 실패를 나타냈으며, 벨파스트 장벽은 구교도와 신교도 간의 화합의 실패를 드러냈다.

1989년에 베를린 장벽이 무너지면서 유럽을 동과 서로 나누던 철의 장막이 단 며칠 만에 사라졌다. 그로 인해서 사람들은 더욱 개방적인 세계의 탄생을 기대했다. 하지만 2000년대에 들어서면서 각국의 국경은 믿기 힘들 정도로 강화되었다.

멕시코-미국 장벽

미국과 멕시코가 접해 있는 3,144킬로미터의 국경에 1,052킬로미터 길이의 장벽이 설치되었다. 이 장벽은 사실 수십 년 동안 설치되어왔다. 1990년에 미국은 멕시코 사람들이 불법으로 입국하기 위해 통로로 이용하는 태평양 연안의 샌디에이고에 장벽을 쌓기 시작했다. 2006년에 조지 W. 부시 대통령은 '안보장벽법'에 따라 700킬로미터의 장벽을 쌓았는데, 이 장벽은 꽤 다른 모습들을 보여주었다. 서쪽 지역에 두 개의 나란한 장벽을 쌓아서 1,800개의 감시탑, 탐조등, 카메라를 설치했다. 따라서 사막 지역에서 이 장벽은 자동차 통행을 완전히 차단하는 장애물 역할을 하고 있으며, 1만 8천 명의 국경 수비대원들이 항상 감시하고 있다.

도널드 트럼프는 선거 핵심 공약 중 하나로 이 장벽을 국경 전체로 확대하는 방안을 내놓았다. 사실 텍사스주의 경우에는 건너기 힘든 리오그란데강이 멕시코와의 국경 사이에 가로 놓여 있어서 실질적인 장벽은 존재하지 않는다. 이처럼 이 장벽은 완전히 막혀 있는 국경은 아니다. 48군데의 통행 지점이 있고, 티후아나와 샌디에이고 사이의 국경 초소는 세계에서 왕래가 가장 빈번한 곳 중 하나이다. 그로 인해서 초강대국과 그의 남쪽 이웃 사이에 매일 15억 달러의 거래가 이루어지고 있다.

장벽의 귀환

놀라운 사실이 있다. 지구상에 4만 킬로미터의 장벽이 세워졌고, 그중 절반 이상이 2010년 이후에 세워졌다는 것이다. 4만 킬로미터는 지구의 둘레에 해당하는 길이이며, 현존하는 국경의 15퍼센트에 해당한다.

사실 이러한 '장벽'은 보기 드물었다. 장벽은 안보를 위해 설치한 경우가 더 많았다. 하지만 장벽의 귀환은 새로운 기능을 의미하기도 한다. 과거에 장벽은 주로 분쟁이 재발하는 것을 막기 위한 것이었다(시리아, 한국, 서사하라 등). 하지만 오늘날에 장벽은 원하지 않는 이주를 '차단'하겠다는 의미가 지배적이다. 사실상 이는 이주를 경제적·문화적 위협이자 심지어 테러리즘으로 보는 반이민주의자들의 입장을 일반화한 것이다. 이러한 맥락에서 국경을 닫는 것은 '문제'를 차단하는 가장 가시적이고 좋은 방법인 것이다.

효율성이 줄어드는 장벽

그럼에도 불구하고 국경에 설치된 장벽에 대해 열띤 찬반 논쟁이 오가고 있다. 우선 장벽이 불법 이민자의 유입을 막지 못하기 때문이다. 오히려 멕시코 북부의 경우처럼 거대한 범죄 조직이 운영하는 국외 탈출 중개인의 역할을 증가시켰다. 실제로 **국경 시장이 급성장한다면**, 국경 장벽과 관련된 회사들(국경은 카메라와 센서들로 뒤덮여 있다)에 이익을 가져다줄 뿐만 아니라, 또한 안전하기를 원하는 이민자를 불안하게 만들어서 마피아 세력을 더욱 키울 수 있다. 멕시코에서 미국으로 넘어가려면 멕시코인의 한 달 평균 급여의 17배에 해당하는 8만 6천 페소가 필요하다고 한다(2018년 자료). 인명 피해도 막대하다. 해마다 수천 명이 국경을 넘다가 사망하고 있는데, 그들 대부분 익사자이다. 2014년부터 2018년까지 1만 7천 명이 지중해에서 사라졌다.

전 세계 난민

유엔은 2019년에 7천만 명의 사람들이 전쟁이나 박해 때문에
고향을 떠난 것으로 추정한다.
고국이 아닌 다른 지역에 살고 있는 대다수의 사람들은 '이주민'이다.
'난민'이라는 용어는 고국 밖에서 거주하는 2,500만 명의 사람들에 대해서만 사용하고 있다.

역사적으로 각 시기마다 일정 수의 난민이 발생했고, 그
로 인해서 서서히 난민에 대한 권리를 인정하기에 이르
렀다. 제2차 세계대전 직후에 국제난민기구 International Refugee
Organization가 창설되면서 **거의 200만 명의 난민**을 책임지게
되었다. 1951년에는 유엔 협약에 따라 유엔 난민고등판무
관이 창설되어 국제난민기구의 뒤를 이었다.

난민의 지위를 인정하는 국가가 지켜야 할 사항은 간단하
다. 난민에게 망명을 허용하고 본국으로 돌아가도록 강요
하지 않는 것이다.

유엔 자료

- 세계: 2,500만 명의 난민이 있으며, 그중 80퍼센트
  가 고국의 인접 국가에서 살고 있다.

- 난민이 가장 많이 있는 3개국은 터키(370만 명), 파
  키스탄(140만 명), 우간다(120만 명)이다. 독일은 110
  만 명으로 5위를 차지했다.

난민은 어디에서 왔으며 지금 어디에 있는가?

많은 사람이 생각하는 것과는 달리, 대다수 난민은 고국
과 국경이 바로 접해 있는 개발도상국에 거주한다. 2020
년에 발생한 난민의 4분의 1은 2010년대 이후로 내전을
치르느라 폐허가 된 시리아 출신이다. 난민은 망명을 신
청할 수 있지만, 현재 수백만 명의 난민이 어려운 상황이
해결되기를 기대하면서 수용소에서 생활하고 있다. 이러
한 수용소는 다양한 형태를 취하고 있으며, 규모가 큰 수
용소들은 실제 마을처럼 보이기도 한다. 난민들은 그곳에
서 기본적인 서비스를 제공받지만, 사실 그곳에 갇혀 있
어서 통제 없이 출입이 불가능하다. 수용소에 있는 이 많

은 난민은 국가 간의 협약에도 불구하고 그들이 **받아들여
질지에 대해 위기감**을 느낀다.

따라서 2015년 시리아 분쟁으로 인해서 예외적으로 많은
난민이 유입되었을 때, 유럽연합 국가들은 분열되었다. 다
른 국가들이 테러 방지, 통합 능력이나 국가 정체성을 이
유로 난민에 대해 문턱을 높이며 난민 수용을 훨씬 더 꺼
리는 상황에서 독일은 수많은 난민을 수용하기로 합의했
다. 이것은 오늘날 세계에서 가장 난민이 가장 많은 나라
가 **터키**가 된 이유이기도 하다. 유럽연합은 난민이 유럽
으로 유입되는 것을 제한하기 위해서 난민 통제에 대한
대가로 수용소에 자금을 지원하고 있다.

새로운 유형의 난민?

현재 진행 중인 기후 변화로 인한 **환경 파괴** 때문에 몇몇
지역은 살기가 힘들어지면서 수많은 이주민이 발생하기
도 한다. 따라서 많은 NGO와 일부 국가들은 이러한 이주
민의 수용을 쉽게 할 '기후 난민'이라는 지위를 만들기 위
해 캠페인을 벌이고 있다. 하지만 이주민에 대해 폐쇄적
인 세계에서 그러한 전망은 여전히 제한적이다.

유산 개발의 도전

프랑스어로 'patrimoine'(유산, 라틴어로 '아버지'를 뜻하는 'pater'에서 유래)에는
상속과 소유의 개념이 함께 있다.
따라서 이 단어는 무엇보다 사적인 영역에서 시작되었다.

한 가지 목표 : 보존 및 보호

프랑스 혁명 동안 유산이 '대중화'되거나 '공공화'될 수 있
다는 생각이 싹트기 시작했다. 앙시앙 레짐Ancien Régime 31)이
끝나면서 왕궁 소장품들의 거취 문제가 제기되자, 의원들
과 지식인들은 절대 왕정의 증거가 되는 모든 것을 파괴
하지 않고, 오히려 아름다운 건축 기념물들이 억압을 상
징하는데도 불구하고 보존하는 데 찬성했다. 이렇게 해서
1795년에 **프랑스 유물박물관**le musée des Monuments français이 세워
졌고 파괴된 기념물 조각을 복원하여 보존했다.

19세기에 서구 국가들은 '유산'을 보호하기 위한 법을 채
택했다. 프랑스에서는 작가 **프로스페르 메리메**Prosper Mérimée
가 1834년에 역사적 기념물의 감독관이 되어 프랑스 전
역을 다니면서 보존할 기념물을 찾아냈고, 건축가 비올레
르 뒤크Viollet-le-Duc는 수많은 건축물의 복원(예를 들면, 노트르
담 대성당 또는 카르카손의 성채 도시 라 시테)을 담당했다. 목
표는 도시의 '자연스러운' 진화 과정을 끝내는 것이었다.
다시 말해서 오래되거나 불필요하다고 간주 되는 건물의
파괴를 막는 것이었다. 이렇게 해서 보호된 재산은 더 이
상 소유주가 원하는 대로 파괴하거나 변형할 수 없었기
때문에, 전적으로 소유주의 처분에 달려 있지 않았다. 이
때부터 유산은 **과거로부터 물려받았으며 후대에 물려줘
야 할 공동 재산**으로 국민의 것으로 간주되었다.

세계적 현상

이러한 생각은 20세기의 마지막 수십 년 동안 널리 퍼져
나갔다. 유네스코와 IUCN(국제 자연 보존 연맹)은 1972년에
문화 및 자연 자원 보호를 목표로 '세계 유산'이라는 개념
을 만들어서 인류의 공동 유산을 '보편적 가치'를 지닌 것
으로 간주했다.

이렇게 함으로써 유산 개발은 세계를 보는 우리의 관점
과 그것을 개발하는 방식을 서서히 변화시켰다. 점점 더
많은 자연 공간이 보호되고 있으며, 무엇보다도 **도시의**

인류 '무형' 문화유산

나폴리 피자, 매 사냥, 쿰 멜라 힌두교 순례 축제의
공통점은 무엇일까? 이들은 모두 인류 무형 문화유
산으로 등재되었다. 2003년 국제 협약으로 인정받
은 이러한 문화유산에는 세대에서 세대로 전해지며
정체성과 지속성을 제공하는 관행, 표현, 지식 및 비
법을 포함된다. 따라서 유산은 단순히 물질적인 것
에 국한되지 않는다.

진화 방식을 변화시켰다. 시민이나 지도자는 유산의 가치
를 높이기 위한 정책을 실시했으며, 유산의 개념은 서서
히 더 확장되었다. 처음에 특별한 기념물만을 고려했다
면, 서서히 오래된 구역 또는 다른 시대나 오래된 공장을
대표하는 모든 것을 보존하기 위한 아이디어가 점차 발
전했다.

유산 개발은 **경제 개발을 위한 수단**이 되기도 했다. 도시
에 관광객 또는 투자자가 방문하고 싶도록 매력적인 이미
지를 만들어주기도 했다. 알비Albi 32)와 같은 작은 도시 역
시 세계 문화유산으로 등재되면서 방문객이 늘어났다. 유
산 개발은 성장 수단이 되기도 하지만, 반면에 배제 수단
이 되기도 했다. 예를 들면, 파리의 마레 지구의 가치가
높아지면서 빈곤층은 그곳을 떠날 수밖에 없었다. 마찬가
지로 보존 구역의 증가는 한 도시의 '박물관화'를 초래할
위험이 있으며, 미래 세대를 위한 건축 창의성과 새로운
기회를 빼앗을 수도 있다.

본받아야 할 모델, 옐로스톤 국립공원

미국 북서부에 위치한 옐로스톤(Yellowstone) 공원은 세계에서 가장 오래된 국립공원이다.
이 공원은 1872년 대통령령으로
"사람들의 만족을 위해서 상업적인 개발로부터 자유로운" 장소를 만들기 위해서 설립되었다.
미래 세대를 위해서 자연의 일부를 야생 상태로 보존하기 위해서 시장 법칙에서 옐로스톤을 뺀 것이다.
따라서 간헐천이 있는 화산지대를 중심으로 89만 8천 헥타르의 면적이 보호되었다.

배워야 할 교훈

연간 300만 명이 방문하는 옐로스톤 공원은 세계적 기준이 되었으며, 보호 정책의 어려움을 이해할 수 있게 해주었다. 실제로 **80퍼센트가 숲**으로 덮여 있는 옐로스톤 공원은 전체적인 환경 보호 덕분에 유지되는 대신 생각하지 못했던 방향으로 **심각한 변형**이 일어났다. 숲이 노화되면서 빈약해졌고, 가을에 노란색이나 붉은색으로 아름답게 단풍 드는 잎이 많은 사시나무와 같은 이 지역을 대표하는 일부 종이 더 이상 번식하지 못하게 된 것이다. 엘크를 비롯한 초식 동물 사냥이 금지되면서 이런 초식 동물이 과도하게 번식된 탓이었다. 그 결과 1995년에 **30여 마리의 늑대를 공원 내에 다시 들여놓기로 결정**했다.

사실 이러한 문제가 발생한 이유는 자연공원 조성에 따른 세 가지 문제를 잊고 있었기 때문이다.

- **인간 거주민의 역할.** 실제로, 아메리카 원주민(당시 '토착민' 또는 '인디언'이라고 불렸다)은 사냥을 하고 불로 초원을 유지하는 데 큰 역할을 했다. 하지만 공원 설립은 수족[33]의 땅을 침범하고 인디언 보호 구역을 만드는 전쟁과 같은 상황 속에서 이루어졌다.

- **공원의 경계.** 풍경을 고려하여 만든 경계는 겨울에 초식 동물의 이동 습성을 고려하지 않은 것이었다.

- **'자연'은 변하지 않는 것이 아니다.** 진화한다.

자연 보호에 대한 재고

이러한 견해에는 보다 과학적인 근거로 자연을 보호하려는 생각이 반영되어 있다. 따라서 우리는 **인간의 위치**에 대해 다시 생각해볼 필요가 있다. 수많은 아프리카 공원은 지역 주민들을 보호종에 대한 위협으로 간주하고 추방하곤 했다. 방목지를 박탈당한 목동들, 사파리 사진 애호가들이 다른 인간들과 마주치지 않도록 공원 밖으로 이주당한 마을의 원주민들처럼 그 예는 아주 많다.

오늘날에는 이와 반대로 지역 주민들을 **보존 정책**에 포함하고, 사냥이 허용된 종에 대해 공원 내 점이지대를 함께 만들어서 사냥꾼이 필요에 따라 들어가거나 나올 수 있게 했다. 따라서 상당한 진전이 이루어졌으며, 대체로 좋은 결과를 가져왔다. 실제로 옐로스톤 공원의 조성은 아주 위대한 움직임의 첫 신호였다. 지구 전체에 대륙 표면의 10퍼센트 이상을 차지하는 10만 개 이상의 보호 구역이 조성되었으며, 지금은 해양 보호 구역 설정으로 바다로까지 확장되고 있다.

'생물 다양성' 이라고요?

'생물 다양성'이라는 용어는 매우 최근에 사용되기 시작했다.
1981년에 미국의 생물학자 토머스 러브조이(Thomas Lovejoy)가 '생물학적 다양성'이라는 표현을 사용했고,
이 표현은 그 후에 '생물 다양성'으로 줄여서 사용하게 되었다.

생물학적 풍요로움에 대한 새로운 관심

기후 변화와 마찬가지로 1992년 유엔이 리우데자네이루에서 주최한 **지구정상회담**이 결정적인 역할을 했다. 참여국은 생물 다양성에 대한 협약을 작성했는데, 그 목적은 모든 위협에 대처하는 것이었다. 그리고 이것은 기후와 마찬가지로 '인류의 공통 관심사'가 되었다.

생물 다양성은 다음의 보완적인 세 가지 접근 방식에 따라 정의할 수 있다.

- 첫째, **살아있는 종의 다양성**을 고려해야 한다. 생물 다양성은 어떤 지역에 사는 종 전체를 말하며 다양한 척도로 그것을 측정할 수 있다. 여기서 '외래종'은 역설적인 토론의 대상이 된다. 외래종이 어떤 지역에 들어오면 그 지역의 생물 다양성을 풍요롭게 할 수 있지만, 반면에 섬의 경우처럼 토착종의 멸종을 유발해 세계적 차원에서 생물 다양성을 위축시킬 수 있다.

- 그 다음으로 **생활 환경**의 측면에서 생각해보아야 한다. 실제로 다른 환경에 비해서 훨씬 더 풍요로운 몇몇 환경을 가진 서식지는 수많은 다양한 종을 존재할 수 있게 한다. 따라서 서식지를 분열하고 고갈시키는 도시화의 확장은 생물 다양성에 위협이 된다.

- 마지막으로 **유전적 풍요로움**을 통해서 접근해볼 수 있다. 모든 살아있는 종은 다양한 유전자를 가지고 있으며, 모든 유전자가 모든 개체에서 발견되는 것은 아니다. 이러한 다양성은 종이 환경 변화에 적응할 수 있도록 하는 데 아주 중요한 요소이다. 따라서 유전적 다양성의 감소는 종의 지속 가능성에 위협이 된다.

측정에 대한 복잡한 개념

우리는 특히 무척추동물(130만 종의 곤충이 있는 것으로 알려져 있지만, 아직 알려지지 않은 수백만 종의 곤충이 더 있다)의 경우처럼 너무도 많기 때문에 살아있는 모든 종을 다 셀 수 없다. 따라서 과학자들은 **유전적 풍부함** 역시 측정할 수 없다고 한다. 과학자들은 단지 일회성(단발성) 측정이나 심혈을 기울여 만든 **지표**만을 사용할 수 있다.

이렇게 생물 다양성은 전 세계적으로 불평등하게 분포되어 있다. 생물 다양성은 열대우림 지역에서 가장 강하게 나타나고 있지만, 이 지역은 인간의 활동으로 인해 현재 면적이 줄어들고 있다. 따라서 일부 연구가들이 적어도 고유 식물이 1,500종 이상 서식하고 있으며 초기 서식지의 70퍼센트 이상이 줄어든 지역에 해당하는 30여 곳의 '생물 다양성 핫스팟'을 방어하는 데 집중해야 한다고 주장한다.

여섯 번째 대멸종은 언제가 될까?

지구상 생명은 역사적으로 다섯 번의 대멸종을 겪었다. 가장 마지막 대멸종은 6,500만 년 전 공룡의 존재를 지구상에서 사라지게 했다. 수많은 과학 자료에 의하면, 현재 생물 다양성이 급격하게 줄어들고 있으며 생물 종의 소멸률이 매우 높아져서, 지질학적 차원에서 진정한 대량 멸종이 시작되었다고 생각할 수도 있을 정도라고 한다. 특히 보호 조치가 취해졌음에도 불구하고 개체수가 감소하고 있는 대형 야생 포유류의 경우 더욱 그러하다.

플라스틱이 바다를 침범할 때

수많은 신문의 1면을 바다 한가운데 플라스틱 대륙이 있다는 기사가 장식했다.
1997년 과학자들은 북태평양의 한 환류 지점에서 플라스틱 파편들이 거대하게 뭉쳐 있음을 확인했다.
환류는 소용돌이 형태로 회전하는 큰 규모의 해류를 가리킨다.

보이지 않는 새로운 '대륙'

다른 거대 환류를 관찰하다가 그 중심에도 플라스틱이 집중되고 있는 동일한 현상을 관찰했다. 따라서 5개의 **플라스틱 대륙**(북태평양, 남태평양, 북대서양, 남대서양, 인도양)이 있다고 추정할 수 있다. 플라스틱 대륙은 진짜 대륙은 아니다. 이 플라스틱 대륙은 눈에 잘 보이지 않으며, 이것을 보여주는 이미지들은 사실 오염된 해안선 사진을 이용한 것이다. 플라스틱은 아주 작은 조각의 형태로 있었으며, 5밀리미터보다 더 큰 조각은 드물고 두께도 약 30밀리미터로 밀도가 낮다. 요약해서 말하면, '대륙'은 관찰된 현실이라기보다 단지 더 강하게 의미를 전달하기 위해 사용한 용어이다.

그러나 이러한 플라스틱 쓰레기에 대해 우려해야 할 이유는 많다. 인간에게 위험하지 않더라도, **해양동물군에 수많은 영향**을 끼치기 때문이다. 바다거북이 해파리로 착각하여 삼킨 비닐봉지는 위험한 덫이 되어 바다거북을 질식사하게 만든다. 이런 특별한 경우 외에도 바다에 떠다니는 아주 작은 크기의 플라스틱 잔해를 수많은 물고기가 삼키게 되고, 이는 **먹이사슬**을 통해서 점점 쌓여간다. 게다가 플라스틱 쓰레기는 특정 미생물의 이동을 촉진시켜 다른 종을 해치고 생태계를 교란할 수 있다.

플라스틱에 대한 비난

전반적으로 플라스틱은 해양 **오염** 문제를 일으킨다. 오랫동안 대양의 거대한 규모에 기대어 그 결과에 대해 걱정하지 않고 플라스틱 폐기물을 바다로 마구 버려왔다. 오염 물질이 희석되면 부정적인 영향을 미치지 않을 것이라고 생각하면서 말이다. 오늘날에도 여전히 대부분의 국가들이 폐수를 충분히 정화하지 않고 배출하고 있다.

따라서 유일한 해결책은 플라스틱 사용을 줄이는 것이다. 플라스틱 생산량은 연간 약 3억 톤으로 추산되며, 그중 200만~800만 톤이 바다로 버려진다. 바다에서 플라스틱 쓰레기를 수거하는 것이 비현실적인 일이라 생각한다면, 플라스틱 사용을 대폭 줄여야 한다!

어떻게 바다를 보호할 것인가?

꼭 해야 할 세 가지가 있다. 가장 간단한 방법은 해양 운송 수단의 **가스 및 침전물 배출**에 맞서 싸우고, 특히 석유를 이용하는 해양 운송 수단의 안정성을 확보하는 것이다. 더 복잡하지만 반드시 필요하고 효과가 분명한 방법은 **폐수 정화**이다. 여과장치를 통해서 잔해물을 대부분 회수해야 한다. 하지만 이 방법은 홍수 등으로 인해서 100% 효과적일 수는 없다.

마지막 방법은 **해양 보호 구역**의 설정이다. 낚시, 위험 물질 운송 및 해저 개발을 금지하는 해양 보호 구역은 오늘날 해양 표면의 거의 10퍼센트를 차지하고 있으며, 그 수는 계속 증가하고 있다. 해양 보호 구역으로 선포하기가 쉽고 이것이 해양 동물군의 보존에 매우 유용하다고 하더라도, 이 구역은 실제로 통제하기가 어렵다.

고대 이집트에 오신 것을 환영합니다!

이집트 파라오는 지역별 다양한 물신숭배에서 비롯되었으며, 이것은 훗날 다신교로 이어진다.
왕국이 통일되고 일부 도시가 다른 도시를 지배하게 되면서,
지배 도시의 신이 우선권을 갖게 되었고 다른 도시들로부터 숭배를 받았다.

가족 신 이야기

고왕국 시대부터 이집트의 신들은 아버지, 어머니, 자녀로 구성된 세 신을 한 가족으로 묶어서 숭배하는 특징이 있었는데, 헬리폴리스[34]의 아홉 신으로 이루어진 태양신 가족('라'[Ra][35]를 중심으로 한 엔네아드[Ennead][36])과 헤르모폴리스의 여덟 신(오그도아드[Ogdoad][37])은 예외였다.

가장 잘 알려진 삼신 중에는 멤피스의 프타[Ptah](대장장이와 조각가의 수호신)—세크메트[Sekhmet](암사자 머리를 한 여신)—임호텝[Imhotep](최초의 계단식 피라미드를 만든 건축가로 신왕국 시대에 신격화되었다), 그리고 아비도스의 오시리스[Osiris]—이시스[Isis]—호루스[Horus]가 있다.

경쟁하는 신들

이집트의 종교 시설은 국가 기관으로, 파라오가 다양한 사원을 후원하고 관리했다. 성직자는 교리를 관장했다. 따라서 각 도시마다 성직자 단체가 있었으며, 고유의 신앙과 신에 대한 개념과 역사가 있었다.

고왕국 시대에 수도는 멤피스였으며, 멤피스의 최고 신은 프타였다. 고왕국이 끝날 무렵에 헬리오폴리스 신들의 집안(엔네아드)이 주도권을 장악하고, 파라오들은 스스로 라의 아들이라고 선언했다. 그런 다음 중왕국 시대에 수도를 멤피스에서 테베로 옮겼는데, 테베의 신은 아문이었다. 지역 신인 아문[Amun]과 태양신인 라가 결합하여 아문–라[Amun-Ra]가 되면서, 아문–라는 이집트인들의 국신이 되었다.

하나의 신을 중심으로 믿음을 통일하는 시도는 실제로 이루어진 적이 없었지만, 아마도 아메노피스 4세 시대(B.C. 14세기)는 예외이다. 아메노피스 4세는 햇살의 신 아톤[Aton]을 유일신으로 숭배하면서 자신의 이름을 아케나톤[Akhenaton](아톤의 살아있는 정령, 아톤의 대변자)으로 바꾸었다. 하지만 그가 죽고 후계자 투탕카멘[Tutankhamen] 시대에는 테베의 아문–라가 다시 제1의 자리를 차지했다.

파라오의 역할은 무엇이었을까?

파라오는 호루스의 직계 후손으로 여겨졌다. 전설에 의하면 호루스는 그의 아버지 오시리스가 죽음의 왕국으로 돌아가기 전에 왕국을 물려받았다. 라가 이집트의 주신이 되었을 때, 파라오들은 자신을 라의 아들이기도 하다고 선언했다.

태양의 후손이라는 순수성을 유지하기 위해 파라오는 여동생을 아내로 삼았다. 그들 사이에서 태어난 장남은 적어도 이론상으로는 적법한 후계자로 여겨졌다. 만일 누군가 왕좌에 앉는다면 사제들은 그가 태양의 후손이라는 계보를 찾아내고 만일 찾을 수 없었다면, 라가 하늘에서 내려와 여자의 몸에 파라오 씨를 주었다고 주장했다.

일단 책봉된 후에 파라오는 땅에서 라를 대표했다. 그렇기 때문에 파라오는 정의를 구현하고 예배를 유지했다. 비록 파라오가 이 권한을 사제들에게 위임하더라도, 이론상 파라오만이 이러한 봉사를 수행할 수 있다. 파라오는 죽으면서 신들의 세계로 되돌아간다. 그래서 파라오의 무덤 주위에 사람들은 그를 특별히 숭배할 수 있도록 신전을 세웠다.

이시스와 오시리스

죽은 자의 왕과 그의 여동생이자 아내에 대한 신화는
고대 이집트인들의 문명뿐만 아니라 정치체제에 대해 알려준다.

오시리스의 죽음과 부활

오시리스(Osiris)는 땅(게브)와 하늘(누트)의 아들이다. **온 땅의 왕**인 오시리스는 자신의 제국에서 정의와 평화를 구현하는 훌륭한 군주가 되었다. 오시리스는 자신의 여동생인 이시스와 뗄 수 없는 관계였다. **문명의 전달자**인 이시스(Isis)는 자신의 오빠가 야만의 땅으로 떠났을 때 왕국 안에서 질서를 유지시켰다.

하지만 오시리스의 동생인 세트(그리스의 타이폰)는 음모를 꾸미며 오시리스를 붙잡아 죽이고 그의 시체를 강물에 던졌다. 바다로 떠내려간 시신은 지중해를 건너 레바논 바빌로스에서 좌초했다. 바로 그곳에서 **이시스가 오빠의 시신**을 찾게 된다. 또 다른 버전의 신화에서는 이시스가 전 세계를 돌아다닌 후에 나일강 가의 진흙 속에서 조각난 오시리스의 시신을 찾아냈다. 오시리스의 죽음과 관련해 또 다른 이야기도 있다. 태양신 라가 아누비스를 하늘에서 보내서 오시리스의 시신을 찾아 미라로 만들게 했다. 이시스가 날개로 미라 위에 바람을 일으키자 오시리스가 부활했다. 하지만, 결국 오시리스는 지상의 왕국을 되찾지 못하고 지하세계의 왕이 되었다.

사지가 절단되었다가 다시 만들어진 신

이 전설의 그리스 버전은 이집트 신화의 결론과 다르다. 바빌로스에서 돌아온 이시스는 아들 호루스와 함께 오빠이자 남편의 관을 정성스럽게 보존했다. 그에게 반감을 품은 타이폰–세트는 이시스가 없는 틈을 타서 **오시리스의 시신을 조각으로 절단**하여, 이것을 이집트 전역에 뿌렸다. 그래서 이시스는 남편의 시신을 찾아 나섰다. 이시스는 결국 **성기를 제외**한 시신의 모든 부분을 찾아냈다.

이시스는 오시리스의 신체를 발견하는 장소마다 무덤을 만들었다. 이런 이유로 파라오 시대 말기 왕조에 신을 모시는 사원이 많아졌다는 이야기도 있다.

오시리스의 조각난 시신을 부활시킨 이시스는 그와 관계를 가져서 호루스를 낳았다. 성인의 나이에 도달한 호루스는 세트에게 결투를 신청했다. 이 결투 중에 세트는 호루스의 한쪽 눈을 베어내고, 호루스는 세트의 성기를 잘라냈다. 결국 승리를 거둔 호루스는 자신의 눈을 되찾아서 오시리스에게 부적으로 바쳤다. 오시리스의 아버지인 땅의 신 케브는 호루스가 오시리스를 계승할 권리가 있다고 인정하는 판결을 내렸다.

파라오 이집트의 탄생

이 이야기는 **파라오 군주제의 탄생을 설명하는 신화**이기도 하다. 모든 파라오의 조상이자 북쪽 하이집트의 왕인 호루스가 남쪽 상이집트의 왕인 세트를 물리치고, 두 왕조를 통일했다. 그 후로 파라오들은 왕위에 오르면 왕조의 신인 호루스의 매의 이름을 사용했다.

오시리스의 심판

이집트 신화에 따르면 사람은 죽고 나면 저승에서 험난한 여행을 한 후에 마침내 오시리스의 심판대 앞에 서게 된다. 죽은 자는 자신의 심장을 저울의 한쪽 접시 위에 올려놓고, 다른 한쪽에는 진실을 상징하는 깃털을 균형추로 올려놓는다. 그리고 자신이 저지른 42가지의 죄를 나열하며 고백한다. 저울은 고백이 진실인지 그 정도를 나타낸다. 그것을 기록하는 것은 따오기 새의 머리를 한 서기관 신인 토트이다. '거짓말'을 한 영혼은 사자, 악어, 하마가 잡종으로 뒤섞인 괴물에 의해 사라지고, 진실을 말한 영혼은 영생에 다가간다.

메소포타미아의 신화와 전설

각 도시마다 고유의 신을 모시고 있었기 때문에 '강 사이'에 있는 이 지역의 신전은 아주 복잡했으며,
그곳에서 발견된 신들의 목록은 수많은 해석의 문제를 남겼다.

동일한 신이 여러 개의 이름을 가질 수 있었고, 각각의 이름마다 하나의 기능이 있었다. 하지만 이 다신교는 바빌론의 신 마르두크Marduk가 메소포타미아의 주신이 되면서 일신교와 천체에 대한 숭배로 진화했다.

신들의 탄생

메소포타미아 신화에는 에누마 엘리쉬Enuma Elish(위에)라는 두 단어로 시작하는 창조 서사시가 포함되어 있으며, 이 두 단어는 제목으로 사용된다. "위에 하늘이 아직 이름으로 불리지 않았고, 아래 마른 땅이 이름으로 불리지 않았을 때, 신들의 아버지 압수Absu와 신들을 낳은 모체 티아마트Tiamat가 자신들의 물을 한데 섞고 있었다. 신이 나타나지 않아 이름으로 불리지 않았고 운명이 결정되지 않았다. 그리고 신들이 그들 안에서 생겨났다."
티아마트는 태초의 카오스에서 의인화된 소금물이다. 압수는 담수이다. 그들의 결합으로 안샤르Anshar와 키샤르Kishar, 즉 '하늘의 아버지'와 '땅의 어머니'가 탄생했다. 이 신성한 부부는 메소포타미아 신전의 최초의 세 신, 하늘을 다스리는 아누Anu, 인간의 운명을 주관하는 엔릴Enlil, 지혜와 원시 바다의 신 에아Ea를 비롯하여 그 밖의 다른 모든 신을 탄생시켰다.

그 후에 압수와 티아마트는 그들에게 대적하는 신들을 모두 없애기로 결정한다. 에아가 압수를 사로잡자, 티아마트는 마르두크(그 전에 그는 다른 신들에게 자신을 지도자로 인정할 것을 요구했다)를 상대할 괴물들을 만들어낸다. 이 싸움에서 승리한 마르두크는 운명의 석판을 빼앗아서 카오스를 둘로 나누어 하늘과 땅을 창조하고, 천체 운행의 경로를 다스리는 마르두크의 별(목성)을 만들었다. 그런 다음에 마르두크는 자신의 피를 진흙과 섞어서 인간을 만들어서 신들을 섬기게 했다. 이 모든 것이 끝난 후에 신들은 에사길Esagil(천상의 신전)에 모여서 성대한 연회를 열고, 마르두크에게 '50개의 칭호'를 부여했다. 모든 권한이 오직 마르두크 안에 모였다.

길가메시 서사시

첫 번째 버전이 기원전 2500년으로 거슬러 올라가는 이 방대한 시는 아시리아의 왕 아슈르바니팔Ashurbanipal(기원전 7세기)의 도서관에서 발견되었다. 우루크Ourouk의 왕 길가메시Gilgamesh는 야수 엔키두Enkidu와 치열한 전투를 벌인 수메르 영웅이다. 길가메시와 야수 엔키두의 전투가 승부가 나지 않자 둘은 영원한 우정을 나누기로 한다. 야수 엔키두는 문명인으로 개종한다. 그리고 그들은 함께 전쟁과 쾌락의 신(금성의 여신이라 자처한다)이자 아누Anu의 딸 이슈타르Ishtar의 보호를 받으면서 삼나무 숲의 수호자인 거대한 훔바바Humbaba와 싸웠다.

여신이 보낸 열병에 휩싸여 엔키두가 죽음을 맞이하자, 길가메시는 슬픔을 억누를 수가 없었다. 그리고 그 자신의 죽음에 대해 공포를 느끼며 괴로워했다. 그래서 길가메시는 불멸의 특권을 받은 유일한 사람, 우투나피시팀Utanapishtim을 찾아서 긴 여정을 떠났다. 노아를 떠올리게 하는 우타나피시팀은 에아의 명령에 따라 홍수를 피할 수 있는 배를 만든 인물이다. 우타나피시팀 덕분에 길가메시는 영생초를 손에 넣었지만 다시 잃어버리고, 결국 우루크로 돌아가서 지상에서 남은 생을 즐기기로 했다.

아이 러브 로큰롤!

1950년대 초에 등장한 록(Rock) 또는 로큰롤(Rock and Roll, '흔들다'와 '구르다'를 뜻한다)은
음악인 동시에 문화 현상으로 전 세계 청년들을 연결하는 가교가 되었다.

선구자

록은 과거 미국의 인종 분리 사회에서 분리된 두 음악 세계, 즉 흑인들의 '리듬 앤 블루스'rhythm and blues와 백인의 '컨트리 음악'country music이 합류하는 지점에서 탄생했다. 전자 기타와 드럼을 사용하는 것이 특징인 록은 1955년 빌 헤일리Bill Haley의 〈록 어라운드 더 클락Rock Around The Clock〉으로 처음 큰 성공을 거두었다. 하지만 쉽게 따라 하기 힘든 허리춤을 추고 기타를 흔들면서 누구도 부인할 수 없는 이 장르의 대가로 자리매김한 사람은 **황제, 엘비스 프레슬리**Elvis Presley였다. 이러한 선구자들 사이에서 역시 눈에 띄는 인물은 아프리카계 미국인 리틀 리처드Little Richard와 기타리스트 척 베리Chuck Berry였다.

1962년에 록은 대서양을 건넜다. 팝 문화의 토대를 마련한 **비틀즈**Beatles와 블루스와 오리지널 록의 신화를 연장시키려는 **롤링 스톤즈**Rolling Stones가 영국 무대에 등장한 것이다. 프랑스에서 미국 스타일을 흉내 내곤 하던 젊은이들에게 록의 가치를 알게 한 것은 예예ye-ye 음악이었다. 조니 할리데이Johnny Hallyday는 '젊은이들의 우상'이 되었고, 뒤트롱Dutronc과 및 갱스부르Gainsbourg와 같은 다른 음악가들은 프랑스 특유의 유머와 조롱을 가미했다.

플라워 파워(Flower Power)[38]에서 펑크까지

1960년대 말, **히피와 썸머 오브 러브**summer of love[39]의 유행으로 지금까지도 전설로 남은 음악가들이 등장했다. 앤디 워홀Andy Warhol의 '팩토리'를 자주 방문했던 벨벳 언더그라운드Velvet Underground, 비치 보이스Beach Boys와 그들의 캘리포니아 록, 무대에서 자신의 기타를 불태운 지미 헨드릭스Jimi Hendrix가 등장한 것이다. 1969년 우드스톡 페스티벌Woodstock Festival에서 이들은 음악성을 폭발시켰다. 이 신화는 브라이언 존스Brian Jones(롤링 스톤즈Rolling Stones), 헨드릭스, 재니스 조플린Janis Joplin, 짐 모리슨Jim Morrison(더 도어스The Doors)이 몇 달 간격을 두고 사망하면서 계속 유지된다. 사이키델릭의 유행으로 소위 프로그레시브 록을 주도하

고 감각적인 콘서트, 화려한 조명 쇼, 거대한 무대장치, 몽환적이고 정교한 음악을 하는 핑크 플로이드Pink Floyd가 성공할 수 있었다. 심지어 비틀즈도 앨범 〈서전 페퍼즈 론리 하츠 클럽 밴드Sergeant Pepper's Lonely Hearts Club Band〉로 실험적인 방향 전환을 시도했다.

1970년대 중반에 레드 제플린Led Zeppelin은 기타와 고음의 보컬로 이루어진 하드 록으로 혁신을 계속 시도했다. 딥 퍼플Deep Purple과 AC/DC가 그 뒤를 이었다. 록의 상업화에 반발한 섹스 피스톨즈Sex Pistols의 주도로 펑크punk 음악이 탄생했고, 클래시Clash는 기교가 뛰어나기보다는 도발적인 음악으로 세계적인 성공을 거두었다.

장르의 융합을 향해

1980년대부터 다양한 장르가 탄생하면서 종종 서로 융합되곤 했으며, 데이비드 보위David Bowie와 같은 아티스트는 극도로 아방가르드한 시도를 했다. 펑크가 확장된 **포스트 펑크**Post-Punk(폴리스Police, 토킹 헤즈Talking Heads, 블론디Blondie)와 전자 악기를 사용하는 뉴 웨이브(유투U2, 더 큐어The Cure)가 나타났다.

프랑스에서는 텔레폰Téléphone, 마노 네그라Mano Negra, 리타 미츠코Rita Mitsouko가 이 분야의 독창성을 키웠으며, 에어Air와 다프트 펑크Daft Punk는 '프렌치 터치'French touch를 거친 후, 2000년대 초반에 **일렉트로닉**으로 선회했다.
다양하고 반항적인 록은 늘 기존 질서와의 단절이라는 이미지를 전달했다. 그 전설은 1994년 그룹 너바나Nirvana의 커트 코베인Kurt Cobain이나 2011년 에이미 와인하우스Amy Winehouse처럼 상징이 된 예술가들의 비극적이고 너무 이른 죽음과 더불어 계속된다.

유행!

20세기 초에 의상은 새로운 차원에 도달했다.
끊임없이 새로워져야 하는 예술적 창조의 한 분야로 자리매김한 것이다.
사회적 지위를 반영하는 정장과 달리,
패션이나 오트쿠튀르는 사치, 꿈, 우아함의 세계에서
다양한 스타일을 뒤섞고 규범을 바꾸었다.

옷차림의 혁명

19세기 말까지 코르셋, 속치마, 페티코트, 망슈 지고[40]로 구성된 여성들의 옷차림은 허리를 조이고 가슴을 강조하여 S자 몸매를 만들기 위한 족쇄였다. 20세기 초에 오트쿠튀르Haute Couture의 혁명이라고 할 수 있는 살아있는 마네킹인 패션모델과 패션쇼의 등장은 유행을 바꾸었다. 벨 에포크 시대[41]의 디자이너 **폴 푸아레**Paul Poiret는 일본 기모노에서 영감을 받아서 여성들을 코르셋에서 해방시키기 시작했다. 화려한 파티와 함께 발표회를 개최하여 예술가들에게 둘러싸여 있기를 즐겼던 폴 푸아레는 향수를 출시하기도 했다.

광풍의 시기가 지나면서 여성 해방의 바람이 패션계에도 불었다. 최초의 여성용 바지가 출시되었고, 치마는 더 짧아졌다. 남자아이들처럼 머리를 자른 여자들은 외출할 때 아르 데코 양식의 모자로 머리를 감췄다. 제2차 세계대전 직후에 **크리스찬 디올**Christian Dior은 '뉴 룩'New Look 컬렉션으로 새로운 혁명을 시작했다. 1947년 '코롤'[42] 컬렉션의 드레스는 보석처럼 새로운 여성스러움을 보여주었으며, 1950년대 우아함의 상징인 칵테일 드레스의 발명으로 디올은 오트쿠튀르의 대가가 되었다.

선구자들

코코 샤넬 Coco Chanel로 불린 가브리엘 샤넬은 이미 1926년부터 시대를 초월한 '블랙 미니 드레스'로 양차 대전 사이에 두각을 나타냈다. 1954년 디올의 '뉴 룩'에 대응하기 위해 샤넬은 현대적이고 세련되고 실용적인 투피스를 선보였다. 이 의상은 클래식이 되었으며, 1980년대에 샤넬의 새로운 크리에이티브 디렉터 칼 라거펠트Karl Lagerfeld가 새롭게 선보였다.

1954년부터 **피에르 가르뎅**Pierre Cardin의 '버블 드레스'는 현대적인 분위기를 조성했다. 가르뎅은 칼라 없는 정장, 우주 비행사 룩, 동그랗게 부풀린 엉덩이, 합성 소재 및 기하학적 디자인으로 규칙을 파괴했다.

디올의 오른팔이던 **이브 생 로랑**Yves Saint Laurent은 1962년에 독립하여 자신의 브랜드를 만들었다. 예술을 몹시 사랑하는 그는 팝아트, 몬드리안에서 영감을 받았으며, 트렌치코트나 카방 코트[43], 그리고 무엇보다 1966년에 선보인 스모킹 수트[44]와 같은 남성복을 여성화하여 드레스 코드를 뒤흔들어 놓았을 뿐만 아니라, 여성 해방의 상징이 되었다. 같은 해에 파코 라반Paco Rabanne은 "새로운 현대적 소재를 사용해 만든 입을 수 없는 의상 12벌"이라는 첫 번째 패션 컬렉션에 확실히 미래 지향적인 영감과 새로운 소재를 사용하여 패션쇼를 예술 공연으로 만들었다.

1980년대에 **장 폴 고티에**Jean-Paul Gaultier는 패션쇼, 무대, 영상 및 영화 의상 등 모든 면에서 새롭게 창조하여 가장 있을 것 같지 않은 옷을 만들었다. 투투 스타일의 가죽 재킷, 남성용 스커트, 어부들의 스웨터를 재해석한 마린룩, 가수 마돈나가 착용하여 유명해진 원뿔형 브라가 달린 코르셋 등이 그것이다. 크리스챤 라크르와Christian Lacroix는 색다른 조합을 시도했다. 프로방스, 스페인 또는 비잔티움으로부터 영감을 받아서 그 유명한 바로크 스타일을 만들었다. 그는 반짝이는 색상, 세련된 자수, 진주, 레이스, 보석으로 장식된 밀짚모자를 사용했다.

오늘날 패션쇼 및 오트쿠튀르 쇼는 전 세계의 미디어를 끌어들이는 세계적인 행사가 되었다. **혁신과 창의성**은 성장하고 있는 명품 분야에 늘 존재한다.

춤을 춥시다!

종교적 혹은 비종교적 예술로서 춤은 나름의 규칙에 따라 신체의 자연스러운 움직임을 표현한다.
춤은 모든 문명에서 존재했으며,
각각의 문명 속에서 문화적 정체성을 나타내는 요소였다.

종교나 의례에서 춤은 인간 존재와 우주의 힘을 연결했다. 세속적이거나 대중적인 춤은 무도회나 사교장에서 개인간의 유대를 강화한다. 심지어 춤의 진화 그 자체를 통해 춤이 사회에서 차지하는 위치를 알 수 있다.

사회를 비춰주는 거울

발리의 어린 소녀들은 아주 일찍부터 종교적 전통으로 전해오는 '라마야나'라는 힌두교 대서사시를 표현하는 춤 동작과 자세를 유명한 거장들로부터 훈련받는다.

귀족적 기원을 가진 대표적 사교댄스 왈츠는 빈의 호프부르크에서 열리는 무도회와 같은 사교 행사를 통해 명성을 그대로 유지하고 있다.

안달루시아의 춤 플라멩코는 엄격하게 체계가 잡혀 있으며, 장엄하고 비장한 분위기로 스페인과 집시 세계의 특징을 함께 가지고 있다.

대중 공연의 형태로 새롭게 해석된 스트리트 댄스인 브레이크 댄스는 젊음의 표현 방법 중 하나로 도시를 중심으로 퍼져 나갔다.

발레

권위 있는 기관과 뛰어난 예술가를 통해 전통을 이어온 고전 무용의 위대한 작품은 현대 무용 선구자들의 창작물이 더해져서 오늘날에도 여전히 안무 레퍼토리가 풍부하다. 세계 곳곳에서 위대한 예술가들이 감독하는 발레단들이 번성하고 있으며, 연구를 통해서 끊임없이 재해석되는 현대 발레는 진정한 살아있는 예술이라고 할 수 있다.

루돌프 누르예프 Rudolf Noureiev(1938~1993)는 저명한 안무가이자 무용가로서 자신의 시대를 해석했으며, 1961년 소련을 떠나서 1977년까지 런던 왕립 발레단에서 경력을 쌓은 후 1983년부터 1989년까지 파리 오페라 발레단의 운명을 좌지우지했다.

현대 무용

현대 무용의 상징적 예술가로 통하는 마사 그레이엄Martha Graham(《애팔래치아의 봄Appalachian Spring》, 1944)은 인간 행동의 근원에 있는 모든 자연스러운 충동을 표현하기 위한 몸짓 언어를 만들었다.

안무가 **모리스 베자르**Maurice Béjart와 일렉트로 어쿠스틱 음악 작곡가 피에르 앙리Pierre Henry는 공동 작업을 통해서 1967년에 〈현재를 위한 미사Messe pour le temps présent〉를 무대에 올렸다. 한편 부퍼탈Wuppertal의 탄츠테아터Tanztheater의 창립자 피나 바우쉬Pina Bausch는 자전적인 내용의 컬트 작품 〈카페 뮐러Café Müller〉(1978)에 독일 특유의 표현주의 기법을 불어넣었다.

베자르Béjart처럼 고전적 훈련을 받은 윌리엄 포사이스William Forsythe는 〈I don't believe in Outer Space〉(2009)에서 깨끗한 선을 표현하는 전통적 언어로 파괴적인 이미지를 표현하면서 두 가지 세계를 뒤섞었다.

2008년에 앙줄렝 프렐조카주Angelin Prefjocaj의 〈스노우 화이트Snow White〉는 장 폴 고티에의 의상을 입고 그림 형제의 이야기와 구스타프 말러Gustav Mahler의 음악을 재해석하여 현대 무용의 선구적인 작품으로 자리매김했다.

재즈와 블루스 사이

20세기 초까지 미국 흑인들은 목화를 따고 철길을 깔면서 노동요인 블루스(Blues)를 부르고, 종교 노래인 흑인 영가(Negro spirituals)를 불렀다. 강한 리듬의 유럽식 피아노 음악인 래그타임까지 가세한 이 다양한 음악들은 뉴올리언스의 다양하게 섞인 인종들 속으로 녹아들어 갔다.

뉴올리언스에서 뉴욕까지

흑인들 또는 백인들로 이루어진 오케스트라가 밴조[45], 기타, 튜바, 베이스 및 타악기 등의 리듬 악기와 코넷, 클라리넷, 트럼펫 등의 멜로디 악기를 가지고 산책로에서 리드미컬한 음악을 연주하곤 했다. 재즈는 뉴올리언스에서 이렇게 탄생했다.

세계대전 이후에 재즈는 미시시피 강을 따라 올라가 시카고에 도달했다. 루이 암스트롱Louis Armstrong이 재즈 역사상 최초의 진정한 독주자로 활동한 곳이 바로 시카고였다. 그런 다음 색소폰을 즐기게 된 뉴욕에서 카운트 베이시Count Basie, 캡 캘러웨이Cab Calloway, 듀크 엘링턴Duke Ellington의 빅밴드들과 가장 뛰어난 솔로이스트인 시드니 베쳇Sidney Bechet, 아트 테이텀Art Tatum, 패츠 월러Fats Waller, 레스터 영Lester Young이 전성기를 맞이했다.

재즈는 클럽에 활기를 불어넣는 댄스 음악이다. 재즈는 유럽의 작곡가(미요Milhaud, 라벨Ravel, 스트라빈스키Stravinsky)와 조지 거슈인George Gershwin(《랩소디 인 블루Rhapsody in Blue》)에게 영

향을 끼치고, 기타리스트 장고 라인하르트Django Reinhardt[46]와 같은 재즈 음악가들이 대서양 반대편으로 알려지는 영광의 순간을 누렸다.

비밥[47]에서 프리 재즈로

춤추기에 알맞은 유쾌한 느낌의 재즈에서 벗어나서 전쟁 후에는 비밥 스타일이 나타났다. 소규모 앙상블을 위한 복합적인 음악인 비밥BE-BOP은 새로운 솔리스트 찰리 파커Charlie Parker, 델로니어스 몽크Thelonious Monk, 디지 길레스피Dizzy Gillespie로 인해서 더욱 선풍을 일으켰다. 이 까다로운 새로운 재즈는 특히 유럽에서 뉴올리언스로의 복귀를 자극했으며, 반면에 춤을 좋아하는 사람들은 재즈보다는 삼바를 선택했다.

스탠 게츠Stan Getz, 마일즈 데이비스Miles Davis, 게리 멀리건Gerry Mulligan은 비밥에서 벗어나 밝은 음색으로 시원하고 단순하며 편안한 스타일을 보여주었다. 결국 색소폰 연주자인 존 콜트레인John Coltrane은 현대적인 기법(자유로운 음계, 복합적인 리듬, 아프리카 및 인도 음악의 영향)을 사용하여 집단 즉흥 연주를 되살리면서 1960년대 프리 재즈FREE JAZZ의 길을 열었다. 흑인 해방 운동과 동시대를 살아온 이 재즈는 유럽에서 매우 성공적이었기 때문에, 때로 공격적이기도 했다. 1970년대에 마일즈 데이비스Miles Davis는 재즈에 '일렉트릭'을 결합했다. 전자 악기를 사용하여 록을 포함한 다양한 영향을 받은 퓨전 또는 재즈 록이라고 불리는 이 하이브리드 스타일은 특히 젊은이들을 포함한 많은 청중을 유혹했다. 이때부터 재즈는 프리 재즈, 애시드 재즈, 여러 스타일을 뒤섞어서 재해석된 재즈 등 다양한 방향으로 나아가게 된다. 하지만 이러한 재즈는 1920년대부터 1940년대처럼 방대한 청중을 다시 확보하지는 못했다.

블루스에서 록까지

제2차 세계대전 이후 블루스는 자신의 길을 갔다. 일렉트릭 기타와 마이크를 사용한 비비 킹B. B. King과 존 리 후커John Lee Hooker와 같은 아티스트와 더불어 블루스의 청중은 확대되었고 포크의 출현을 촉진했다.

하지만 백인들이 블루스를 부르기 시작하면서 흑인들은 블루스로부터 멀어져서 리틀 리처드Little Richard와 아레사 프랭클린Aretha Franklin의 리듬 앤 블루스와 레이 찰스Ray Charles와 제임스 브라운James Brown의 소울 음악을 더 선호하게 되었다. 이 모든 형태뿐만 아니라 컨트리 음악의 영향을 받은 로큰롤은 1950년경에 나타날 수 있었다.

첫 번째 퀴즈

❶ 스탈린이라는 이름의 뜻은 무엇입니까?

○ 구리로 만든 사람
○ 종이로 만든 인간
○ 강철 사나이

❷ '지리학'이라는 단어를 만든 사람은 누구입니까?

○ 데카르트
○ 플라톤
○ 에라토스테네스

❸ 1917년 러시아에서 일어난 혁명은 무엇입니까?

○ 2월 혁명
○ 7월 혁명
○ 10월 혁명

❹ 소련의 해체는 언제 선언되었습니까?

○ 1991년 12월
○ 1992년 6월
○ 1990년 9월

❺ 소련은 체첸에서 몇 번의 전쟁을 일으켰습니까?

○ 한 번
○ 두 번
○ 세 번

❻ 영국은 언제 유럽 경제 공동체에 가입했습니까?

○ 1970년
○ 1973년
○ 1976년

❼ 영국이 유럽 경제 공동체에 가입하는 것을 반대했던 국가 원수는 누구입니까?

○ 빌리 브란트
○ 드골 장군
○ 마가렛 대처

❽ 마가렛 대처의 별명은 무엇입니까?

○ 국민의 여인
○ 철의 여인
○ 적자의 여인

❾ 1992년 전쟁에서 영국은 어느 나라와 대적했습니까?

○ 아르헨티나
○ 칠레
○ 페루

❿ 제1차 걸프전은 언제 일어났습니까?

○ 1985년
○ 1989년
○ 1991년

⓫ 브렉시트에 대한 국민투표는 언제 진행되었습니까?

○ 2016년
○ 2017년
○ 2018년

⓬ 브렉시트에 대한 국민투표를 주도한 영국 수상은 누구입니까?

○ 토니 블레어
○ 보리스 존슨
○ 데이비드 카메론

❸ 베를린 장벽은 언제 세워졌습니까?
....
○ 1951년
○ 1961년
○ 1971년

❹ 베를린 장벽이 무너진 해는 언제입니까?
....
○ 1969년
○ 1979년
○ 1989년

❺ 러시아는 2014년에 어떤 전략적 반도를 합병했습니까?
....
○ 몰도바
○ 우크라이나
○ 크림반도

❻ 프라하의 봄은 어느 나라에서 시작되었습니까?
....
○ 루마니아
○ 불가리아
○ 체코슬로바키아

❼ '민족의 작은 아버지'로 불렸던 사람은 누구입니까?
....
○ 레닌
○ 스탈린
○ 고르바초프

❽ '글라스노스트'와 '페레스트로이카'는 무엇을 의미합니까?
....
○ 자유와 정의
○ 개방과 개혁
○ 민주주의와 경제

❾ 영국의 'Chancellor of the Exchequer'은 어떤 직위를 가리킵니까?
....
○ 법무부 장관
○ 총리
○ 재무부 장관

⓴ 1953년 노벨 문학상을 수상한 영국 총리는 누구입니까?
....
○ 토니 블레어
○ 마가렛 대처
○ 윈스턴 처칠

㉑ 런던 시장에서 총리가 된 사람은 누구입니까?
....
○ 켄 리빙스톤
○ 보리스 존슨
○ 사딕 칸

㉒ 인간과 시민의 권리 선언을 발표한 날짜는 언제입니까?
....
○ 1789년 8월 26일
○ 1791년 7월 14일
○ 1798년 1월 1일

㉓ 그리스 사상가들이 지도에 만들었던 상상의 선은 무엇입니까?
....
○ 경선
○ 평행선
○ 위성

㉔ 지구상 두 지점 사이의 거리가 1시간인 경우는 다음 중 어디에 해당합니까?
....
○ 경도 15도
○ 위도 15도
○ 섭씨 15도

㉕ "지리학은 무엇보다 전쟁을 하는 데 사용된다"라고 말한 사람은 누구입니까?
....
○ 이브 라코스트
○ 엘리제 르클뤼
○ 몽테스키외

㉖ 세계에 있는 국경은 모두 몇 킬로미터입니까?
....
○ 84만 5천 킬로미터
○ 54만 킬로미터
○ 24만 8천 킬로미터

27 세계에 모두 몇 킬로미터의 벽이 세워졌습니까?

○ 10만 킬로미터
○ 7만 5천 킬로미터
○ 4만 킬로미터

28 세계에서 가장 왕래가 빈번한 국경 초소는 어디에 있습니까?

○ 중국과 러시아 사이
○ 인도와 파키스탄 사이
○ 미국과 멕시코 사이

29 세계에서 난민이 가장 많이 있는 국가는 어디입니까?

○ 그리스
○ 터키
○ 독일

30 프랑스 유명 작가 중에서 역사적 기념물의 감독관으로 임명된 사람은 누구입니까?

○ 알렉상드르 뒤마
○ 프로스페르 메리메
○ 에밀 졸라

31 세계 문화 유산으로 등재된 도시는 어디입니까?

○ 타브레
○ 오슈
○ 알비

32 세계에서 가장 오래된 국립공원은 어디입니까?

○ 옐로스톤(미국)
○ 나미브–나우크루프트(나미비아)
○ 밴프(캐나다)

33 옐로스톤의 면적은 몇 헥타르입니까?

○ 54만 5천 헥타르
○ 89만 8천 헥타르
○ 99만 8천 헥타르

34 지구에 몇 번의 대멸종이 있었습니까?

○ 한 번
○ 세 번
○ 다섯 번

35 마지막 대멸종은 언제였습니까?

○ 2천만 년 전
○ 6,500만 년 전
○ 1억 5천만 년 전

36 고대 이집트의 수도는 어디였습니까?

○ 멤피스
○ 카이로
○ 기자

37 이집트의 위대한 신은 누구였습니까?

○ 아누비스
○ 호루스
○ 라

38 고대 이집트 시대에 죽은 사람의 영혼을 심판한 신은 누구입니까?

○ 이시스
○ 오시리스
○ 세트

39 따오기 새의 머리를 한 서기관 신은 누구입니까?

○ 호루스
○ 토트
○ 케브

40 바빌론의 신은 누구입니까?

○ 티아마트
○ 마르두크
○ 키샤르

❹❶ 벨 에포크 시대의 디자이너는 누구입니까?

○ 폴 푸아레
○ 자크 두세
○ 찰스 프레데릭 워스

❹❷ 여성을 코르셋으로부터 해방시켜 준 디자이너는 누구입니까?

○ 코코 샤넬
○ 폴 푸아레
○ 장 파투

❹❸ '뉴 룩' 컬렉션으로 패션에 새로운 혁명을 일으킨 디자이너는 누구입니까?

○ 크리스찬 디올
○ 이브 생 로랑
○ 피에르 가르뎅

❹❹ 유명한 '블랙 미니 드레스'를 만든 사람은 누구입니까?

○ 피에르 프랑수아 겔랑
○ 코코 샤넬
○ 크리스챤 디올

❹❺ '황제'라는 별명은 가진 사람은 누구입니까?

○ 엘비스 프레슬리
○ 척 베리
○ 믹 재거

❹❻ 1960년대 '청소년의 우상'은 누구였습니까?

○ 클로드 프랑수아
○ 조니 할리데이
○ 딕 리버스

❹❼ 플라멩코는 어느 나라에서 비롯되었습니까?

○ 스페인
○ 이탈리아
○ 포르투갈

❹❽ 위대한 무용가 루돌프 누르예프의 국적은 어디입니까?

○ 오스트리아
○ 러시아
○ 폴란드

❹❾ 재즈의 탄생지는 어디입니까?

○ 뉴올리언스
○ 뉴욕
○ 시카고

❺⓪ 재즈에 일렉트릭을 결합한 사람은 누구입니까?

○ 스탠 게츠
○ 루이 암스트롱
○ 마일즈 데이비스

❺❶ '강 사이'에 있다는 뜻을 가진 지역은 어디입니까?

○ 이집트
○ 메소포타미아
○ 레바논

❺❷ 러시아 의회를 무엇이라고 하나요?

○ 두마
○ 크네셋
○ 미르

❺❸ 레닌이 채택한 새로운 정책은 무엇입니까?

○ DNP
○ NEP
○ PNE

❺❹ 스탈린의 뒤를 이은 사람은 누구입니까?

○ 레닌
○ 브레즈네프
○ 흐루시초프

⑤⑤ 1950년대 미국의 반공주의를 무엇이라고 불렀습니까?

○ 레이건주의
○ 트럼피즘
○ 매카시즘

⑤⑥ 로버트 케네디와 같은 해에 살해된 인물은 누구입니까?

○ 그의 형제, 존 피츠제럴드 케네디
○ 마틴 루터 킹 목사
○ 존 레논

⑤⑦ 1991년에 구소련에서 독립한 나라는 어느 나라입니까?

○ 아르메니아
○ 조지아
○ 아제르바이잔

⑤⑧ 1995년에 구유고슬라비아는 몇 개의 독립 공화국으로 분리되었습니까?

○ 4개
○ 5개
○ 6개

⑤⑨ 1981년에 야루젤스키 총리가 계엄령을 선포한 나라는 어디입니까?

○ 알바니아
○ 폴란드
○ 헝가리

⑥⓪ 1980년대 말에 체코슬로바키아에서 일어난 혁명은 무엇입니까?

○ 벨벳 혁명
○ 7월 혁명
○ 황금 혁명

⑥① 폴란드의 레흐 바웬사가 이끈 조합은 무엇입니까?

○ 솔리다르노시치
○ 코미테트 오브로니 로보트니쿠프
○ 폴란드 노동조합

⑥② 볼셰비키 당의 기관지의 이름은 무엇입니까?

○ 텔레그래프
○ 프라우다
○ 콜로콜

⑥③ 블라디미르 일리치 울리야노프는 누구입니까?

○ 레닌
○ 스탈린
○ 트로츠키

⑥④ 과거 연방정보국 국장이었던 러시아의 대통령은 누구입니까?

○ 블라디미르 푸틴
○ 보리스 옐친
○ 드미트리 메드베데프

⑥⑤ 1990년에 노벨 평화상을 받은 소련의 대통령은 누구입니까?

○ 미하일 고르바초프
○ 레오니트 브레즈네프
○ 보리스 옐친

⑥⑥ 국가 및 모든 사회 제약을 없앨 것을 권장한 정치 운동은 무엇입니까?

○ 자본주의
○ 사회주의
○ 무정부주의

⑥⑦ 전체주의로 간주되는 정치 제도는 무엇입니까?

○ 파시즘
○ 나치즘
○ 스탈린주의

⑥⑧ 『방법서설』을 쓴 철학자는 누구입니까?

○ 파스칼
○ 칸트
○ 데카르트

69 "COGITO ERGO SUM"의 뜻은 무엇입니까?

○ 나는 생각한다. 고로 나는 존재한다.
○ 나는 생각하지만 말하지 않는다.
○ 나는 존재한다. 그리고 살고 있다.

70 임마누엘 칸트는 어느 나라의 철학자입니까?

○ 영국
○ 독일
○ 스위스

71 2015년에 예외적으로 많은 난민을 발생시킨 사건은 무엇입니까?

○ 아랍의 봄
○ 시리아 분쟁
○ 기후 변화

72 인류 무형 유산으로 지정된 요리는 무엇입니까?

○ 나폴리 피자
○ 카스텔노달리의 카술레
○ 세비야의 파에아

73 전 세계에 얼마나 많은 보호 구역이 있습니까?

○ 5만 개 미만
○ 50개와 1만 개 사이
○ 10만 개 이상

74 최초의 계단식 피라미드를 만든 건축가는 누구입니까?

○ 임호텝
○ 스네프루
○ 죠세르

75 파라오 아메노피스 4세의 새 이름은 무엇입니까?

○ 람세스
○ 투탕카멘
○ 아케나톤

76 이시스와 오시리스는

○ 사촌이다.
○ 남편과 아내이다.
○ 형제 자매이다.

77 장 폴 고티에가 원뿔형 브라가 달린 코르셋을 만들어 준 가수는 누구입니까?

○ 디타 본 티즈
○ 마돈나
○ 그레이스 존스

78 전통적으로 빈의 무도회는 어떤 춤으로 시작됩니까?

○ 탱고
○ 록
○ 왈츠

79 파라오의 왕좌를 상징하는 것은 무엇입니까?

○ 호루스의 매
○ 오우아스의 왕홀
○ 앙크의 십자가

80 암사자 머리를 한 여신은 누구입니까?

○ 세크메트
○ 바스테트
○ 에드조

정답

1. '강철의 사나이'
2. 에라토스테네스
3. 10월 혁명
4. 1991년 12월
5. 두 번
6. 1973년
7. 드골 장군
8. 철의 여인
9. 아르헨티나
10. 1991년
11. 2016년
12. 데이비드 카메론
13. 1961년
14. 1989년
15. 크림반도
16. 체코슬로바키아
17. 스탈린
18. 투명성과 개혁
19. 재무부 장관
20. 윈스턴 처칠
21. 보리스 존슨
22. 1789년 8월 26일
23. 경선, 평행선
24. 경도 15도
25. 이브 라코스트
26. 24만 8천 킬로미터
27. 4만 킬로미터

28. 미국과 멕시코 사이
29. 터키
30. 프로스페르 메리메
31. 알비
32. 옐로스톤(미국)
33. 89만 8천 헥타르
34. 다섯 번
35. 6,500만 년 전
36. 멤피스
37. 라
38. 오시리스
39. 토트
40. 마르두크
41. 폴 푸아레
42. 폴 푸아레
43. 크리스찬 디올
44. 코코 샤넬
45. 엘비스 프레슬리
46. 조니 할리데이
47. 스페인
48. 러시아
49. 뉴올리언스
50. 마일즈 데이비스
51. 메소포타미아
52. 두마
53. NEP(신경제 정책)
54. 흐루시초프

55. 매카시즘
56. 마틴 루터 킹 목사
57. 셋 다
58. 6개
59. 폴란드
60. 벨벳 혁명
61. 솔리다르노시치
62. 프라우다
63. 레닌
64. 블라디미르 푸틴
65. 미하일 고르바초프
66. 무정부주의
67. 셋 다
68. 데카르트
69. 나는 생각한다. 고로 나는 존재한다
70. 독일
71. 시리아 분쟁
72. 나폴리 피자
73. 10만 개 이상
74. 임호텝
75. 아케나톤
76. 형제 자매이자 남편과 아내이다.
77. 마돈나
78. 왈츠
79. 호루스의 매
80. 세크메트

보충 설명

1) 러시아 황제

2) 구소련 공산당의 별칭. 소련공산당의 전신인 러시아사회
   민주노동당 정통파를 가리키는 말로 멘셰비키에 대립된
   개념이며, 다수파라는 뜻으로 과격한 혁명주의자 또는
   과격파의 뜻으로도 쓰인다.

3) 레닌은 독일과 불평등 휴전 조약을 맺었다.

4) 국제공산당

5) 엄격한 국가 통제 아래 자본주의적 요소를 일부 도입한
   것으로, 농민에 대한 식량 강제 수매를 폐지하고, 경공업
   과 무역을 부분적으로 사기업으로 전환했다.

6) 스탈린은 농업집단화 과정에서 당이 '쿨락'으로 규정한 부
   농들을 처벌함으로써 농민들의 반발을 억제하려고 했다.

7) 올리가르히(oligarch)는 고대 그리스에 존재한 소수자에
   의한 정치 지배(과두정치)를 뜻하는 '올리가키'(oligarch)의
   러시아어이다. 이들은 페레스트로이카 시절 구 소련이
   30가지 경공업 분야에서 개인 사업을 허용하면서 등장한
   세력으로, 일종의 정치-경제-언론 융합 과두세력이다.

8) 유럽공동체가 시장통합을 넘어 정치·경제적 통합체로
   결합하기 위한 터전이 된 조약. 네덜란드의 소도시인 마
   스트리히트에 EC 정상들이 모여 가조인한 데서 이름을
   따왔다.

9) 탈나치화는 분단 시대의 독일에서 나치 독일의 잔재를
   일소하고자 했던 작업이다.

10) 히틀러의 나치 독일

11) 1947년 1월에 영국과 미국은 각자의 점령지를 합병하여
    바이존을 만들었다. 1948년 3월에 프랑스가 바이존에 합
    류하면서 트라이존을 형성하고, 자본주의 진영의 3개국
    은 1948년 6월 20일에 기존의 라이히스마르크를 대체할
    새로운 화폐인 독일 마르크를 도입한다. 그리고 1949년 5
    월 23일 트라이존에 독일연방공화국이 수립된다.

12) 북대서양조약기구(North Atlantic Treaty Organization)

13) '서구 이슬람화에 반대하는 애국 유럽인회'

14) 게토는 유대인 거주지를 뜻하지만, 미국에서 특정 인종
    에 따라 형성된 거주지를 뜻하기도 한다.

15) 세계 경제 발전과 글로벌화가 꾸준히 진행되면서 세계
    교역 규모가 1970년대 이후 급격히 증가했다. 이로 인해
    달러화 가치도 더 이상 금으로 보유할 수 없게 되자 닉슨
    미국 대통령이 금태환 정지를 선언했다.

16) 1950년에서 1954년까지 미국을 휩쓴 반공산주의 선풍으
    로, 논리적인 이론이나 사실의 근거 없이 정적을 비난하
    거나 공산주의 등으로 몰아 탄압하는 것을 뜻한다

17) 시민권법은 인종, 민족, 출신 국가, 종교, 성별 등에 따른
    차별을 금지하고, 흑인에게 투표권과 공공시설 사용을
    보장했다.

18) 기독교가 강한 미국 남부와 중서부 지대

19) 내전으로 인해 세계의 주목을 받게 된 보스니아의 정식
    명칭은 보스니아-헤르체고비나공화국(Republic of Bosnia
    and Hercegovina)이다. 구 유고슬라비아 사회주의 연방공
    화국의 6개 공화국의 하나였으며, 1992년 3월 분리 독립
    한 신생 공화국이다. '보스니아-헤르체고비나'라는 국명
    은 북부의 보스니아 지방과 남부의 헤르체고비나 지방
    명의 합성어에서 유래했다. 북쪽과 서쪽으로는 크로아티
    아, 동쪽으로는 유고슬라비아와 국경을 접하며, 해안선
    의 길이는 아드리아 해안의 경우 20킬로미터에 지나지
    않고 항구다운 항구가 없는 관계로 내륙국과 다를 바가
    없다. 1990년 탈냉전 이후 문화·종교적 차이로 인한 민
    족갈등이 폭발하여, 이슬람교도·세르비아인·크로아티아
    인 간 내전이 치열하게 되자 국제사회의 개입으로 1995
    년 12월 데이턴평화협정을 체결하여, 민족구분에 의한 1
    국가 2체제를 수립했다. 보스니아-헤르체고비나를 이루
    는 보스니아헤르체고비나연방(이슬람계-크로아티아계 연방)
    과 스르프스카공화국(세르비아계 공화국)은 각각 입법부와
    대통령을 가지고 있다.

20) 최초의 노동자 출신 노벨상 수상자

21) 바르샤바 조약이 붕괴된 후, 나토 회원국과 이전에 바르
    샤바 조약을 체결한 나라들을 포함하여 형성된 기구

22) 트로츠키주의 공산주의자들의 국제연대기구로 1938년
    파리에서 창립되었다. 스탈린의 코민테른으로는 국제 노
    동자 계급을 이끌 수 없다고 판단한 레프 트로츠키와 다

른 마르크스주의자들에 의하여 조직되었다.

23) 긴장 완화를 뜻한다.

24) 이 연설이 냉전의 시작점이라고 평가받는다.

25) 벨파스트 협정으로 더 알려져 있다.

26) 프랑스의 계몽주의 정치학자

27) 마르크스나 엥겔스 등이 주장하는 사회주의는 과학적인 분석을 바탕으로 하여 공산주의 원칙을 실현하여 과학적 사회주의라 불린다. 반면 로버트 오언(Robert Owen), 생시몽(Saint-Simon), C. 푸리에 등이 주장하는 사회주의는 그들이 이상으로 하는 세계를 실현하기 위해 계급성을 배제하여 계급투쟁이나 정치투쟁을 반대하고, 사랑과 협력을 통해 새로운 세계를 창조하려 했는데, 과학적 사회주의자들은 그들과 비교하여 이를 공상적 사회주의라 칭했다.

28) 데카르트의 기본 철학원리로, 코기토는 라틴어로 '나는 사유한다'는 의미지만 데카르트 이후 '사유하는 나'를, 더나아가 인식 주관이나 인격 주체를 의미하는 명사로 사용되어왔다.

29) 「알비의 마파 문디(Mappa mundi of Albi)」는 상징이나 추상성을 사용하지 않은 초기에 제작된 두 지도 중의 하나로, 8세기 당시까지 알려진 모든 세계를 양피지 위에 그려 놓은 지도이다.

30) 영국의 북부에 있는 로마 제국 시대의 성벽. 122년에 하드리아누스 황제가 브리튼을 방문한 후에, 북쪽의 픽트족을 막기 위하여 약 10년에 걸쳐 세웠다.

31) 절대 왕정

32) 알비는 프랑스 남서부 옥시타니 지방 타른 주의 주도로 대주교좌가 있는 도시. 툴루즈와 몽토방에 이어 옛 미디피레네지역 제3의 도시이며 두 번째로 큰 경제도시다. 대주교들의 궁전인 베르비성과 생트세실 대성당의 붉은 벽돌 때문에 '붉은 도시'로 알려져 있다. 후기 인상파 화가인 앙리 드 툴루즈 로트렉의 출생지로 베르비성에는 그의 작품을 가장 많이 소장한 앙리 드 툴루즈 로트렉 박물관이 들어서 있다. 2010년 유네스코 세계문화유산에 등재됐다.

33) 북아메리카 원주민 부족

34) 카이로의 북동쪽 교외에 있는 고대 이집트의 종교도시

35) 태양신

36) 아홉 신의 집단

37) 고왕국 시대에 헤르모폴리스에서 숭배되던 고대 이집트 종교의 여덟 신을 의미한다.

38) 1960년대 후반에서 1970년대 초반 사이에 있었던 미국 비폭력 저항의 상징이다.(1) 플라워 파워는 베트남 전쟁에 반대하는 반전 운동에 뿌리를 두고 있었다.(2) 1965년 미국의 비트 세대 시인인 앨런 긴즈버그가 반전 평화 운동을 플라워 파워라고 표현하기 시작했으며 전쟁 반대 운동을 보다 긍정적인 평화 운동으로 전환하기 위해 주창했다.(3)(4)(5) 플라워 파워를 적극적으로 수용한 것은 히피들로 이들은 형형 색색의 옷을 입고 머리에 꽃을 꽂고 사람들에게 꽃을 나누어 주며 화동을 자처하여 이 상징을 받아들였다.(6) 훗날 히피 운동에 약물 사용과 반문화 운동, 사이키델릭 음악과 같은 현상이 두드러지자 이러한 문화 경향을 가리키는 의미로도 쓰이게 되었다

39) 1967년 미국 샌프란시스코에서 탄생한 사랑, 평화, 자유를 부르짖던 20~30대 젊은이들이 이끈 히피 운동

40) 16세기와 19세기에 유행한, 소매의 윗부분은 불룩하고 소맷부리 부분은 가는 모양의 소매. 양의 다리 모양과 유사해서 붙여진 이름이다.

41) '좋은 시대'라는 의미로, 프랑스의 정치적 격동기가 끝나고 1차 세계대전이 시작되기 전까지의 19세기 말~20세기 초의 기간을 이르는 말이다.

42) 크리스찬 디올은 만개한 꽃에서 영감을 얻어 드레스의 허리는 잘록하게 하고, 여러 겹의 속치마를 사용해 스커트는 풍성하게 디자인한 첫 컬렉션의 이름을 프랑스어로 화관을 뜻하는 '코롤'(Corolle)이라고 지었다.

43) 선원들이 즐겨입던 코트에서 영감을 받은 것으로 굵직한 직선 실루엣과 더블 단추가 특징이다.

44) 스모킹 수트(smoking suit)는 말 그대로 과거 고급 사교모임에서 남성들이 담배를 피우며 담소를 나눌 때 입었던 옷에서 유래했는데, 이브 생 로랑이 최초로 여성들을 위한 수트 컬렉션인 르 스모킹(Le Smocking)을 발표했다.

45) 재즈음악의 초창기에 매우 인기 있던 미국 흑인들의 현악기

46) 벨기에 출생의 프랑스 재즈기타 연주자

47) 1940년대 중반 미국에서 유행한 자유분방한 재즈 연주 스타일. 밥(bop)이라고도 한다. 1930년대 유행한 상업적인 스윙 재즈에 대항하여 1940년대 중반 미국에서 발생한 보다 자유분방한 연주 스타일을 말한다.

두 번째 주

이번 주에
배울 주제는 다음과 같습니다…

최초로 우주에 간 사람은 유리 가가린이다.

인터넷은 미군 네트워크용으로 만들어졌다.

전 세계에서 통용되는 언어는 6천 개이다.

대양은 지표면의 70퍼센트를 차지한다.

샌프란시스코의 골든게이트 브리지는 세계에서 가장 긴 현수교이다.

제우스는 어떻게 올림포스 정상에 올랐을까?

의학적 발견

클로드 베르나르(Claude Bernard)는 실험 의학의 도입(1865)으로
의학사에서 '실증주의' 시대를 열었으며, 더욱 보편적으로 과학 연구의 일반적 원칙을 만들었다.

화학과 의학은 한 쌍이다

루이 파스퇴르 Louis Pasteur가 선도적인 연구 성과(탄저병 및 광견병 백신)를 낸 이후에 다른 박테리아들이 발견되고 백신이 개발되었다. 결핵균(로베르트 코흐Robert Koch, 1882), 페스트균(알렉상드르 예르생Alexandre Yersin, 1894), 디프테리아(에밀 루Émile Roux)가 대표적이다.

임상 관찰은 의학의 범위를 넓혔다. 장 마르탱 샤르코Jean-Martin Charcot는 사르페토리에르Salpêtrière 병원에서 신경 계통 질환과 관련된 자료들을 수집한 연구와 강의로 신경 질환 연구에 혁명을 일으켰다. 유럽 전역에 명성을 떨친 샤르코는 칼 구스타프 융Carl Gustav Jung과 지그문트 프로이트Sigmund Freud에게 막대한 영향을 끼쳤다.

20세기 전반기에 의학에서 **물리학, 화학, 생물학**의 기술이나 방법을 사용하는 일이 늘어나면서 진단이나 치료 횟수 역시 늘어났고, 그 결과 의학의 전문 분야들이 탄생했다. 화학 산업에서는 제약 산업이 파생했다. 아스피린이 대량으로 생산되었고, **인슐린**이 1922년에 발견되어 수많은 당뇨 환자의 생명을 구했다. **페니실린**은 1928년 영국인 알렉산더 플레밍Alexander Fleming이 발견하여 1941년부터 약으로 사용된 최초의 항생제이다.
수술에서도 괄목할 만한 발전이 이루어졌다. 19세기 말부터 **마취제**(에테르, 클로로포름)와 **방부제** 사용이 보편화되었다. 혈액형의 발견(1910)은 수혈을 가능하게 했다.

에이즈와 새로운 유행병

1980년대 초에 나타난 퇴행성 질환을 일으키는 AIDS 바이러스는 1983년에 분리에 성공했다. 동성애자 집단을 혼란에 빠뜨린 이 바이러스는 아프리카에 잔인한 영향을 끼치면서 세계로 퍼져 나갔다. 1996년이 되어서야 개발된 3중 복합제의 초창기 효과들은 치료제로서의 가능성을 보여주었다. 2003년에 WHO는 매일 1만 4천 명을 감염시키는 이 전염병에 대처하기 위해서 기부금 모금을 시작했다.

세계화는 **주요 유행병에 대한 강박관념**을 심어주고 있다. 2003년에 SARS(사스, 중증 급성 호흡기 증후군) 전염병은 중국과 동남아시아에 큰 피해를 입혔으며, 사스의 매우 강한 전염성 때문에 전 세계가 동요했다.

1996년에 크로이츠펠트–야콥병과 소해면상뇌병증BSE 사이의 연관성이 확인되었다. '광우병 위기'로 영국산 쇠고기에 대해 금수 조치가 취해지고 소들은 도살되었다. 2001년에 유럽 집행위원회는 BSE 외에 구제역이라는 전염병까지 더해진 영국 육류에 대해 전면 수입 금지를 선언했다. 2004년에 WHO 전문가들은 조류 인플루엔자의 인간 대 인간 감염 가능성을 추정하여 새로운 유행병의 위험을 알렸다.
2020년에 **COVID-19**가 나타나서 전 세계에 영향을 끼치면서, 전 세계가 보기 드문 규모의 보건 위기를 겪고 있다.

복제의 시대

1996년에 영국 과학자들은 복제 양 돌리의 탄생을 발표했다.

2001년 한 미국 회사는 치료 목적으로 인간 배아를 최초로 복제했다.

2002년 라엘리안 무브먼트[1]는 최초의 복제 아기 탄생을 발표하여 사람들의 주목을 끌었지만, 결국 오보로 판명되었다.

원자력의 시대

제2차 세계대전 동안 로켓 무기 기술은 독일의 네벨베르퍼(Nebelwerfers)[2]와
소련의 자동식 속사포, 그 후 독일이 페네뮌데(Peenemünde) 연구소를 설치하여
개발한 V1, V2 장거리 미사일과 함께 눈부신 발전을 거듭했다.

맨해튼 프로젝트

1938년과 1942년 사이에 오토 한[Otto Hahn]이 핵분열에 성공
하고 엔리코 페르미[Enrico Fermi]가 시카고에서 세계 최초의 핵
반응로를 개발하면서, 세계는 원자력의 시대로 접어들었
다. 1943년에서 1945년 사이에 15만 명 이상의 과학자와
기술자가 로스앨러모스[Los Alamos]에서 최초의 원자폭탄 개
발(맨해튼 프로젝트[Manhattan Project])에 참여했다. 이 프로젝트의
연구 책임자 로버트 오펜하이머[Robert Oppenheimer]는 원자폭탄
이 군사적으로 사용되는 것에 반대했다.

1945년 8월 6일과 9일에 **히로시마**와 **나가사키**에 각각 우
라늄 235와 플루토늄 239로 만들어진 핵폭탄이 투하되어
도시가 파괴되고 **21만 명**이 사망했다.

그 결과는 경제적 측면(기술적 진보에 투자할 수 있는 막대한
경제력), 기술적 측면(새로운 운송 수단(제트기 및 원자력 선박)과
새로운 산업 분야(전자 및 사이버네틱스[3])의 개발), 군사적 측면
(억지력의 역할과 더불어 전략의 변화 및 국제 협력의 필요성)에
서 놀라운 변화를 가져왔다.

공포의 균형

1949년에 소련은 **원자폭탄** 실험에 성공했다. 이로써 미국
이 독점권을 잃으면서 국제적인 핵 억제 또는 '공포의 균
형'이 만들어졌다.

미국이 수거한 나치의 장거리 미사일 V1과 V2의 개발자
였던 베르너 폰 브라운[Wernher von Braun]은 1950년에 지표면의
모든 지점에 도달할 수 있는 핵폭탄이 장착된 대륙간 탄
도미사일을 개발했다.

1951년에 미국 최초의 **수소폭탄**과 영국 최초의 핵폭탄 실
험이 성공했다. 1953년과 1954년에는 소련 최초의 수소
폭탄과 미국 최초의 핵잠수함이 만들어졌다. 1960년부터
1961년까지 프랑스는 최초로 핵폭탄 실험을 했고, 소련은
TNT 25만 톤에 달하는 위력의 초고성능 폭탄(히로시마의
2,500배)을 개발했다.

1963년에 부분핵실험금지조약[Partial Nuclear Test-Ban Treaty]이 체결
되었지만, 프랑스와 중국이 비준을 거부했다.

무장 해제를 향하여?

1969~1979년에 소련과 미국 사이에 전략무기제한협상
[SALT. Strategic Arms Limitation Talks]이 진행되었지만, 소련의 아프가
니스탄 침공으로 중단되었다.

1982년에 대륙 간 미사일 감축에 관한 스타트 협정[START 4]
(전략무기감축협정)이 시작되었다. 1991년 7월 30일부터 31
일까지의 스타트 조약에 따라, 소련과 미국은 전략 무기
를 4분의 1로 줄이기로 결정했다.

1993년 1월에 스타트 II 협정은 화학 무기의 제한과 금지
를 다루었다. 1996년에 유엔은 포괄적 핵실험금지조약을
채택했다.

1991년부터 소련의 해체(소련의 해체는 러시아, 벨로루시, 우
크라이나, 카자흐스탄이라는 4개의 핵 강대국을 탄생시켰다), 서
로 경쟁 관계에 있는 핵 강대국(파키스탄과 인도), 외교적으
로 통제할 수 없는 핵 보유국(이라크와 이란, 북한)으로 인
해서 핵 확산 위험은 더욱 커지고 있다.

세계화 대 탈세계화

세계화는 서구 시장 경제 모델이 신흥 국가로 확장되는 것으로 정의할 수 있으며,
강력한 성장, 가속화된 산업화, 대외 무역에 대한 폭넓은 개방을 특징으로 한다.

성장과 관련한 국제 협의 체제

세계화의 장기적인 영향에 대한 인식은 1992년 '지구정상 회담'이라고 알려진 리우Rio 회담에서 나타났다. 유엔의 후원으로 178개국은 후손을 위한 **지속 가능한 개발**이라는 개념에 기반한 세 가지 협약(기후 변화, 생물 다양성, 사막화)을 채택했다.

1993년에 우루과이 라운드라는 이름으로 알려진 국제 협상의 일환으로 **세계무역기구**WTO, World Trade Organization가 창설되었다. 1997년 러시아가 가입하면서 G7(미국, 캐나다, 일본, 독일, 프랑스, 영국, 이탈리아 등 경제 강국인 7개국의 모임)이 G8이 되었다. 소련이 해체된 지 6년이 지난 후에도 러시아는 자유주의 세계에서 배제되지 않았다. 2000년 유엔이 주관한 밀레니엄 정상회의에 160개국의 정상들이 참가하여 개발 우선순위를 재확인했다.

세계화의 당면한 과제

1997년 12월 11일에 채택된 **교토 의정서**Kyoto protocol는 온실가스 배출 감소 목표로 2005년에 공식 발효되었다.

1999년 11월 30일, 시애틀에서 열린 WTO 회의는 반세계화 시위로 인해 심각하게 방해를 받았으며, 결국 무산되었다.

2001년 1월 25일 다보스에서 열린 세계 경제 포럼에 맞서 세계화를 비난하는 플랫폼인 **세계 사회 포럼**World Social Forum이 브라질 포르투 알레그리에서 처음으로 열렸다. 같은 해 7월 20일부터 22일까지 제노바에서 열린 G8 정상 회담은 폭력적인 반세계화 시위로 인해 심각하게 방해를 받았다. 그 후로도 두 세력은 서로 충돌하고 있으며, 반세계화 세력은 동등한 지위를 요구하고 있다. 2002년 1월 31일에 뉴욕에서는 세계 경제 포럼이, 포르투 알레그리에서는 '자유주의 세계화'에 반대하는 세계 사회 포럼이 동시 개막했다.

반세계화에서 탈세계화까지

2003년 1월 28일, 포르투 알레그리에서 열린 새로운 세계 사회 포럼은 반세계화의 개념을 제시하면서 인간과 환경에 더욱 관심을 갖는 개발 방법을 요구했다. 환경에서 정치로 요구 사항을 확대하면서 이라크 전쟁, WTO, 미국의 자유무역지대 프로젝트를 반대했으며, 이 세 가지 모두 세계에 대한 미국의 통제 수단이라며 비난했다. 2015년 12월 12일에 195개국이 파리 기후 변화 협약에 서명했다. 파리 기후 변화 협약은 지구 평균 온도가 산업화 이전 수준 대비 섭씨 2도 이상 상승하지 않도록 제한하며, 개발도상국에 대한 재정 지원을 제안하고 있다. 2017년 6월 1일 도널드 트럼프 미국 대통령은 미국이 탈퇴한다고 밝혀서 국제적인 항의를 불러일으켰지만, 조 바이든 대통령은 파리 기후변화 협약에 복귀하는 행정명령서에 서명했다.

전 세계의 지역 협약

유엔은 세계 일부 국가로 축소된 국가 간 협의 체제 추진을 결코 막지 못했다.
이러한 지역 간의 협의 체제는 초강대국, 특히 미국의 영향력이 큰 국제기구에 대항하기 위해 등장했다.

유럽 협정

1948년에 **OEEC**(유럽경제협력기구)는 미국이 유럽을 돕기 위해 실시한 마셜 플랜Marshall Plan을 집행하기 위해 만들어졌다. OEEC는 1960년에 **OECD**(경제협력개발기구)로 바뀌었으며, 서유럽과 북미의 20개국으로 확대되었다. 구 동구권 국가들의 통합으로 2022년에는 38개국으로 확대되었다. OECD의 목표는 협의를 통해 다양한 경제 및 사회 정책을 조화시키는 것이다.

1991년 이후로 구소련 국가들은 다양한 지역 협정을 통해서 서로 긴밀한 관계를 유지해왔다. 구소련의 15개국 중에서 11개국(리투아니아와 코카서스 3국인 아르메니아, 조지아,

아제르바이잔 제외)이 가입한 독립국가연합CIS과 유라시아 경제공동체(1999년 이후로 러시아, 벨라루스, 카자흐스탄, 타지키스탄, 키르기스스탄이 설립) 등이 있다.

그 밖의 세계

1963년부터 **OAU**(아프리카 단결 기구, Organization of African Unity)는 아프리카 대륙의 모든 국가를 통합했으며, 탈식민지화 이후 경제 발전, 연대 및 안정을 강화하기 위해 창설되었다. 그러나 1964년부터 OAU는 구 벨기에령 콩고에서 카탕가 분리주의 반군을 지지하는 결의안을 채택하는 바람에 비난을 받았으며, 그로 인해 1965년에 회원국을 14개국으로 제한하는 아프리카 말라가시 공동 기구OCAM가 창설되었다.

1967년에 탄생한 **ASEAN**(동남아시아 국가 연합)은 이 지역의 비사회주의 국가(인도네시아, 필리핀, 말레이시아, 싱가포르, 태국)를 통합했다. 냉전이 끝난 후에 사회주의 국가(미얀마, 베트남, 라오스, 캄보디아)를 통합하는 경제 및 정치 협력 기구로 발전하고 있다.

그리고 챔피언은 …

라틴아메리카는 여러 개의 지역 협정을 출범시켰다. Caricom(카리브 공동체), MCCA(중앙아메리카 공동 시장), 안데스 공동체(베네수엘라, 콜롬비아, 에콰도르, 페루, 볼리비아), 메르코수르(브라질, 파라과이, 우루과이, 아르헨티나, 준회원국인 볼리비아와 칠레) 등이 있다. 1992년에 미국, 캐나다, 멕시코 간에 NAFTA(북미 자유 무역 협정)가 체결되었다. 아메리카 대륙 전체(쿠바 제외)로 확대된 FTAA(미주 자유무역지대) 프로젝트는 다양한 제품, 특히 제조품 및 농산물에 대한 관세를 없애는 것을 목표로 한다. 2003년 포르투 알레그리에서 열린 세계 사회 포럼과 미국의 장악력을 강화하는 도구일지도 모른다고 의심하는 여러 남미 국가들로부터 강하게 비판을 받아 이 프로젝트는 2009년에 결렬되었다.

세상을 발견하다

18세기에 유럽의 탐험 여행을 목적으로 만들어진 세계지도는
19세기에는 내부 빈 곳을 측량하고 메웠다.

세계 측량

아프리카 대륙을 정확하게 탐지하는 것은 식민지화를 위한 전제 조건이었다. 1862년 영국의 탐험가 **존 해닝 스피크**John Hanning Speke는 유럽인 최초로 아프리카 대륙 동부 지역에서 호수를 발견하고 영국 여왕을 기리기 위해 빅토리아 호수라는 이름을 붙였다. 그곳이 나일강의 수원이라는 사실을 발견한 그는 탐험가들 간의 치열한 경쟁을 불러일으켰던 나일강 수원 탐사를 종식시켰다. 콩고 분지를 탐사하기 위해서 **피에르 사르보냥 드 브라자**Pierre Savorgnan de Brazza는 서쪽에서부터, 웨일스 출신의 신문 기자 **헨리 스탠리**Henry Stanley(1871년 탕가니카 호숫가에서 선교사 **데이비드 리빙스턴**David Livingstone과의 재회로 유명해졌다)는 동쪽에서부터 출발했다. 그 후 스탠리는 벨기에 왕을 위하여 콩고 식민지 개발을 도왔다.

현대 기술을 이용한 탐사들이 이어졌지만, 실제로 지질학적 목적은 없었다. 예를 들어 시트로엥은 무한궤도 자동차의 성능을 보여주기 위한 테스트를 목적으로 아프리카를 종단했다(1924~1925년에 알제리와 남아프리카를 잇는 2만 킬로미터 원정에 성공했고, 1931~1932년 베이루트에서 베이징을 잇는 1만 3천 킬로미터 원정에 성공했다).

두 극지방의 위대한 도전

탐험되지 않았던 유일한 지역은 두 극지방이었다. 1909년 미국의 **로버트 피어리**Robert Peary가 북극점에 도달하고 나서, 노르웨이의 로알 아문센(1911년에 남극점 도달)과 영국의 로버트 팰콘 스콧Robert Falcon Scott 사이에 속도 경쟁이 벌어졌다. 18세기에 쿡이 찾고자 했던 북서 항로(대서양과 태평양을 연결하고자 했다)는 1903년에서 1906년 사이에 아문센이 발견했지만, 항해에는 적합하지 않은 것으로 판명되었다.

탐험가들은 대륙이나 대양 횡단을 통해서 영토 장악을 위한 탐사에 착수했다. 1915년에 어니스트 섀클턴Ernest Shackleton은 남극 대륙 횡단에 실패했지만, 그린란드에서 베링 해협까지의 **북극 탐사**(크누드 라스무센Knud Rasmussen이 시도)는 성공했다 (1921~1924).

새로운 운송 수단이 탐사에 이용되었다. 미국인 리처드 버드Richard Byrd는 비행기로 북극 상공(1926년으로 추정)과 남극 상공(1929)을 비행했다. 민족주의자들은 이에 대해 우려했다. 움베르토 노빌레Umberto Nobile는 1928년에 비행선 '이탈리아'호로 북극 비행을 시도하여 무솔리니의 파시스트 정권 역시 해낼 수 있다는 사실을 보여주고자 했기 때문이다.

우주 탐험

두 극지방을 정복한 후 지상 탐사는 완료되었다. 항공과 위성의 사용으로 지구의 모습을 그리는 일은 마침내 '완성'된 것이다. 사람들의 시선은 모두 태양계 너머 우주로 향했으며, 발견의 한계는 이제 없어졌다.

미국과 소련 간의 경쟁으로 우주 정복은 인간을 최초로 우주(유리 가가린Yuri Gagarin, 1961)로, 그 다음 달(닐 암스트롱Neil Armstrong, 1969)에 보내는 것을 가능하게 했다. 1977년에 발사한 보이저 1호 탐사선은 2013년에 태양계를 벗어났다. 1976년 이후로 화성에 여러 탐사선(바이킹Viking, 패스파인더Pathfinder, 큐리오시티Curiosity)을 보냈으며, 2014년에 로제타Rosetta 탐사선은 지구에서 5억 킬로미터 떨어진 추류모프-게라시멘코Tchourioumov-Guérassimenko) 혜성에 탐사 로봇을 착륙시켰다.

당신은 '접속'해 있습니까?

통신의 역사와 발전은 다음과 같은 사건을 통해 이루어졌다.

1838 최초의 전기 통신은 공중에 설치된 전선, 그 다음은 짧은 해저 케이블을 통한 모스 전신기를 통해서 이루어졌다.

1876 그레이엄 벨Graham Bell의 전화기 발명은 1876년으로 거슬러 올라간다(첫 번째 테스트에서 60미터까지 전송했다). 처음에는 산성용액에 담긴 얇은 금속판으로 이루어진 송화기를 사용했으며, 1879년에 카본 마이크가 개발되었다. 그리고 1877년에 토머스 에디슨Thomas Edison이 축음기를 발명했다.

금속선으로 된 전선의 혼선 문제는 20세기 초에 진공관을 이용한 증폭기를 여기저기에 삽입할 수 있게 되면서 극복되었고, 이론적으로 무제한 설치할 수 있게 되었다.

1890~1895 물리학자 헤르츠Hertz, 브랑리Branly, 포포프Popov의 실험을 바탕으로 이탈리아 출신의 마르코니Marconi는 무선 전송을 발명했다. 그리고 1901년에는 대서양 횡단 무선 통신을 성공시켰다.

1920 전쟁 전 여러 차례의 실험 끝에 1920년에서 1921년 사이에 영국, 미국, 프랑스는 라디오 방송을 시작했다(1921년부터 에펠 탑에서 정기 방송을 시작했다).

1932 국제전신연합International Telegraph Union(1865)과 국제무선전신연합International Radiotelegraph Union(1906)이 국제전기통신연합International Telecommunications Union으로 통합되면서 관리 비용을 크게 절감하고 정보가 더 잘 전파되었다.

1929 1926년에 개발된 전기 신호를 영상으로 전송해주는 베어드Baird 프로세스는 영국 최초의 공영 TV 방송에 사용되었다.

1936 1936년 런던과 파리에서 방송된 최초의 텔레비전 뉴스는 전파를 사용했다. 하지만 최초의 텔레비전 수신기는 1941년까지 미국 가정에 보급되지 않았다. 컬러 텔레비전의 원리가 개발된 것은 1929년으로 거슬러 올라가지만, 영상합성 기술은 전쟁이 끝난 후에야 개발되었다.

1969

인터넷 혁명

1969년에 미국 군사용 통신망으로 구축된 아르파넷Arpanet에서 비롯된 국제 텔레매틱스 통신망인 인터넷은 공통의 데이터 교환 프로토콜을 사용하여 전 세계의 컴퓨터를 하나로 연결한다.

우주 경쟁

냉전 시기에 강대국들은 우주를 무대로 경쟁했으며,
그로 인해 태양계와 우주에 대한 과학적 탐험이 가능해졌다.
쥘 베른(Jules Verne)과 허버트 조지 웰스(H. G. Wells)의 공상 소설 이후,
군사용으로 사용되던 로켓의 동력 덕분에 중력에서 벗어날 수 있게 되면서 우주여행은 현실이 되었다.

소련과 미국의 경쟁

소련이 **최초의 인공위성 스푸트니크**Spoutnik **1호**를 궤도에
올린 것은 1957년이었다. 같은 해에 미국은 나사NASA(미국
연방 항공 우주국, National Aeronautics and Space Administration)를 설립하
고 미국 최초의 인공위성 익스프로러Explorer 1호를 발사했
다. 우주 경쟁은 두 초강대국 간의 냉전의 양상을 띠게 되
고, 1960년대 내내 막상막하였다.

1961년에 소련의 우주 비행사 유리 가가린Yuri Gagarin이 보스
토크Vostok 1호를 타고 108분 만에 지구를 한 바퀴 돌았다.
3주 후에 미국의 우주 비행사 앨런 셰퍼드Alan Sheppard가 같
은 위업을 달성했다. 최초의 우주 유영은 1965년 소련의
알렉세이 레오노프Alexie Leonov가 이루었으며, 그로부터 3개
월 후에 미국의 에드워드 화이트Edward White 역시 우주 유영
에 성공했다. 1968년에 존드Zond 5호(소련)가 최초로 달 탐
사를 했고, 그로부터 3개월 후에 아폴로Apollo 8호(미국)가
달 탐사에 나섰다.

달에서 태양계까지

1969년 7월 21일에 아폴로 11호에 탑승한 **닐 암스트롱**
Neil Armstrong**은 달 위를 걸은 최초의 사람**이 되었다. 1972년
까지 몇몇 인간의 도전이 이어졌지만, 소련은 루나코드
Lunakhod 1호와 같은 원격 조종 장치를 보내는 데 만족했다.

특히 상징적인 의미를 지닌 달의 정복은 소련-미국 간의
경쟁의 정점을 찍었다. 1970년 중국이 최초의 위성을 발
사하면서 우주 경쟁이 국제화되었다. 그리고 1975년 냉전
이 지속되고 있던 기간에 아폴로Apollo와 소유즈Soyouz의 도
킹 성공은 긴장 완화를 예고하는 신호였다. 1970년대에는
지구 궤도에 우주 실험실(스카이랩Skylab과 살류트Salyut)을 설
치했고, 따라서 지속적인 과학적 관측이 가능해졌다. 동

별 속의 민족주의

우주 경쟁에서 사용되는 어휘조차도 국제적인 경쟁
을 보여주고 있다. 우주선 탑승자 중 소련의 우주인
cosmonaute, 미국의 우주비행사astronaute, 중국의 타이코
노트taikonaute를 혼동해서는 안 된다. 비록 정치적 긴
장 완화로 인해서 이러한 용어들이 우주 세계 속으
로 사라지는 경향이 있다고 하더라도 말이다.

시에 우주는 1976년에서 1977년에 미국이 바이킹 1호 탐
사선을 화성에 착륙시키고, 그 다음 2013년에 보이저 1호
가 태양계를 벗어나게 되면서, 우주 탐사 시대가 열렸다.

과학의 우선순위

1981년부터 2011년까지 지구 주위의 저궤도 탐사는 미국
의 우주 왕복선 6대가 맡고 있었다. 1986년 챌린저호가
출발하면서 폭발하는 대참사에도 불구하고, 이 우주 왕복
선들은 비행기 형태로 재사용할 수 있도록 설계되었다.

2009년에 국제 우주 정거장을 건설했는데, 이는 지구 궤
도에 설치한 가장 큰 인공 구조물(900입방미터)로 미국, 러
시아, 유럽, 일본, 캐나다의 기술이 합쳐진 결실이었으며,
우주 정복 측면에서 국제적인 긴장 완화를 보여주었다.

또 다른 정책 : 비동맹

식민 국가 또는 최근에 독립한 국가들의 총칭인 제3세계는
정치적 의미에서 경제적 의미로 바뀌고 있다.
이들 국가 중 대다수는 공산 진영과 서구 진영 양쪽에 대해서
중립을 지키는 비동맹을 선택하고 있다.

두 진영 사이 제3의 길

1945년 이후에 거의 모든 식민 국가들은 아프리카와 아시
아에 인권 적용, 식민 강국(프랑스, 영국, 벨기에, 네덜란드)의
세력 약화, 미국의 루스벨트 Roosevelt 대통령이 제안한 국제
연합을 통한 모든 국가의 민주적 협력 원칙에 따라 식민
본국과의 관계를 청산했다.

1955년 인도네시아 반둥에서 열린 회의에서 아프리카 및
아시아 29개국 대표들은 **식민주의, 인종차별, 핵무기를**
비난하는 한편, 두 강대국 소련과 미국으로부터의 해방
의지를 확인했다. 인도의 네루 Nehru, 이집트의 나세르 Nasser,
유고슬라비아의 티토 Tito는 카이로(1957), 코나크리(1960),
베오그라드(1961)에서 회의를 통해 비동맹의 의미를 분명
히 밝혔다.

오랫동안 중립주의를 고수해온 제3세계 국가들은 점차
반미 성향을 드러내고, **사회주의 노선과 이데올로기 논쟁**
을 선호하면서 1960년대에는 소련과 더 가까워졌다. 이러
한 움직임은 또한 아랍연맹(1945), 아프리카단결기구(1963)
등 지역 연대를 강화하는 결과를 가져왔다.

비동맹에서 개발까지

하지만 신생 국가들은 지주 중심의 토지 소유 제도를 기
반으로 한 농업의 우세, 기술 및 산업의 후진성(식민 시대
로부터 일부 계승) 및 폭발적인 인구 증가와 같은 **사회적 또**
는 경제적 악조건이 누적되어 있었다.

전통적 구조에 유럽식 제도의 도입은 제대로 이식되지 못
하고 표면적으로만 이루어졌다. 도시의 생활 방식과 시골
의 전통적인 생활 방식 사이의 격차는 산업 사회에서보다
훨씬 더 컸다. 문맹률은 여전히 심각했으며, 종교적 갈등
(인도의 경우 힌두교와 이슬람교)과 민족 간 증오가 폭력적으
로 표출되어 정치적 불안정이 이어졌다.

유럽 제도(헌법 체제, 의회, 행정부 및 국군 창설)를 피상적으
로 도입했지만 오래된 사회 구조(비밀 조직, 종파, 부족 갈등)
는 여전히 유지되고 있었고, 전통적 교육을 받은 지도자
들이건 혹은 서구적 문화 배경을 가지고 있지만 조상의
전통에 서서히 적응한 지도자들이건 간에 종종 독재화되
는 경향이 있었다.

개발 원조는 자본, 구조, 설비, 시스템 등 여러 측면에
서 이루어졌다. 새로운 국제 경제 질서에 대한 요구는
UNCTAD(유엔 무역개발협의회)의 틀 안에서 이루어지며, 이
를 통해서 제3세계 국가들은 불충분하고 부적합하다고 생
각했던 선진국의 국제 원조로부터 자유로워지고자 했다.

오래된 제3세계 내에서 1960년부터 **NICS(신흥공업국,** Newly
Industrializing Countries)가 등장하기 시작했다. 가장 중요한 국
가들로는 브라질, 인도, 중국, 남아프리카공화국(러시아와
함께 'BRICS'를 형성한 국가들), 터키, 아시아의 '다섯 호랑
이'(태국, 말레이시아, 인도네시아, 베트남, 필리핀), 라틴아메리
카의 '표범'(멕시코, 칠레, 콜롬비아, 아르헨티나)이 있다. 1세
대 신흥공업국(과거 '네 마리의 용'으로 불렸던 한국, 대만, 싱가
포르, 홍콩)은 완전히 선진국이 되었다.

유럽의 독재자들

베니토 무솔리니(1883~1945)

사회주의에 실망한 무솔리니는 1919년부터 1922년까지 민족주의 운동 및 혁명 운동에 앞장서면서 이탈리아 대중의 지지를 얻었다. 그는 지도자('수령'Il Duce)와 폭력(로마식 경례. '민족의 적'에 맞서는 검은 셔츠단을 숭배하도록 이끌었다. 1921년에 국가 파시스트 정당 창당으로 이어진 파시즘 운동은 질서를 잡겠다는 비전을 내세워 기업인이나 정치가와 같은 엘리트들을 끌어들이는 데 성공했다.

1922년에 당시 국왕이던 비토리오 에마누엘레 3세Vittorio Emanuele III의 부름으로 1943년까지 수상으로 지내면서 무솔리니는 정권을 과격하게 만든 이른바 아주 '파시스트적인' 법을 제정하고 히틀러의 독일을 추종하기 시작했다. 1943년에 무솔리니가 수상에서 해임당하고 체포되었을 때, 그를 구출해서 북이탈리아에 꼭두각시 '사회 공화국'을 세울 수 있게 도와준 사람이 바로 히틀러였다. 1945년에 무솔리니는 결국 그의 연인 클라라 페타치와 함께 남부 이탈리아의 유격대원들에게 총살당했다.

아돌프 히틀러(1889~1945)

오스트리아에서 태어난 히틀러는 제1차 세계대전 당시 독일군으로 참전했다. 1921년에 국가사회주의 독일 노동자당NSDAP, 일명 나치당의 당수가 되면서 같은 해에 돌격대SA를 창설하고, 1923년에 뮌헨에서 바이마르 공화국을 전복하기 위한 쿠데타를 시도했다. 투옥된 히틀러는 감옥에서 『나의 투쟁Mein Kampf』(1924)을 출판하여 인종주의적 사상과 반유대주의적 세계관을 주장했다. 1925년부터 그는 친위대SS와 수많은 지휘 조직을 만들어 당을 강화했다. 1918년 패전으로 굴욕을 당하고 1929년 대공황의 영향을 받은 독일에서 효과적인 선동 전략으로 1933년에 히틀러는 총리가 되었다.

18개월 만에 히틀러는 자신에게 위협이 될 만한 정당, 노조 및 SA를 제거한 후에 일당 독재 체제를 확립해갔다.

1934년에 힌덴부르크Hindenburg 대통령이 사망하자, 히틀러는 총통Reichsführer이 되었다. 1936년부터 1939년까지 중앙 유럽으로 팽창 정책을 펼치면서 제2차 세계대전을 촉발했고, 그 결과 유럽을 지배하게 된 독일 제국은 유대인들을 몰살하기 시작했다. 전쟁에서 패배한 히틀러는 연인이던 에바 브라운과 함께 자살했다.

프란시스코 프랑코(1892~1975)

모로코 주둔 스페인 군대를 이끈 장군이자 공화국에 대해 반란을 일으켰던 민족 세력의 총사령관이던 프랑코는 1937년에 카우디요Caudillo(총통)이자 국가 원수로 선포되었다. 1939년부터 죽을 때까지 프랑코는 스페인의 절대 권력을 유지했다. 프랑코 정권은 민족주의와 성직자를 지지했으며, 파시스트보다 파시스트적이었지만 전체주의적이지는 않았다.

총통은 자신의 후계자로 후안 카를로스Juan Carlos 왕자(마지막 왕이던 알폰소 13세의 손자)를 지명했다. 1975년에 왕위에 오른 카를로스는 '민주주의로 전환'을 시도했다.

안토니오 데 올리베이라 살라자르(1889~1970)

1928년에 포르투갈의 재무부 장관으로 기용된 살라자르는 1933년에 민주적인 정권의 해악을 시정하기 위해서 이스타두 노부Estado novo(새로운 국가)의 헌법을 제정했다.

민족주의, 기업주의, 가톨릭 교회의 우위를 바탕으로 하는 이 정권은 총리(1932년부터 1968년까지 살라자르, 1968년부터 1974년까지 카에타누)에게 행정권을 맡겼다. 공화국의 대통령은 단지 부수적인 역할만을 했고, 국회는 문맹과 야당을 제외시킨 선거를 통해서 선출되었다. 개인의 자유 및 표현의 자유는 제한되었다. 식민지와의 전쟁으로 약해진 정권은 1974년 카네이션 혁명5)으로 폭력 없이 무너졌다.

…그리고 그 밖의 독재자들!

아우구스토 피노체트 우가르테(1915~2006)

칠레의 군 총사령관이던 피노체트는 군사 쿠데타를 일으켜서 1973년에 살바도르 아옌데Salvador Allende 정권을 무너뜨렸다. 살바도르 아옌데는 법을 존중하던 사회당 출신의 대통령이었다. 1974년에 공화국의 대통령으로 임명된 피노체트는 남아메리카 대륙의 공산주의 '전염'을 두려워한 미국으로부터 비밀리에 지원을 받아서 독재 정권을 수립했다. 피노체트 정권은 모든 정당의 해체, 부패, 다양한 인권침해에도 불구하고, 경제적 성공에서 오는 혜택을 누렸다.

피노체트는 1985년부터 민주적인 정권 교체를 위한 협상을 시도하다가 1990년에 임기를 마쳤다. 하지만 1998년까지 육군 총사령관으로서 국가에 큰 영향력을 행사했다. 스페인 재판부의 요청으로 런던에서 체포된 피노체트는 건강상의 이유로 석방되어서 칠레로 돌아왔다. 귀국 후 2001년에 기소되었지만 노령을 이유로 기각되었다.

모부투 세세 세코(1930~1997)

1960년에 콩고민주공화국(구 벨기에령 콩고)의 대령이자 참모총장이던 세세 세코는 1965년에 쿠데타를 일으켜서 조제프 카사부부Joseph Kasavubu를 몰아내고, 공화국의 대통령 자리에 올랐다. 1969년 헌법을 통해서 **일당 체제를 구축**하고 실질적으로 **모든 권력을 장악**했다.

1971년에 세세 세코는 국가 이름을 자이르Zaire 공화국으로 변경했다. 재선에 성공한 그는 차드에 개입했고, 1978년에 카탕가 분리주의자들에게 대응하기 위해서 프랑스와 벨기에의 공수부대에 도움을 요청했다. 1991년부터 야당이 강해지면서 1996년에 야당과 동맹을 결성했으며, 르완다의 민족 갈등으로 나라의 동부 지역에 영향을 받았다. 1997년에 모부투 대통령이 사임한 후에, 자이르는 로랑 데지레 카빌라Laurent-Désiré Kabila 대통령의 집권하에 다시 콩고민주공화국으로 국가 이름을 바꾸었다.

사담 후세인(1937~2006)

1968년부터 이라크 공화국의 부통령이던 사담 후세인은 1979년부터 2003년까지 대통령을 역임했다. 바트당에서 잔혹한 숙청을 자행하면서 혁명지휘위원회 의장에 취임했다. 후세인은 중동에서 패권을 장악하기 위한 정책을 펼쳤다. 이란과 끝없는 전쟁을 하고(1980~1988), 1990년에 쿠웨이트를 침공하여 국제사회의 개입을 유발했으며(1991), 북부 쿠르드족 및 남부 시아파를 무자비하게 탄압하고 화학 무기를 사용했다.

2003년에 사담 후세인이 **대량살상무기**를 보유했다는 허위 정보를 침공의 명분으로 삼은 영국과 미국이 또 다시 이라크를 공습하고 대대적인 침공에 나섰다. 그로 인해서 후세인 정권은 무너졌다. 후세인은 체포되어서 이라크 고등법원에서 사형선고를 받고 교수형에 처해졌다.

김씨 왕조

1948년부터 북한은 **김씨 왕조**에 의해서 통치되었다. 항일 무장투쟁에 참가했으며 공산주의 노동당을 설립한 김일성(1912~1994)은 노동당 위원장이자 국가 주석으로 나라를 통치했으며, 1948년부터 사망한 이후에 헌법상 '영원한 주석'으로 추대되었다.

김일성의 뒤를 아들 김정일(1942~2011)이 계승했으며, 1998년에 김정일은 이를 공식화하고 사망할 때까지 북한을 통치했다. 2011년부터는 김정일의 아들 김정은(1984년에 출생)이 노동당 제1비서와 국방위원회 위원장을 맡고 있다. 대단히 독재적이고 억압적인 이 정권은 **핵무기**를 보유한 것으로 알려지고 있으며 국제 평화를 위협한다는 비난을 받고 있다.

국제연맹

빛의 세기(생피에르 수도원, 칸트)[8] 이후 여러 이론가가 구상한 적이 있던 국제연맹은
1918년 1월 미국의 윌슨 대통령의 '평화를 위한 14개 조항'의 마지막 조항을 바탕으로
1919년 4월 28일 베르사유에서 제1차 세계대전 승전국 간의 협약으로 창설되었다.

역할

국제연맹은 전쟁을 예방하고 사회적 약자 및 소수민족의 상황을 개선하는 것을 목표로 정했다. 따라서 개방적인 외교, 회원국 간에 충돌이 발생할 시 협상을 통한 평화적 해결, 집단 안보(침략국에 대한 공동 제재), 시대에 뒤처지거나 부적합하다고 간주되는 조약의 개정, 단기간에 군비 축소라는 원칙에 따라 움직였다.

국제연맹은 평화 조약 적용 조치(국경 보장, 승전국의 신탁통치를 받는 패전국의 식민영토 관리)와 특정 민족에 대한 경제적 원조와 난민 지원을 통한 소수민족 보호에 참여했다.

조직

총회는 해마다 제네바에서 개최되었으며 모든 회원국이 참여하고 주요 문제는 만장일치로 결정했다. 이는 기관의 효율성을 마비시키는 비현실적인 규정이기도 했다.

안전보장이사회는 5개국의 상임이사국(미국, 영국, 프랑스, 러시아, 중국)과 10개국의 비상임이사국으로 구성되며, 주로 세계 평화에 관한 문제를 다룬다.

사무국은 총회 및 이사회를 위한 서류를 준비했다. 이 외에도 제2차 세계대전 이후에 유엔으로부터 승인을 받게 되는 다수의 보조 기관들(헤이그 국제사법재판소, 국제노동사무소 등)이 있었다.

미션 임파서블?

국제연맹은 이미 심각한 결함(공동 군대의 부재)을 가지고 출발했으며, 도덕적·재정적 후원국인 미국이 불참했다. 고립주의 원칙을 고수하려는 미국 의회가 베르사유 조약 비준과 국제연맹 가입을 거부한 것이다. 국제연맹은 유럽, 더 명확하게 말해서 프랑스와 영국이 주도권을 가진 기구가 되었다. 사실, 국제연맹은 빌나와 모술과 같은 분쟁 도시에 대한 중재에서 몇 차례 성공했음에도 불구하고, 1919년부터 1924년까지의 전후 기간에 두드러지게 나타났던 충돌을 예방하지 못했다.

국제연맹은 단지 1924~1929년의 '제네바 시대' 동안에만 비교적 효율성을 보여주었다. 국제연맹은 그

시기 동안에는 경제 및 기술 협력과 관련하여 실질적으로 유용했다. 하지만 1930년대에 전체주의 정권들이 부상하면서 다시 무기력한 상태로 돌아갔다.

국제연맹의 제재는 1931년 일본이 만주를 침공하고 1936년 이탈리아가 에티오피아를 침공했을 때 아무런 효력도 발휘하지 못했다. 결국 63개 회원국 중 14개 회원국이 탈퇴했다. 1946년에 국제연맹은 유엔에 임무를 넘겨주고 그 다음 해에 해체되었다.

북대서양조약기구

1947년에 냉전이 시작되면서 두 초강대국인 미국과 소련 간
긴장 고조로 유엔 안전보장이사회의 평화 유지 기능이 무력화되었다.
왜냐하면 두 나라 모두 안전보장이사회의 상임이사국이었기 때문이다.

1949년 4월 4일 워싱턴에서 서유럽 10개국(벨기에, 덴마크, 프랑스, 아이슬란드, 이탈리아, 룩셈부르크, 노르웨이, 네덜란드, 포르투갈, 영국)과 캐나다가 미국을 중심으로 방어적 군사 동맹을 위해 북대서양 조약을 체결한 것은 무력화된 안전보장이사회를 보완하기 위해서였다. 이 조약에 따라 수립된 NATO(북대서양조약기구)는 사무국과 상임대표위원회를 갖추었으며, 최고사령부가 군대를 지휘한다.

냉전 기구

창설 당시에 명확하게 천명하지는 않았지만, 북대서양조약기구NATO는 소련에 대항하기 위한 것이었다. **군사, 정치 및 경제 협력을 통한 자유 무역 및 민주적 자유 수호**라는 나토가 적용하려는 원칙에 비추어보면 말이다. 따라서 1955년에 소련과 동유럽의 인민민주주의 국가들은 바르샤바 조약을 체결하는 것으로 대항했다. 바르샤바 조약기구WTO의 최고 지휘권은 소련이 가지고 있었다.

1949년 조약은 무력을 사용한 개입을 고려하지 않았지만, 핵무기 사용을 배제하지도 않았다. 하지만 군비에 대해서는 각 회원국에게 맡겼으며, 핵탄두의 사용은 미국이 관여했다.

지중해에서 소련의 영향력을 억제하기 위해 그리스와 터키는 1952년에 나토에 가입했다. 1955년 서독(독일연방공화국)이 나토에 가입하면서 그때까지 프랑스가 반대해왔던 독일의 재무장이 나토의 틀 안에서 가능해졌다. 1958년에는 유럽방위군이 창설되었으며, 여기에는 30개 사단이 포함되었다. 1982년에 민주주의로 전환을 끝낸 스페인이 나토에 가입했다.

나토는 특히 과도하다고 판단되는 미국의 비중과 폴라리스 미사일을 갖춘 핵무기 운용에 대한 논란을 마무리 짓지 못했다.

1966년에 지중해에 있던 해군 함대를 나토에 통합시키기를 거부하고 나토의 군사 조직에서 탈퇴한 프랑스는 정치적 동맹의 일원으로 남았다(프랑스는 2009년에 재가입하게 된다). 그 후 유럽 본부는 파리에서 베네룩스(벨기에 브뤼셀)로 이전했다.

냉전 이후 전쟁

나토는 냉전을 위한 수단으로 간주되었으나 냉전 이후에도 살아남았다. 1991년에 구 동구권 진영에서 바르샤바 조약 기구가 해체된 이후에 동유럽 및 구소련 국가들은 신뢰관계를 구축하기 위해 북대서양협력회의COCONA를 결성했다. 1997년에 COCONA는 EAPC(유럽대서양협력평의회Euro-Atlantic Partnership Council)에 자리를 내주었다.

그 당시에 구 동구권 국가들도 나토에 가입할 수 있었다. 2004년에 불가리아, 에스토니아, 라트비아, 리투아니아, 루마니아, 슬로바키아, 슬로베니아가 가입하고, 2009년에는 알바니아와 크로아티아가 나토에 가입하면서 나토의 회원국은 28개국으로 늘어났다.

시간이 지나도 우리는 같은 사람일까?

지중해를 항해하는 배가 있다고 상상해보자.
항구에 들를 때마다 배의 모든 부품과 승무원들을 교체한다.
따라서 항해를 끝내고 돌아올 때 원래 배가 가지고 있던 것 중에는 널빤지 몇 개만이 남아 있다.
그렇다면 우리는 이 배를 몇 년 전에 항해를 시작한 배와 여전히 똑같은 배라고 말할 수 있을까?

고대부터 알려져 온 이 철학적 사고 실험은 정체성 문제를 보다 정확하게 파악하는 것을 목표로 한다. 개인의 정체성이란 '존재하는 각각 다른 순간에도 똑같은 상태를 유지하는 존재'를 의미한다. 따라서 정체성이란 한 개인의 유일하고 독특한 특성이며, 시간이 지나도 영속되는 특성을 가리킨다.

변화 이론

루비콘강을 건너던 율리우스 카이사르Julius Caesar와 로마력 3월 15일에 암살당한 사람 사이의 정체성 문제에 대해 생각해볼 수 있다. 카이사르가 정신과 마찬가지로 신체도 많은 변화를 겪었는데도, 그와 동시대 사람들은 카이사르를 존재하던 각각 다른 순간에도 같은 사람으로 인식했다. 문제는 바로 여기에 있다. 이런 경우에 정체성 개념에 변화의 개념을 포함해야 할까? 만일 그렇게 한다면, 그것은 모순이 아닐까? 아무튼, 시간이 지나도 개인의 정체성을 확인할 수 있는 토대는 어딘가 남아 있을 것이다.

몇 가지 철학 이론은 개인 **정체성에 대해 근본적인 기준**을 설정하는 것을 목표로 한다. 이와 관련된 연구는 시간이 지나면서 개인의 신체가 유일하며 영속된다는 특징을 바탕으로 정체성을 확립하고자 할 것이다. 하지만 문제는 인간의 육체도 테세우스의 배처럼 평생 무수한 변화를 겪는다는 것이다.

존 로크 John Locke에 따르면, 정체성의 근본적인 특징은 몸이 아니라 의식, 즉 존재하는 동안 자기 자신이었으며, 자기 자신이라는 사실을 확인할 수 있는 즉각적이고 친밀한 지식에 있다. 즉 시간이 지나도 정체성이 지속되는 이유는 개인이 시간이 지나면서 기억이라는 매개를 통해 수면의 경우처럼 의식 상태가 중단되더라도 자신을 하나로 모을 수 있기 때문이다.

반대로 회의주의 철학자 **데이비드 흄**David Hume은 정체성을 근본적이고 영구적인 특성으로 인식하는 것을 환상이라고 간주했다. 그는 다음과 같이 썼다. "내가 '자아'라고 부르는 것에 가장 깊숙이 들어갈 때, 나는 항상 특정한 지각, 뜨거움이나 차가움, 빛이나 그림자, 사랑이나 증오, 고통이나 즐거움과 같은 것을 지각하게 된다. 나는 어떤 순간에도 이런 지각 없이 나를 파악할 수 없으며, 나는 단지 이런 지각 외에는 아무것도 관찰할 수 없다." 따라서 한 개인은 시간이 흐르면서 불연속적으로 지각하게 되는 것들의 집합체일 뿐, 안정적이고 변하지 않는 개인적 정체성과는 아무런 관련이 없다.

왜 정체성에 의문을 제기하는 것일까?

이러한 질문과 대답은 별것 아닌 것처럼 보일 수도 있고, 정체성에 대한 정신적 정의 혹은 단순한 사회적 정의에 만족할 수도 있다. 우리가 자신을 보이는 모습 그대로라고 생각한다면, 그것은 다른 사람들이 우리를 그렇게 인식하기 때문이다. 다시 말해서 다른 사람들과 구별되는 개인으로 인식하는 것이다. 그렇게 되면 정체성은 단순히 관습적이고 객관적으로 유일한 것으로 인식하게 될 것이다.

실제로 우리의 집단적 혹은 개인적 정체성에 의문을 제기하는 것은 **사법적이고 정치적인 필요** 때문이다. 개인의 정체성 개념은 시민으로서 도덕적 책임을 부과하는 바탕이 된다. 한 피고인이 잘못을 저지른 이후에 심리적·정서적 변화를 경험했고, 그로 인해서 그가 다른 사람이 되었으므로 모든 형사 책임을 피할 수 있다고 생각할 수는 없다. 만약 우리가 정체성의 개념에 변화라는 요소를 포함시킨다면, 그것은 단지 정서적인 차원일 뿐 실질적인 차원에서는 아니다. 다시 말해서 한 개인이 변했다고 말한다면, 그것은 그의 속성이나 습관 중 몇 가지가 변했다는 것이고 비유적 의미에서 다른 사람이 되었다는 것일 뿐, 실제로 다른 사람이 된 것은 아니다.

행복을 통제할 수 있을까?

프랑스어에서 '행복'(Bonheur)이라는 단어는 라틴어 'Augurium'(징조, 행운)에서 유래했다.
지속적인 만족감을 우연 또는 행운과 결부시켜서,
행복이란 우리에게 우연히 찾아오는 것이라고 생각한 것이다.
행복이 우리에게 달려 있지 않다면, 우리가 행복을 통제한다고 확신할 수 있을까?
행복은 단순히 감정적이고 도덕적인 상태일까, 아니면 어떤 활동의 결과일까?

행복주의자의 관점

아리스토텔레스Aristotle는 행복이 인간의 **최고의 선**, 즉 인간이 자신에게 제공할 수 있는 최고의 가치라는 점을 먼저 강조했다. 다른 모든 목적(사회적 성공, 지적 발달, 종족 번식의 욕구…)은 단지 '잘 지내며 성공했다'로 묘사되는 이러한 상태에 도달하기 위한 중간 단계일 뿐이다. 행복을 인간이 당연하게 추구할 목적으로 생각하는 이러한 철학을 **행복주의**라고 한다.

행복주의에 따르면 행복한 삶과 도덕적으로 성취된 삶은 완전히 일치한다. 행복한 사람은 도덕적 선에 따라 사는 사람이다. 그러므로 행복이라는 개념을 바탕으로 하는 **선**은 도덕적 특징과 쾌락적 특징을 모두 가진다. 결국 행복은 도덕을 행하는 활동의 결과이다. 아리스토텔레스에게 덕이 있는 행동은 **실천적인 활동**이다. 즉, 용감한 사람은 용감하다고 말할 수 있을 때까지 실제로 용감한 행동을 하는 사람이다. 인간이 규정된 방식으로 살아가고 덕을 실천할 때, 인간은 당연한 목적인 행복을 이룰 수 있다. 이러한 관점에서 행복은 우리가 통제할 수 없는 우연한 상태가 아니라 도덕적 활동의 결과이다.

고대의 다른 행복주의 철학인 **스토아학파 철학자**들에게 행복은 인간의 자연스러운 목적이기도 하다. 덕의 실천은 주로 분별력, 즉 우리에게 달려 있는 것과 그렇지 않은 것을 분간해내는 능력으로 이루어진다는 차이가 있을 뿐이다. 아리스토텔레스는 도덕적 실천이 필연적으로 행복으로 이어진다고 믿지만, 스토아학파는 질병, 죽음, 고통과 같은 몇몇 사건들은 우리가 통제할 수 없다고 인정한다. 그리고 그렇게 할 때 우리는 행복해질 수 있다고 말한다.

부도덕하면서 행복할 수 있을까?

그렇다면, 모든 도덕적 감정과 분리된 형태의 행복을 생각해볼 수도 있다. 방탕, 무절제, 악행은 역사를 통틀어 수많은 개인에게 행복의 동기가 되지는 않았다. 단순히 도덕성이 부족하거나 도덕적 내용이 없는 쾌락과 결부된 행복을 상상하는 것은 불가능할까?

18세기 영국 철학자 **제레미 벤담**Jeremy Bentham과 **존 스튜어트 밀**John Stuart Mill이 기초를 마련한 공리주의 철학은 모든 인간은 욕구에 따라 다양한 활동을 하고, 그 활동을 통해서 즐거움을 경험한다. **효율성의 원칙**에 따라 행복은 도덕적 능력뿐만 아니라 신체적 혹은 정서적 만족감과도 일치하게 된다. 이러한 관점에서 행복은 효율성의 원칙을 따르면서 얻게 되는 결과이다. 따라서 만족감을 높일 수 있는 행동은 도덕적이라고 판단될 수 있다. 공리주의적 사고는 행복을 구성하는 것이 무엇인지, 그 방식이 다른 사람의 행복을 침해하지 않는 한 도덕적이라고 판단할 것인지에 대한 우리 시대의 인식과 더욱 일치하는 것으로 보인다.

행복한 삶에서 도덕의 비중을 줄이는 상대주의 개념은 행복에 대한 집단주의 개념과 훨씬 더 잘 어울리는 듯하다. 행복에 대한 집단주의 개념은 정치 분야에서 많이 인용된다. 프랑스 혁명의 주동자 **생쥐스트**Saint-Just는 '사람들을 행복하게 만드는' 역할이 정부에게 있다고 주장했다. 그 후 많은 정치·사회적 요구가 이러한 맥락에서 이루어졌고, 모든 도덕적인 고려를 배제한 채 단지 편안한 상태로 여겨지는 행복의 가능성을 높이는 것을 목적으로 하는 입법 조치가 요구되었다. 행복의 문제는 정치 영역에서 핵심 쟁점이 되었으며, 경제 및 사회학적 지표의 대상이 되었다.

산, 저 높은 곳

산은 수많은 국가의 영토를 구성하는 데 중요한 역할을 한다.
산은 높은 고도와 기복이 심한 지형이라는 두 가지 특징에 따라 정의된다.

절대적인 정의를 내리기 어렵지만(완만한 평지에서 서서히 높은 산으로 이어지는 경우가 많으며, 저지대 지역도 기복이 심한 지형이 많다), 이러한 지역은 늘 그 지역 주민들이 언덕이나 고원(강이 가로지르는 평평한 지역), 평야(강으로 완만하게 기울어져 있는 평평한 지역)와 구별할 수 있는 특징을 가지고 있다.

식물의 단계적 분포

산악지대는 고도에 따라 **식물이 단계적으로 분포**하고 있다는 특징이 있다. 실제로 평균 해발 100미터당 기온이 섭씨 0.55도씩 낮아진다. 일조량 역시 매우 중요한 역할을 한다. **저지대**(참나무와 같은 낙엽수가 자생하거나 종종 재배된다), 해발 약 500미터 높이의 **산지대**(너도밤나무와 침엽수), 해발 약 1,500미터 높이로 가문비나무와 같은 침엽수로만 숲을 이룬 **아고산대**, 그 다음 해발 약 2천 미터 높이로 더 이상 나무가 자라지 않고 잔디와 키 작은 관목으로 이루어진 **고산대**로 구분한다.

전통적으로 산악지대 주민들은 주로 여름에 고산 초원에서 가축을 방목하는데, 방목을 위하여 숲을 점점 없애고 초원을 확장하기도 했다. 일반적으로 불을 사용하여 거대한 목초지를 유지하는 것이다. 그리고 이러한 유지 방법이 중단되면, 다시 숲이 우거진다. 알프스와 피레네 산맥의 많은 계곡에서 이런 광경을 흔히 볼 수 있다.

오랫동안 인간은 양지바른 산비탈을 찾았다. 그리고 햇볕이 가장 잘 드는 곳에 마을을 먼저 만들었다. 하지만 스키와 관광이 발달하면서 과거에 가장 인기가 없던 계곡 마을이 지금은 크게 발전했다. 마을에서 멀지 않은 북쪽 경사면을 찾아서 슬로프를 만들고 스키장을 건설하고 있다.

피난 지역

험준한 환경 때문에 숨어서 지내거나 공격에 저항하기가 쉽다는 이유로 산악지대는 많은 사람들이 피신을 위해서 찾기도 했다. 코카서스가 그런 경우이다. 러시아, 오스만, 페르시아 제국의 접경에 위치한 코카서스는 과거에 강대국들의 세력다툼을 피해서 온 수많은 사람이 정착했다. 오늘날 코카서스는 언어나 종교가 **극도로 복합적인 문화 모자이크[7]**를 이루고 있다. 이 지역에서 분명하게 식별할 수 있는 문화를 가진 민족은 50여 민족 이상이다.

산악지대는 또한 긴장의 대상이 된다. 인도, 파키스탄, 중국의 경계에 있는 산악지대인 카슈미르의 국경선을 두고 늘 분쟁이 일어나고 있다.

인간과 문화

인류의 분화는 신체 특징에 관한 것이든 관습에 관한 것이든 간에 늘 흥미를 불러일으켰다.
예를 들면, 르네상스 시대에 바티칸은 가톨릭의 위치를 확인하기 위해서
세계의 다양한 지역에서 실천하고 있는 종교를 알아보려고 시도했다.

결정적 요인

분명히 민족 유형, 다시 말해서 각 민족 고유의 속성은 한 민족의 게으름을 다른 민족의 부지런함과 대조하여 설명하는 경우처럼 세상을 더욱 다양하게 물들인다. 인류학 연구 및 사회적 다원주의*)에 따른 관점은 민족을 그 진화 정도에 따라 구별하게 만들었다.

하지만 20세기 초 고전적인 지리학은 이러한 관점을 배제했다. 사실 지리학자는 삶의 유형에 따라 인간 집단을 구별하는 것을 더 중요하게 생각했다. 유목민, 반유목민, 경작민 등으로 말이다. 같은 시기에 언어학자들은 언어와 관습에 따라 분류하고자 시도했다. 그 결과 **전 세계에 6천 개 이상의 언어**가 있으며, 이것을 다시 약 20개의 어군으로 나눌 수 있다는 사실을 알게 되었다.

문명의 충돌

이러한 다양한 견해는 민족을 문명이라는 넓은 영역으로 분류하려는 시도를 야기했다. 미국의 정치학자인 **새뮤얼 헌팅턴**(Samuel Huntington)(1927~2008)은 주요 종교를 중심으로 "7개 혹은 8개의 주요 문명"을 정의했다.

분명한 기준으로 민족을 분류하는 일은 어려움이 많았기 때문에 어느 정도 확대 적용이 허용되었다. 이를 바탕으로 헌팅턴은 "문명의 충돌" 이론을 제시했다. 쇠퇴하고 있는 서구 문명은 중국 문명과 이슬람 문명에 의해 위협을 받을 것이라고 주장하면서 말이다. 이 이론은 강하게 **반박**당했으며, **왜곡**된 것으로 간주되었다. 사실 '서구 지역'과 '이슬람 지역' 사이의 충돌보다 이른바 '이슬람 지역' 내부에서 충돌이 더 많이 발생하고 있다. 하지만 세계화에도 불구하고 민족 및 종교 집단 간의 갈등이 여전히 분명하게 존재한다는 사실은 헌팅턴의 이론을 떠올리게 한다. 세계화는 문화의 경계를 없애는 데 기여하지 않았으며, 맥도날드 매장이 생긴다고 해서 서구 사회가 되지는

않았다. 마찬가지로 1980년대에 많은 연구가가 발표한 것과는 달리 남반구와 북반구 사이의 불평등과 관련된 충돌은 없었다.

문화권에 대한 연구는 출신 지역에 따라 사람들의 가치관이 다르다는 것을 보여주는 보다 폭넓은 사회학적 연구로 이어지기도 했다. 예를 들면, 2016년에 자율주행차가 제기하는 도덕적 딜레마와 관련하여 실시된 '광차 문제'(치명적 사고를 피할 수 없는 경우 누가 먼저 죽어야 할까?) 연구에서 아시아인과 유럽인 사이에는 상당히 큰 의견 차이가 있었다!

위기에 빠진 언어

오늘날 통용되는 언어의 40퍼센트가 사라질 위험에 처해 있는 것으로 추정된다. 언어학자 클로드 아제주(Claude Hagège)에 따르면 매달 두 개의 언어가 사라지고 있다고 한다. 그 이유는 역설적이게도 사용하는 언어의 수가 가장 많은 나라는 인구가 가장 많은 나라가 아니기 때문이라고 한다. 따라서 고립되어 살아가고 있는 종족이 가장 많은 파푸아뉴기니에는 860개의 언어가 있으며, 그중 절반이 사라지게 될 것이다.

하지만 언어는 다시 탄생할 수도 있다. 오늘날 이스라엘에서 사용되는 히브리어처럼 예외적인 경우도 있다. 히브리어는 2,500년 이상 구어로서 사라지고 단지 전례 언어로만 존재했다. 성경을 비롯한 풍부한 문학 작품 덕분에 유대인들은 히브리어를 다시 가르치기 시작했다. 러시아계 언어학자 벤 예후다(Ben Yehuda)(1858~1922)는 현대 히브리어의 기초를 만들어 자녀들에게 가르쳤다. 대량 학살 이후에 이스라엘 국가는 현대 히브리어를 가르치고 공식 언어로 만들기로 결정했다.

해양 개발

바다는 지구 표면의 70퍼센트를 차지하며, 평균 수심은 3,600미터다.
세계화된 경제에서 바다는 5만 척의 선박 덕분에 세계 무역량의 90퍼센트를 담당하고 있다.
대륙 간 통신을 가능하게 하는 해저 통신 케이블 역시 바다를 통과하고 있다.
바다는 무엇보다 낚시를 위해서 가장 먼저 개발된다.

낚시 :
가장 중요한 수렵 활동

해양에 대한 경제적 개발은 오랫동안 어업을 기본으로 이루어졌다. 어업은 가장 광범위하게 시행되고 있는 채집 활동으로 매년 8천만 톤이 바다에서 채취된다. 재고량을 크게 줄이기 위해서 양식업이 성장했으며, 거의 같은 양을 생산하고 있다. 그 결과, 1인당 연평균 생선 소비량이 60년 전에는 겨우 9킬로그램에 불과했던 것이 오늘날에는 20킬로그램에 달한다. 하지만 어민 수는 감소하여, 전 세계에서 약 6천만 명으로 추산되며, 대부분 빈곤 국가에 집중되어 있다.

이렇게 어획량이 증가한 것은 채집 수단이 발전했기 때문인데, 그 결과 전 세계적으로 수산물의 과잉 비축으로 인해서 지속 가능성 측면에서 엄청난 문제가 발생하고 있다. 이러한 맥락에서 어획 할당량 결정은 외교(수용 가능한 할당량을 협상을 통해 결정함으로써 자국의 어민 보호)를 통해 지구 문제(자원 보호) 및 사회 문제(일자리 보장)를 해결하려는 시도이다.

하지만 문제는 여전히 남아 있다. 실제로 어망이나 낚시용 그물에 어획이 금지된 돌고래와 같은 해양 포유류가 우연히 걸려드는 경우가 아주 많다. 이 중 바다로 다시 돌려보내지는 경우는 어획량의 10퍼센트 남짓에 지나지 않는다. 심해 트롤망 어로 작업과 같은 특정 어업 기술은 해양 생태계에 매우 심각한 영향을 끼친다.

엘니뇨란 무엇인가?

남아메리카의 어부들은 매년 크리스마스 무렵에 페루 북부와 에콰도르 해안가의 바닷물 수온이 올라가는 현상에 엘니뇨 EL NIÑO(스페인어로 어린이, 어린 예수)라는 이름을 붙였다. 한해의 나머지 기간에 수온은 용승 현상[9] 때문에 차갑다. 그 이유는 동쪽에서 불어오는 무역풍이 더 따뜻한 해수면의 물을 먼바다로 밀어내고 그 아래에 있던 더 차가운 물이 위로 올라오기 때문이다. 이러한 계절적 온난화는 일반적으로 봄에 중단된다. 하지만 몇 년 동안 불규칙하게 이러한 현상이 지속되고 있다. 과학자들은 이러한 예외적인 시기를 '남방진동' Enso[10]이라고 부른다. 이것은 대기와 해양의 역학이 연결된 복잡한 기상 현상이며 남태평양 차원의 압력 시스템의 균형을 유지하려는 현상으로 강수 분포의 변화를 일으킬 수 있다. 엘니뇨는 몇 가지 문제를 일으킨다. 엘니뇨 시기에는 특히 차가운 물에 사는 영양분이 풍부한 멸치류를 비롯한 물고기가 훨씬 적게 잡힌다. 이것은 그 지역 어업에 위기를 초래한다. 뿐만 아니라, 남아메리카의 많은 지역이 이상 기후로 농업에 있어서 어려움을 겪거나 자연재해로 타격을 받고 있다. 페루 북부에서 콜롬비아에 이르는 태평양 해안선에는 대홍수가 발생하고, 중앙 안데스 산맥과 브라질 북동부는 가뭄의 영향을 받는다.

기근, 지속적인 위협

1798년, 경제학의 창시자 중 한 명인 맬서스(Thomas R. Malthus)는 인구 증가가
식량 증가보다 더 빠를 것이라고 주장하는 '인구론'을 제시했다.
하지만 그의 예측은 빗나갔다. 농업 기술의 개선과 농경지의 확장으로
세계 인구 전체를 충족시킬 수 있을 충분한 식량이 확보되었다.

기아는 이제 없어져야만 한다

무역 및 정보의 발전은 정치 상황이나 해충 공격, 기후 등
으로 인해서 한 지역에서 발생할 수 있는 부족한 식량 생
산량을 보충해줄 수 있어야 한다. 간단히 말해서, 유엔이
1961년 이후로 식량이 부족한 국가에 대해 식량 원조를
해주기 위해서 **세계식량계획**(World Food Program)을 설립한 이상
기아는 이제 없어져야 한다.

이 현상을 어떻게 설명할 것인가?

굶주림의 문제는 **영양실조**(건강에 영향을 미치는 영양소 부족
의 불균형 식단)와 영양결핍이라는 두 가지 측면에서 살펴
볼 수 있다. 기근, 즉 특정한 인구 내에서 상당히 높은 사
망률을 발생시키는 것은 영양결핍의 문제이다. 유엔은 식
량 위기 상황에 놓인 인구에 대해 기근이라고 말할 수 있
으려면, 하루에 인구 1천 명당 2명 사망률이라는 기준을
충족해야 한다고 한다.

예를 들면 사헬(Sahel)의 가뭄처럼 식량 부족이 농업 문제와
관련이 있다면, 기근이 지속되는 이유는 무엇보다 정치
상황과 관련이 있다. 전쟁으로 식량 생산력을 파괴하면서
국제 원조를 요청하기를 거부하는 국가들이 있다(전쟁으로
인해 비옥한 지역에서 강제 이주해야 했던 수단의 경우가 그러하
다). 따라서 주로 **소수민족 문제와 종교 분쟁** 등의 지정학
적 문제가 있는 지역에서 기근이 발생하고 있다. 게다가
수많은 기근에 대해 이루어진 식량 원조는 또 다른 약탈
의 원인이 되기도 했다. 1990년대 소말리아와 에티오피아
가 그런 예이다.

식량 원조는 일시적인 해결책일 수 있다. 하지만 식량 원
조는 그 지역의 농업과 보조를 맞추어서 농업 생산력에
혼란을 주지 않도록 주의하며 이루어져야 한다. 그렇게
하지 않는다면, 이들 국가의 식량 생산력은 더욱 약해질
수 있다.

수치로 보는 기아

1인당 평균 음식 섭취량이 하루 1,500킬로칼로리 미만
으로 떨어질 때 영양결핍이라고 말할 수 있다(세계 평
균 1인당 음식 섭취량은 하루 2,800킬로칼로리로 추정되지만,
유럽의 경우는 하루 3,200킬로칼로리로 지역별 차이가 있다).

2018년에는 아시아의 5억 명과 특히 사하라 이남 아
프리카를 포함한 아프리카의 2억 5천만 명(인구의 23퍼
센트)을 포함하여 8억 8천만 명이 기아로 고통받았다.

1억 2,400만 명은 극심한 기아 상태에 있다.

오래된 전쟁, 새로운 분쟁

전쟁은 양상이나 원인에서 끊임없이 재창조되고 있다.
특히 20세기 말부터 복잡하게 뒤얽혀 있는 국가들 간에 수많은 무력 충돌이 발생하고 있다.

19세기의 프로이센 군사 이론가 **카를 폰 클라우제비츠**(Carl von Clausewitz)는 "전쟁은 항상 또 다른 수단에 의한 정치적 갈등의 연장"이라고 말했다. 갈등은 여러 집단 간의 대립을 가리키며 전쟁은 대규모 유혈 충돌을 의미한다.

집단 학살과 인종 청소의 개념

제2차 세계대전 이후, 한 집단을 말살하려는 의지로 이루어진 행동을 가리켜 집단 학살이라는 단어를 사용했다. 이것은 유엔이 제시하는 사법적 정의를 충족시키고 국제 재판에 회부될 수 있는 **대량 살상 범죄**이다. 이 개념은 상당한 정체성 문제를 안고 있다. 20세기 초에 오스만 제국 내에서 아르메니아인을 대상으로 자행된 집단 학살 사건도 그런 경우이다. 하지만 터키는 아르메니아인을 말살시킬 의도로 계획된 것이 아니라며 '민족 말살'이라는 표현을 쓰기를 거부한다.

인종 청소는 한 영토에서 거부된 민족을 제거하는 것이다. 따라서 이것은 학살의 형태를 취하기도 하지만, 강제 이주의 형태를 취하기도 한다. 인종 청소는 구 유고슬라비아에서도 벌어졌다.

정규전과 비정규전

정규전은 종종 비정규전과 구별된다. 비정규전은 국가 군대에 소속되지 않은 전투병들이 참전하는 전쟁으로 가스와 같은 **비재래식 무기**[11]를 사용하거나 민간인을 공격하는 특징이 있다. 이러한 사실에 비추어 볼 때, 오늘날에는 이 두 가지 전쟁을 명확하게 구분하기가 힘들다. 왜냐하면 하나의 전쟁에 다양한 참전자, 무기, 표적이 뒤얽혀 있는 경우가 많기 때문이다. 예를 들면 2011년에 발발한 시리아 내전은 정규군뿐만 아니라 비정규군이 민간인을 공격하고 재래식 무기와 비재래식 무기가 함께 사용되었다. 따라서 그런 경우를 **하이브리드 전쟁**이라고 한다.

실제로 21세기 초에 특히 그런 경향이 강했다. 지난 세기는 국가 간의 전쟁이나 탈식민화 전쟁이 주를 이루었지만, 현재 대부분의 분쟁은 국가 내에서 벌어지고 있다. 따라서 전투 방식이 변화되었다. 점점 더 많은 전투가 도시나 마을 안에서 벌어지고 있으며, 이는 종종 유엔의 창립 원칙에 따른 **군대 개입**을 무력하게 만든다.

게다가 개입에 대한 의문이 끊임없이 제기되고 있다. 학살이 자행되도록 내버려둘 것인가? 하지만 전투 지역 내 민간인 수와 나름의 이유가 있는 참전자의 증가를 고려할 때 어떻게 개입할 것인가?

사이버 공간에 오신 것을 환영합니다!

페이스북, 트위터, 인스타그램….
기업들은 새로운 의사소통 수단을 발명하고,
수십억 개인들은 이를 일상 속에서 광범위하게 사용하고 있다!
영화 및 텔레비전과 달리 이러한 디지털 애플리케이션은 개인 간의 상호작용을 돕는다.

빅브라더[12]는 어디에나 있다!

모든 시대를 거슬러보면, 상호 작용은 감시의 대상이었다. 간첩 투입, 회의 잠입, 메일 열람 등. 하지만 사이버 공간에서 교류는 온라인 저장을 통해서 이루어지므로, 이것은 **자동 제어**가 가능하게 되었고, 무엇보다 **경제적으로 이용**할 수 있게 되었다.

사이버 공간은 해양 횡단 케이블, 위성 등과 같이 상당한 투자가 필요한 통신 인프라에 의존한다. 사용자 사이를 순환하는 어느 정도 암호화된 다양한 데이터들과 **데이터 센터**가 존재한다. 몇몇 네트워크는 북한의 광명처럼 이론적으로 분리되어 있기도 하다.

웹, 인터넷, 사이버 공간

이 세 가지 용어를 종종 같은 것으로 취급하는 경향이 있지만, 각각 다른 것을 가리킨다.

웹은 브라우저로 접근할 수 있는 페이지 모음이다. 인터넷은 데이터 교환 시스템으로 사용되는 도구이다. 또 다른 프로토콜인 유즈넷Usenet이나 은행 네트워크처럼 디지털 자료를 교환하는 다른 도구도 존재한다.

사이버 공간은 교환 및 저장되는 모든 자료(데이터)를 의미하며, 대부분은 검색 엔진을 통해서 실제로 접근할 수 없다. 이것을 딥 웹Deep Web[13]이라고 한다.

사이버 공간은 진정한 **수평적인 공간**이다. 그 안에서 경제 강국이나 국가 권력도 통제하고자 하는 정보를 찾아내야 한다.

거대한 시장

디지털 정보를 통해 구매 및 이동 습관을 면밀히 조사하고 연령, 직업, 거주지에 따라 분석할 수 있다. 이는 가게를 열거나 표적 광고를 하는 데 있어서 소중한 자료가 된다.

하지만 비밀 정보를 빼내거나 활동을 방해하기 위해서 기업이나 연구소, 군대의 내부 네트워크를 뚫고 들어가는 **공격**이 이루어지기도 한다. 특이한 점은 누가 가해자인지 식별하기가 극히 어려우며, 따라서 예를 들면 자료 유출의 원인이 어디에 있는지 알아내기 위한 논쟁이 분분해진다.

이와 같은 개인의 대중 네트워킹은 뉴스의 전파를 훨씬 간단하게 촉진했으며, 따라서 정보 조작을 가능하게 했다. 예를 들어, 선거 캠페인 중에 후보자들은 지지자들을 동원하거나 반대편의 사기를 꺾기 위해서 이 방법을 이용한다.

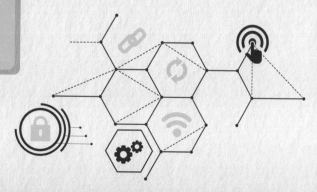

천연자원을 아낍시다!

모든 생명체는 자신의 환경 속에서 생존할 수 있는 수단을 찾는다.
인간 사회는 훨씬 더 중요한 차원에서 이를 수행하고 있다.
왜냐하면 인간은 다양한 차원의 교류를 통하여 다양한 환경의 자원을 이용하기 때문이다.

두 가지 유형의 주요 자원

따라서 천연자원은 자연에서 찾아내서 인간 사회에서 사용되고 있는 요소로 정의할 수 있다.

다음과 같이 구별할 수 있다.

- **재생 불가능한 자원.** 암석이나 광석, 특히 탄화수소와 같은 광물 원료가 이에 해당한다. 재생 불가능한 자원은 한정되어 있어서 고갈될 수 있다.

- **영구적으로 재생되는 재생 가능한 자원.** 식물, 동물(예: 물고기), 물 또는 토양이 이에 해당한다. 따라서 재생률을 초과하지 않는 것이 관건이다.

- **물.** 생태학적으로 중요한 필수 자원인 **물**과 **생물 다양성**의 보존 문제는 정책의 핵심으로 자리 잡고 있다. 물은 접근이 제한적인 지역의 인구가 증가하고 있어서 더욱 중요하게 다뤄진다. 탄화수소 문제와 탄화수소의 고갈 문제는 1970년대 이후로 탄화수소 사용으로 발생하는 온실가스 배출 문제와 함께 꾸준히 제기되고 있다.

지정학적 긴장의 대상

자원 통제는 항상 탐욕의 대상이었으며, 따라서 종종 충돌로 이어지곤 했다. 콘키스타도르[14]를 자극한 금이나 식민지화 시기 동안 농경지를 확보하려는 전쟁은 잘 알려져 있다. 안정적인 자원 확보는 늘 중요한 문제이다. 중국은 미국이 '진주 목걸이 전략'[15]이라고 부르는 것을 통해 석유 공급망을 확보하고자 한다. 따라서 인도양에 다양한 해군 기지를 구축하여 언제라도 개입할 수 있도록 대비하고 있다.

천연자원에 대한 전략적 소유가 걸프만 국가에서 볼 수 있듯이, **부와 권력을 보장**해줄 수 있다고 하지만, 이것이 **경제 성장에 걸림돌**이 되는 경우가 훨씬 더 많다. 아프리카에 대해서 '천연자원의 저주'라는 표현을 사용할 정도로 말이다. 사실 인구의 일부가 특권을 장악할 경우, 이것은 종종 권력 투쟁이나 내전으로 이어져서 경제 전체를 불안정하게 만든다. 세계에서 천연자원이 가장 풍부한 국가 중 하나인 콩고의 경우가 그러하다.

수원 통제 : 골란 고원의 사례

1967년 6일 전쟁 중에 이스라엘은 골란 고원을 점령했다. 강 상류에 위치한 이 고원은 특히 이 지역의 중요한 수원이다. 따라서 이스라엘은 갈릴리 호수 하류에 댐을 건설하여 요르단강의 수자원을 통제하고자 했다. 하지만 인근 요르단 역시 요르단강에 수자원을 의존하고 있었다. 이로 인해서 팔레스타인과 요르단은 물 공급을 확보하기 위해 이스라엘과 협력해야 하며, 따라서 이스라엘은 물을 지배력을 강화하고 상황을 안정시키는 데 중요한 수단으로 이용했다.

인간과 환경

어떠한 유기체도 자신의 환경에서 고립되어 생존하지 못한다.
종에 대한 생물학적 설명으로는 그 존재(혹은 소멸) 방식을 이해하기에 충분하지 않다.
종이 다른 생명체 및 물리적 환경과 맺고 있는 관계를 이해할 필요가 있다.

자연에 대한 생태학적 관점

1935년에 영국의 식물학자인 아서 탠슬리Arthur George Tansley는 **생태계**라는 용어를 제안했다. 그의 생각은 간단하다. 생존 현상을 물질 순환과 에너지 순환의 관점에서 살펴보는 것이다. 이렇게 해서 물질은 먹이그물 또는 먹이사슬(누가 누구를 먹는가?)을 통해서 순환한다. 라부아지에Lavoisier의 공식을 빌면, "어떤 것도 사라지지 않는다. 모든 것은 변형될 뿐이다." 식물이 유기물질을 만들어내면, 그것을 초식동물이 먹고, 그 다음 육식동물이 초식동물을 먹는다. 사체는 이 사슬을 통해서 끝없이 분해된다.

사실, 생태계에 대해 말하려면 **생물군집**과 **비오톱**16)이라고 부르는 생명체의 공동체, 즉 생물이 살아가고 있는 환경의 물리 화학적인 특징을 동시에 고려해야 한다. 하지만 문제는 다른 섬들로부터 멀리 떨어진 외딴 섬을 제외하고는 생태계를 공간적으로 구분하는 것이 불가능하다는 것이다. 따라서 이것은 이론적인 개념이라고 할 수 있다. 지리학적인 사항을 고려한다면, 각각 큰 유형의 식물군에 해당하는 생물 군계를 구별할 수 있다. 따라서 약 20여 개의 큰 생물 군계를 구별할 수 있다. 열대우림, 온대 숲, 타이가, 아한대 숲, 툰드라 등.

인간 사회의 역할

그러나 여기서도 문제가 생긴다. 수많은 생명체가 인간 활동의 결과로 제거될 수 있는 것이다. 잘린 나무, 잡힌 물고기가 그런 경우이다. 무엇보다 지구 표면의 상당 부분이 농경지에 해당하고, 농경지에서 재배되는 식물은 제자리에서 분해되는 대신 인간에 의해서 수확되어서 수천 킬로미터 떨어진 곳에서 소비된다.

이런 방식으로 자연의 순환이 끊기고 있다. 환경이 악화되고 땅이 황폐해지면, 인간은 비료를 더 뿌리게 된다. 토양과 물의 공급을 대부분 통제하는 상황에서 수많은 종이 존재하는 이런 인공 생태계를 가리켜 **농업 시스템**이라고 한다. 이론적인 생태계와 달리 인간이 수확을 하기 때문에 결코 평형 상태가 아니다.

농업 시스템에서 공간은 상당히 중요하다. 사실 가장 많은 수의 척추동물이 농업 시스템 안에서 사육되고 있다. 미국의 지리학자 얼 엘리스Erle C. Ellis와 나빈 라만쿠티Navin Ramankutty는 인위적 생물군계라는 표현을 사용했다. 사실, 도시와 마을 외에도 경작지와 사육지는 인간이 통제하는 시스템에 해당하며, 전체 지표면의 50퍼센트가 넘는다(남극 대륙 제외).

기후 온난화를 조심하라!

기후 온난화를 발견한 것이 아주 특별한 과학 사건은 분명 아니다.
사실, 전 세계 각 지역은 적절한 기후 속에서 살고 있다.
기후란 한 지역의 평균 기온(기상학적 의미)으로 정의된다.

과학적 사건

기후는 다양한 날씨를 다소 현실적으로 인식하는 사회에서 경험된다. 지구의 기후라는 개념은 순수하게 과학적으로 만들어진 것이다. 다시 말해서 **누구도 느낄 수 없는 기후를 지구 차원에서 평균을 낸 것이다.** 따라서 지구 차원의 이 문제에 대해서 지구 차원에서 대응하려는 의지가 필요하다. 하지만 각국의 관심사가 다양하기 때문에 모든 국가의 동의를 이끌어내는 것은 쉽지 않다.

기후 온난화는 지난 세기에 과학이 많이 발전한 덕분에 밝혀질 수 있었다. 19세기 말에 인간의 활동이 **대기 중 이산화탄소 농도**를 증가시킨다는 사실이 발견되었다. 20세기 중반에 물리학자들은 다량의 이산화탄소가 기후 온난화를 유발한다는 사실을 입증하기 위한 모델을 제시했다. 그리고 1980년대에 와서 마침내 과학자들이 얼음에 갇혀 있는 고대의 기포를 분석하여 과거 대기의 구성 성분을 분석하는 훌륭한 아이디어를 냈다.

남극 대륙 깊숙한 곳에 묻힌 얼음을 시추해서 수십만 년 이상의 시간을 거슬러 올라가서 고대 지구의 대기를 연구할 수 있게 된 것이다. 그 결과 온난화 시기는 대기 속 이산화탄소의 증가와 상관관계가 있었다. 간단히 말해서, 이 모델은 측정을 통해서 이루어진 검증을 바탕으로 했다. 따라서 분명해졌다. **인간의 활동이 지구 온난화를 유발하고 있다.**

…그리고 세계적인 인식

대기는 국경이 없기 때문에, 온실가스 배출이 전 세계에 영향을 끼친다는 사실은 이미 오래 전부터 알려져 왔다. 오존층 파괴에 대처하기 위해서 이미 기후에 대한 우리의 행동과 관련된 국제 협력의 토대가 마련되었다. **1992년 리우 회담**에서 유엔 기후 협약을 만든 것이다. 목표는 **기후 변화에 대해 더 잘 알고 이를 해결하는 것**이다.

기후 변화 회의론자는 누구인가?

분명히 이러한 자료는 혼란스럽다. 기후 변화 회의론자들은 기후 온난화를 믿지 않는 사람들이다. 일부 중요한 국가 원수들도 기후 변화 회의론자이며, 따라서 기후 온난화에 대해 아무런 행동을 취하지 않는다.

지구의 온도가 상승하고 있다는 사실을 분명하게 느낄 수 없다는 사실을 언급할 필요가 있다. 사실, 모든 면에서 기온은 한 해 동안, 그리고 해마다 달라진다. 따라서 평균 기온이 모든 곳에서 상승하고 있음을 보여주기 위해 많은 복잡한 연구가 필요했다. 점점 더 정교한 모델이 지구 온난화가 우리 환경에 어떤 영향을 미치고 있으며, 앞으로 미치게 될지를 보여주고 있다.

따라서 국제사회는 과학자들이 제기하는 위협을 심각하게 받아들이고, 기후에 관한 프로젝트를 만들고 각 정부가 결정을 내릴 수 있도록 자료를 제공하는 국제 전문가 집단인 IPCC(기후 변동에 관한 정부 간 패널)를 만들었다. 다양한 보고서가 계속 제출되고 있으며, 한 가지 결과는 분명했다. **지구 온난화가 가속화**되고 있으며, 전 세계 여러 지역에 재앙을 초래할 것이다.

숲, 나무 그리고 사람

숲이 무엇인지 정의하기란 쉽지 않다.
우리 머릿속에 분명한 이미지(나무가 우거진 숲)가 떠오르긴 하지만,
숲이라고 말하기 위해서는 나무의 크기와 밀도에 대한 기준을 통과해야 한다.

다양한 숲의 정의?

사실 모든 국가가 숲에 대해 똑같이 정의하는 것은 아니다. 유엔 식량농업기구FAO에 따르면, 숲은 0.5헥타르(5천 평방미터) 이상의 면적에 5미터 이상 높이 나무들이 산림 면적의 10퍼센트 이상을 차지하고 있는 곳을 말한다. 이런 기준에 비추어볼 때, 숲은 대륙 표면의 30퍼센트를 차지한다고 추정할 수 있다.

하지만 여기에는 꽤 다양한 모습의 숲들이 포함된다. 가장 면적이 넓은 것은 낙엽송, 가문비나무, 소나무, 전나무처럼 추위에 잘 적응하는 침엽수로 이루어진 타이가 지대의 **아한대림**이다. **열대우림**은 훨씬 더 다양한 종으로 이루어져 있으며, 탁월한 생물 다양성과 원기 왕성한 생명력이 특징이다. 늘 습하고 매우 다양한 종의 나무로 구성된 적도 지역의 **습지림**과 뚜렷한 건기가 있는 지역의 **건조림**으로 구분할 수 있다. 마지막으로 **온대림**은 온도와 습도에 따라 다른 양상을 보인다.

강력한 경제 문제

전 세계적으로 대부분의 숲은 인간에 의해 변형되거나 가꾸어졌다. 19세기에 해송을 옮겨 심어서 오늘날 프랑스에서 가장 큰 숲이 된 **랑드**Landes **숲**이 그러한 경우이다.

산림은 매우 중요한 자원이다. 특히 열대 지역에서 몇몇 부족은 숲 중심부에 살고 있는데, 약 **2억 5천만 명**으로 추정되며, 대체로 매우 가난하게 살고 있다. 숲은 그러한 취약한 사람들에게 식량과 수입의 원천이 된다. 목재는 무엇보다 중요한 자원이다. 세계 인구의 약 3분의 1이 목재를 에너지원으로 사용하고 있다(취사용으로 가장 많이 사용하고, 그 다음 난방용으로 사용한다). 숲은 전 세계 재생 에너지의 약 40퍼센트를 담당한다. 매년 약 30억 입방미터의 목재가 숲에서 벌목되고 있으며, 이는 매우 중요한 수입원이 되고 있다. 마지막으로 숲은 자연이나 관광지를 찾는 도시인에게 여가 공간이 되어준다.

보존의 문제

이처럼 경제적으로 중요한 쟁점들은 산림 보호의 중요성을 설명해준다. 실제로 숲은 생물 다양성이 강력하게 집중되어 있으며 탄소 흡수원을 이루고 있다. 산림 면적이 이제 다소 안정되어 있어서, 상황이 완전히 끔찍해 보이지 않을 수도 있다. 하지만 문제는 그리 단순하지 않다. 온대 국가에서는 산림 면적이 증가하고 있지만, 수많은 열대우림, 즉 생물 다양성이 가장 높은 산림이 불법 벌목(유럽으로 수입되는 목재의 20퍼센트를 차지한다)과 농지 개발을 하는 **삼림 벌채 전선** 때문에 고통받고 있다. 일자리와 소득이 필요한 개발도상국 주민들에게 삼림 벌채는 중요한 소득원이 되기 때문에, 이러한 개발 전선의 존재를 막기가 어렵다. 또한 열대 목재나 **팜유**에 대한 국제 수요도 상당하다. 브라질 대통령 보우소나루Jair Bolsonaro가 2019년 이후로 환경 보호를 뒤로 미뤄놨을 때, 이것이 아마존의 삼림 벌목 재개에 찬성하는 신호로 보일 수도 있어서 상당한 우려를 불러일으켰다.

한국의 숲

1960년대 빨리 자라는 나무를 심으면서 민둥산을 푸른 산으로 바꾸는 데 집중했지만 이제는 국립산림과학원이 집계한 한국 숲의 공익적 가치는 220조 이상이며 숲 가꾸기를 통해 매년 1만 개 이상의 일자리를 만들어낸다.

그리스 신들은 어떻게 탄생했는가?

그리스 신화는 제우스가 신과 인간을 다스리기 전에 세계와 창조의 다양한 요소를
설명하는 복잡한 이야기들로 가득한 일련의 혁명적 드라마로 채워져 있다.
이것이 물질세계의 창조와 관련될 때는 우주 생성론이며, 신들의 탄생과 관련되었을 때는 신학이다.

혼돈에서 최초의 신까지

태초에 카오스로 의인화되는 원시상태의 공허가 있었다. 여기에는 지하세계의 어둠(에레보스Erebus)과 밤의 여신(닉스Nyx)이 포함되어 있었다. 밤의 여신은 금이 가고 속이 빈 구의 모습을 하고 있으며, 보편적인 매력을 발산하는 에로스Eros(사랑)를 낳았다. 밤의 윗부분은 **천공**(우라노스Ouranos)을 형성하고, 아랫부분은 **땅**(가이아Gaia)을 구성한다. 우라노스는 가이아와 결합하여 자손 티탄Titans 6형제와 그들의 자매 티타니데스Titanides 6자매, 키클롭스Cyclops 3형제, 100개의 팔을 가진 거인 헤카톤케이레스Hekatonkheires 3형제를 낳았다.

두 번째 신의 왕조

우라노스는 잔인한 아버지였다. 아들에게 왕위를 뺏길까 두려워한 우라노스는 아들을 모두 땅속으로 사라지게 만들었다. 자손을 잃는 것에 지친 가이아의 격려로 막내 **크로노스**Cronos만이 아버지와 맞서기로 선택했다. 거대한 낫으로 무장한 크로노스는 아버지를 거세했다. 거세될 때 흘린 피가 마지막으로 가이아의 몸속으로 들어가서 남자를 박해하는 복수의 여신 에리니에스Erynyes와 거인들을 탄생시켰다.

이렇게 해서 티탄인 크로노스는 두 번째 신의 왕조를 세웠다. 그러나 우라노스가 그 역시 아들에게 쫓겨나는 운명일 것이라고 저주했기 때문에, 크로노스는 누이이자 아내 레아Rhea가 자식을 낳자마자 자식들을 모두 삼켜버렸다. 하지만 역사는 반복되었다. 레아는 막내 **제우스**Zeus 대신 돌을 강보에 싸두어서 게걸스러운 크로노스가 돌을 삼키게 만들었다. 그리고 제우스를 크레타로 보내서 염소 아말테아Amalthea의 젖을 먹고 자라게 했다. 강하게 성장한 제우스는 크로노스가 삼킨 형제들을 모두 소생시켰다. 이로써 2세대 신들, 즉 바다의 신 포세이돈, 지옥의 신 하데스, 화덕의 여신 헤스티아, 농경의 여신 데메테르, 제우스의 아내이자 결혼의 여신 헤라의 시대가 열렸다.

프로메테우스와 인간의 창조

올림포스 이전의 신들이 덩치 크고 난폭한 모습을 하고 있었지만, 그들 중 하나로 티탄의 아들이자 제우스의 사촌은 예외였는데 바로 인간을 창조한 프로메테우스(그는 진흙으로 인간을 만들었다)이다. 프로메테우스는 신들의 불을 훔쳐서 인간에게 주었기 때문에 어떤 경우에도 인간에게는 은인이기 때문일 것이다. 그로 인해서 프로메테우스는 코카서스 산에 묶여서 매일 독수리에게 간을 쪼아 먹히는 형벌을 받았는데, 결국 헤라클레스가 독수리를 활로 쏘아서 프로메테우스를 풀어주었다.

제우스의 전투

제우스의 승리는 투쟁 없이 얻어지지 않았다. 제우스는 먼저 키클롭스와 헤카톤케이레스의 도움으로 자신의 주권을 질투하는 다른 티탄들을 물리쳐야 했다. 그러자 가이아는 자신의 아들들이 다른 세대에 의해 패배하는 것에 분노하여 거인들을 부추겨 제우스에게 대항하게 했다. 이 '기간토마키아'(거인들의 전쟁)는 올림포스로 오르려던 거인들의 헛된 시도로 끝이 났다. 하지만 제우스에게는 가이아와 타이타로스의 거인 아들 티폰과의 전투가 남아 있었다. 천 번의 반전 끝에 제우스는 티폰을 에트나 화산 아래에 깔려서 죽게 만들었다.

이렇게 해서 올림포스 신들의 시대가 시작되었다. 크로노스와 레아의 여섯 자녀에 제우스의 자손이 추가되었다. 사랑의 여신 아프로디테, 예술의 신 아폴로, 사냥의 여신 아르테미스, 지혜의 여신 아테나, 대장장이 신 헤파이스토스, 전쟁의 신 아레스, 신들의 전령 헤르메스, 포도나무의 신 디오니소스.

그리스 영웅은 누구였을까?

그리스 신에 관한 신화와 전설은 종종 모순이 발견되기도 하지만,
인간과 신 사이에서 태어난 비범한 인물(늘 그런 것은 아니다)인
영웅에 관한 이야기는 훨씬 더 일관성이 있다.

역사적 사실의 순서를 바꾸고 과장한 영웅의 모험담은 무훈시나 원탁의 서사시처럼 **영웅 시리즈**를 만들었다. 이러한 영웅 이야기들은 종종 **문명을 전파하거나 해방**하는 임무에 이용되었다.

비극적 영웅

비극적 영웅 오이디푸스Oedipus는 아버지 라이오스Laius를 알아보지 못한 채 죽이고, 테베를 공포로 몰아넣었던 스핑크스로부터 해방시켰다. 그런 다음, 자신도 모르게 자신의 어머니 라이오스의 과부와 결혼했다. 자신이 저지른 두 가지 죄를 알게 된 오이디푸스는 스스로 자신의 눈을 찌르고 테세우스의 보호 아래 아티카에서 생을 마감했다. 하지만 저주는 그의 두 아들에게도 이어져서, 그의 두 아들은 테베의 왕좌를 놓고 서로 싸웠다.

또 다른 비극적 운명의 주인공은 아트레우스 가문이다. 미케네의 왕 아트레우스는 그의 형제 티에스테스(그와 왕위 다툼을 하고 있었다)의 세 아들을 죽여서 그 고기를 티에스테스에게 먹게 했던 죄에 대해서 여러 세대에 걸쳐 속죄해야 했다.

테세우스, 아티카의 영웅

아테네의 왕 아이게우스Aegeus, 그리고 아이트라Aethra(테세우스를 임신한 밤에 포세이돈과도 동침한다)의 아들 테세우스Theseus는 크레타 섬의 미궁 속에 갇혀 있는 반인반수의 괴물 **미노타우로스**Minotaur를 죽여 해마다 일곱 명의 청년과 일곱 명의 처녀를 공물로 바치라는 강요로부터 아테네 사람들을 자유롭게 해주었다. 테세우스는 크레타 왕 미노스Minos의 딸 아리아드네Ariadne가 건네준 실뭉치 덕분에 다시 미로를 빠져나올 수 있었다.

아들이 죽었다고 믿고서 그 자신의 이름을 딴 '아이게우스의 바다'에 몸을 던져 자살한 아버지의 뒤를 이어서 테세우스는 아테네의 왕이 되었다. 테세우스는 다시 여전사

부족 **아마조네스**Amazones와 대대적인 전쟁을 벌였고, 그중 한 명을 납치해오는 바람에 보복을 받게 되었다. 그 후 하데스의 아내 페르세포네Persephone를 납치하려다가 하계에 붙잡히게 되지만, 헤라클레스 덕분에 풀려난다.

도리스의 영웅, 헤라클레스

헤라클레스Heracles는 그리스 본토 남부에 위치한 펠로폰네소스의 도리스인이 상상했던 것처럼 상당히 폭력적이고 난폭한 전사였다. 알크메네Alcmene와 암피트리온Amphitryon의 아들 헤라클레스의 진짜 아버지는 제우스였다. 제우스가 하룻밤 동안 암피트리온의 모습으로 변신해서 알크메네의 침실에 들었던 것이다. 헤라에게 저주를 받았지만, 헤라클레스는 그에게 불멸을 허락한 헤르메스의 술책 덕분에 헤라의 젖을 빨 수 있었다.

헤라클레스는 테베 왕의 딸 메가라Megara와의 사이에서 얻은 자식들을 죽인 죄를 씻기 위해서 수행한 열두 과업으로 잘 알려져 있다. 그중 첫 번째 과업인 네메아의 사자를 죽인 후 헤라클레스는 그 가죽을 걸치고 다녔다. 지옥을 지키는 머리가 셋 달린 개인 케르베로스를 잡아 오는 것과 헤스페리데스의 정원에서 황금 사과(사실은 오렌지였다)를 훔쳐오는 것도 열두 과업에 포함되어 있었다.

이아손과 아르고선 선원들

켄타우로스[17]인 키론에게 성장하면서 치유의 기술을 배운 이아손은 이올코스Iolcos 왕의 아들이지만 펠리아스Pelias에게 왕위를 빼앗았다. 펠리아스는 코카서스의 콜키스 숲에서 용이 지키는 신성한 황금 양피를 가져오면 왕위를 내놓겠다는 핑계로 이아손을 쫓아내려고 했다. 이아손은 아르고('빠르다')라는 배를 만들어 50명 가량의 선원을 태웠다. 그 선원들의 이름은 이야기에 따라 다른데 가장 유명한 선원들은 오르페우스Orpheus, 카스토르Castor, 폴룩스Pollux, 린케우스Lynceus 등이다. 모험 끝에 아르고 선원들은 황금 양피를 가지고 이올코스로 돌아왔다.

두 세계 사이의 신, 디오니소스

그리스에서 매우 인기가 높으며 로마인들 사이에서 바쿠스라고 불리는 포도밭,
와인과 황홀경의 신이라고 불리는 디오니소스는 그리스와 아시아를 배경으로 탄생한 신이다.
디오니소스와 관련된 신화는 다양한 탄생설 때문에 수많은 버전으로 존재한다.

파란만장한 탄생

임신 6개월의 세멜레Semele는 연인 제우스에게 그의 능력을 보여달라고 간청했다. 하지만 제우스를 둘러싼 광채를 견디지 못한 세멜레는 그 광채에 타 죽고 말았다. 신들의 왕 제우스는 세멜레의 뱃속에 있던 태아를 꺼내서 자신의 허벅지에 넣고 꿰맸다. 3개월 후에 제우스의 허벅지에서 디오니소스가 태어났다.

제우스는 자신의 질투심 많은 아내 헤라가 디오니소스를 찾아내어 복수하는 것으로부터 보호하기 위해서 디오니소스를 헤르메스Hermes에게 맡겼다. 그리고 세멜레의 여동생과 그녀의 남편에게 데리고 가서 그들의 딸로 키우게 지시했다. 헤라는 이런 속임수를 알아차리고 이 사생아의 양부모를 치매에 걸리게 했다. 그러자 염소로 변신한 디오니소스를 요정 **마이나데스**Mainades(또는 바쿠스의 여사제)가 보살피게 되었다.

까다로운 여행의 신

디오니소스가 인간에게 **포도나무 재배 기술**을 어떻게 가르쳤는지에 대해 들려주는 수많은 전설이 있다. 사실 이는 디오니소스가 자신의 아내를 빌려준 칼리돈의 왕 오이네우스Oeneus에게 감사를 표하기 위한 방법이었다. 하지만 다른 수많은 이야기에 의하면, 디오니소스는 또한 인간들이 자신을 거부하거나 자신이 기대하는 존경을 보여주지 않을 때 종종 잔인하게 복수를 했다고 한다. 디오니소스는 낙소스에서 자신을 알아보지 못하고 납치한 해적들에게 값비싼 대가를 치르게 했다. 사자로 변신한 디오니소스가 선장을 죽이고 바다로 뛰어드는 선원들은 모두 돌고래로 변하게 한 것이다. 디오니소스가 미노스의 딸 아리아드네와 결혼한 곳도 낙소스에서였다. 아드리아네는 미궁에서 빠져나온 테세우스로부터 낙소스에서 버림받은 상태였다.

여행의 신 디오니소스는 알렉산더 대왕의 전조로 아시아를 정복했으며, 포도나무 가지와 종려나무 가지로 엮은 닻줄로 유프라테스강 위에 다리를 놓은 후에 최초의 인도 원정을 이끌었다.

디오니소스 행렬

이 시끄럽고 소란스러운 신은 마이나데스가 포함된 행렬과 함께 움직였다. 신의 영에 의해 활기를 띤 행렬은 소리치고 노래하고 춤을 추면서 들판을 가로질렀다. 행렬의 소동은 광기와 망상으로 바뀌어서, 동물들을 찢어 죽여서 날것으로 삼키고, 사람들을 닥치는 대로 죽이기도 했다. 광기에 사로잡힌 트라키아의 왕 부테스Butes도 전사들과 함께 바쿠스의 여사제들을 납치하기 위해 우물에 뛰어들었다. 이 여사제들은 테베의 여성들이 신을 기리기 위한 축제에 참여하는 것을 보았다는 이유로 덤불에 숨어 있던 펜테우스Pentheus를 갈기갈기 찢어 죽였다. 오르페우스는 이 행렬의 가장 유명한 희생자이다. 행렬의 여사제들은 에우리디케Eurydice의 죽음을 애도하는 그의 노래를 참을 수 없다는 이유로 오르페우스에게 돌을 던져 죽였다.

뿔과 꼬리가 있으며 염소와 같은 외모를 한 사티로스들은 요정과 인간을 학대하기 위해서 쫓아다니는 음탕한 악마였다. 사티로스는 켄타우로스를 많이 닮은 실레노스에 가까웠다. 행렬 중 한 명인 실레노스는 디오니소스의 교사이자 친구였다. 제우스(또는 헤르메스)의 아들이자 음악과 춤의 신 판Pan은 늘 성욕에 가득 차 있는 신화 속 인물이었다.

켈트 신화와 전설

갈리아[18]와 로마의 영향을 받은 유물, 또는 라틴의 신앙이나 신들을 이어받고자 했던
로마 황제의 증언에서 갈리아의 흔적을 찾아내기란 쉽지 않다.
하지만 로마의 지배를 받지 않았으며 충분히 오래 이어져서
글로 기록될 수 있었던 아일랜드 민화 등으로 갈리아의 신화와 전설을 유추해볼 수 있다.

수많은 신들

갈리아의 신전이 그리스 로마의 신전과 비슷하다고 생각하는 것은 잘못이다. 갈리아는 '종교'는 없었지만, 지역마다 다양한 숭배 의식이 있었다. 예를 들어 전쟁의 신은 지역에 따라 세고모Segomo, 카물로스Mars Camulus, 루디아노스Rudianos 등 60여 신들이 있었다. 인기가 많은 수셀로스Sucellus('세계 두드리다')는 망치의 신이자 자연과 땅의 신으로 살아 있는 자를 먹이고 죽은 자를 맞이했는데, 멀리서 보면 로마의 대장장이 신 불카노스Vulcain처럼 보이기도 했다.

그럼에도 불구하고 **삼신**과 **이원론**이라는 특징에 주목할 필요가 있다. 주요 삼신은 천둥의 신 타라니스Taranis, 인간을 제물로 바쳐야 했던 숲의 신 에수스Esus, 부와 길, 죽음의 신 테우타테스Teutates라는 잔인한 세 신으로 이루어져 있었다. 하지만 이것은 켈트 신화만의 특징은 아니다. 세 여신, 아누Anu, 다나Dana, 브리기트Brigit(이 여신은 또한 그 자체로 시인, 대장장이, 의사의 삼중 수호신이기도 했다)도 비슷하게 연결되어 있었다. 이원론은 주로 물을 중심으로 자주 나타났으며 신과 여신을 연결했다. 룩소비우스Luxovius[19]와 브리지아Brixia(뤽세이Luxeuil 지역), 보르보Borvo[20]와 다모나Damona(부르봉 랑시Bourbon-Lancy 지역)가 그 예이다.

우리가 보지 못하는 신들

신들은 예술 작품에서 분명하게 표현되지 않았지만, 로마 정복 이전부터 구상 예술[21]로 진화하고 있었다. 매우 기하학적인 켈트 예술은 의인주의[22]를 금지했다. 그러나 뱀의 머리를 한 숫양이나 가부좌 자세로 쪼그리고 앉아 있는 신의 형상은 그리스·로마 예술에는 선례가 없으므로 켈트의 전통이라고 볼 수밖에 없다.

연못이나 나무에 존재하는 비물질적인 숭배물들을 신전 안에 가둘 수는 없다. 이들은 **자신의 영역에 해당하는 자연**을 가졌다. 그리고 예술과 마찬가지로 진화했다. B. C. 2세기 말에서 1세기 초에 성소가 건축되기 시작했다.

켈트족은 신과의 관계에서 로마인들처럼 상업적 개념을 가지고 있었다. 수호신에게 봉헌 도끼, **토르크**[23], 금관(머리 장식이 분명함)과 같은 **헌물**을 봉헌하고, 동물이나 심지어 인간을 **제물**로 바쳤다는 사실은 수많은 증언을 통해 분명히 확인되었다. 희생자들은 나무로 만든 거대한 마네킹에 가두어진 채 불에 태워졌다.

짐승, 남자, 신

자연주의 종교에는 또 다른 특징이 있다. 가장 자비로운 숭배물은 종종 인간과 동물 형태를 조합한 형태로 인간이 자연을 길들였다는 것을 상징했다. 가부좌 자세를 하고서 숫양 혹은 사슴 뿔을 가진 케르눈노스Cernunnos[24]와 할베티족[25]이나 트레베리족의 곰의 여신이 그 예이다. 뿔이 세 개인 황소나 멧돼지에 대한 숭배는 광고나 동전에 새겨진 형상물로 확인된다.

그렇다고 해서 보편적인 신들(카이사르가 디스파테르Dispater, 유피테르Jupiter라고 분명하게 불렀던 신들)을 믿지 않았던 것은 아니다.

뮤지컬의 짧은 역사

흑인 가수의 익살극에서 기원을 찾을 수 있지만,
뮤지컬은 또한 프랑스와 빈의 오페라로부터 영감을 받았다.

기원과 변화

뮤지컬에서 대사는 거의 항상 장면을 이어주는 역할을 하고, 단순한 멜로디의 노래는 주로 후렴으로 이용되었는데 종종 국제적으로 인기를 얻었다(1924년에 초연한 빈센트 유먼스Vincent Youmans의 〈노, 노, 나네트No, No, Nanette〉에 삽입된 〈티 포 투Tea for Two〉와 1927년에 초연한 제롬 컨Jerome Kern의 〈쇼 보트Show Boat〉에서 폴 로브슨Paul Robeson이 부른 〈올드 맨 리버Old Man River〉). 재즈가 인기를 끌면서 더욱 열광적인 리듬이 감상적인 연가를 대체하게 되었으며, **조지 거슈윈**George Gershwin의 뮤지컬(〈포기와 베스Porgy and Bess〉(1935))이 대표적이다.

1943년 리처드 로저스Richard Rodgers의 〈오클라호마Oklahoma〉는 더욱 적극적인 춤을 삽입하여 급격한 변화를 주었다. 애그니스 데밀Agnes DeMille(〈브리가둔Brigadoon〉, 〈신사는 금발을 좋아해Gentlemen Prefer Blondes〉)이나 한야 홀름Hanya Holm(〈마이 페어 레이디My Fair Lady〉)과 같은 유명한 안무가가 브로드웨이 뮤지컬에서 작업했으며, 저명한 작곡가 콜 포터Cole Porter와 **레너드 번스타인**Leonard Bernstein은 뮤지컬 발전에 크게 기여했다. 춤과 음악의 상호작용은 〈웨스트사이드 스토리West Side Story〉(1957)에서 제롬 로빈스Jerome Robbins의 안무와 레너드 번스타인의 음악으로 완성되었다. 이 작품은 로미오와 줄리엣의 줄거리를 뉴욕의 경쟁 관계에 있는 유명한 갱단 젊은이들 간의 다툼으로 바꾸어놓았다. 점점 수준 높고 전

문적인 춤이 요구되면서 프레드 아스테어Fred Astaire, 시드 셔리즈Cyd Charisse, 진저 로저스Ginger Rogers, 진 켈리Gene Kelly, 레슬리 카론Leslie Caron, 지지 장메르Zizi Jeanmaire과 같은 유명한 발레 무용수들이 스타로서의 유명세를 보장해주는 뮤지컬 무대에 등장하기 시작했다.

발전과 쇠퇴

특히 프랑스에서 자크 드미Jacques Demy는 〈쉘부르의 우산Les Parapluie de Cherbourg〉(1964), 까트린느 드뇌브Catherine Deneuve와 프랑소와 도를락Françoise Dorléac의 우아한 해석으로 더욱 빛나는 〈로슈포르의 연인들Les Demoiselles de Rochefort〉(1967)로 뮤지컬의 시적인 방향 전환을 시도했다. 하지만 이 두 작품의 성공을 따라올 작품은 나타나지 않았다. **조지 큐커**George Cukor의 〈마이 페어 레이디My Fair Lady〉(1964)와 로버트 와이즈Robert Wise의 〈사운드 오브 뮤직Sound of Music〉(1965)이 어느 정도 상업적인 성공을 거두었지만, 뮤지컬은 대서양 전역에서 과거의 영광을 되찾지 못했다.

1970년대는 뮤지컬이 확실히 쇠퇴했다. 밥 포시Bob Fosse가 연출하고 빈센트Vincente의 딸 라이자 미넬리Liza Minnelli가 출연한 〈카바레Cabaret〉(1972)와 밀로스 포먼Milos Forman의 〈헤어Hair〉(1979)는 더 이상 뮤지컬이 아니라 뮤지컬 넘버[26]가 있는 드라마 영화였다.

무대에서 스크린으로

많은 뮤지컬이 영화로 각색되었다. 에른스트 루비치Ernst Lubitsch의 〈메리 위도우The Merry Widow〉(1934)와 같은 몇몇 작품들은 여전히 영화로 촬영된 오페레타에 가까웠다.

또 다른 작품들은 〈42번가〉(1933)와 〈황금광들〉(1933~1935)과 같은 버라이어티쇼로 발전했으며, 이 작품들은 버스비 버클리Busby Berkele의 안무가 없었다면 후세에 전달되어 공연되지 않았을 것이다.

전쟁 후에 뮤지컬은 스탠리 도넌Stanley Donen과 빈센트 미넬리Vincente Minnelli 덕분에 발레 영화와 가까워졌다. 배우이자 무용가이자 안무가인 진 켈리는 〈사랑은 비를 타고Singing in the Rain〉(1952), 〈파리의 아메리카인An American in Paris〉(1951)에서 주연을 맡았다. 1961년 로버트 와이즈Robert Wise의 영화 〈웨스트 사이드 스토리〉는 그때까지 전형적인 미국 장르로 남아 있던 뮤지컬이 수출되기 시작하면서 새롭게 전성기를 맞았다.

현대 연극

연극은 대부분의 나라에서 국가의 지원으로 성장하는 예술 분야이다.

위기에 처한 직업?

프랑스는 제2차 세계대전 이후에 시작된 지방화 운동으로 수많은 영역에 막대한 보조금을 지원했다. 하지만 그 과정에서 초기의 목적(가능한 많은 사람이 연극에 접근할 수 있도록 하는 것)이 간과되었다. 대다수 사람이 방송으로 관심을 돌리는 상황에서 문화 센터 설립 목적에 의문이 제기되었다.

장 빌라르Jean Vilar(1947년에 아비뇽 연극제를 연출하고, 1951년부터 1963년까지 국립민중극장의 총감독을 맡았다)에 따르면, 공공 서비스로서의 연극은 유토피아로 남았을 뿐이었다. 민간 분야의 경우에 연극은 제작비와 경제적 어려움으로 인해서 꾸준히 쇠퇴하고 있다.

창조를 다양화하다

보조금을 지원받는 연극은 경직되고 민영 연극은 신중해지면서, 새로운 극본 창작이 줄어들었다. 부조리극과 언어의 기능 자체에 의문을 제기한 작가들의 작품(이오네스코Ionesco의 〈대머리 여가수La Cantatrice chauve〉(1950)와 〈코뿔소Rhinocéros〉(1960), 베케트Beckett의 〈고도를 기다리며En attendant Godot〉(1953)와 〈행복한 날들Oh les beaux jours〉(1961))이 유행한 시기가 지나고, 프랑스 연극은 오랜 기간 침체기를 겪게 되었고 젊은 작가들이 활동하기가 힘들어졌다.

1970년대 말부터 연극 관계자들은 이러한 문제점들과 일부 연출가들(파트리스 쉐로Patrice Chéreau)에 의해 고전만 제작될 위험이 있다는 것을 인식하게 되었다. 그 당시 연극의 주요 과제 중 하나는 **현대 언어로 대사를 쓰는 동시대 작가의 작품에 쉽게 접근하게 하는 것**이었다(1989년에 사망한 콜테스Koltès 의 〈목화밭의 고독 속에서Dans la solitude des champs de coton〉 〈로베르토 주코Roberto Zucco〉).

극본을 넘어서

그러는 사이에 로스탕Rostand 27)의 '아름다운 극본'과 같은 프랑스 전통을 깨고, 연극은 미국식 극단(1951년 줄리 베크Julian Beck과 주디스 말리나Judith Malina가 창단한 리빙 씨어터Living Theatre는 집단 작업을 기반으로 하는 해프닝에 가까운 신체 표현을 연기했다)이나 동유럽 극단(폴란드의 연출가인 예지 그로토프스키Jerzy Grotowski는 '가난한 연극'을 옹호하면서 배우와 관객의 관계에 중점을 두었다)의 예를 따르면서, 신체 표현이나 무대 이미지를 극대화했다(특히 이미지 미학에 기반을 둔 새로운 형태의 '종합 예술'을 추구한 밥 윌슨Bob Wilson의 뒤를 따랐다). 이러한 경향은 일반적으로 극본과 문학에 대한 불신이자 **다른 형태의 커뮤니케이션에 대한 탐색**으로 해석되기도 했다.

배우는 때때로 이러한 공연에서 **자신의 몸의 영향력을 확인**하면서 새로운 위치를 발견했다. 따라서 배우는 다른 예술적 언어가 지배하는 이미지 속으로 들어갈 수 있도록 하는 조명, 무대장식, 의상과 같은 무대 연출에 더 신경을 쓰게 되었다. 이런 경험들을 통해서 배우는 **상상력을 발휘**하고 연기에 대한 새로운 책임감을 느끼거나 동등한 창작자로서 참여하게 하는 등 지속적인 영향력을 발휘했다.

현대 연극은 모든 방향으로 발전했지만, 다른 예술 분야로부터 정면으로 타격을 입었다. 이것은 아마도 수많은 현대 극단이 스스로 의문을 제기하는 부분인 동시에 연극이 관객으로부터 멀어지게 된 이유에 대해 가장 자주 얻게 되는 대답일 것이다.

유럽의 기념물

사그라다 파밀리아La Sagrada Familia는 카탈로니아 모더니즘의 상징으로 건축가 안토니 가우디Antoni Gaudí가 1882년에 건축을 시작했으며, 아직 완성되지 않은 바르셀로나의 대성당이다. 사그라다 파밀리아는 '속죄의 성당'이기 때문에 건축 자금은 오직 기부금만으로 조달되고 있고, 따라서 기념물의 여러 부분이 동시에 건축되지 못하고 건축이 중단되기도 했다.

에펠탑La Tour Eiffel은 1889년 만국박람회를 위해서 구스타브 에펠Gustave Eiffel이 파리의 샹 드 마르스에 세운 철제 기념물이다. 에펠탑은 오래 보존할 의도가 아니었지만, 세계에서 가장 유명한 기념물 중 하나가 되었다. 324미터 높이의 에펠탑은 철로 만들어졌는데, 그중에서도 바람의 압력에 저항을 덜 받도록 주철과 강철이 주로 사용되었다.

아토미움Atomium은 1958년 브뤼셀에서 열린 만국박람회를 기념하기 위해서 만들어졌다. 아토미움은 건축가 앙드레André와 장 폴락Jean Polak이 설계한 기념물로, 금속으로 만든 수정 분자(중앙 입방 구조)를 1,650억 배로 확대한 초대형 모델이다. 아토미움의 현대적 감각이 오늘날에는 시대에 뒤떨어져 보일 수 있지만, 과학적 발견에 직면했던 시대의 대담함을 표현하고 있다.

발견 기념비Padrão Dos Descobrimentos는 1960년 리스본 벨렘 지구에 건축가 조세 안젤로 코티넬리 텔모José Ângelo Cottinelli Telmo가 포르투갈의 세계 확장의 상징인 항해왕 엔히크 왕자의 탄생 500주년을 기념하기 위해 만든 것이다. 엔히크 왕자의 동상은 기념비의 뱃머리에 세워져 있다. 그리고 대항해 시대의 인물들에게 경의를 표하는 사람들이 두 줄로 쭉 내려서 있다. 이 모습을 두고 리스본 사람들은 '밀지 마, 뒤로!'라는 별명을 붙였다.

시벨리우스 모뉴먼트Sibelius Monument는 1967년 핀란드 헬싱키의 한 공원에 핀란드의 가장 유명한 작곡가에게 경의를 표하기 위해서 세워졌다. 무게가 24톤에 높이가 8.5미터인 이 기념물은 600개의 파이프로 구성되어 있다. 거대한 파이프 오르간 모양을 하고 있음에도 불구하고 이것은 자작나무를 상징하는데, 그 이유는 시벨리우스가 영감을 받았던 자연에 대한 사랑에 경의를 표하기 위해서이다.

조르즈-퐁피두 국립예술센터Le Centre National d'Art et de Culture Georges-Pompidou는 '보부르'Beaubourg라는 별명으로 친숙하게 불린다. 건축가 렌초 피아노Renzo Piano와 리처드 로저스Richard Rogers가 설계하여 1977년에 개장했다. 퐁피두센터는 여러 가지 색의 배관을 사용하여 건축 내부 구조물이 외부로 드러나게 했으며, 센터 내에는 국립근대미술관이 있다.

루브르 피라미드La Pyramid du Louvre는 유리와 금속으로 만들어져서 파리 루브르 박물관의 안뜰인 나폴레옹 광장 한가운데에 세워졌으며, 박물관의 주출입문으로 사용되고 있다. 중국계 미국인 건축가 이오 밍 페이Ieoh Ming Pei가 설계한 이 구조물은 1988년에 개관했다.

표트르 대제상 또는 '러시아 함대 300주년 기념비'는 조지아의 예술가 주랍 체레텔리Zourab Tsereteli가 1997년 모스크바강의 인공 섬에 세운 것이다. 처음에는 아메리카 대륙 발견 500주년을 기념하여 크리스토퍼 콜럼버스 동상을 함께 세우는 것을 구상했지만, 미국의 도시들로부터 여러 차례 거절을 당했다.

구겐하임 박물관(1997)은 스페인 바스크 지방의 빌바오에 현대 미술 작품들을 보관·전시하기 위해서 개관했다. 파리의 루이뷔통재단 미술관을 설계하기도 한 건축가 프랭크 게리Frank Gehry의 설계로 완공되었다. 기묘한 형상의 이 건물은 빠르게 유명해졌다.

뮤셈Le MUCEM(유럽지중해문명박물관)은 건축가 루비 리치오티Rudy Ricciotti가 설계하여 2013년 마르세유의 생장Saint-Jean 요새 부지에 개관했다. 130미터 길이의 인도교는 요새와 박물관을 연결해주고 있다.

…그 외 지역의 기념비

구세주 그리스도상은 리우데자네이루의 험준한 산 중 하나인 코르코바두산 정상에 있다. 브라질의 공학자 에이토르 다 실바 코스타Heitor da Silva Costa가 설계하고 조각가 폴 란도프스키Paul Landowski가 1926년부터 1931년에 걸쳐서 만든 38미터 높이의 이 동상은 브라질의 상징이 되었다.

샌프란시스코의 금문교 Golden Gate Bridge는 태평양으로 이어지는 골든게이트 해협을 가로지르는 현수교로 캘리포니아주 샌프란시스코에 위치해 있다. 1933년부터 1937년에 걸쳐 건설된 이 다리는 1964년까지 세계에서 가장 긴 현수교였으며, '유명한 주황색'과 두 개의 철탑 구조로 쉽게 알아볼 수 있다.

러시모어산 국립기념지 Mountain Rushmore National Memorial는 사우스다코타주에 위치하고 있다. 산의 북동쪽 화강암 벽에 1927년부터 1941년까지 거쳐 보글럼Gutzon Borglum이 20미터 높이의 미국 대통령(워싱턴, 제퍼슨, 링컨, 시어도어 루스벨트) 두상을 조각해 놓았다. 아메리카 원주민 수족들의 성지인 이 지역에 대해 원주민들은 반환을 요구하고 있다.

시드니 오페라하우스 Sydney Opera House(1973)는 범선 또는 조개껍데기 형태로 덴마크 건축가 이외른 우촌Jørn Utzon이 디자인했다. 호주에서 가장 유명한 건축물로 숲이 우거진 공원에 둘러싸여 있으며 아치형 다리인 하버 브리지 옆에 위치하고 있어서 상징적인 풍경을 이루고 있다.

CN 타워(1976)는 553미터의 높이로 2009년까지 세계에서 가장 높은 타워였으며, 서반구에서는 여전히 가장 높은 타워이다. 캐나다 토론토 중심에 위치한 이 타워는 캐나다 국영 철도회사Canadian National Railway Company가 소유하고 있다.

셰이크 자이드 모스크 Sheikh Zayed Mosque는 아랍에미리트의 아부다비에 1995년부터 2007년까지 건축된 모스크이다. 이 모스크에는 돔 80개, 기둥 천 개, 금으로 도금한 다수의 샹들리에가 있다. 또한 손으로 짠 세계 최대의 페르시아 융단이 있는 곳으로 유명하다.

산샤댐은 중국 후베이성의 양쯔강 유역에서 2006년에서 2009년 사이에 완공되었다. 세계 최대 용량의 에너지를 발전하는 이 수력 발전 댐은 완공과 함께 600킬로미터 길이의 저수지를 만들어냈다. 그러나 댐 건설이 환경에 끼친 부정적인 영향은 비판을 받았다.

버즈 칼리파 Burj Khalifa는 아랍에미리트의 두바이에 위치한다. 830미터 높이에 162층에 도달하는 이 건물은 2009년 이후로 지금까지 지어진 가장 높은 인공 구조물이다. 완공하기까지 2,200만 시간의 누적 작업 시간이 필요했다.

아프리카 르네상스 기념비는 다카르에 위치하고 있으며, 아프리카에서 가장 높은 동상이다. 2009년에서 2010년까지 만들어진 이 동상은 미래를 향해 나아가는 아프리카 부부와 자녀를 나타낸다. 이 동상은 높은 제작비용 때문에 논란이 되었는데, 수많은 세네갈 사람은 그 비용을 다른 데 쓸 수 있었을 것이라고 생각한다.

통일의 동상 Statue of Unity은 인도의 민족주의 영웅 사다르 발라바이 파텔Sardar Vallabhbhai Patel을 기리기 위해 만든 것으로 인도 구자라트주의 작은 섬에 있다. 2013년에 제작하기 시작하여 2018년에 완공된 이 동상은 182미터 높이, 받침대부터 재면 240미터 높이로 세계에서 가장 높은 동상이다. 자유의 여신상 크기의 2.5배이다.

현대 건축의 앞마당에서

2차 세계대전 이후,
건축은 점점 다양해지는 도면을 수용하고 첨단 기술을 사용해야 했다.

"국제적인 스타일"

분쟁으로 폐허가 된 지역은 행정력의 개입을 통해서 **도시를 재건하고 변두리를 정비**하여 인구 증가에 대처해야만 했다. 그때부터 개인의 청탁으로 장인이 수행하던 건축이 개발업자들이 담당하는 산업의 한 분야가 되었다. '국제적인 스타일'이 만들어지게 되었다.

교외 주택 단지도 미국의 종합 건설업자와 같은 건축 회사의 일이 되었다. 대단지 규모 건축의 경우에 건축가는 기술자에 비해 도시 계획과 관련된 사회 문제를 해결하는 데 있어서 대비가 부족했다. 반면에 건축은 기계화로 인해서 공정 과정이 점점 더 정교해지고 있었다. 공장에서 생산되는 금속 접합판을 이용해서 벌집 구조의 철근 콘크리트 건물을 만드는 경우처럼, 건축 자재 차원에서도 기술자의 개입이 늘어났다. 이러한 조립식 건물의 자재 제작은 운송 및 리프팅 장비와 반복적인 배치가 필요하며, 외벽에 생명력을 불어넣기 위한 시도를 하는 경우가 아니라면 조형 예술가가 개입할 여지는 전혀 없다(에밀 아이요 Émile Aillaud는 보비니Bobigny 28)나 팡탱Pantin 29)의 주택 단지에서 바로크 효과를 사용했다).

오히려 건축가가 자신을 표현하는 것은 공공 프로그램(종교, 행정, 학교 또는 스포츠 시설)이나 대기업 프로젝트처럼 **예외적인 작업**을 통해서 이루어졌다. 공장이나 상업 시설, 회사 사옥의 조형물은 상당한 광고 효과가 있다.

새로운 모더니즘

1960년대와 1970년대에 들어서면서 **보편적 모더니즘**에 대해 의문이 제기되기 시작했다. 프랑스와 영국에서의 공공 주택에 대한 반발과 쇠퇴해 버린 현대성, 이탈리아에서의 유적지 개발과 고대 유물의 복원, 미국에서의 대중적이고 상업적인 문화의 반영, 산업 국가로 진입하려는 제3세계 국가들의 빈민가 개발 등이 그 이유였다. 그때부터 건축 문화는 다원화되기 시작했다.

첫 번째 경향은 프랑스에서 특히 두드러졌던 모더니즘의 유지나 미완성이다(치메토프Chemetov, 시리아니Ciriani, 리옹Lion). 교각살우30)를 거부하고 가장 많은 사람에게 알맞은 건축을 추구했다. 후기 모더니즘은 특히 의미 있는 건축물, 심지어 주문식 건축으로의 회귀를 옹호하는 **신고전주의 경향**에 부분적으로 반대했다. 리카르도 보필Ricardo Bofill 31)은 기념비적 건축(몽펠리에의 안티고네 시가지32))을 포기하지 않고 이러한 경향을 잘 반영했다.

하이테크 건축은 국제 비즈니스 분위기와 더 직접 관련이 있으며, 프랑스, 특히 파리(이오 밍 페이의 루브르 피라미드, 도미니크 페로Dominique Perrault의 프랑스 국립 도서관, 장 누벨Jean Nouvel의 케 브랑리Quai-Branly 박물관)에서 많이 볼 수 있었던 또 다른 강력한 경향이다. 그러나 하이테크 건축은 문학적 비판을 받으면서 프랭크 게리Frank Gehry(빌바오의 구겐하임 미술관, 파리의 루이비통 재단)로 대표되는 **해체주의**로 대체되고 있다.

건축역사가 케네스 프램프턴Kenneth Frampton은 '비판적 지역주의'라는 이름으로 각 나라마다 충분히 독자적인 건축물을 보여주는 건축가들을 따로 구분할 것을 제안했으며, 그들 중에서 크리스티앙 드 포르장파르크Christian de Portzampar(파리의 라빌레트 공원에 있는 '음악 도시')와 마리오 보타Mario Botta(에브리Evry 성당)가 주목할 만하다.

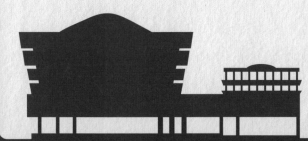

두 번째 퀴즈

❶ 광견병 백신을 발견한 사람은 누구입니까?

○ 마리 퀴리
○ 루이 파스퇴르
○ 칼 구스타프 융

❷ 아스피린을 발명한 사람은 누구입니까?

○ 찰스 프레데릭 게르하르트
○ 알프레드 노벨
○ 앙토완 라부아지에

❸ 에이즈 바이러스는 언제 발견되었습니까?

○ 1970년대
○ 1980년대
○ 1990년대

❹ 제일 먼저 복제된 동물은 무엇입니까?

○ 개
○ 말
○ 양

❺ 1945년에 핵폭탄으로 파괴되었던 도시는 어디입니까?

○ 히로시마
○ 오사카
○ 나가사키

❻ 1997년 12월 11일에 체결된 의정서는 무엇입니까?

○ 파리 의정서
○ 교토 의정서
○ 암스테르담 의정서

❼ 1992년에 '지구정상회담'이 개최된 곳은 어디입니까?

○ 시카고
○ 런던
○ 리우데자네이루

❽ 파리기후협정에서 탈퇴한 국가는 어디입니까?

○ 인도
○ 중국
○ 미국

❾ OECD에는 몇 개의 국가가 가입되어 있습니까?

○ 15개국
○ 25개국
○ 38개국

❿ 최초로 달을 걸었던 사람은 누구입니까?

○ 유리 가가린
○ 버즈 올드린
○ 닐 암스트롱

⓫ 전화기를 발명한 사람은 누구입니까?

○ 그레이엄 벨
○ 토마스 에디슨
○ 굴리엘모 마르코니

⓬ 컬러 텔레비전의 원리는 언제 개발되었습니까?

○ 1929년
○ 1949년
○ 1969년

⓭ 인터넷의 원조는 무엇입니까?

○ 인트라넷
○ 아르파넷
○ 마이크로넷

⓮ 베니토 무솔리니 별명은 무엇입니까?

○ 총통
○ 일 두체
○ 르 카우디요

⓯ 1930년대 후반 스페인에서 군림했던 독재자는 누구입니까?

○ 무솔리니
○ 히틀러
○ 프랑코

⓰ 카네이션 혁명은 어디에서 일어났습니까?

○ 스페인
○ 포르투갈
○ 이탈리아

⓱ 쿠웨이트를 침공했던 독재자는 누구입니까?

○ 사담 후세인
○ 안토니오 데 올리베이라 살라자르
○ 아우구스토 피노체트

⓲ 1948년 이래 북한은 어떤 왕조가 통치해 왔습니까?
○ 문씨
○ 박씨
○ 김씨

⓳ 나토는 언제 창설되었습니까?

○ 1929년
○ 1939년
○ 1949년

⓴ 나토에 가입한 유럽 국가는 몇 개국입니까?

○ 18개국
○ 28개국
○ 38개국

㉑ 평균 해발 고도가 100미터 상승할 때마다 섭씨온도는 얼마나 내려갑니까?

○ 0.55도
○ 5.5도
○ 55도

㉒ 인도와 파키스탄, 그리고 중국이 국경선을 두어 분쟁이 일어나고 있는 산악지대는 어디입니까?

○ 카슈미르
○ 델리
○ 코카서스

㉓ 지리학자들은 식물의 분포를 몇 단계로 구별했습니까?

○ 세 단계
○ 네 단계
○ 다섯 단계

㉔ 세계에는 모두 몇 개의 언어가 있습니까?

○ 6천 개
○ 8천 개
○ 1만 개

㉕ '문명의 충돌'은 누구의 이론입니까?

○ 버나드 루이스
○ 새뮤얼 헌팅턴
○ 노엄 촘스키

㉖ 매달 얼마나 많은 언어가 사라지고 있습니까?

○ 하나
○ 둘
○ 셋

㉗ 사라졌다가 2,500년 만에 다시 나타난 언어는 무엇입니까?

○ 페니키아어
○ 히브리어
○ 콘월어

㉘ 바다의 평균 수심은 얼마입니까?

○ 2,500미터
○ 3,600미터
○ 4,300미터

㉙ 전 세계에 얼마나 많은 어민이 있습니까?

○ 2천만 명
○ 4천만 명
○ 6천만 명

㉚ 엘니뇨 현상의 특징은 무엇입니까?

○ 물고기가 적게 잡힌다.
○ 자연재해
○ 해수면 온도 상승

㉛ 프랑스에서 가장 큰 숲은 어디에 있습니까?

○ 브르타뉴
○ 랑드
○ 알자스

㉜ 세계의 숲 중 가장 넓은 면적을 차지하는 것은 무엇입니까?

○ 온대림
○ 습지림
○ 아한대림

㉝ 탁월한 생물 다양성과 원기 왕성한 생명력이 특징인 숲은 무엇입니까?

○ 열대우림
○ 건조림
○ 침엽수림

㉞ 숲은

○ 대륙 표면의 20퍼센트를 차지한다.
○ 대륙 표면의 30퍼센트를 차지한다.
○ 대륙 표면의 40퍼센트를 차지한다.

㉟ 세계에서 얼마나 많은 사람들이 굶주리고 있습니까?

○ 3억 1천만 명
○ 5억 3천만 명
○ 8억 2천만 명

㊱ 골란 고원에 댐을 만든 나라는 어디입니까?

○ 이집트
○ 이스라엘
○ 터키

㊲ 세계 평균 일인당 음식 섭취량은 얼마입니까?

○ 1,500킬로칼로리/일
○ 2,200킬로칼로리/일
○ 2,800킬로칼로리/일

㊳ 올림포스를 지배하는 그리스 신은 누구입니까?

○ 프로메테우스
○ 제우스
○ 아폴로

㊴ 그리스의 전쟁의 신은 누구입니까?

○ 디오니소스
○ 헤파이스토스
○ 아레스

㊵ 그리스의 지혜의 여신은 누구입니까?

○ 아르테미스
○ 아테나
○ 레아

41 그리스의 포도밭의 신은 누구입니까?

○ 헤르메스
○ 아폴로
○ 디오니소스

42 제우스의 아내는 누구입니까?

○ 헤라
○ 헤스티아
○ 아프로디테

43 인간을 창조한 신은 누구입니까?

○ 제우스
○ 우라노스
○ 프로메테우스

44 자신의 아버지를 죽이고 어머니와 결혼한 그리스의 영웅은 누구입니까?

○ 테세우스
○ 오이디푸스
○ 아트레우스

45 〈웨스트사이드 스토리〉의 음악을 작곡한 사람은 누구입니까?

○ 레너드 번스타인
○ 리처드 로저스
○ 콜 포터

46 〈쉘부르의 우산〉을 연출한 사람은 누구입니까?

○ 프랑수아 트뤼포
○ 장 뤽 고다르
○ 자크 드미

47 아비뇽 연극제를 연출한 사람은 누구입니까?

○ 진 빌라르
○ 파트리스 쉐로
○ 밥 윌슨

48 에펠 탑의 높이는 얼마입니까?

○ 280미터
○ 324미터
○ 405미터

49 사그라다 파밀리아 성당은 어디에 있습니까?

○ 마드리드
○ 바르셀로나
○ 발렌시아

50 조르주-퐁피두 국립예술센터는 언제 개장했습니까?

○ 1967년
○ 1977년
○ 1987년

51 뮤셈(유럽지중해문명박물관)은 어디에 있습니까?

○ 릴
○ 파리
○ 마르세유

52 금문교를 볼 수 있는 도시는 어디입니까?

○ 뉴욕
○ 샌프란시스코
○ 로스앤젤레스

53 러시모어산에서 미국 대통령의 얼굴을 몇 개나 볼 수 있습니까?

○ 네 개
○ 여섯 개
○ 여덟 개

54 범선 또는 조개껍데기 형태의 오페라하우스를 어디에서 볼 수 있습니까?

○ 요하네스버그
○ 로마
○ 시드니

⑤⑤ 산샤댐은 어디에 있습니까?

○ 인도
○ 터키
○ 중국

⑤⑥ 최초로 핵 반응로를 개발한 사람은 누구입니까?

○ 오토 한
○ 베르너 폰 브라운
○ 엔리코 페르미

⑤⑦ 숲은 전 세계 재생 에너지의 몇 %를 담당하고 있습니까?

○ 20퍼센트
○ 40퍼센트
○ 60퍼센트

⑤⑧ 페니실린을 발견한 사람은 누구입니까?

○ 루이 파스퇴르
○ 알렉산더 플레밍
○ 로베르트 코흐

⑤⑨ 정신 분석학의 아버지는 누구입니까?

○ 지그문트 프로이트
○ 칼 구스타프 융
○ 자크 라캉

⑥⓪ 부분핵실험금지조약이 체결된 해는 언제입니까?

○ 1963년
○ 1973년
○ 1983년

⑥① 어느 국가가 부분핵실험금지조약 비준을 거부했습니까?

○ 소련
○ 중국
○ 프랑스

⑥② 존 로크는

○ 과학자이다.
○ 정치인이다.
○ 철학자이다.

⑥③ 공리주의의 기초를 마련한 철학자는 누구입니까?

○ 제러미 벤담
○ 존 스튜어트 밀
○ 데이비드 흄

⑥④ 엘니뇨 현상은 언제 나타납니까?

○ 크리스마스
○ 부활절
○ 가을

⑥⑤ '엘니뇨'는 무슨 뜻인가요?

○ 신
○ 아이
○ 현재

⑥⑥ 혈액형은 언제 발견되었습니까?

○ 1910년
○ 1930년
○ 1950년

⑥⑦ 폭탄 중 존재하지 않는 것은 무엇입니까?

○ 원자폭탄
○ 탄소폭탄
○ 수소폭탄

⑥⑧ WTO는 언제 창설했습니까?

○ 1983년
○ 1993년
○ 2003년

⑥⑨ 제1차 세계 사회 포럼은 어디서 열렸습니까?

○ 런던
○ 리옹
○ 포르투 알레그리

⑦⓪ 파리기후협정에 서명한 국가는 모두 몇 개국입니까?

○ 155개국
○ 195개국
○ 205개국

⑦① 아돌프 히틀러가 태어난 곳은 어디입니까?

○ 헝가리
○ 독일
○ 오스트리아

⑦② 히틀러가 감옥에서 쓴 책의 제목은 무엇입니까?

○ 나의 투쟁
○ 나의 인생
○ 다시 만나기를

⑦③ 현재 북한을 철권으로 통치하는 사람은 누구입니까?

○ 시진핑
○ 아베 신조
○ 김정은

⑦④ 국제연맹의 역할은 무엇입니까?

○ 소수민족의 상황 개선
○ 전쟁 방지
○ 환경 보호

⑦⑤ 국제연맹은 누구에게 임무를 넘겨주었습니까?

○ 나토
○ 유네스코
○ 유엔

⑦⑥ 아프리카에서 천연자원이 가장 풍부한 국가는 어디일까요?

○ 나이지리아
○ 콩고
○ 세네갈

⑦⑦ '생태계'라는 용어를 처음으로 제안한 식물학자는 누구입니까?

○ 칼 폰 린네
○ 아서 탠슬리
○ 베르나르 드 쥐시우

⑦⑧ 그리스 영웅 중 열두 과업을 수행해야 했던 영웅은 누구입니까?

○ 제우스
○ 헤라클레스
○ 오이디푸스

⑦⑨ 제우스의 아들 중 음악과 춤의 신은 누구입니까?

○ 판
○ 리리우스
○ 하르푸스

⑧⓪ 루브르의 피라미드를 설계한 건축가는 누구입니까?

○ 장 누벨
○ 프랭크 게리
○ 이오 밍 페이

정답

1. 루이 파스퇴르
2. 찰스 프레데릭 게르하르트
3. 1980년대
4. 양
5. 히로시마와 나가사키
6. 교토 의정서
7. 리우데자네이루
8. 미국
9. 38개국
10. 닐 암스트롱
11. 그레이엄 벨
12. 1929년
13. 아르파넷
14. 일 두체
15. 프랑코
16. 포르투갈
17. 사담 후세인
18. 김씨
19. 1949
20. 28개국
21. 0.55도
22. 카슈미르
23. 네 단계
24. 6천 개
25. 새뮤얼 헌팅턴
26. 둘
27. 히브리어

28. 3,600미터
29. 6천만 명
30. 셋 다
31. 랑드
32. 온대림
33. 열대우림
34. 대륙 표면의 30퍼센트를 차지한다.
35. 8억 2천만 명
36. 이스라엘
37. 2,800킬로칼로리/일
38. 제우스
39. 아레스
40. 아테나
41. 디오니소스
42. 헤라
43. 프로메테우스
44. 오이디푸스
45. 레너드 번스타인
46. 자크 드미
47. 진 빌라르
48. 324미터
49. 바르셀로나
50. 1977년
51. 마르세유
52. 샌프란시스코
53. 네 개

54. 시드니
55. 중국
56. 엔리코 페르미
57. 40퍼센트
58. 알렉산더 플레밍
59. 지그문트 프로이트
60. 1963년
61. 중국과 프랑스
62. 철학자이다.
63. 제러미 벤담과 존 스튜어트 밀
64. 크리스마스
65. 아이
66. 1910년
67. 탄소폭탄
68. 1993년
69. 포르투 알레그리
70. 195개국
71. 오스트리아
72. 나의 투쟁
73. 김정은
74. 소수민족의 상황 개선과 전쟁 방지
75. 유엔
76. 콩고
77. 아서 탠슬리
78. 헤라클레스
79. 판
80. 이오 밍 페이

보충 설명

1) 프랑스 출생의 라엘이 교주인 사이비 종교로 라엘은 1973년 프랑스 중부의 클레르몽 페랑의 사화산(死火山) 화구에서 외계로부터 온 우주인과 처음 만났다고 주장하고 있다.

2) 1930년대 개발되어 경보병을 대상으로 한 독일의 견인식 로켓포

3) 생물 및 기계를 포함하는 계(系)에서의 제어와 통신 문제를 종합적으로 연구하는 학문. 미국의 수학자 위너가 창시했으며 인공지능·제어공학·통신공학 등에 응용한다.

4) Strategic Arms Reduction Treaties

5) 1974년 4월 25일에 발생한 포르투갈의 무혈 쿠데타이다. 카네이션 혁명이란 이름은 혁명 소식을 들은 시민들이 혁명을 지지한다는 의미로 거리의 군인들에게 카네이션을 달아준 데에서 유래했다.

6) 계몽주의 시대를 가리킨다.

7) 사회 내에서 공존하는 소수민족, 언어 및 문화의 혼합을 가리킨다.

8) 사회의 변화와 모습을 찰스 다윈의 생물 진화론을 적용하여 해석하려는 견해로, 생존경쟁은 인간 사회에도 적용되며 열등한 자는 도태되고 생존조건에 적합한 자가 살아남는다는 이론이다. 사회적 다윈주의는 인종차별주의나 파시즘, 나치즘을 옹호하는 근거와 신자유주의의 경제적 약육강식의 논리에 사용되기도 했다.

9) 무역풍의 영향을 받은 바닷물의 흐름은 에크만 수송(Ekman transport)에 의해 북반구에서는 북서쪽으로 해류가 흐르고, 남반구에서는 남서쪽으로 흐르게 된다. 따라서 적도를 기준으로 북쪽과 남쪽의 해류가 서로 갈라지듯이 흐르는 결과를 가져온다. 이때 적도에는 바다 표층수 아래 존재하는 차가운 온도의 바닷물이 위로 올라오는 현상을 용승 현상이라고 한다.

10) 엘 Niño – Southern Oscillation, 인도양과 남반구의 적도 태평양 사이의 기압 진동을 가리킨다.

11) 최첨단 무기

12) 정보의 독점으로 사회를 통제하는 관리 권력, 혹은 그러한 사회체계를 일컫는 말

13) 일반적인 검색 엔진으로 찾을 수 없는 웹

14) 정복자라는 뜻으로 16세기 초 멕시코·페루를 정복한 에스파냐인들의 호칭

15) 중국이 파키스탄·미얀마·방글라데시 등 인도양 주변국가에 대규모 항만을 건설하려는 전략을 일컫는 말

16) 특정 식물이나 동물 등이 서식하기 위해 필요한 생태 공간 또는 서식처.

17) 반인반마(半人半馬)의 괴물

18) 철기 시대와 로마 시대(기원전 5세기에서 서기 5세기까지)의 서유럽과 동유럽에 살던 켈트인들을 말한다. 갈리아족은 인종적으로도 문화적으로 거의 라틴족(로마 정착자들)으로 동화되었고, 1세기가 끝날 무렵에는 자신들의 부족적 정체성을 상실했다.

19) 수돗물의 신

20) 광물과 온천의 신

21) 그림, 조각, 건축 따위와 같이 형체가 있는 예술

22) 인간 이외의 존재인 신이나 자연에 대하여, 인간의 정신적 특색을 부여하는 경향. 신화나 종교 같은 데서 이러한 견해를 찾아볼 수 있다.

23) 금, 은, 청동 등으로 만드는 목(頸)장식

24) 뿔 난 남신

25) 게르만 소수민족

26) 뮤지컬에서 사용되는 노래나 음악

27) 에드몽 로스탕(1868~1918) 프랑스의 극작가·시인

28) 파리 광역수도권에 속하는 근교 도시

29) 프랑스 파리의 북동쪽 교외에 위치한 도시

30) 矯角殺牛. "쇠뿔을 바로 잡으려다 소를 죽인다"라는 뜻
   으로, 결점이나 흠을 고치려다 수단이 지나쳐 도리어 일
   을 그르침

31) 포스트 모더니즘을 대표하는 건축가

32) 1980년대에 건축가 리카르도 보필이 설계한 시가지로
   신고전주의 양식의 건물과 환경 친화적 경관으로 많은
   사람들이 찾는 명소이다.

세 번째 주

이번 주에
배울 주제는 다음과 같습니다…

이스라엘 국가는 1948년에 선포되었다.

첫 번째 걸프전은 1990년에 발발했다.

중국은 세계에서 인구가 가장 많은 나라이며, 제2위의 경제 강국이다.

북극의 면적은 약 2,400만 평방킬로미터이며, 그중 1,700만 평방킬로미터가 바다이다.

인류세는 지구 역사상 새로운 지질학적 시대이다.

로마를 건설했다고 알려진 쌍둥이 형제인 로물루스와 레무스는 전쟁의 신 아레스의 아들이다.

오페라는 루이 14세 때 처음 등장했다.

탈식민화의 짧은 역사

탈식민화의 근본적인 이유는 식민지 지배국들이
제2차 세계대전에서 타격을 입었거나(이탈리아, 프랑스, 네덜란드, 벨기에)
영국의 경우처럼 정세가 불안정해졌기 때문이다.

대격변

하지만 강대국들의 적대감도 결정적인 역할을 했다. 과거에 식민지였지만 경제적·문화적 제국주의를 행사하고 있는 미국과, 공식적으로는 반식민주의를 내세우면서도 동유럽 국가들에 유사 식민지 방위권을 행사하면서 미국 앞에서 존재감을 내세우고 싶어했던 소련이 그러했다.

세 번째 요인은 유럽식 교육을 받았으며 이러한 신탁통치에서 해방되는 방법을 알고 있는 엘리트들이 이끄는 민족해방 운동의 출현이다.

3단계에 걸친 탈식민화

1945년부터 1954년까지 일본에게 점령당했거나 위협받았던 아시아 국가들이 독립을 이루었다. 영국 식민지들(버마, 실론, 인도, 파키스탄, 말레이시아)은 협상을 통해 독립했지만, 네덜란드 식민지(1949년 인도네시아)와 프랑스 식민지(1954년 인도차이나)는 치열한 해방 전쟁을 겪어야 했다.

두 번째 단계인 **1955년부터 1966년까지**는 거의 모든 아프리카 국가들이 독립했다. 마우 마우 반란으로 10만 명이 목숨을 잃은 케냐를 제외하고 서아프리카(가나, 나이지리아)와 동아프리카(탄자니아, 우간다 등)의 영국 식민지들은 순조롭게 독립했다.

1956년 프랑스로부터 모로코와 튀니지의 보호령이 협상을 통해서 독립한 후에 '아프리카의 해'라고 불리는 1960년에 콩고가 벨기에로부터, 소말리아가 이탈리아로부터 독립한 것을 비롯해 사하라 이남 아프리카의 모든 식민지가 독립했다(1958년에 독립한 기니 제외). 하지만 이와 동시에 1954년부터 1962년까지 알제리 독립전쟁은 치열해졌다.

세 번째 단계는 **1970년대부터 1990년대까지** 이어진다.

아프리카의 포르투갈 식민지(앙골라, 모잠비크)는 1970년대까지 해방되지 않았다가, 끝없이 이어지던 전쟁으로 인해서 1974년 리스본에서 독재 정권이 마침내 몰락하면서 독립을 이루게 된다.

서인도제도와 **태평양**은 1960년대부터 1990년대까지 탈식민화가 이루어졌다.

그 이후?

식민지 지배국들이 떠나면서 독립국가들에 수많은 내부 충돌의 원인을 남겨놓았다. 인도와 파키스탄의 분할이나 아프리카 내의 실패거나(구 벨기에령 콩고에 대한 카탕가의 분리 독립 운동, 나이지리아에 대한 비아프라의 분리 독립 운동) 뒤늦게 성공한(에리트레아는 1993년에 에티오피아에서 독립했고 남수단은 2011년에 수단에서 분리되었다) 분리 독립 운동은 수많은 충돌을 일으켰다.

식민지에서 독립한 국가는 종종 정치적으로 불안정하고 부정부패에 시달렸으며, 과거의 식민 본국이 식민 국가에 대해 경제적·재정적 영향력을 계속 유지하는 신식민주의('프랑사프리크')가 나타나기도 했다.

하나의 전쟁에서 또 다른 전쟁으로…

1945년 프랑스는 일본을 몰아낸 후에
인도차이나에 대한 통치권을 회복하고자 했다.

프랑스령 인도차이나의 종말

호치민을 중심으로 민족주의와 공산주의 운동이 일고 있던 베트남과의 협상은 코친차이나(보호령이 아닌 식민지)[1])가 통킹 보호령, 안남 보호령과 함께 베트남 민주 공화국으로 통합되면서 실패했다. 1946년에 프랑스의 하이퐁 폭격과 베트민[2])의 하노이 기습 공격으로 인도차이나 전쟁이 시작되었다.

25만 명의 프랑스 원정군에 그 정도 수의 현지 전투원이 가담했다. 하지만 베트민 게릴라는 지형에 대한 지식을 활용하여 전선 없는 전쟁을 벌였다. 1949년에 수립된 중공군이 베트민을 지원하면서 전쟁은 더욱 확전되었고, 결국 공산주의의 '전파'를 두려워한 미국이 프랑스를 지원했다.

1954년 봄에 프랑스가 패배(랑선과 카오방)와 승리(드 라트르de Lattre 장군 및 살랑Salan 장군의 작전)를 반복한 후에, 보응웬지압 장군이 이끄는 베트민의 포병대가 프랑스군의 방어 요새가 있는 디엔비엔푸에 집중 포격을 가했다. 보응웬지압 장군이 디엔비엔푸의 지형을 이용하여 능선으로 포격대를 끌고 올라가서 프랑스군을 공격한 것이다.

1954년 7월 21일에 제네바 협정은 베트남의 독립을 인정했지만, 북위 17도 선을 기준으로 베트민이 집권하는 북부와 오지 않을 통일 선거를 기대하는 남부로 분할되었다.

베트남 전쟁을 향하여

1954년 이후, 미국의 지원을 받은 가톨릭 신자이자 독재자인 응오딘지엠 총리가 이끄는 베트남 공화국(남베트남)과 소련의 지원을 받은 호치민이 이끄는 베트남 민주 공화국(북베트남) 사이에 분단이 유지되었다.

북베트남의 지원을 받은 베트콩("Red Viets")[3], 즉 민족해방전선(FNL)은 통일을 이루기 위해서 남베트남으로 침투하고 있었다. 그로 인해 베트남에 대한 미국의 개입은 더욱 확대되었다. 1만 5천 명의 미국 군사 '고문'을 증파하여 남베트남 군대에 배치했으며, 1963년 디엠 정권을 전복하려는 군사 쿠데타를 지원했다. 1964년 8월 7일 통킹만에서 발생한 미 해군 피습사건으로 인해서 존슨Johnson 미국 대통령은 의회에서 '공산주의 침략'에 맞서 무력을 사용할 권리를 얻을 수 있었다. 따라서 1965년부터 미국은 공식적으로 베트남 전쟁에 개입하기 시작했다. 하지만 통킹만 사건은 미국이 조작한 것으로 드러났다.

10년 전쟁

군비의 단계적 확대는 놀라울 정도였다. 1968년에 53만 6천 미군과 90만 남베트남 군인들이 30만 베트콩과 교전했다. 네이팜탄[4])을 사용한 민간인에 대한 대규모 폭격은 전 세계에 생중계되었다. 텔레비전으로 생중계된 이 전쟁의 심리적 효과는 처참했으며, 미국 각지의 대학들을 중심으로 반전 시위가 확산되었다. 1968년에 베트콩은 테트 공세[5])를 시작했다. 결국 논의가 중단되긴 했지만, 미국의 존슨 대통령은 대규모 폭격을 포기하고 철군을 고려하기 시작했다. 이것이 바로 존슨 대통령의 후임 닉슨 대통령이 추진하고자 했던 베트남 전쟁의 '베트남화'였다. 1973년 파리 평화 협정을 통해서 미군의 완전한 철수와 휴전을 약속했지만, 이것은 결국 남베트남과 북베트남 모두에 의해 거부되었다. 1975년, 북베트남이 후에 호치민시가 될 사이공을 함락하면서 전쟁에서 승리하고 베트남 사회주의 공화국이라는 이름으로 통일 정권을 세웠다.

알제리 전쟁

1830년부터 1847년에 걸쳐 프랑스가 점령한 이후로 알제리는
100만 명의 유럽인('피에 누아르'(Pied-Noirs))과 900만 명의 이슬람교도 인구로 이루어진
프랑스의 식민지였지만, 식민지 행정부는 알제리를 등한시했다.
1947년에 채택된 알제리 법령은 최소한의 정치적 권리만을 부여하고 있지만,
사실상 이것마저도 적용되지 않았다.

"더러운 전쟁"

1945년 5월 8일, **세티프 독립운동**은 식민지배자들을 갑자기 긴장시켰다. 무력으로 진압되었지만, 이 독립운동은 여러 단체들(부르주아지와 자치주의자로 이루어진 알제리 독립선언 민주주의 동맹UDMA과 더욱 대중적이고 독립적인 민주 자유 승리 운동MTLD)로부터 지지를 받은 알제리 최초의 민족주의 운동이었다.

1954년 11월 1일에 9년간의 평화로운 시기를 보낸 후에 카빌리아Kabylie와 오레스Aures에서 봉기('붉은 제성인의 날')가 일어났고, 1955년 콩스탕티누아Constantinois에서도 봉기가 일어났다. 이것은 새롭게 형성된 단체인 민족해방전선FLN이 주도한 것이었다. 2만 5천 명의 전투원이 동원된 게릴라전에 대항하기 위해서 식민지 행정부는 본국에 지원 병력을 요구했다. 따라서 45만 명의 정규군이 알제리로 가서 '질서 유지 작전'을 수행했지만, 식민 본국은 이러한 분쟁을 전쟁으로 인정하려고 하지 않았다. 당시 내무부 장관이던 프랑수아 미테랑François Mitterrand에게 "알제리는 프랑스였다."

프랑스 군대는 대도시에 대한 통제권을 회복하고(1957년 **알제리 전투**라는 이름으로 알려진 이 작전은 마수 장군의 공수부대가 이끌었으며, 서민 지구인 카스바 지구를 포기한 대가였다), 그 다음 1960년에 시골에 대한 통제권을 회복했다. 하지만 프랑스는 도덕적인 면에서 전쟁에서 패배했다. 식민지 거주민들(강제 징집이나 일상적인 고문 반대)이나 프랑스 지식인들(마니페스토 121Manifeste 121을 통해 식민지 전쟁에 대한 징집을 반대했다), 해외 여론(반식민주의)으로부터 끊임없이 비난을 받았다.

한 국가에 두 조직

근본적인 문제는 본국으로부터 인정받지 못한 피에누아르들과 관련하여 발생했으며, 그들은 결국 **1958년 5월 13일에 프랑스령 알제리 수호와 드골의 복귀를 요구하며 반란**을 일으켰다. 자크 마수가 지휘하는 공안위원회는 드골을 다시 정계로 불러들였다. 드골이 정계로 복귀한 날짜는 제4공화국이 종식된 날짜이기도 하다. 1959년에 드골은 알제리를 본국으로 통합하려는 야심(콩스탕틴 계획에 명시)을 포기하고 알제리 독립을 고려하는 민족 자결 정책으로 돌아섰다.

이러한 입장이 분명해지면서 1960년 알제리에서 프랑스계 알제리인들이 '바리케이드 주간'을 조직하여 마지막 반란을 일으켰다. 특히 샬Challe, 주오Jouhaud, 젤레Zeller, 살랑Salan 장군이 중심이 되었는데, 그들은 공수연대를 동원해 일시적으로 알제리의 주요 전략적 거점을 차지했지만, 드골 장군의 단호한 대처 때문에 반란은 실패로 돌아갔다. 살랑 장군이 비밀리에 조직한 **비밀군사조직**OAS의 공격은 결국 프랑스계 알제리인들에 대한 불신만 높이게 된 절망에 찬 최후의 발악이었다.

1962년 3월 18일, 알제리의 독립을 인정하는 **에비앙 협정** les accords d'Évian이 체결되었다. 알제리 독립 이후 100만 명의 피에 누아르가 본국으로 떠났으며, 프랑스 정부로부터 버림받은 수천 명의 아르키Harki가 학살되었다. 프랑스 편에 서서 싸웠던 알제리계 보조병 아르키는 사면을 보장받았음에도 불구하고 프랑스가 그들을 무장 해제시켜서 FLN(민족해방전선)에 넘겨주는 바람에 알제리인들에게 처참한 보복을 당했다.

이스라엘-팔레스타인 분쟁

홀로코스트 이후에 세계 시온주의자 기구(World Zionist Organization)ᵇ)는
아랍 국가들의 반대와 1920년부터 이 지역을 식민 지배하던 대영제국의 안일한 대처에도 불구하고
팔레스타인으로 무제한 이주할 수 있는 권한을 요구했다.
1947년에 유엔은 팔레스타인 지역을 유대 국가와 아랍 국가로 분할하는 팔레스타인 결의안을 내놓지만,
1945년에 설립된 아랍 연맹ᵍ)은 이를 거부했다.

이스라엘의 탄생

1948년 5월 14일, **다비드 벤구리온**David Ben Gourion(1963년까지 총리 역임)이 이스라엘 국가를 선포했다. 이에 대해 5개의 아랍 국가들은 즉시 이스라엘에 대한 전쟁을 일으켰지만, 이스라엘은 1949년에 모든 군대를 몰아냈다. 1947년에 유엔이 계획했던 팔레스타인 아랍 국가 지역은 사실상 새로운 요르단('서안 지구'로 알려진 지역)과 이집트(가자 지구), 이스라엘로 분할되었다.

중동에서 유일하게 민주주의 국가인 이스라엘은 정부와 소수의 정통파 유대교도들이 끊임없이 대립하고 있음에도 불구하고 집단농장(키부츠)의 설립과 아프리카와 아시아에서 이주해오는 유대인들 덕분에 빠르게 성장했다.

이스라엘-아랍 전쟁

1956년 이스라엘은 아랍 국가들 사이의 군사 협정에 대응하기 위해 프랑스와 영국과 손을 잡고 시나이 반도에 대해 예방적 개입을 수행했지만, 유엔과 소련, 미국의 반대로 철수해야만 했다. 이것이 바로 **수에즈 위기**이다.

1967년 PLO(팔레스타인 해방기구)가 무장조직을 동원하여 기습 공격하고 이집트가 홍해로 진출하려는 이스라엘 배의 접근을 차단하자, 이스라엘은 이집트, 요르단, 시리아를 공격하여(**6일 전쟁**) 승리를 거두어서 시나이, 가자, 서안 지구, 골란 고원을 점령했다. 하지만 이러한 점령을 유엔은 인정하지 않았고, 이스라엘은 국제 여론 앞에서 입장이 위태로워졌다.

1973년에 시리아와 이집트는 **욤키푸르 전쟁** 동안 부분적으로 복수를 했지만, 실질적인 이득은 없었다. 1977년 이스라엘의 메나헴 베긴Menachem Begin의 리쿠드Likoud(우익 정당)가 총선에서 승리하면서 아랍 국가들과의 평화는 멀어지는 것처럼 보였지만, 1979년에 베긴 총리는 아랍 국가인

이집트와 첫 평화조약을 체결하고 시나이 반도에서 철수를 결정했다. 하지만 레바논 남부(기독교와 이슬람 세력 사이의 내전에 시달리는 나라) 침공으로 아랍 국가와 네 번째 분쟁을 일으켜서, 이스라엘에서 활동하던 팔레스타인 무장 세력을 무력화시킨 것도 베긴 총리였다.

팔레스타인 문제

1987년에 최초의 인티파다(이스라엘이 점령한 팔레스타인 영토인 서안 지구와 가자 지구에서 일어난 최초의 반 이스라엘 저항 운동)가 발발했다. 1993년 **오슬로 협정**으로 이스라엘과 PLO가 상호 인정하기로 합의했으며, 이를 계기로 가자 지구를 기반으로 팔레스타인 자치 정부가 수립되었다. 하지만 양측 모두의 망설임 때문에 희망은 빠르게 좌절되었으며 (리쿠드의 유대인 정착촌 건설과 PLO를 약하다고 비난하는 이슬람 급진주의 단체인 하마스ᵃ)의 활동), 2000년에 두 번째 인티파다로 다시 충돌했다.

2007년에 이스라엘은 하마스가 점령하고 있던 **가자 지구**에서 철수했다. 2008년부터 2009년, 그리고 2014년 이스라엘의 가자 지구 공세와 하마스의 반복적인 공격으로 인해서 평화 협상은 중단되었다. 팔레스타인은 여전히 완전한 국가로 인정받지 못하고 있다.

아랍 혁명

1970년대와 1980년대에는 군부를 기반으로 하는 대통령 독재 체제로
정치가 상대적으로 안정되었다.

알제리 내전

1990년대에 알제리는 예외적으로 고통받았다. 1992
년, FIS(이슬람구원전선)의 반란으로 샤들리 벤제디드 Chadli
Bendjedid 대통령이 실각하고, 테러리스트들의 폭력(1995년
모하메드 부디아프 Mohamed Boudiaf 대통령 암살, 1996년 티브히린
Tibhirine의 프랑스 수도사 암살)으로 얼룩진 내전이 이어졌다.
압델아지즈 부테플리카 Abdelaziz Bouteflika대통령(2004~2019)이
취임하면서 사태는 진정되었지만, FLN의 지도력은 유지
되었다. 2019년 부테플리카 대통령의 재선은 대중의 시위
로 무산되었다.

시리아 내전

2011년 이후로 시리아는 복잡하게 뒤얽힌 전쟁에 시달
리고 있다. 바샤르 알-아사드 Bachar al-Assad 정권(1970년부터
2000년까지 대통령을 역임한 하페즈 알-아사드 Hafex al-Assad의 아
들이자 후계자)은 유엔 안전보장이사회의 모든 개입에 대해
거부권을 행사해주는 러시아의 지원에 힘입어 퇴진을 거
부하고 폭정을 이어갔다. 한편, 시리아 국민연합이 출범
하여 야당 세력을 통합했지만, 지하드 민병대가 침투하여
세력을 점점 더 확장해가고 있었다.

2014년부터 이라크와 시리아 영토의 대부분은 이슬람 국
가(IS)가 점령했으며, 이슬람 국가는 '칼리파'를 선포했다.
이로 인해서 미국이 개입하고, 뒤이어 여전히 바샤르 알-
아사드에게 우호적인 러시아가 개입했다. IS의 본거지인
라카와 모술을 탈환하고 2019년에 자칭 '칼리파'인 아부
바크르 알-바그다디가 사망했지만, 이슬람주의와 반정부

세력이 증가하고 있어서 이 지역에 평온은 찾아오지 않
았다.

아랍 혁명은 여전히 혼란에 시달리고 있는 여러 국가에서
이슬람주의자들이 강력하게 활동할 수 있는 기반을 마련
할 수 있게 했으며, 이슬람 국가 조직은 리비아(두 경쟁 세
력이 벵가지와 트리폴리에서 조직되었다)와 예멘(이란의 이슬람
공화국으로부터 지원받는 후티 시아파 반군이 사우디아라비아의
지원을 받는 중앙 권력에 맞서고 있다)으로 본거지를 옮겼다.

아랍의 봄

2010년 12월, 한 무허가 노점상이 분신자살하면서
튀니지에서 시작된 폭동이 정치적(더 많은 자유와 민
주주의), 사회적(가난, 부정, 부패 반대) 열망과 결합하
여 아랍 혁명(또는 아랍의 봄)이 시작되었다. 2011년에
벤 알리 Ben Ali(튀니지), 무바라크 Moubarak(이집트), 카다피
Kadhafi(리비아, 수개월에 걸친 내전 후)의 독재 정권이 속
절없이 무너졌다. 2012년 예멘의 알리 압둘라 살레 Ali
Abdullah Saleh 대통령은 반군의 공격으로 부상을 입고 나
라를 떠나면서 정권에서 물러났다.

반대로 바레인의 작은 토후국에서 일어난 혁명은 이
러한 혁명 세력에 적대적이던 이웃 국가 사우디아라
비아의 지원으로 무력 진압되었다. 모로코, 알제리,
요르단, 오만에서는 잘 조절된 양보와 단호한 정책
으로 충돌을 예방하고 있다.

석유 군주국

1932년, 압둘 아지즈 이븐 사우드(Abd Al-aziz Ibn Saoud)가 사우디아라비아 왕국을 선포하면서,
사우디아라비아는 이슬람 성지(메디나, 메카)의 수호자가 되어서 아라비아반도,
특히 사막을 포함한 대부분의 지역을 통합했다.
하지만 1933년부터 이 척박한 지역에서 석유 매장지가 발견되면서
사우디아라비아의 국제적 역할은 크게 바뀌었다.

석유라는 뜻밖의 선물은 전통적인 유목 사회를 생활수준은 높지만 문화적 변화가 없는 고소득 사회로 바꾸어놓았다. **사우디아라비아**는 1962년에 **노예제도**가 공식적으로 폐지되었지만, 여러 측면에서 위장된 형태로 유지되고 있다. 1953년에 이븐 사우드가 사망했지만, 그의 가문은 여전히 왕실을 차지하고 있으며, 지금까지 그의 자녀 중 아들 여섯 명이 왕위를 서로 계승했다.

검은 황금의 시대

1960년 OPEC(석유수출국기구)의 출범으로 사우디아라비아와 석유 보유국들은 강력한 영향력을 행사하게 되었다. 석유 보유국들은 그로부터 10년 동안 독립을 달성했다. 1961년에 영국의 보호령에서 벗어난 쿠웨이트를 이라크가 자국의 영토라고 주장했지만, 결국 **쿠웨이트**는 독립을 쟁취했다.

1962년부터 1970년까지 **북예멘**은 사우디아라비아의 지원을 받는 왕당파와 이집트 나세르 대통령의 지원을 받는 공화파 사이의 내전으로 갈라져 있었다. 한편, 1967년 영국이 과거 아덴 보호령이던 남아라비아 연방을 포기하면서, 여기에 남예멘 인민민주 공화국이 수립되었다. 남예멘은 소련의 위성국가가 되어서 북예멘뿐만 아니라 미국의 동맹국인 사우디아라비아에도 맞서게 되었다.

1971년에 페르시아만의 과거 영국 보호령들은 **아랍에미리트연합**을 결성했지만, 각각 독립국인 **카타르**와 **바레인**은 여기에 가입하는 것을 거부했다.

폭풍우 속의 아라비아반도

1990년 냉전이 끝나자, 예멘은 1978년부터 북예멘의 대통령이던 알리 압달라 살레 Ali Abdallah Saleh의 지휘로 통일되었다. 하지만 1994년 남예멘이 통일로 인한 모든 혜택을 다 가져갔다고 북예멘을 비난하면서, 남예멘이 사주한 내전이 온 나라를 뒤덮었다. 아라비아반도에서 중요한 석유 자원이 없던 유일한 국가인 예멘의 내전은 이슬람 종파 분쟁과도 관련되어서 이웃 국가들까지 개입하고 있다.

1991년 사우디아라비아는 이라크에 대항하는 걸프전에 참전하면서 중동 지역에서 미국의 특혜를 받는 동맹국으로 자리매김했고, 그로 인해서 일부 아랍 국가들로부터 비난을 받았다. 2001년 9월 11일 미국을 강타한 테러를 사우디아라비아 출신의 테러리스트가 주도했다는 사실은 이슬람 원리주의자(와하비스트)와 서방과의 긴밀한 경제 협력 사이에서 분열된 사회의 모순을 드러냈다. 2015년부터 왕국의 진정한 지도자가 된 왕세자 무함마드 빈 살만 Mohammed bin Salman, 'MBS'의 정책은 이와 같은 맥락에서 자유화에 대한 미지근한 반응과 독재 체제 운영을 번갈아 보여주고 있다.

걸프 전쟁

이라크는 '걸프 전쟁'으로 알려진 중동의 지정학적 대혼란의 중심에 있다.

사담 후세인, 모든 일을 주도한 인물

1968년부터 부통령이던 사담 후세인Saddam Hussein은 자신이 이라크 정권의 떠오르는 실세라고 주장했다. 1979년에 그는 공화국의 대통령이 되어서 확장주의 정책에 착수했다. 같은 해에 이란의 샤shah(군주) 독재 체제가 혁명으로 전복되자, **아야톨라 호메이니**Ayatollah Khomeini를 중심으로 하는 시아파 종교 지도자들이 정권을 장악했다. 사담 후세인은 우선 걸프 국경 지역인 샤트알아랍을 차지하기 위해서 이란을 침공했다. 이 전쟁은 1980년부터 1988년까지 이어지면서 눈에 띄는 결과는 없이 막대한 인명 손실만 가져왔다.

1990년 8월 2일에 사담 후세인은 석유 부국인 **쿠웨이트를 침공**했다. 이라크는 1961년 쿠웨이트가 독립한 이후로 쿠웨이트에 대한 영유권을 주장해왔다. 유엔이 비난 성명을 발표하고, 뒤이어 미국을 중심으로 다국적 군대(미국, 영국, 프랑스, 사우디아라비아, 이집트, 시리아)가 쿠웨이트를 해방하기 위해 조직되었다. 1991년 1월부터 2월까지 연합군은 **사막의 폭풍 작전**을 수행했고, 이라크군은 괴멸적인 패배를 당하고 쿠웨이트에서 철수했다.

유엔이 효력을 발휘하다

유엔의 임무에 이라크 점령은 포함되지 않았기 때문에, 사담 후세인은 여전히 자리를 지키고서 이라크의 패배로 고무된 남부 시아파 소수민족과 북부 쿠르드족의 반란을 가차없이 진압했다. 유엔은 시아파와 쿠르드족을 보호하기 위해 비행 금지 구역을 두 군데 설정하고, **이라크 석유에 대한 금수 조치**를 내렸다.

사담 후세인이 무장 해제를 꺼리자, 미국은 후세인이 **대량살상무기**를 비축했다고 비난하면서(실제로 대량살상무기는 없었다) 국제적인 연합을 결성했다(독일과 프랑스는 참가를 거부했다). 영국과 미국이 중심이 된 침공으로 2003년 3월과 4월 사이에 사담 후세인 정권은 붕괴했다.

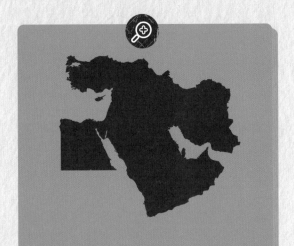

폭풍우 속의 중동

미국의 임시 행정부가 주둔하면서 2011년까지 군사 점령당했던 이라크는 혼란에 빠졌다. 2005년 선거는 쿠르드 정당에 대한 시아파 정당의 압승이었으며, 수니파(사담 후세인 정권 지지)는 불참했다. 수니파는 2010년 선거로 정치에 복귀했다.

그러나 외국 군대가 철수하면서, 특히 시아파와 수니파 사이의 집단 알력이 악화되었다. 이것은 시리아 내전과 바샤르 알아사드 정권에 의해 밀려났던 수니파 지하디스트들의 귀환을 통해서도 잘 나타난다.

수니파 테러 단체 이슬람국가는 2014년 공세로 이라크 서쪽과 북서쪽의 광대한 영토를 차지했다. 그런 다음 이라크와 시리아로부터 정복한 이 지역에 '칼리파' 수립을 선포하고 이슬람 율법에 따라 다스리는 테러 정권을 수립했다. 정규 군대, 쿠르드 민병대, 강력한 국제적 동맹을 통한 격퇴 작전으로 2018년에 칼리프의 영토는 소멸하기에 이르렀지만, 지하디스트는 끊임없이 재구성되고 있으며 결코 사라지지 않고 있다.

대통령님, 환영합니다!

미국의 대통령은 복잡하고 불완전한 대의 절차를 통해 4년 임기(1946년 이후로 단 한 번만 재선될 수 있다)로
선출된다. 민주당과 공화당은 각각 전당대회를 통해서 한 명의 후보와
그의 예비후보로 이루어진 대통령 후보를 뽑고, 이어서 각 주의 선거인단이 투표한다.

정권과 대항세력

국가원수이자 내각의 수반으로서 대통령은 국무장관을
임명하거나 해임할 수 있다. 대통령은 의회에 대해 자신
의 행동을 보고할 필요가 없으며, 의회를 해산할 수 없다.
하지만 의회는 대통령에 대한 **탄핵 절차**를 밟을 수 있다.
리처드 M. 닉슨Richard M. Nixon 대통령은 1974년에 두 번째 임
기 동안 스스로 사퇴함으로써 탄핵을 피하고 남은 임기
(1974~1977)를 제럴드 포드Gerald Ford 부통령에게 넘겼다. 빌
클린턴Bill Clinton 대통령(1993~2001)은 1999년에 추문으로

존 피츠제럴드 케네디(1917~1963)

1960년 민주당의 존 피츠제럴드 케네디는 공화당의
닉슨을 근소한 차이로 이기고(최초의 TV 토론회를 했으
며, 이것은 사교적인 케네디에게 유리하게 작용했다), 미
국의 최연소 대통령이자 최초의 가톨릭 신자 대통
령이 되었다. 서부 정복의 개척 정신을 의미하는 '뉴
프론티어' 정책은 영토 확장, 기업가 정신의 부흥,
빈곤 및 인종차별 척결을 목표로 했다.

케네디는 소비를 촉진하기 위한 재정 정책을 시행
했고, 이것은 꽤 성공을 거두었다. 또한 흑인에 대한
투표권 제한 종식을 요구하는 '자유의 행진'에 응답
하기 위해 학교와 공공장소에서 인종차별을 철폐하
는 프로젝트를 시작했다.

공산 진영에 대한 단호한 태도는 핵전쟁의 위험을
무릅쓰고 소련에 대해 쿠바에서 미사일 발사대를 철
수하도록 강요했던 미사일 위기(1962)에서 드러났다.
케네디는 모스크바 조약을 체결하여 대기권에서 핵
무기 실험을 중단시켰다(1963). 1963년 11월 22일, 케
네디는 댈러스에서 리 하비 오스왈드Lee Harvey Oswald에
게 암살되었다.

곤경에 빠졌으나 간신히 탄핵을 면할 수 있었다.
제1차 세계대전 이후에 연방 권력과 대통령의 역할을 강
화하려는 경향이 나타났으며, 이는 1945년 이후 더욱 두
드러졌다. 여러 민주당 출신 대통령이 임기를 시작할 때
마다 사회관계 개편에 더 중점을 둔 **대형 정책**이 발표
되었다. 프랭클린 D. 루스벨트Franklin D. Roosevelt(1933~1945)
의 뉴딜New Deal을 새로운 방향으로 확대한 해리 트루먼
Harry S. Truman(1945~1953)의 페어 딜Fair Deal, 존 F. 케네디John
F. Kennedy(1961~1963)의 뉴 프론티어New Frontier9)를 계승한 린
든 B. 존슨Lyndon B. Johnson(1963~1969)의 위대한 사회Great
Society10) 등이 발표되었다. 전쟁 후 공화당 출신 대통령으
로는 연합군 총사령관이던 드와이트 D. 아이젠하워Dwight D.
Eisenhower(1953~1961)가 있다.

대통령직의 영향력에 대한 불신은 1970년대에 커졌다. **워
터게이트 사건**(민주당 본부에 전화 도청 장치가 설치된 것이 발
각된 사건)으로 공화당 출신의 닉슨 대통령(1969~1974)이
사임했으며, 민주당 출신 지미 카터Jimmy Carter(1977~1981)는
소련에 대해 무르게 대응했다는 비난을 받았다.

하나의 국가, 두 가지 비전

신자유주의를 지지하고 호전적인 공화당 대통령의 복귀
는 과거 할리우드 배우였으며 냉전 부활의 상징인 로널드
레이건Ronald Reagan(1981~1989)과 이라크에 대해 걸프전을 일
으킨 조지 H. W. 부시George H. W. Bush(1989~1993), 그리고 '악
의 축'(테러리스트와 공산주의자)에 맞서 싸우는 데 미국의
비전을 둔 그의 아들 조지 W. 부시George W. Bush(2001~2009),
마지막으로 많은 비판을 받는 사업가 도널드 트럼프Donald
Trump(2017~2021)로 이루어졌다.

민주당 출신의 빌 클린턴Bill Clinton(1993~2001)과 **최초의 아프
리카계 미국인 대통령** 버락 오바마Barack Obama(2009~2017)는
적극적인 외교와 사회 정책을 전개했다.

스탈린, "민족의 작은 아버지"

자신에게 유리하도록 공산 독재 체제를 구축한 스탈린은 1928년부터 1953년까지 절대 권력으로
소련을 지배하면서 전체주의 국가로 만들었다. 이오시프 비사리오노비치 주가시빌리는
그 당시 러시아 제국에 속해 있던 조지아에서 구두수선공 아버지와 재봉사 어머니 사이에서 태어났다.
1894년 트빌리스의 신학교에 입학하여 마르크스주의를 연구하는
비밀 조직을 만들었으며, 이로 인해서 퇴학당했다.

직업 혁명가의 부상

1901년부터 1917년까지 스탈린은 직업 혁명가로 살았다.
차르의 비밀 정치경찰 오흐라나Okhrana의 눈엣가시가 되어
서 여섯 번 체포되고 다섯 번 도주했던 그는 차르 정권을
전복시킨 2월 혁명으로 석방되었다.
1904년 레닌과 트로츠키가 창설한 볼셰비키 성향의 러
시아 사회민주노동당에 입당한 그는 1912년에 스탈린('강
철 사나이')이라는 가명을 사용하면서 당기관지 『프라우다
Pravda』를 이끌었고, 당내에서 민족주의 전문가를 자처했다.
1917년 10월 혁명으로 만들어진 볼셰비키 정부의 인민위
원회 의장을 맡은 스탈린은 1922년에 공산당 서기장이 되
었으며, 1953년 사망할 때까지 그 자리를 지켰다.
스탈린의 잔인하고 비인도적인 성향과 조지아의 민족주
의 세력에 대한 탄압을 지켜보며 레닌은 우려를 나타냈
지만, 스탈린은 1924년에 레닌이 병으로 사망하자 그것을
이용하여 레닌을 계승했다. 스탈린은 좌파(트로츠키, 지노
비예프, 카메네프의 '트로이카(삼두체제)')와 우파(부하린)의 반
대를 침묵시켰다. 1928년에 스탈린은 당과 소련의 절대적
인 지도자가 되었다.

극단적인 스탈린주의

1928년부터 1939년까지 스탈린주의는 더욱 심해졌다. 당
의 절대 권력은 전체주의 체제를 통해 스탈린에게 집중되
었고, 스탈린은 엄청난 혼란과 집단 공포를 바탕으로 강
압적인 계획, 생산수단의 집단화, 과도한 산업화 정책을
펼쳤다. 해외 곡물 수출량을 채우기 위해서 우크라이나
대기근을 고의로 일으키고, 쿨락(당에 대해 조금이라도 저항
하는 기미가 있는, '부자'로 낙인찍힌 농부)을 추방했다.

점점 더 비상식적인 정치적 숙청을 통해 당은 당과 뜻이
맞지 않다고 간주하는 요소들을 정기적으로 제거했다.
1936~1938년의 '대숙청' 시기에는 무수한 사람들이 강제
수용소로 보내졌다.
프롤레타리아 독재, 아니 당 독재는 속임수일 뿐이었다.
스탈린은 전체주의 국가를 통해 모든 권력을 장악했다.

전쟁에서 제2차 스탈린주의 시대까지

독일-소련 간의 협정(1939)을 체결함으로써, 스탈린은 소
련을 보존할 수 있다고 믿었다. 하지만 1941년 독일의 침
공은 그의 허를 찔렀다. 그 후 1945년에 엄청난 고통을 대
가로 승리를 얻게 될 때까지, 스탈린은 '대조국전쟁'을 지
휘했다.
전쟁에서의 승리는 긴장 완화로 이어지기는커녕 제2차
스탈린주의 시대의 시작을 의미했고, 공포정치가 전쟁 이
전에 이미 숙청을 끝낸 당 간부들에게는 더 이상 영향을
미치지 않았지만, 스탈린은 제1차 때보다
훨씬 더 독재적이었다.

소련의 승리는 스탈린에게 전례
없는 세계적인 명성을 가져다
주었고, 이를 통해서 스탈린에
대한 개인숭배는 절정에 달했다.
비정상적인 경제 정책과 공포정치
는 '인민의 작은 아버지'가 사망할 때까
지 더욱 격렬해졌다. 스탈린의 사망 소식에 수많은 인민
이 진심으로 눈물을 흘렸으며, 25년간의 독재정치가 막을
내렸다.

유럽의회에 오신 것을 환영합니다

751명의 선출된 의원들로 구성된 유럽공동체 기구
유럽의회(European Parliament, EP)는 꾸준히 권한을 강화해왔다.
1992년 마스트리히트(Maastricht) 조약으로 유럽경제공동체(EEC)는 유럽연합(EU)으로 전환했다.

지속적인 권한 강화

1957년에 유럽경제공동체가 창설되었을 때, 유럽경제공동체 총회는 단지 협의권만을 가지고 있었다. 1962년에 총회는 각 회원국을 대표하는 의원들로 구성된 유럽의회로 개칭했다.

1979년 처음으로 의회는 직접 보통 선거를 통해서 선출되었으며, 비례대표제 방식을 채택했다.

암스테르담 조약(1997) 이후로 유럽의회는 매우 한정적인 법안 발의권을 가질 수 있게 되었지만, 독일이 이 권한을 확대할 것을 요구했음에도 불구하고 유럽위원회에 법안을 요청하는 것 이상을 할 수는 없었다.

마지막으로 **2007년 리스본 조약**으로 제정된 '일반 입법 절차'에 따라 의회와 이사회는 위원회의 제안에 따라 공동으로 법령을 채택했다. 이 절차는 거의 모든 부문에 적용된다. 하지만 의회는 외교 정책이나 공동 안보 정책에서 크게 배제되어 있다.

제한적이지만 확대된 기능

유럽의회와 유럽연합이사회(회원국의 관련 분야 장관들로 구성)는 양원제의 상하원 체제와 비슷하다. 하지만 국가 체제 내에서처럼 유럽의회는 유럽위원회가 독점하고 있는 법안 발의권을 늘 이용할 수 있는 것은 아니다.

유럽의회는 **5년마다** 유럽위원회 의장을 선출하지만, 유럽연합이사회에서 선거 결과를 고려하여 제안할 경우에만 선출한다.

유럽의회는 유럽연합의 모든 활동, 특히 위원회의 활동을 어느 정도 감찰한다. 따라서 의회는 1999년에 에디트 크레송^{Edith Cresson}이 벨기에 법무부에 의해 부정 특혜 혐의로 기소된 뒤에 자크 상테르^{Jacques Santer} 위원장에게 사임하도록 촉구했으며, 2004년에는 위원을 변경할 때까지 조제 바호주^{José Manuel Durão Barroso} 위원장의 임명을 거부했다.

거대한 유권자

유럽의회는 5억 명 이상의 유럽연합 시민을 대표한다. 의원들은 1979년 이후 5년마다 직접 보통 선거를 통해서 선출된다. 인도에 이어서 세계에서 가장 유권자가 많으며, 가장 거대한 초국가적인 유권자이다. 선거는 종종 각 회원국에서 반대를 표하는 데 이용된다. 따라서 프랑스에서는 범국민궐기대회(구 국민전선¹¹)의 득표수가 입법 선거의 득표수보다 늘 높다.

각 국가에 할당되는 의원 수는 각 조약에 따라 정해지고, 회원국 간의 정확한 의석수는 정해지지 않았다. 하지만 일반적으로 작은 국가들이 큰 국가들에 비해 상대적으로 의석수를 더 많이 차지하고 있는 셈이다.

욕망은 인간의 본질일까?

플라톤은 『고르기아스(GORGIAS)』라는 대화록에서 구멍 난 물통을 영원히 채워야 하는
다나오스의 딸들 이야기를 언급한다. 이 대화에서 소크라테스와 칼리클레스[12]는
욕망 충족에 대한 관점에서 서로 대립하고 있다. 소크라테스는 절제의 미덕을 강조하는 반면에,
칼리클레스는 모든 욕구를 최대한 충족시키는 것을 예찬한다.

이러한 충돌은 때로 사랑, 충동, 부러움 또는 탐욕과 동일시되는 **욕망의 변화무쌍한 측면**을 보여준다. 이러한 다면적인 특징에도 불구하고, 욕망은 가장 널리 퍼진 정신물리학적 현상이 아닐까? 칼리클레스가 소크라테스와의 대화에서 강조했듯이 아무런 욕망이 없는 사람은 단지 돌처럼 무기력한 삶을 살아가고 있다고 할 수 있을 정도로 말이다.

먼저 욕망을 정의하다

철학적 언어에서 욕망은 알고 있거나 상상하던 결말에 도달하기 위한 **자발적이고 의식적인 성향**이다. 전통적으로 욕망을 의지와 대립시키곤 하는데, 의지는 목적을 달성하기 위해서 모든 성향을 합리적으로 조정하는 것이다. 인간이 욕망에서 벗어날 수 없다면, 우리는 욕망을 인간의 본질, 즉 인간의 가장 중심적이고 근본적인 특징이라고 생각할 수 있지 않을까?

욕망은 보편적인 특징 외에도 모든 개인적인 삶에서 끊임없이 움직이는 원초적인 열정의 핵심이라는 특별한 특징을 가지고 있다. 이때 욕망은 의존성, 나약함, 무력감과 같은 인간 소외의 다양한 면을 끊임없이 드러나게 한다. 이런 경우에 욕망은 자발적인 시도와 반대로 결핍으로 설명될 수 있다. 내가 무언가를 원할 때, 나는 이 욕망으로 인해서 내 안에서 만들어지도록 선택하지 않았던 충동의 포로가 된다. 인간의 내면에서 수동적인 특성을 가지고 고통을 거슬러야 하는 것이 어떻게 인간의 가장 심오한 존재를 구성한다고 할 수 있을까?

데카르트는 욕망에 자연스러운 기능을 부여하는 것으로 이런 질문에 답한다. 데카르트에게 욕망은 자기(육체) 보존을 위한 자연스러운 욕구의 의식적인 표현일 뿐이다. 욕망은 인간의 육체적 속성에 따른 욕구의 정신적 표현일 것이다. 달리 말해서, 욕구는 **생물학적 현상의 정서적인** 대응물이다. 그러므로 욕구가 본질적인 의미를 가질 수 있는 것은 인간에게 있어서 욕망의 근원은 육체이기 때문이다. 데카르트는 욕망을 **영혼의 흔들림**으로 묘사하기 때문에 욕망이 어떠한 고통도 수반하지 않는다는 것은 아니다.

그럼에도 불구하고 인간의 본성을 파악하기 위해서 이와 같은 욕망의 보편적이고 자연스러운 특징에 의존하는 것으로 충분할까? 그리스 철학자 에피쿠로스 Epicurus 는 안정적인 속성만이 인간의 근본적인 특성이 될 수 있다고 했다. 에피쿠로스에 따르면, 여러 가지 다양한 특별한 욕구 중에서 우리는 우리를 충족시킬 것 같은 욕구를 선택하게 된다고 한다. 에피쿠로스는 모든 인간이 쾌락을 추구하고 고통을 피하는데, 이런 일반적인 규칙을 본능적이고 동물적인 성향이라고 지적한다. 그러므로 인간이 가장 확실하게 쾌락을 얻고 본능에 순응하면서 자신의 본질을 실현하는 것은 자연스럽고 필요한 욕구를 채움으로써 가능하다.

부정적인 본질로서의 욕망

두 경우 모두에서 욕망은 신체적·도덕적 보존의 관점에서 **인간의 자연스러운 속성**으로 인식된다. 철학자 쇼펜하우어 Schopenhauer 역시 욕망을 유기적 존재의 가장 큰 비상을 위한 삶의 노력으로 인식했다. 그럼에도 불구하고 철학자의 입장은 더욱 근본적이라고 할 수 있는데, 삶 자체를 욕망의 발달 과정으로 보았기 때문이다. 따라서 인간의 본질보다 욕망하는 능력을 삶 그 자체와 동일시했다. 하지만 이 모든 것을 포괄하는 특성은 욕망의 긍정적인 측면을 고려하지 않고 있으며, 이 독일 철학자는 욕망을 비극적 현실로 인식했다. 부족함을 표현하는 부정적인 속성으로 인해서 욕망이 충족되고 나면, 반드시 또 다른 새로운 욕망이 나타난다. 따라서 욕망은 인간의 본질이지만, 또한 고통을 필연적으로 발생시키는 원인이기도 하다.

우리는 정말 자유로울까?

가장 일반적인 의미에서 자유는 다른 사람이 원하는 것이 아니라
그 자신이 원하는 것을 하는 상태를 뜻한다.
따라서 자유는 외부로부터의 제약이 없어야 할 것이다.
정치적 관점에서 이러한 입장을 받아들일 때,
우리는 이러한 정의의 사회적 측면만을 고려하는 것이다.

우리가 자유를 공식적으로 정의하는 데 어려움을 느끼지 않는다면, 그것은 분명히 우리가 선택하는 경험을 통해 **직관적이고 일상적으로** 자유를 경험하고 있기 때문이다. 그 경우에 우리는 달리 행동할 수 있다는 '직관'이 있기 때문에 정말로 자유로울 것이다. 하지만 이런 느낌은 착각이 아닐까? 스피노자Spinoza에 따르면, 자유에 대한 이러한 믿음은 우리의 선택을 결정하는 원인이 무엇인지 모르기 때문이다.

자유와 책임

'자유 의지' 없이는, 다시 말해서 '절대적인' 선택의 자유 없이는 도덕적 책임이 없다고 할 수 있다. **토마스 아퀴나스**Thomas Aquinas에게 자유 행위는 자유 의지에 따라 이루어진다. 욕망이나 단순히 자발적 성향에 따라 이루어진 선택은 '자유롭다'고 말할 수 없다. 그런데도 행동을 수행하는 주체에게 책임을 부여하는 이유는 행동이란 의지에 따라 이루어지는 특성이 있기 때문이다. 자유 의지에 따라 행동하는 것은, 다시 말하면 선택의 수단과 결말을 예측하고 의도적으로 행동하는 것은 그에 따른 도덕적 책임을 지는 것이다. 그러므로 자유는 인간의 이성적인 성향이며, 토마스 아퀴나스는 이것으로 인간을 본능에 따라 행동하는 동물과 구별한다. 이러한 관점에서 볼 때 자유는 히포의 아우구스티누스Augustinus Hipponensis가 주장하는 것처럼 '의도에 따른 자유 의지'이다.

그러나 이것으로 자유의 존재 자체를 충분히 설명할 수 없으며, 자유는 단지 환상일 수 있기 때문에, 우리는 **다양한 정도의 책임**을 구별한다. 개인의 의도와 합리적 기능이 더욱 분명하게 드러날수록, 우리는 그 선택에 대한 더 많은 책임을 지게 된다. 반대로 욕망, 무지 또는 우발적으로 이루어진 선택에 대해서 개인에게 분명히 책임이 있다

고 판단되지만, 그 정도는 덜하다. 그러므로 이러한 주장은 **니체**Nietzsche가 '신학적 속임수'로 본 자유 의지의 존재를 직접 증명하지 못한다.

자유가 존재하지 않는다면, 왜 자유롭다고 느낄까? 이것은 일어나야만 할 일이 일어날 것이며 우리가 실제로 선택할 수 있는 것이 아니라는 의미일까? 이러한 주장은 '운명론', 다시 말해서 무조건적인 필연성이 존재한다는 생각으로 이어질 수 있다.

원인에서 영향까지

반면에 결정론은 조건적인 필연성에 기반을 두고 있으며, 이것은 우리의 선택이 원인에 따라 이루어진다고 생각한다. 원인은 그 자체로 정당성이 있으며, 매우 실질적이지만 인간의 정신으로 인지할 수 없는 인과 관계 사슬을 형성한다. **스피노자**가 뒷받침하는 이러한 주장은 우주의 모든 것이 인간이 알지 못하는 원인과 결과에 따라 이루어진다고 인정한다.

이러한 현실은 비관적이거나 비극적인 방식으로 인식되지 않기 때문에, 현실을 인식하는 것은 현실에서 벗어나게 하는 것이 아니라 현실로부터 자유로워지게 하는 것이다. 우리의 선택은 그 원인이 우리에게 있는 것이 아니라는 것을 인정하고 자연의 법칙에 따른 인과 관계의 일부라는 사실을 이해한다면, 우리는 비이성적인 믿음에서 벗어날 수 있다. 만일 자유 의지로 인식되는 자유가 정말로 환상이라면, 그리고 우리가 이러한 환상을 인식하게 될 때 우리는 자유로워진다. 따라서 이러한 관점에서 인간이 자유롭지 않다는 것을 인정하는 것은 인간이 자유로워질 수 있다는 것을 인식하는 것이다.

국가의 목적은 무엇일까?

인간의 능력과 존재는 고립되어서 발전할 수 없기 때문에,
인간은 집단으로 살고 있다.
따라서 인류는 일시적이고 집단적인 변화 속에서 만들어진 종족이다.

국가의 목적이 무엇인지 묻는 것은 국가의 **일차적인 목표**와 국가가 추구하는 **이상**을 확인하고자 하는 것이다. 왜냐하면 국가는 현실과 이상을 연결하기 위해서 존재하기 때문이다. 따라서 국가는 다음과 같은 하나의 사실에서 출발한다. 인류와 각 개인은 국가라는 공간 안에서 자유로운 방식으로 화합하고 발전한다는 이상을 추구한다. 개인의 개성을 손상하지 않고 자유로운 공동체를 구성하기 위해서 국가는 어떻게 구성되어야 할까?

고전 문학은 이러한 문제를 **안티고네**Antigone라는 인물을 통해서 설명한다. 오이디푸스의 두 아들이 왕위를 놓고 서로 다투다 죽자, 테베의 새로운 왕 크레온은 이들의 장례식을 허락하지 않는다. 하지만 오이디푸스의 딸 안티고네는 이 명령을 거역하고 오빠에게 종교적인 장례식을 치러주기로 결정한다. 그에 대한 벌로 안티고네의 삼촌 크레온은 그녀를 산 채로 땅에 묻고 온 나라에서 자신의 권한을 회복하고자 한다. 이 비극은 국가의 보전이 시민들의 충성심에 달려 있다고 생각하는 크레온의 관점과 국가가 제정한 법 위에 그보다 더 우월하고 변하지 않는 보편적이고 도덕적인 법이 있다고 생각하는 안티고네의 관점 사이의 정치적 딜레마를 보여주고 있다.

국가란 무엇인가?

국가란 한 사회에 덧붙여진 별도의 정치 구조로 정의될 수 있으며, 일정한 영토와 제도를 가지고 있다. 과도기 정부와 달리 국가는 영구적으로 권력을 소유하며 그 권력으로 사회를 다스린다. 국가는 정치적 공간, 즉 모두가 공유하는 공간이라고 정의할 수 있다. 따라서 **국가의 궁극적인 목적을 정의하려면, 국가의 기원을 알아볼 필요가 있다.** 국가가 출현하게 된 것은 인간의 충돌 때문이다. 이러한 인위적인 관점에서 국가는 인간의 적대적인 본성에서 비롯되는 문제를 해결하기 위해서 인간이 만든 구조이다.

철학자 홉스Hobbes에게 국가라는 이러한 인위적인 정치 구조는 그것을 구성하는 개인의 의지에 달려 있다. 국가는 인간의 충동을 자유롭게 표출하도록 내버려두는 자연 상태에서 보장받을 수 없는 안전을 확보하기 위해서 자유의 일부를 포기한 **개인 간의 계약**이다. 이러한 자발적인 상호 포기는 그 자신의 권리를 포기하는 것이다. 즉 다른 사람에게 해를 입힐 수 있는 자유를 제한하는 것이다. 하지만 홉스는 이러한 협의만으로 정치적 공동체를 영속시키기에는 충분하지 않다고 생각했다. 그러기 위해서는 모든 개인의 자유 의지를 국가를 이끄는 최고 통치자의 의지로 대체해야 한다고 주장했다. 이런 이유에서 정치 사회가 단순히 국가에 의해서 관리되는 것이 아니라, 주권 또는 주권에서 비롯된 정부에 의해서 통치되는 것이다.

권력의 문제

이러한 관점에서 볼 때 국가는 모든 시민이 복종해야 하는 유일한 대상이지만, 이러한 복종에는 하나의 목적이 전제되어야 한다. 즉, **공동의 평화와 안보를 달성할 수 있어야 한다.** 이처럼 현대적 방식으로 국가를 이해할 때, 국가는 의지를 통합하는 원칙이며 모두의 안전을 보존하는 수단이 된다. 하지만 국가를 계약에 따르는 것으로 보는 관점은 '절대적' 특성, 즉 주권은 이러한 계약에 구속되지 않으며, 그 권한은 절대적이라는 특징을 가진다. 국가 이성[13]은 바로 이러한 학설을 바탕으로 확립되었다.

루소Rousseau에 따르면 바로 이런 이유로 개인은 국가에 대해 절대적이 아니라 조건적으로 복종해야 한다. 정치권력은 단순히 대중의 의지를 대신하는 것이지 소유하는 것이 아니다. 이런 관점에서 주권자가 더 이상 의무를 이행하지 않을 때 정치적으로 모인 대중은 봉기를 일으킨다. 왜냐하면 대중이 사회 계약을 체결한 당사자이기 때문이다.

움직이는 세상 : 교통수단

인류의 역사는 이동을 따라 이루어졌다.
새로운 영토를 정복하거나 반대로 적을 피해 떠났을 때,
인류는 새로운 자원과 장소를 발견하고 재산과 지식을 교환할 수 있는 사회를 만들었다.
이것은 지구상 개척과 이주에 대한 단순하고 보편적인 사실이다.

하지만 **기술의 발달과 인구의 팽창**(900년에 1억 7천만 명이던 인구는 2020년에 76억 명이 되었다)으로 이동은 엄청난 규모로 증가하면서 수십억 인구의 일상이 되었을 뿐 아니라 세계 경제의 기능적인 면에서도 중심이 되었다.

상품 운송

역사가들은 세계화의 역사를 세계의 네 부분이 서로 연결되기 시작한 16세기로 추정하지만, 세계 무역이 폭발적으로 늘어난 것은 실제로 60년 정도 되었다. 그리고 이것은 거대한 선박 이용으로 해상 운송비가 하락하고, 컨테이너 사용으로 실질적인 비용 감소한 덕분이다. 그 결과 100억 톤의 화물 중에서 **90퍼센트가 해상으로 운송**되며, 길이가 100미터가 넘는 2만 8천 척의 상선을 포함한 전체 5만 척 이상의 상선이 이용되고 있다. 운송되는 화물 적재량의 30퍼센트는 탄화수소에 해당한다.

개인의 이동

이동성은 무엇보다 일상생활에서 중요한 요소이다. 세계적인 차원에서 평가하기는 어렵지만, 프랑스에서 취업자의 절반이 직장에서 15킬로미터 이상 떨어진 곳에 살고 있다.

관광 및 출장으로 장거리 이동이 크게 증가했고, 이로 인해서 **비행기 이용이 놀라울 정도로 늘어났다.** 해마다 40억 명을 태울 3,700만 회의 비행이 계획되고 있다. 1초마다 평균 130명이 각각 2만 7천 대의 항공기에 탑승한다는 뜻이다.

여기에 이주민, 즉 거주지를 옮기는 사람들을 덧붙여야 한다. 이 중에서 국제 이주(국경을 넘어가는 경우)는 이주의 아주 일부에 해당하지만, 대부분 언론의 관심을 가장 많이 받는다. 자신이 태어나지 않은 나라에 살고 있는 사람들이 2억 7천만 명이며, 이것은 세계 인구의 3.5퍼센트에 해당한다.

이동에 기반을 둔 경제 시스템에서 운송의 질은 필수적이다. 하지만 이동 수단이 온실가스를 배출하여 환경에 미치는 영향은 상당하다.

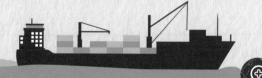

세계화: 상자 문제

1956년 도로 운송업자 맥린McLean은 트럭 트레일러에서 선박으로 이동시킬 수 있는 금속 상자를 설계하여 트럭과 선박 간에 상품을 운송하는 데 걸리는 시간을 단축할 수 있는 아이디어를 내놓았다. 이렇게 해서 길이가 10, 20, 30 또는 40피트(20피트가 표준이다)에 너비 8피트(2.44미터)의 컨테이너가 탄생했다. 장점은 엄청났다. 취급이 용이하고, 다양한 물품을 내부에 실을 수 있으며, 화물 적재량을 최적화할 수 있었다. 오늘날 일부 컨테이너 화물선은 길이가 400미터에 달하며, 컨테이너를 한꺼번에 2만 개나 운반할 수 있다.

날씨와 함께 살아가기

인간 사회는 항상 날씨와 함께 살고 있다.
그래서 우리는 각 순간의 대기조건(온도, 습도, 구름, 바람, 강수)을 가리키는 기상학적 날씨와
특정한 지역에서 지속적으로 나타나는 대기 상태를 뜻하는 기후를 구별한다.

매일 우리는 매 순간의 기상 상태에 영향을 받으며 살지만, 우리의 삶은 1년 단위의 기후를 고려하여 계획을 세운다. 다양한 장소만큼 다양한 기후가 있기 때문에, 우리는 기후를 다시 큰 그룹으로 묶을 수 있다. 따라서 극지방 기후와 지중해 기후를 구분할 수 있다.

일상생활과 날씨

적도 기후와 같은 몇몇 기후는 **상대적으로 안정적인 기상 상태**를 보이지만, 대부분의 기후는 기온(온대 기후의 여름/겨울)이나 강우량(열대 기후의 건기/우기)에서 계절적 변화를 경험한다. 어떠한 경우든 간에, 인간 사회는 날씨를 관찰하는 데 익숙해졌으며, 날씨는 일상생활의 일부를 지배한다. 도시처럼 폐쇄된 일정한 공간에 머물러 생활하는 경우에는 날씨를 확실히 쾌적하거나 그렇지 않은 경우로 한정시켜 구분하며, 단지 집에서 직장으로 이동하는 경우에만 제한적으로 날씨의 영향을 받는다. 하지만 날씨는 수많은 활동에서 여전히 중요한 역할을 한다. 특히 카페 테라스나 관광지를 방문하는 것과 같은 여가와 관련된 모든 활동에서 더욱 그러하다.

경제와 기후

기후의 다양성은 스키 리조트와 해수욕장과 같은 대중 관광에서 기본 역할을 한다. 하지만 기후는 무엇보다 **농업**에 필수적이다. 오늘날에는 국제무역의 발전으로 다른 지역의 부족한 농산물을 서로 벌충해주고 있다. 이러한 농산물 교류 역시 부분적으로 기후에 의해 주도된다. 지금은 지역 특산물 교류로 겨울 동안 유럽에서 모로코 토마토와 같은 계절에 맞지 않는 농산물을 맛볼 수 있게 되었다. 앞으로 우리는 기후 온난화를 의식하고 탄화수소를 덜 사용하고 온실가스 배출량을 줄일 수 있는 방식으로 **경제 전반을 수정해야만 한다.** 지구의 기후는 우리가 가장 관심을 가져야 할 핵심 문제이다.

기후에 영향을 미치는 것들

기후의 다양성을 설명하려면 수많은 요인을 고려해야 한다.

천문학적 요인 : 지구는 양극을 가로지르는 축을 중심으로 자전하면서, 태양을 중심으로 도는 공전궤도면에 대해 기울어져 있다. 바로 이런 이유로 극지방이 열대 지방보다 덜 더울 뿐만 아니라 계절의 변화가 생기는 것이다. 축의 기울기로 인해서 6월에는 북반구가 태양을 향하게 되고, 12월에는 그 반대이다.

대기 및 해양학적 요인 : 대기는 유체이기 때문에, 공기가 순환하면서 온도 차이를 메꾼다. 하지만 지구 자전 때문에 이러한 공기 순환은 북반구에서는 오른쪽으로 휘어지고 남반구에서는 그 반대로 휘어진다. 이로 인해 '저기압' 또는 '고기압'이라고 하는 큰 소용돌이가 발생한다. 마찬가지로 바다는 따뜻한 물을 추운 지역으로 가져 오거나 그 반대로 움직이게 하는 거대한 해류에 의해 이동한다. 멕시코만에서 북서유럽 사이의 대서양을 가로지르는 멕시코만류 때문에 북서유럽이 캐나다보다 겨울에 더 온화하다.

지형의 분포 : 산지는 기온이 낮고 비가 잦은 국지성 기후를 특징으로 하지만, 바람을 한 방향으로 모으는 장벽 역할도 한다. 마찬가지로 온대 기후 지역의 경우에 대륙의 서쪽인지 동쪽인지에 따라 바다로부터 온화해진 기후의 혜택을 받거나 혹은 그 반대로 대륙성 기후, 즉 온화해진 기후의 혜택을 받지 못하고 기온의 일교차와 연교차가 더 강한 기후의 영향을 받는다. 실제로 지구의 자전 때문에 바람은 서쪽에서 동쪽으로 분다.

세계의 물

물은 생명 유지에 필수적인 자원이다. 물은 푸른 행성이라고 불리는 지구의 특수성이기도 하다.
그러나 인간 사회는 하천의 물이나 지하수와 같은 지구의 물 중 아주 일부만 사용하고 있다.
하천은 교통로, 경계선, 중요한 자원으로 이용될 수도 있지만,
위험 요소(하천 범람의 경우)가 될 수도 있다.

불평등하게 사용되는 자원

전반적으로 수자원은 충분한 편이다. 연간 인구당 6,500 입방미터 이상 소비할 수 있으며, 이것은 전 세계 평균 소비량의 5배 이상으로 추정된다. **문제는 지리적인 것이다.** 일부 지역은 공급이 충분히 잘 이루어지고 있지만, 다른 지역은 몹시 부족한 상황이다. 브라질이 그러한 예를 아주 잘 보여준다. 세계 유량의 15퍼센트를 차지하는 **아마존**이 있는 브라질은 물이 가장 많은 국가 중 하나이지만, 동북부 지역은 영구적인 가뭄과 그로 인한 식량 문제를 겪고 있다.

양만이 유일한 문제는 아니다. **시간에 따른 강우 분포 문제**는 특히 **농업**에서 더욱 중요하다. **가뭄**은 작물의 생장을 막을 수 있으며(사헬의 여러 지역에서 정기적으로 발생하는 일이다), 반대로 수확기에 비가 너무 많이 쏟아지면 작물이 손상될 수 있다. 1788년에 이런 상황은 프랑스 혁명의 전조가 되었다.

물, 불평등의 수치

세계 인구의 30퍼센트에 해당하는 21억 명이 가정에서 직접 식수를 이용하지 못하고 있으며, 이 중 8억 400만 명은 식수를 전혀 이용하지 못한다.

따라서 실제로 이용할 수 있는 물은 시간(저수지, 댐) 및 공간(물의 이송)에 따라 물 공급을 조절할 수 있는 **수자원 관리 시설의 존재 여부**에 달려 있다. 하지만 이것은 경제적 수단이나 정책에 따라 달라진다. 이스라엘과 카메룬은 전반적으로 물에 대한 접근성 수준이 비슷하지만, 그 이유는 완전히 다르다. 이스라엘은 수자원이 매우 적지만 기술적 능력이 강하고, 반면에 카메룬은 수자원이 아주 풍부하지만 이용할 수 있는 능력이 약하다.

물의 관리

전 세계 인구의 60퍼센트인 44억 명의 사람들이 하수도 시설을 이용하지 못하고 있으며, 그중 8억 9천만 명이 화장실 부족으로 야외에서 배변을 한다.

따라서 물 관리는 세계적인 차원에서 두 가지 문제를 제기한다. 경제적·사회적 문제로 인구 전체에 **안전한 물**과 정수 장치를 제공하는 것과 생태학적 문제로 **자원을 보존**하는 것이다.

그에 대한 압력은 상당하다. 수자원이 부족한 반사막 지역은 현재 평균보다 빠른 속도로 인구가 증가하고 있다. 게다가 전 지역이 지하수를 과도하게 개발하는 관개 농업을 하고 있다. 그들은 **물이 재생되는 속도보다 훨씬 더 빠른 속도로 물을 소비**하고 있다.

모로코 수스 지방에서 재배되는 토마토의 경우처럼 북아프리카에서 재배되어서 유럽으로 수출되는 과일과 채소도 그러한 경우이다. 전체 소비되는 **물의 96퍼센트 이상**이 농업에 이용되고 있어서 수자원 보존 문제는 식량 문제이기도 하다.

자연재해란 무엇인가?

역사는 거대한 자연재해로 점철되어 있다.
79년에 폼페이를 잿더미로 만든 베수비오 화산 폭발이나
볼테르(Voltaire)와 루소(Rousseau)가 논쟁을 벌였던 1755년 리스본 지진을 떠올릴 수 있다.
볼테르는 자연이 '선하지' 못하다고 비난했으며,
루소는 인간이 그토록 좁은 공간에 모여 살고 있었던 것을 탓했다.

따로 떼놓을 수 없는 두 가지 요소

자연재해의 개념에 대해서 생각해보자. 자연재해는 항상 자연의 위험 발생 가능성과 인구 및 인간 건축물의 존재를 결부시켜서 생각해야 한다. 위험을 이해하는 것은 **두 요소 사이의 상호작용**을 이해하는 것이다. **지각**(지진, 화산 폭발) 또는 **기후**(태풍)로 인한 수많은 위험은 사람들을 덮쳐왔다. 많은 사회는 자연재해에 대비하거나 종교에 의존해서 자연재해를 피해 살아가는 법을 배워왔다.

위험에 노출된 인구와 자산이 그 어느 때보다 많아졌다. 인구 증가가 그 이유이기도 하지만, 무엇보다 범람 위험이 있는 지역에 댐을 만들어서 사람들이 정착하게 되었기 때문이다. 따라서 자연재해로 인해 점점 더 높은 비용이 들고 있다. 보험에 가입하는 사람들이 많아졌다는 사실은 고려하지 않더라도, 소유하고 있는 재산의 가치가 점점 더 높아지고 있기 때문이다. 2019년에는 전체 비용이 **250조 원이 넘는 것으로** 추정된다.

기후 변화와 재난

오랫동안 논쟁이 되는 극한 기후 현상과 지구 온난화 사이의 연관성은 점점 더 사실로 드러나고 있다. 대기 중 더 많은 열은 더 많은 에너지로 전환되어 태풍이나 폭풍과 같은 더 강력한 재해를 일으킨다. 마찬가지로 세계의 특정 지역에서 점점 더 심해지는 가뭄은 화재 발생에 유리한 환경을 만든다.

자연재해로부터 보호

태풍이나 화산 폭발과 같은 몇몇 재해의 발생은 몇 시간 또는 며칠 전에 예측할 수 있지만, **지진**과 같은 다른 재해는 그렇지 않다.

아주 강한 재해를 피하는 것은 불가능하지만, 사람들에 대한 예방 교육과 지나치게 위험한 특정 지역에 더 엄격한 **건설 기준**이나 건축 금지 등의 규제 조치를 통해서 피해자 수를 크게 줄일 수 있다. 이것은 비용이 많이 드는 그러한 규제 조치를 시행하기 어려운 가난한 국가에서 비슷한 정도의 재해가 훨씬 더 극적인 결과를 초래할 수 있다는 사실을 충분히 설명해준다.

하지만 안전 추구는 주요 기술 개발을 제한하고 비난하는 '환경 존중'이라는 새로운 요구 사항과 충돌한다. 예를 들면, 센 강의 댐 건설이 중단되는 바람에 1910년 파리는 재앙적인 홍수를 겪어야 했고, 여러 문제들(전기, 교통, 주차 등…)이 증가했다

재해 관리는 점점 더 **회복력**, 즉 재난의 충격을 흡수하는 사회의 능력을 강조한다. 따라서 '회복력'이 있는 도시를 설계하는 것이 중요한 문제가 되었다. 가장 도시화된 지역에서 범람 위험이 있는 지대를 완전히 피하는 것은 복잡한 문제이지만, 단층 주택을 금지하고 대피층을 요구할 수는 있을 것이다.

오늘날의 중국

중국은 세계 수준에서 선도적인 강대국으로 자리매김했다.
인구 15억 명으로 세계에서 가장 인구가 많은 국가이자 세계 제2의 경제 대국인 중국은
생산 능력 덕분에 세계화의 중심에 서 있다.
하지만 1949년부터 중국은 공산당이 이끄는 '인민 공화국'이다.

글로벌 파워의 확인

18세기의 번영 이후 중국은 1841년부터 공산주의 정권이 수립될 때까지 오랜 기간 분열을 경험했으며, 냉전 시대에 중요한 군사적·정치적 강국으로 자리매김했다. 그러나 경제적·사회적 관점에서 마오주의는 분명히 실패했다. **대약진**은 기근을 초래했고, 문화혁명은 국가를 혼란스럽게 만들었다.

1970년대 말, 중국은 1976년에 사망한 마오쩌둥을 계승한 **덩샤오핑** Deng Xiaoping의 지휘 아래 농업 집단화를 종식하고, '경제특구'를 통해 외국인 투자자들에게 국가를 개방하는 대전환을 맞이했다. 값싼 노동력, 사회 기반 시설, 독재 정권이 보장하는 안정성, 세계에서 가장 큰 시장 장악에 대한 전망에 이끌려 자본주의 국가들의 대기업이 공산주의 국가에 투자했고, 중국의 놀라운 발전을 가능하게 했다. 2000년대 초, 중국은 의심할 여지 없는 **세계의 공장**뿐만 아니라 **미국의 은행**이 되었다. 왜냐하면 중국은 미국의 국채를 대량으로 사들여서, 다시 말해 돈을 빌려줌으로써 초강대국에 자금을 조달하고 있기 때문이다.

여전히 중요한 과제

따라서 경제적인 관점에서 세계적으로 중요한 역할을 맡고 있는 중국은 이제 군대를 키우고 있으며, 경제 투자뿐만 아니라 문화 전파(공자 아카데미)를 통해서 해외에서 중요하고 새로운 행동주의를 보여주고 있다.

하지만 이 나라는 심각한 도전 앞에 놓여 있다. 우선, **지역적 불평등**은 도시와 시골뿐만 아니라 내륙과 동부 해안 지역 사이에도 여전히 크게 남아 있다. 게다가 중국은 내부의 지정학적 문제에 직면해 있다. 1951년에 정복한(중국의 표현에 의하면 되찾은) **티베트**에서 중국의 입장은 특히 국제적으로 논쟁의 여지가 있으며, 중국이 억압하고 있는 신장 위구르 자치구에서 커지고 있는 반발 세력에 대처해야 한다.

게다가 경제 성장은 심각한 환경오염과 생태계 위기를 초래하여 주민들을 불안하게 만들고 있다. 마지막으로 중국은 또한 도널드 트럼프 당선 이후 교착 상태로 변해가는 미국과의 경제 관계에서 이를 재조정하려는 미국의 의지에 직면해야 한다.

"새로운 실크로드"

2013년 중국은 "뉴 실크로드" 프로젝트를 시작했다. 뉴 실크로드 프로젝트는 중국, 유럽, 아프리카를 철도 및 해상으로 연결하는 것이다. 주요 목표는 무역으로, 중국 제품의 수출을 지원하고 개발도상국으로부터 원자재 공급을 확보하는 것이다. 중국은 대출이나 투자를 통해 인프라 사업에 자금을 조달함으로써 관련 국가, 특히 개발도상국에서 입지를 강화하고 있고, 따라서 국제무대에서 합법성을 키우고 있다. 중국은 지중해 항구에도 막대한 투자를 하고 있으며, 그리스의 피레우스 항구를 매입하기도 했다.

긴장의 중심, 중동

'중동'은 서구에서 사용하는 용어로 일반적으로
지중해의 가자 지구에서 이란과 아라비아 반도에 이르는 지역을 가리킨다.
세계 3대 종교의 발상지로 이슬람의 지배를 받고 있으며,
모든 관점에서 세계적인 쟁점의 대상이 되었다.

독창적인 이야기

역사적으로 중동은 메소포타미아, 페르시아 및 아랍 대제국의 발상지였으며, 15세기부터는 오스만 제국이 인접하여 자리 잡았다. 제1차 세계대전 당시 독일의 동맹국이던 영국은 오스만 제국을 무너뜨리기 위해서 중동 지역에서 반란을 선동했다. 시오니스트들에게 팔레스타인에 유대인 민족 국가를, 아랍인에게는 아랍 국가를, 쿠르드인에게는 쿠르드 국가를 약속한 것이다. 그러나 평화 조약은 실제로 이 지역을 영국과 프랑스가 공유하는 **보호령으로 분할**하여 유럽 모델의 국가를 만들었으며, 약속대로 유대 국가도 쿠르드 국가도 아니었다. 그러는 사이에 이 지역은 세계에서 위상이 바뀌었다. 이란, 사우디아라비아, 이라크에서 유럽과 미국 기업이 함께 개발하기 매우 쉬운 거대한 유전이 발견된 것이다.

이처럼 외부에서 이해관계를 목적으로 난입하면서 이 지역의 상황은 완전히 바뀌었다. 멀리서 신생 국가들을 조종하고자 하는 유럽인들에 의해 조직된 독립운동은 **거대한 아랍 민족주의 운동**을 일으켰고, 이스라엘 국가 선포(1948)를 공공의 적으로 받아들였다. 동시에 사우디아라비아는 메카[14]와 가장 넓은 석유 매장지를 차지함으로써 매우 엄격하게 이슬람교를 실천하는 와하비즘[15]의 본거지가 된 동시에 미국인의 확고한 동맹국이 되어 주도권을 차지했다. 1979년 이슬람 혁명 당시에 이란은 미국의 보호에서 벗어나서 지금은 미국의 적이 되었다.

따라서 20세기 내내 중동은 강대국의 경제적 이해관계, 이데올로기, 이슬람 교리 해석이 충돌하는 **화약고**처럼 보였다. 이라크와 이란은 1980년부터 1988년까지 긴 전쟁으로 엄청난 피를 흘렸다.

외부 개입으로 인한 불안정성

쿠웨이트의 합병은 1991년 미국이 주도한 국제사회 개입의 구실이 되었고, 이로 인해서 이라크는 꾸준히 약해졌다. 결국 2003년에 미국은 구실을 만들어서 이라크를 다시 침공하여 사담 후세인 정권을 전복시켰다. 그 결과 수니파, 시아파, 그리고 미군이 지원하는 이라크 정부 사이의 긴장으로 수년 동안 혼란을 겪고 있다.

오늘날 중동은 **지역 강대국, 특히 사우디아라비아, 이란, 터키의 각축장**이 되었으며, 러시아, 미국, 터키가 다양한 빌미로 개입하는 장소가 되었다.

시리아 분쟁

2011년 아랍의 봄은 예멘의 살레Saleh와 리비아의 카다피Kadhafi 독재 정권을 몰아냈으며, 그 당시까지 평화롭던 시리아를 끔찍한 내전으로 이끌었다. 이러한 분위기 속에서 유럽으로 공격을 확장하고 조직하는 것을 목표로 하는 '이슬람 국가'Islamic State 또는 다에시Daesh가 선포되었다. 이슬람 극단주의의 새로운 얼굴인 다에시는 상당한 재정을 모으고 중동 지역 전체와 심지어 유럽에서 젊은 이슬람주의자들을 모집하여 시리아 내전을 반복하게 했다. 서구 국가들은 다에시 세력의 확장을 막기 위해서 개입하기 시작했고, 러시아는 2015년부터 시리아 내전에 개입하여 바샤르 알아사드 독재 정권이 영토를 서서히 다시 차지할 수 있도록 도왔다.

북극의 하얀 낙원

추위의 세계, 흰색의 세계인 북극은 무엇보다 모든 면에서 주변 지역인 것처럼 보인다.
북극권 북쪽에 위치한 북극은 겨울과 여름에
밤이나 낮이 최대 6개월까지(북극에서) 24시간(북극권에서) 지속되는 특징이 있다.

극한 조건의 지역

북극은 쾨펜 기후 구분[16]에 의하면, 가장 더운 달의 평균 기온이 섭씨 10도이며, 더 이상 나무가 자라지 못하는 기후 지역이다. 이러한 제약 상황에 적응할 수 있는 능력은 오랫동안 특정 민족을 상징하기도 했다. 따라서 이누이트(당시에 '에스키모'라는 부적절한 명칭으로 불렸다)는 존경과 동정을 동시에 받았다.

하지만 20세기 이후로 북극은 더 이상 단순히 주변 지역이 아니다. 1,700만 평방미터의 해양을 중심으로 약 2,400만 평방킬로미터의 광활한 면적의 북극은 미국과 유라시아 국경에 위치하고 있어서 **냉전 시대에 전략적 요충지**로 자리 잡았다. 양 진영은 적을 공격하기 위해서 북극에 핵 잠수함을 준비했다. 소련은 북극해 연안에 사람들을 이주시키기도 했다.

기후 온난화의 상징, 북극곰

실제로 위협을 받고 있는지 정확하게 알지 못한다고 하더라도, 북극곰은 지원과 자금을 모으기 위해 동원되는 놀라운 상품이다. 관련 국가들에게 북극곰의 상태는 지정학적 문제이기도 하다. 실제로 국제적인 보호와 관련된 협약을 위한 협상을 통해서 5개의 연안 국가들(미국, 캐나다, 덴마크, 노르웨이, 러시아)이 북극 통제권을 놓고 외교 경쟁을 벌이고 있다. 캐나다의 경우, 누나부트의 창설을 통해 충분히 강한 자율성을 얻은 이누이트 주민들의 지지를 받고 있다. 전통적인 사냥을 보존해야 할지도 문제가 된다. 환경 운동에 불필요한 긴장을 더하지 않기 위해 미국은 북극곰 보호를 지원하고 있다.

새로운 엘도라도[17]

냉전의 종식과 특히 지구 온난화는 북극에 대한 우리의 생각을 급격하게 바꾸어 놓았다. 탐사가 거듭되면서, **북극이라는 엘도라도**에 대한 희망이 커졌다. 실제로 북극의 미국 영토에는 채굴되지 않은 광산이 있다. 러시아 영토에는 이미 소련 시절에 세워진 광산 마을이 존재한다. 마지막으로 북극권 얼음이 녹아서 북극을 통과하는 **거대한 해상 항로**가 열리면서 아시아에서 유럽이나 북아메리카로 가는 거리를 단축할 수 있는 가능성에 관심이 모이고 있다. 러시아의 동북 항로는 이미 원자력 쇄빙선에 의해 개척되었으며, 상하이-로테르담 노선이 4,500킬로미터 단축되었다. 하지만 이러한 전도유망한 이야기에는 조건이 필요하다. 북극을 통과하는 것은 겨울에는 여전히 매우 힘들고 위험하다. 그리고 어떤 운송 회사도 북극 항로를 이용하기 위해서 쉽게 투자를 하지 않는다.

북극의 새로운 가능성 때문에 연안 국가들은 영유권을 주장하고 나섰다. 러시아는 군사 기지(코텔니 섬)를 다시 설치하고, 노르웨이는 북극 부대를 구성하는 등 이 지역이 군사화되고 있다.

환경 문제

해빙 면적의 감소, 해수의 온난화, 영구 동토층(깊숙이 얼어붙은 땅)의 붕괴는 **생태계에 강력한 영향**을 미치고 지구 온난화를 가속하는 데 도움을 준다. 대규모 환경 보호 NGO가 이런 문제에 나서는 이유이다. 게다가 지속 가능한 개발 정책은 북극 사람들을 더 고려할 필요가 있다. 이누이트는 1999년 캐나다에서 누나부트의 자치권을 획득했지만, 원주민의 상황은 여전히 취약하다.

인류세 : "인간의 시대"

'인류세'는 대기에 대한 연구로 노벨 화학상을 수상한 파울 크뤼첸(Paul Crutzen)과
생물학자 유진 스토머(Eugene Stoermer)가 제안한 용어다.
'인간의 시대'라는 새로운 지질 시대를 가리킨다.

이 용어는 특히 지구 표면의 역학을 연구하는 사람들에게 열정적인 반응을 불러일으켰지만, 몇몇 지질학 분야에서는 거부 운동이 일어났다. 하지만 환경이라는 주제의 중요성을 고려하여 특히 인간 과학 분야에서 널리 사용되고 있지만, 지질학에서는 공식적으로 채택하지 않았다.

정의 내리기 매우 어려운 시기…

이 새로운 지질 시대는 수많은 어려움을 야기했다. 우선 언제부터 인류세로 정할 것인가? 매우 타당한 질문이다. 왜냐하면 인류화는 한 시점에 동시에 발생한 현상이 아니기 때문이다. 인류는 다양한 물결처럼 퍼져 나갔다. 따라서 이에 따른 **지질학적 표지**가 무엇인지 묻지 않을 수가 없다.

이에 답하기 위해 수많은 가설이 제안되었다. 크뤼첸은 1784년에 증기기관의 발명을 제안했고, 다른 사람들은 기원전 5000년 강력한 온실가스 메탄을 대량으로 방출하게 된 쌀 경작 시점으로 거슬러 올라갈 것을 제안했다. 결국 1610년으로 타협점을 찾았다. 이 시기에 아메리카 대륙과 다른 대륙과의 무역은 끔찍할 정도로 원주민들의 인구 감소를 초래했지만, 그 지역의 산림이 증가하고 온실가스 배출은 줄어들었다.

토양에 방사성 미립자를 남긴 핵 실험을 중단(또는 거의 중단)하기로 한 1964년을 기준으로 삼아야 한다는 제안도 있다. 아니면 퇴적층을 기준으로 삼을 수도 있지 않을까? 지구에서 가장 많이 소비되는 척추동물인 닭 뼈(그들의 끔찍한 운명으로 인해서 계속 재생산되어서 지구상에 230억 마리가 있는 것으로 추정된다)가 인류세의 기준이 되는 화석으로 제안되기도 했다.

그렇다면 과연 인류세가 지층학[18] 단계에 들어갈 자격이 있을까? 토론의 여지는 여전히 남아 있다. **동물상, 식물상, 퇴적 주기**가 인간에 의해 심하게 변형되었다는 것은 의심의 여지가 없다. 그러나 모든 사회가 이에 똑같이 책임이 있는 것은 아니며, 어쩌면 지구의 이러한 변형에 있어서 자본주의 사회의 책임을 강조할 필요가 있다. 따라서 환경학자 안드레아스 말름(Andreas Malm)은 '자본세'로 부르자는 제안을 했다.

대(代), 기(紀), 세(世) : 지질학자들의 시간 구분

지질학자들은 암석을 연대순으로 연구하는 지층학에 따라 40억 년 지구의 역사를 구분한다. 지질학적 시간은 세 가지 주요 시대(고생대, 중생대, 신생대)로 나눌 수 있으며, 중생대 말기에 공룡이 사라진 것과 같은 대멸종기로 구분된다. 이 '대'는 또한 여러 가지 단계의 '기'와 '세'로 세분된다. 세는 지질학적 시간 구분의 기본 단위이다. 인류세는 아마도 신생대(과거에는 '제3기'로 불렸다)의 4단계에 해당할 것이다.

지속 가능한 개발의 짧은 역사

지속 가능한 개발이라는 개념은 상당히 오래되었다.
초창기 사회는 생존을 위해 결코 지역의 자원을 낭비하지 않았으며,
따라서 그들이 점유하고 있는 환경의 생물리학적 리듬에 적응하려고 했다.
중세 시대부터 통치자들은 숲을 보호하기 위해 조치를 마련했다.

오래된 기원

미국에서 시어도어 루스벨트 Theodore Roosevelt (1901~1909년 대통령 재임)가 산림청장으로 임명한 자연 보호 운동가가 이 개념을 처음으로 이론화했다는 것은 분명하다. 기포드 핀초 Gifford Pinchot (1865~1946)는 그것을 "자원의 윤리적 보존"이라고 불렀다. "가장 오랫동안 가장 많은 수를 위한 최선"이라는 그의 슬로건은 지속적인 개발을 보증하는 유일한 방법은 자원이 절대로 고갈되지 않도록 **자원의 재생 주기를 고려하며 개발**하는 것이라는 뜻이다.

제2차 세계대전 이후 자원 고갈과 지구의 한계에 대한 우려는 다시 강하게 다가왔다. 이러한 우려는 1972년에 발간된 메도즈 Meadows 보고서를 통해서 정점을 찍었다. 『성장의 한계』라는 보고서에서 그는 천연자원의 고갈과 생태계의 과도한 개발로 인한 **광범위한 붕괴**를 예측했다.

지속 가능한 개발 이론 : 1992년 리우 회의

그러나 성장을 멈추야 한다는 관점은 저개발로 제기되는 막대한 문제들과 양립할 수 없어 보였다. **브룬틀란** Brundtland **보고서**(1987)는 "미래 세대의 필요를 충족시킬 수 있는 능력을 손상하지 않으면서 현재 세대의 요구를 충족시키는 개발 방식"이라고 정의한 '지속 가능한 개발'이라는 용어를 제안했다. 따라서 지속 가능한 개발은 서로 대립하는 것처럼 보이는 **세 가지 문제의 조정**을 전제로 한다.

- 환경 및 자원의 개발 제한을 전제로 하는 환경 및 자원의 보존.

- 개발도상국의 요구를 충족시키기 위한 경제 개발.

- 부의 공정한 분배라는 사회적 문제.

말로 표현하기는 쉽지만, 그것을 실천하는 것은 어렵다. 사실 한계를 어떻게 정할 것인가? 그리고 그것을 어떻게 받아들이도록 할 것인가? 경제 개발에 대해 어떻게 재고할 것인가?

이것은 1992년 리우 회의에서 브룬틀란 보고서를 기반으로 모든 분야에서 따라야 할 주요 지침을 제시하기 위해 제기된 문제들이다. 바로 이 회의에서 온실가스 배출을 줄일 것을 권장하는 기후 협약뿐만 아니라 생물 다양성의 중요성을 강조하는 생물 다양성 협약이 체결되었다.

"의제 Agenda 21"이라는 행동 지침에 따라 공공 및 민간 당사자는 **지금까지의 관행을 변화시키기 위한 구체적인 행동**을 취할 수 있다. 따라서 수많은 공공 기관은 이동성과 에너지 소비를 근본적으로 재고하고 있으며, 기업은 환경 활동에 앞장선다. 그러나 이러한 활동의 진실성에 대해서 종종 의문이 제기된다. 무엇보다 홍보를 위해서 친환경적인 척하는 활동을 가리켜 위장환경주의(그린워싱 greeenwashing)라고 한다.

집중적인 비판을 받는 실행

지속 가능한 개발은 경제 성장 예찬론자들과 **탈성장**을 옹호하면서 생활 방식의 급격한 변화에 찬성하는 사람들 모두에 의해 논쟁의 대상이 되고 있다. 전자는 경제를 제한해서는 안 되며 환경 문제는 기술 혁신으로 해결될 것이라고 믿는다. 후자는 경제 성장을 포기하고 환경을 최우선으로 하는 것이 시급하다고 주장한다. 마지막으로 소위 '지속 가능한 개발' 정책이 사회적 역할을 잊어버리고 생태학이라는 이름으로 종종 불리한 상황에 있는 빈곤층을 희생시켜서 실행된다는 비판도 제기된다.

외래종을 찬성합니까
혹은 반대합니까?

꽤 과학적인 개념이 국제무대에 등장했다.
아주 오랫동안 인간은 자신의 지역에 서식하지 않았던 식물이나 동물을
자신의 풍토에 순화시키는 것을 아주 자랑스러워했다.

그들은 어디에서 왔는가?

왕, 왕자, 귀족, 부유한 유럽의 부르주아는 미지의 땅을 찾아 떠났던 탐험가들에게 희귀한 씨앗을 높은 가격에 사들였다. 국가는 농업 기관을 만들어서 그들 나라에서 재배할 수 있도록 품종을 선별했다.

하지만 이와 동시에 섬에 포식자를 유입하는 **참사**가 벌어질 수도 있다. 쥐, 개, 고양이가 죽임을 당하거나, 심지어 외래종이 유입된 섬에 있던 수많은 토착종이 멸종하는 원인이 되기도 했다.

생물지리학 및 **생태학**의 발전은 인간 행동의 결과로 종을 이동시킬 때 생길 수 있는 긍정적인 해석을 뒤집어놓았다. 외래종은 침입자가 되어서 그것이 유입된 환경에 돌이킬 수 없는 변형을 일으킬 수 있다.

실제로 인간이 새로운 종을 환경에 도입하는 세 가지 방법이 있다. 첫 번째는 **자발적** 도입이다. 북아메리카에서는 무지개송어를 낚시 목적으로 유입했다. 두 번째는 **우발적** 도입이다. 사육장이나 동물원에서 탈출한 종이 이 경우에 해당한다. 뉴트리아, 메기, 북아메리카의 야생마, 프랑스의 장미고리잉꼬는 모두 탈출한 종이다. 십자군의 귀환과 함께 유럽에 딸려온 갈색쥐나 흰줄숲모기와 같은 밀항한 종도 고려해야 한다. 마지막으로 새로운 종의 도입은 수로 건설, 특히 파나마 또는 수에즈처럼 두 바다 사이의 **운하 건설**을 통해서 이루어질 수도 있다.

일반화할 수 없는 결과

포식자가 없는 영토에 도착한 외래종은 침략자가 되어서 다른 종에 해를 끼칠 수 있다. 게다가 포식자가 없는 생태계에서 외래종은 개체 수가 급격히 늘어나서 그 생태계를 교란할 수 있다. 전 세계적으로 외래종은 종을 **멸종**시키는 주요 원인 중 하나로 여겨지고 있다.

그렇기 때문에 공공 기관은 **박멸 정책을 수행**하기도 한다. 예를 들어 프랑스에서는 덩치가 큰 아프리카 섭금류 따오기를 박멸하는 정책이 시행되었다.

하지만 궁극적으로 외래종이 침략자가 되는 경우(아마도 도입된 외래종 1천여 종당 한 종 정도이다)가 극히 드물기 때문에, 이러한 정책은 논쟁의 여지가 있다. 또 다른 한편으로 외래종이 반드시 생물 다양성을 축소시키는 것은 아니다. 실제로 외래종으로 인한 종의 멸종은 섬에서 소규모로 살고 있는 고유종[19]에 국한되어 있다. 그러나 그런 종의 경우는 섬의 생물 지리적 특성인 **격리**로 인해서 원래 취약한 종이 포식자가 없는 상황에서 보존될 수 있었던 것일 수 있다. 따라서 대륙의 경우라면 상황이 매우 달라질 것이다!

로마는 어떻게 탄생했을까?

로마의 작가 키케로(Cicero), 베르길리우스(Vergilius), 티투스 리비우스(Titus Livius)는
로마 제국의 건국과 관련된 전설적인 이야기들을 들려주었다.

로마 이전에 알바가 있었다

트로이 전쟁이 끝나고, 트로이의 안키세스Anchises 20)와 여신 베누스Venus의 아들 아이네이아스Aeneas는 여행 끝에 티베리스강 입구에 도착했다. 그는 라티움 왕의 딸 라비니아Lavinia와 결혼하여 라비니움을 세운다. 그의 아들 아스카니우스Ascagne는 알바산 기슭에 알바 롱가를 건설했다.

아스카니우스의 뒤를 이어 열두 명의 알바 롱가 왕이 이어졌다. 그들 중 끝에서 두 번째인 프로카Proca는 두 아들 아물리우스Amulius와 누미토르Numitor의 아버지이다. 형의 왕위를 찬탈한 아물리우스는 누미토르의 씨를 말리기 위해서 누미토르의 딸 레아 실비아를 베스타 신전의 여사제(가정의 여신 베스타를 섬기는 여사제로서 독신으로 지내야 한다)로 만들었다. 전쟁의 신 마르스가 이 젊은 처녀에게 반해서 그녀와 사랑을 나누게 된다. 그리고 그들 사이에서 두 쌍둥이 **로물루스**Romulus와 **레무스**Remus가 태어났다.

로물루스와 레무스

아물리우스는 두 아이를 티베리스강에 던졌지만, 홍수로 물이 불어 있던 강은 쌍둥이를 강어귀로 데려갔다. 그리고 그곳에서 늑대가 쌍둥이를 발견하고 루페르칼리아 동굴로 데려가서 젖을 먹였다. 바로 그곳에서 목동 부부 파우스툴루스Faustulus와 라렌티아Larentia가 쌍둥이를 발견하고 오두막으로 데려가서 키우게 된다. 성인이 된 쌍둥이는 그들의 삼촌 아물리우스를 죽이고, 알바 롱가의 왕좌에 그들의 할아버지를 올려주고 **팔라티노 언덕에 도시를 세우기로 결정**했다.

누가 시조가 될지 알아보기 위해 그들은 전조를 참고하기로 한다. 레무스는 독수리 여섯 마리를 봤지만, 그 직후에 로물루스는 열두 마리를 봤다. 독수리를 먼저 본 사람이 우선인지 많이 본 사람이 우선인지 다투다가, 결국 로물루스가 레무스를 죽이고 만다. 또 다른 전승에 따르면, 레무스가 동생이 판 고랑을 조롱하며 재미있어 하자, 로물루스가 이렇게 말하면서 형을 죽였다. "나의 성벽을 뛰어넘는 자는 누구나 멸망하리라!" 로물루스는 흰 암소와 수소에 쟁기를 매서 깊은 도랑을 팠고, 이것이 로마의 경계가 되

로마의 왕

로물루스 이후에 여섯 왕이 각각 기능적인 역할을 담당하고서 왕위를 계승했다. 사비니 출신의 누마 폼필리우스Numa Pompilius는 님프 에게리아Egeria의 조언에 따라 종교를 만들었다. 툴루스 호스틸리우스Tullus Hostilius는 알바 롱가와 전쟁을 벌였다. 로마 쪽에서는 호라티우스 가문에서 세 명이 나오고 알바 롱가 쪽에서는 클리아티우스 가문에서 세 명이 나와서 결투를 했는데, 알바 롱가는 로마의 마지막 전사의 술책에 속아서 패배하고 만다. 안쿠스 마르티우스Ancus Martius는 티베리스강에 오스티아Ostia 항구와 수블리키우스Sublicius 다리를 건설했다.

나머지 세 왕은 에트루리아인이었다. 타르퀴니우스 프리스쿠스Tarqinius Priscus는 에트루리아의 뛰어난 행정관을 로마로 데려와 주피터 카피톨리누스 신전, 원형경기장, 클로아카 막시마Cloaca maxima라는 대하수도를 건설했다. 세르비우스 툴리우스Servius Tullius는 도시 주위로 성벽을 쌓은 후 도시를 네 개의 구역으로 나누고 인구를 다섯 개의 사회 계급으로 나누었다. 마지막으로 타르퀴니우스 수페르부스Tarqinius Superbus는 독재자로 공포정치를 했다. 타르퀴니우스 수페르부스의 아들이 로마의 여인 루크레티아를 강간한 사건이 일어나자 왕의 조카 루키우스 브루투스Lucius Iunius Brutus가 봉기를 일으켜 왕정을 폐지하고 공화정을 세운다.

었다.

로물루스는 자신이 만든 도시에 사람들을 거주시키기 위해 카피톨리움 언덕에 성역을 만들어서 노예, 도망자, 방랑자들의 피난처로 제공했다. 그런 다음에 축제를 열어서 인근 마을 주민들을 초대했고, 축제 중에 사비니 처녀들을 납치했다. 로물루스와 사비니의 왕 타티우스는 짧은 전쟁을 치르고 두 민족을 공동으로 통치하기로 결정했다. 타티우스가 암살당하고, 로마의 유일한 왕이 된 로물루스는 군대를 사열하던 중에 구름 속으로 사라졌다. 로마인들은 로물루스가 퀴리누스라는 신이 되었다고 믿었다.

로마인의 의식과 신앙은 어떠했을까?

에트루리아 문명은 로마 전역에 심대한 영향을 끼쳤다.
계절에 따라 외모를 자유자재로 바꿀 수 있는 위대한 계절의 신 베르툼누스(Vertumnus)[21] 외에도
로마의 여러 도시들은 그리스 신들과 상응하는 몇몇 신들인 마르스(Mars), 아레스(Ares),
투름스(Turms), 헤르메스(Hermes), 투란(Turan), 아프로디테(Aphrodite)를 더욱 특별히 숭배했다.

에트루리아인들, 의식의 창시자

에트루리아인들은 무엇보다 로마에 유피테르[Jupiter]–유노[Juno]–미네르바[Minerva]로 이루어진 '카피톨린'이라고 불리는 삼위의 신을 모시는 신전을 설치한 것으로 알려져 있다. 하지만 고대인들의 상상력을 자극한 것은 죽음에 대한 음산한 숭배였다. 죽은 자들이 지하세계에 도착하면 늙은 카룬[Charun]이 그들을 기절시키고, 악마 투출차[Tuchulcha](독수리 부리, 당나귀 귀, 뱀 머리를 하고 있다)가 고문을 한다. 이를 피하려고 죽은 자들은 무덤을 떠나 산 사람들을 괴롭히러 온다. 따라서 산 사람들은 검투사들을 무덤에서 싸우게 하여 검투사들의 피로 죽은 자들을 달래주었다.

공포로 가득한 세상에서 살던 에트루리아인들은 천둥소리, 새의 비행, 신에게 제물로 바친 동물 내장(아루스피스[22]) 등 **전조를 관찰**함으로써 악으로부터 자신을 보호하고자 했다. 이 의식의 기원은 메소포타미아일 가능성이 매우 크다.

항상 신이 더 많았다

라틴족이 사는 세계는 신비한 힘(누미나[numina])과 영혼(게니이[genii 23]), 괴물로 가득했다. 로마에서는 사람보다 신을 만나는 것이 더 쉽다고 말할 정도로 그 수가 많았던 모든 신들의 능력을 유리하게 작용하도록 만들기 위해서 종교가 존재했다. 화로의 여신 베스타[Vesta]와 로마 정문을 지키는 두 얼굴의 신 야누스[Janus]가 신화에서 **가장 오래된 신들**인 듯하다. 농경을 중시하던 사비니 사람들은 여기에 대지의 여신 케레스[Ceres]와 풍요의 여신 옵스[Ops], 포도주의 신 리베르[Liber](나중에 바쿠스[Bacchus]에 동화된다), 양들의 보호 신 팔레스[Pales]를 덧붙였다.

한편 마르스[Mars]는 겨울의 끝과 봄의 시작을 상징하는 신으로 초목과 젊음의 신이었지만, 호전적인 전쟁의 신으로 진화했다. 이 신들은 대부분 그리스 신들로 동화되었다. 유피테르는 제우스, 케레스는 데메테르, 유노는 헤라와 동일시되었다.

실용적인 종교

두 종류의 숭배가 있다. 첫째는 사적인 숭배다. 조상이나 죽은 사람의 혼이 유령, 악령, 망령의 형태로 산 사람을 괴롭히러 오지 않도록 매일 헌주[24]를 받쳤다. 또한 화로와 집을 수호하는 신들과 초원을 지키는 신들을 숭배했다.

둘째는 공적인 숭배다. 위대한 신들은 사제들이 주도하는 공식적인 숭배의 대상이었다. 베스타 신전의 신성한 불을 지키는 여섯 명의 베스타 여사제들은 처녀성을 지켜야만 했으며, 그렇지 않을 경우에는 산 채로 매장되었다.

제관은 주요 신들(유피테르, 마르스, 퀴리누스)에 대한 숭배 의식을 진행하는 역할을 맡았다. 군신 마르스의 열두 사제들은 3월에 속죄하는 기도를 올리며 군무를 추었다. 루페르키[luperci 25]는 목자들의 신 파우누스 루페르쿠스[Faunus Lupercus]를 숭배했다.

매우 복잡한 숭배 의식은 세 범주의 사제들에 의해 이루어졌다. 신관은 축제와 더불어 번성하는 날 해로운 날을 정했다. 점복관은 새들이 날아가는 모양으로 점을 쳤다. 외교 담당 사제단은 평화 조약의 체결과 전쟁 선포를 관장했다.

게르만과 북유럽 신화와 전설

크리스트교를 받아들이기 전에 게르만족은 우리가 알지 못하는 신앙을 가졌다.
1세기 로마의 역사가인 타키투스가 우리에게 말해주는 것은 그리 많지 않다.

북유럽 신화와 관련된 정보를 제공하는 유일한 문헌들은 뒤늦게 나타났다. 12~13세기에 고대 독일어로 쓰인 니벨룽겐Nibelungen의 서사시, 그리고 특히 두 개의 아이슬란드 작품으로 역사가 세문드르 시그푸손Saemundr Sigfússon(1133년에 사망)의 운문 작품 「에다」와 스노리 스투를루손Snorri Sturluson이 1222년에서 1223년경에 쓴 산문 「에다」가 그것이다. '에다'edda라는 단어는 스노리의 농장 이름이거나, 아이슬란드어로 '증조할머니'(그 당시에는 '할머니의 이야기'를 가리켰을 수도 있다)를 뜻하는 단어이거나, 최고의 신 오딘Odin의 이름을 변형한 것일 수 있다.

세계의 탄생

태초에 두 개의 세계, 북쪽의 니플헤임Niflheim 왕국과 불길 속에서 수르트Surt가 군림하는 무스펠헤임Muspelheim이라는 불타는 세계가 있었다. 이 두 세계 사이에는 깊은 구렁, 긴눙가가프Ginnungagap가 있었는데 무스펠헤임에서 발산하는 열기에 녹은 물이 이곳에서 다시 수증기로 피어올랐다가 물방울이 되었다. 이 물방울에서 요툰Jötunn족의 조상인 거인 유미르Ymir와 암소 아우둠라Audhumla가 태어났다. 아우둠라는 돌로 최초의 반인반신인 부레Bure를 만들었다. 부레는 아들로 보레Bore를 두는데, 보레는 거인 베스틀라Bestla와 결혼하여 세 아들 오딘Odin, 빌리Vili, 베Ve를 두었다. 보레의 세 아들은 유미르를 죽이고 그의 시체를 긴눙가가프에 던져 넣었다. 이 거대한 시체는 지구가 되었고, 곧 최초의 부부인 물푸레나무로 만든 남자 아스크Ask와 느릅나무로 만든 여자 엠블라Embla가 이곳에 거주하게 되었다.

인간의 운명

생명과 지식을 상징하는 거대한 물푸레나무 위그드라실Yggdrasil은 니플헤임에 뿌리를 두고 있으며 온 우주를 향해 뻗어 있다. 가장 아래쪽에는 죽음의 신인 헬Hel이 살고 있으며, 맨 꼭대기에는 인간의 운명을 결정하는 세 명의 노른Norns(운명)—우르드Urdht(과거), 베르단디Verdhandi(현재), 스쿨드Skuld(미래)가 살고 있다.

악은 오딘의 젖 형제 요툰, 즉 괴물 펜리르Fenrir, 뱀 미스가르드Misgard와 헬Hel의 아버지 거인 로키Loki의 소행이다. 로키는 속임수를 써서 발데르를 지옥에 갇혀서 죽게 만든 것에 대해 책임이 있다. 그 벌로 로키는 동굴에 묶인 채 뱀이 끊임없이 뿜어내는 독을 얼굴로 받아야 했다.

신들의 황혼

세계의 역사는 로키Loki의 구원으로 끝날 것이다. 무스펠하임을 통치하는 신 수르트의 군대는 모든 신을 학살했다. 그러자 쏟아지는 불꽃이 우주를 정화하고, 그 결과 푸른 초원과 푸른 바다로 이루어진 새로운 세계가 만들어지고, 신들이 부활하여 평화롭고 영원한 행복의 기쁨 속에서 살게 되었다.

판테온에서

주요 열두 신 아사Asa 또는 애시르Asir(26)라 불리는 신족이 있다. 마법과 승리의 신 오딘Odin(게르만족은 오딘을 보탄이라고 불렀으며, 그의 아내를 프리가Frigga라고 불렀다), 천둥의 신 토르Thor(시프Sif와 결혼했다), 율법과 의회의 신 티르Tyr, 빛과 기쁨의 신 발데르Balder, 웅변과 지혜의 신 브라기Bragi(이두나Iduna와 결혼했다), 무지개를 지키는 수호신 헤임달Heimdall, 오딘의 아들로 그의 형제 발데르를 죽인 밤의 신 호두르Hodur, 숲과 침묵의 신 비다르Vidar, 울레르Uller, 발리Vali, 포르세티Forseti가 그들이다.

애시르 신족 외에도 전쟁과 다산의 신인 바네스Vanes 또는 바니르Vanir라 불리는 신족이 있다. 뇌르드Njördhr, 프레이르Freyr와 그의 여성에 해당하는 프레이야Freyja가 여기에 속한다.

오딘은 평소에 전투에서 살해당한 전사들이 죽어서 오게 되면 웅변의 신 브라기가 연회와 술로 맞이하는 화려한 천상의 궁전인 발할라에서 아내와 함께 지낸다.

바로크 음악에서
클래식 음악까지

클라우디오 몬테베르디(1567~1643)

몬테베르디는 이탈리아 오페라 창작자로, 〈오르페오Orfeo〉(1607), 〈아리아나Arianna〉(1608), 〈율리시스의 귀향Il ritorno d'Ulisse in Patria〉(1640), 〈포페아의 대관식L'incoronazion di Poppea〉(1642) 등을 작곡했다. 그는 마드리갈과 칸타타로 구성된 9권의 작품집으로 음악 언어에 혁명을 일으켰다.

헨리 퍼셀(1659~1695)

영국 작곡가 퍼셀은 무대 음악(오페라 〈디도와 아이네아스Dido and Aeneas〉(1689), 〈아더왕King Arthur〉(1691), 〈요정의 여왕The Fairy Queen〉(1692)), 교회 음악, 교회와 무관한 음악(오드, 애국가), 소나타, 비올라를 위한 환상곡, 하프를 위한 조곡과 같은 매우 서정적인 작품들을 작곡했다. 그는 또한 〈메리 여왕을 위한 장례 음악Music For The Funeral of Queen Mary〉이라는 아주 감동적인 음악을 작곡했다.

안토니오 비발디(1678~1741)

베네치아에서 태어나 사제 서품을 받은 비발디는 사제의 의무를 면제받고, 베네치아의 수녀원 소속 고아원 오스페달레 델라 피에타Ospedale della Pietà에서 바이올린 교사로 지내면서 많은 작품을 만들었다. 비발디는 자신이 만든 바이올린곡에 서명을 남겼으며, 또한 3악장으로 구성된 협주곡의 형식을 고정시켰다. 비발디는 오페라와 종교 음악을 썼지만, 특히 기악곡으로 명성을 얻게 되었다. 독주자 혹은 여러 연주자들을 위한 소나타 혹은 협주곡(〈밤La Notte〉)을 썼다. 그중 일부는 작품집(〈조화의 영감L'Estro armonico〉(1711), 〈사계〉가 수록된 〈화성과 창작의 시도Il Cimento dell'Armonia e dell'Inventione 〉(1725)로 재구성되기도 했다.

게오르크 프리드리히 헨델(1685~1759)

독일 출신이지만 영국으로 귀화한 작곡가 헨델의 음악 언어는 웅장하고 서정적이며, 이탈리아, 프랑스, 독일, 영국 스타일이 훌륭하게 통합되어 있다. 헨델은 오페라(〈리날도Rinaldo〉(1711)), 소나타, 협주곡, 모음곡(〈수상 음악Water Music〉(1733)), 특히 오라토리오(〈이집트의 이스라엘인Israel in Egypt〉(1739), 〈메시아Messiah〉(1742), 〈유다 마카베우스Judas Maccabaeus〉(1747)) 등을 작곡했다.

요한 제바스티안 바흐(1685~1750)

오르간 연주자였던 바흐는 안할트 쾨텐에서 레오폴드 왕자의 궁정 악단의 악장을 지냈으며, 1723년에 라이프치히의 성 토마스 교회의 합창단장이 되어 죽을 때까지 그곳에서 머물렀다. 그의 종교 음악 작품은 성악이든 기악이든 간에 건축 과학을 통해서 화성 언어의 대담함, 거기서 나오는 영성의 풍부함을 표현했다. 〈미사 B 단조〉〈마그니피카트 D 장조〉의 칸타타와 수난곡, 〈평균률 클라비어 곡집〉의 전주곡과 푸가, 〈브란덴부르크 협주곡〉 파르티타, 〈음악의 협주곡〉과 〈푸가의 기법〉에 수록된 오케스트라 모음곡, 클라브생27)과 오케스트라를 위한 협주곡, 바이올린과 오케스트라를 위한 협주곡, 첼로 독주 모음곡, 플루트와 건반 소나타, 바이올린과 건반 소나타가 있다. 그의 세 아들 역시 유명한 작곡가였다.

볼프강 아마데우스 모차르트(1756~1791)

잘츠부르크에서 태어난 오스트리아 작곡가 모차르트는 모든 장르를 아주 잘 다루어서 교향곡을 작곡했으며, 그중에 소나타 형식으로 쓴 장엄한 분위기의 〈교향곡 41번 주피터〉, 〈피아노 협주곡 제27번〉, 실내악 작품들(현악 4중주 23번, 3중주, 5중주) 및 종교 음악(〈레퀴엠Requiem〉(1791))이 있다. 모차르트는 무엇보다 가장 위대한 오페라 작곡가 중 한 명이다. 〈후궁 탈출〉(1782), 〈피가로의 결혼〉(1786), 〈돈 지오반니Don Giovanni〉(1787), 〈코지 판 투테Così fan tutte(여자는 다 그래)〉(1790), 〈마술피리The Magic Flute〉(1791). 멜로디의 대가 모차르트는 순수함과 우아함을 추구하며 단순함을 통해서 위대함을 얻는 방법을 알고 있었다. 하지만 명석함과 변덕 뒤에는 불안한 영혼의 모순과 떨림이 드러나고 있다.

위대한 낭만주의 음악가들

루트비히 판 베토벤(1770~1827)

본에서 태어난 독일의 작곡가 베토벤은 여덟 살 때 첫 콘서트를 열 정도로 신동이었다. 베토벤은 프랑스 혁명 사상을 추종했고 보나파르트의 서사를 찬미했지만, 나폴레옹이 스스로를 황제라 칭하자 그에게 적대적으로 돌아섰다. 베토벤은 1802년에 청각장애인이 되었음에도 불구하고 모차르트와 빈 고전주의 작곡가들의 뒤를 잇는 작곡가로 인정받았다(유일한 오페라 〈피델리오Fidelio〉(1814)). 베토벤은 또한 17곡의 현악 사중주, 32곡의 피아노 소나타(〈비창〉〈월광〉〈열정〉〈함머클라비어〉), 피아노 협주곡 및 9곡의 교향곡(〈영웅〉으로 알려진 3번, 〈전원〉으로 알려진 6번, 〈합창〉으로 알려진 9번)으로 독일 낭만주의 시대의 문을 열었다.

프란츠 슈베르트(1797~1828)

오스트리아의 작곡가 슈베르트는 예술적이고 대중적인 영감을 바탕으로 600곡 이상의 가곡(〈마왕〉〈아름다운 물레방앗간의 처녀〉〈겨울 여행〉)으로 명성을 얻었다. 그리고 10곡의 교향곡(〈미완성〉 포함), 피아노곡(8곡의 즉흥곡), 실내악곡(4중주 또는 5중주, 〈송어〉〈죽음과 소녀〉)을 작곡했다.

엑토르 베를리오즈(1803~1869)

이 프랑스 작곡가의 작품은 격정적인 감정 표현과 화려한 오케스트라 연주로 유명하다. 〈환상 교향곡〉(1830), 〈이탈리아의 해롤드〉(1834), 〈죽은 자를 위한 대미사〉(1837), 〈벤베누토 첼리니〉(1838), 〈로미오와 줄리엣〉(1839), 〈파우스트의 겁벌〉(1846), 〈그리스도의 어린 시절〉(1854), 〈트로이 사람들〉(1863). 그는 또한 음악에 관한 많은 글을 남겼다.

로베르트 슈만(1810~1856)

슈만은 법학 공부를 중단하고 음악 공부에 몰두했다. 1829년부터 1840년까지 슈만은 〈카니발〉〈교향적 연습곡〉〈어린이 정경〉〈크라이슬레리아나〉와 같은 시적이며 서정적인 특징의 피아노곡을 썼다. 클라라 위크와 결혼한 시기에는 가곡에 몰두했다(〈시인의 사랑〉, 〈여자의 사랑과 생애〉). 1841년부터는 주로 오케스트라를 위한 실내악(〈피아노 협주곡〉)을 만들었으며, 1862년에는 〈파우스트의 장면들〉을 작곡했다. 그리고 그 후로 점점 정신 이상 증세를 보이기 시작했다.

요하네스 브람스(1833~1897)

함부르크에서 태어난 브람스는 가곡, 실내악곡, 피아노곡, 그리고 4곡의 교향곡을 작곡했다(〈피아노 협주곡〉(1879) 〈독일 레퀴엠〉(1869) 〈헝가리 무곡〉(1879)). 완고한 완벽주의자였던 브람스는 수많은 작품 대부분을 찢어버렸고, 따라서 그의 작품은 대부분이 발표되지 않았다.

리하르트 슈트라우스(1864~1949)

독일의 작곡가이자 지휘자 슈트라우스는 낭만주의 전통과 고전주의 이상을 결합하는 법을 잘 알고 있었다. 슈트라우스는 먼저 오케스트라를 위한 교향악 시를 작곡했다(〈돈 후앙〉(1889), 〈죽음과 변용〉(1890), 〈틸 오일렌슈피겔의 유쾌한 장난〉(1895), 〈차라투스트라는 이렇게 말했다〉(1896)). 그리고 그는 오스카 와일드의 희곡에 곡을 입힌 오페라(〈살로메〉(1905))와 후고 본 호프만스탈의 희곡에 곡을 입힌 오페라(〈장미의 기사〉(1911), 〈낙소스의 아리아드네〉(1912))를 만들었다. 그의 작품은 마지막 오페라 〈카프리치오〉(1942)로 마무리된다.

오페라?

르네상스 시대에 이탈리아는 고대의 비극에 모든 예술(시, 음악, 춤)을 결합한 악극 형식의 장르를 선보이기 시작했다. 오페라세리아(Opera Seria)[28] 또는 오페라를 선보이기 시작한 것이다. 클라우디오 몬테베르디(Claudio Monteverdi)는 최초로 제대로 된 오페라 〈오르페오(Orfeo)〉(1607)를 선보였다.

오페라세르비 대 오페라부파(Opera Buffa)[29]

이탈리아의 바로크 오페라는 18세기에 알레산드로 스카를라티Alessandro Scarlatti와 함께 절정에 달했다. 피렌체와 로마를 거쳐 나폴리로 옮겨간 스카를라티는 그곳에서 오페라세리아 막간에 상연되던 익살스러운 오페라 인테르메조intermezzo를 독립된 오페라 오페라부파 스타일로 발전시켰다. 페르골레지Pergolesi[30]는 〈마님이 된 하녀La Serva padrona〉로 오페라부파의 양식을 완성시켰다.

이 시기에 오페라는 유럽을 풍미했다. 특히 프랑스는 마자랭Mazarin 총리가 이탈리아 오페라를 소개하면서, 루이 14세 시대에 유행하던 궁정 발레에 몰리에르Molière의 희극과 륄리Lully의 음악이 결합된 코메디 발레가 나타났다. 대표적인 작품은 서정적 비극 〈알체스테Alceste〉로, 서곡 〈프랑스 식으로à la française〉 다음으로 이야기, 아리아, 앙상블, 합창, 춤이 번갈아 나타나는 5막으로 구성된 프롤로그가 이어진다. 이런 요소들은 오페라 발레에서 보다 더욱 부각되었다.

독일의 영향

베토벤은 단 하나의 오페라, 〈피델리오Fidelio〉만 작곡했지만, 독일 오페라의 정체성을 확립했다. 베토벤을 계승한 카를 마리아 폰 베버Carl Maria von Weber(〈마탄의 사수Freischütz〉)는 시와 음악의 통합을 위해 노력했고, 바그너Wagner는 이것을 완성했다. 바그너의 서정적인 드라마는 난해하지만 엄청난 파급 효과가 있었다. 바그너는 연속적인 멜로디를 사용하여 이야기와 아리아가 교대하는 것을 없앴고, 음성과 오케스트라로 표현하는 일련의 라이트모티브Leitmotif[33]를 사용했다. 전통적인 이탈리아 오페라와의 단절을 시도(〈방황하는 네덜란드인Der Fliegende Hollände〉, 〈탄호이저Tannhäuser〉, 〈로엔그린Lohengrin〉)한 후, 바이로이트 오페라 극장에서 〈4부작Tetralogy[34]〉, 〈트리스탄과 이졸데Tristan und Isolde〉, 〈파르지팔Parsifal〉을 상연하여 완전한 개혁을 이루었다.

이런 모든 움직임은 18세기 말에 글루크Gluck의 국제적 스타일 오페라로 절정에 달했다. 오스트리아 출신으로 이탈리아에서 교육을 받은 글루크는 이 장르를 개혁하기 위해 파리로 왔다(〈오르페오와 에우리디체Orfeo ed Euridice〉). 모차르트는 프랑스(〈크레타의 왕, 이도메네오〉), 이탈리아(〈피가로의 결혼Les Noces de Figaro〉, 〈코지 판 투테Cosi fan tutte〉), 독일(〈후궁 탈출〉, 〈마술피리〉) 스타일을 오가며 뛰어난 솜씨를 보였다.

낭만주의 오페라와 벨칸토[31]

19세기 초 로시니Rossini, 케루비니Cherubini, 벨리니Bellini, 도니제티Donizetti는 벨 칸토로 가수들의 능력을 더욱 부각시키면서 이탈리아 낭만주의 오페라의 번영을 알렸다.

유럽 무대에 베르디의 작품들이 오르면서 낭만주의가 끝났다. 베르디와 더불어 오페라는 다양한 표현 수단 사이의 경계가 없어진 수많은 작품을 통해서 폭넓고 극적인 분위기를 연출했다. 〈리골레토Rigoletto〉〈일 트로바토레Il trovatore〉〈라 트라비아타La Traviata〉〈돈 카를로Don Carlo〉〈아이다Aida〉〈오텔로Otello〉. 더욱 현실적인 분위기의 푸치니Puccini는 '베리스모'[32] 학파(존재의 '진실'을 드러내고자 한다) 출신으로 힘찬 서창부와 풍부한 관현악을 이용했다(〈라보엠La Bohème〉〈토스카Tosca〉〈나비부인Madama Butterfly〉〈투란도트Turandot〉).

전 세계의 작품들

다른 나라들은 더욱 구체적인 방식으로 오페라를 표현했다. 러시아는 대중적으로 유명한 합창단을 이용했다(무소르그스키Mussorgsky의 〈보리스 고두노프Boris Godunov〉, 보로딘Borodin의 〈이고르 공〉, 림스키코르사코프Rimsky-Korsakov의 〈황금 닭〉). 반면에 차이코프스키Tchaikovsky는 〈에브게니 오네긴Eugene Onegin〉과 〈스페이드의 여왕〉으로 낭만주의 이상을 고수했다. 프랑스에서는 역사적이고 전설적인 오페라(베를리오즈Berlioz의 〈파우스트의 겁벌La damnation de Faust〉과 〈트로이의 사람들Les Troyens〉, 생상스Saint-Saëns의 〈삼손과 데릴라Samson et Dalila〉) 이후에, 드뷔시Debussy가 오케스트라를 해설자 역할로 축소한 〈펠레아스와 멜리장드Pelléas et Mélisande〉로 고정관념을 파괴했다.

유럽에서 음악이 쇠퇴하기 시작하다

18세기 말까지 국가 및 지역 상황은 난해한 음악에 거의 영향을 끼치지 못했다.
이와는 반대로, 19세기에는 수많은 작곡가가 정치 독립을 요구하는 민족주의의 자각으로
문화적 뿌리나 대중적 유산과 관련하여 음악색을 드러냈다.

이탈리아-독일의 우월주의에 대한 대응

베르디Verdi가 애국심으로 명성을 얻었고 **바그너**가 오페라에 게르만 신화를 이용했지만, 1870년에 통일을 이룬 이탈리아와 독일은 '민족주의' 학파가 있는 나라에 포함되지 않았다. 이 나라들은 음악적 특징이 너무 이르게 확립되는 바람에 이미 보편화되었다.

그때까지 이 두 나라의 영향으로 유럽의 음악 생활은 풍요롭고 다양하고 다채로웠으며, 대중음악으로 더욱 비옥해졌다. 대중음악은 특이하고 이국적인 춤과 더불어 **새로워진 화성과 리듬**의 잠재력을 모두 표현하고 있었다.

가사를 더 잘 전달하기 위해서 민족주의 '학파'는 교향시나 오페라와 같은 표현력이 높은 장르를 이용하면서, 춤이나 피아노곡과 같은 보다 친밀한 음역을 무시하지 않았다.

슬라브 음악

러시아를 비롯한 슬라브 국가들은 새로운 음악성으로 민족주의 움직임을 가장 잘 표현했다. **글린카**Glinka(《황제에게 바친 목숨A Life for the Tsar》)(1836)와 **다르고미시스키**(《루살카Roussalka》)(1856)가 선구적인 역할을 했고, 보로딘(《중앙아시아의 초원에서》), 림스키-코르사코프Rimskii-Korsakov (《세헤라자데Shéhérazade》)와 환상과 현실을 표현력이 풍부한 스타일로 결합하여 강한 개성을 드러낸 **무소르그스키**(《보리스 고두노프》 《민둥산의 하룻밤Night on Bald Mountain》)가 포함된 러시아 5인조[35]가 그 뒤를 이었다. 러시아적인 음색에도 불구하고, **차이코프스키**(《환상 교향곡》)는 '민족주의' 음악가라기보다는 **낭만주의의 마지막 위대한 음악가 중 한 명**으로 남아 있다.

당시 오스트리아-헝가리 제국에 속해 있던 보헤미아 왕국에서는 민족주의 학파가 왕성하게 뿌리를 내렸다. **스메타나**Smetana(《몰다우강Moldau》)이 수록된 교향시 《나의 조국》), 드

북유럽에서 남유럽으로

북유럽의 각 국가마다 주도적인 음악가들이 나타났다. 덴마크의 카를 닐센Carl Nielsen, 노르웨이의 에드바르 그리그Edvard Grieg(《페르귄트 Peer Gynt》), 핀란드의 장 시벨리우스Jean Sibelius(《핀란디아Finlandia》)가 대표적이다.

민족주의 의식이 요구되지 않았던 스페인에서는 펠리페 페드렐Felipe Pedrell의 학생들이 민속 음악을 탐구했다. 그라나도스Granados(《고예스카스Goyescas》, 《스페인 무곡》), 알베니즈Albéniz(《이베리아》), 마누엘 드 파야Manuel de Falla(《사랑은 마법사》)가 그들이다. 여기에 더 나중에 호아킨 로드리고Joaquín Rodrigo의 그 유명한 《아랑후에스 협주곡Concerto d'Aranjuez》을 추가할 수 있다. 하지만 스페인은 또한 글린카Glinka에서 라벨Ravel에 이르기까지 외국의 작곡가들을 끌어들여서 음악적 전통을 이어갔다.

이러한 민족주의 성향은 유럽 밖으로 호기심을 돌렸던 20세기에 쇠퇴했다.

보르작Dvořák(《슬라브 무곡》에서 민족주의 색채를 강하게 표현했지만, 가장 유명한 작품은 뉴욕 체류 당시에 작곡했던 교향곡 9번 《신세계 교향곡》이다. 이미 아방가르드에 속해 있던 야나체크Janáček가 대표적이다.

쇼팽Chopin은 《폴로네즈Polonaises》로 슬라브 세계에서 민속 무곡을 이끌어냈으며, **리스트**Liszt는 《헝가리 광시곡Rhapsodies Hongroises》으로 헝가리를 하나로 모았고, 20세기에 와서는 바르토크Bartók와 코다이Kodály가 민속 음악을 대담하게 추구했다.

현대 음악

기존의 장벽을 무너뜨린 현대 음악은 때로 대중으로부터
외면당할 정도로 창의력이 넘치는 세계이다.

다양성 측면에서, 현대 음악은 다음과 같은 생각을 중심으로 표현된다. 즉, 고전 음계는 여러 가지 화성법 중 하나일 뿐이며, 리듬은 본질적인 역할을 수행하고, 작품은 형식에 따라 만들어지며, 결국 각자는 고유의 음악 언어를 만들어내게 된다.

아방가르드와 신고전주의 사이에서

근대 음악은 '인상주의 음악'으로 규정되는 **클로드 드뷔시**Claude Debussy의 〈목신의 오후 전주곡Prélude à l'après-midi d'un faune〉(1894)과 스트라빈스키Stravinsky의 〈봄의 제전Le Sacre du Printemps〉(1913) 사이에서 탄생했다. 발레곡 〈봄의 제전〉은 '이교도들의 원시 제사'를 연상시켜서 파리에서 창작되었을 당시에 화제가 되었다. 기존의 고정관념을 뒤흔든 이 두 작품은 새로운 시대로 나아가기 위한 길을 닦았다. 헝가리의 **벨라 버르토크**Béla Bartók와 같은 다른 음악가들은 이미 인정받은 음악 형식을 사용하며 자신의 작품을 전개했다.

일렉트로닉 뮤직

스튜디오에서 연주되는 일렉트로닉 뮤직은 실제 소리와 녹음된 소리, 신디사이저와 같은 악기에서 생성된 소리를 모두 사용한다. 작곡가는 이제 기보법에 의존하지 않고 화가처럼 원하는 재료를 마음껏 사용했다. 1967년, 아비뇽 페스티벌을 위해서 안무가 모리스 베자르Maurice Béjart가 만든 발레 〈현재를 위한 미사Messe pour le temps present〉에서 피에르 앙리는 〈일렉트로닉 저크Electronic Jerks〉로 처음으로 이 새로운 음악의 대중적 성공을 거두었다.

제1차 세계대전 이전에 이렇게 열린 문은 막다른 골목으로 이어지는 듯한 아방가르드와 지나치게 감상적인 낭만주의에 반대하는 신고전주의 경향으로 인해 다시 닫히는 듯했다. 신고전주의는 종종 작곡가들이 성숙하기 위해 거치는 하나의 과정이었다. **스트라빈스키**는 자신을 우상 파괴자로 본 사람들을 실망시키며 철저히 신고전주의에 헌신했다. **라벨**Ravel은 〈죽은 왕녀를 위한 파반느Pavane pour une infante défunte〉를 통해서 신고전주의를 가장 세련되게 표현했으며, 가장 소박하고 장난스러운 **에릭 사티**Erik Satie는 〈짐노페디Gymnopédies〉, 〈그노시엔느Gnossiennes〉와 같은 당황스러운 제목으로 작품 활동을 했다.
엄청난 영향력을 가졌던 **올리비에 메시앙**Olivier Messiaen과 같은 다른 작곡가들은 동양 리듬과 같은 색다른 영감을 끌고 와서 음악에 영성을 불어넣고자 했다.

총렬 음악[36], 구상 음악[37]

바그너와 드뷔시 이후로 화성은 개인적인 스타일 문제가 되었다. 빈 학파 (쇤베르크Schoenberg, 베르크Berg, 베베른Webern)는 음조와 음표 체계를 무너뜨렸다. 쇤베르크는 12음을 바탕으로 음의 강도, 음의 길이, 음색, 리듬 등의 매개 변수를 적용하는 도데카포니[38]를 개발했다. 그 결과 문외한들은 혼란스러워했지만, 베르크의 〈알텐베르크의 노래〉(1913)는 진정한 성공을 거두었다. 제2차 세계대전 이후, **불레**Boulez, **슈톡하우젠**Stockhausen, **노노**Nono는 기술적인 도전을 추구할 정도로 '통합적 총렬주의'를 옹호했다. 1955년 이후로 이 총렬 음악은 흔들린다.
1913년에 이탈리아 미래주의 화가이자 작가 루솔로Russolo는 〈소음의 예술L'arte dei rumori〉을 통해서 소음의 원재료를 사용해야 한다고 주장하는 구상 음악의 길을 열었다. 1917년 〈퍼레이드Parade〉에 타자기와 사이렌을 도입한 사티Satie 이후로 바레즈Varèse[39]와 셰페르Schaeffer[40], **앙리**Henry는 소음의 잠재력을 실험했다(〈한 남자를 위한 교향곡Symphonie pour un homme seul〉(1950)).

세 번째 퀴즈

❶ 사이공의 현재 이름은 무엇입니까?

○ 통킨
○ 호치민
○ 까오방

❷ 미국과 베트남의 전쟁은 언제 시작되었습니까?

○ 1960년
○ 1965년
○ 1970년

❸ 1962년 알제리의 독립을 인정한 협약은 무엇입니까?

○ 파리 협약
○ 니스 협약
○ 에비앙 협약

❹ 알제리 전쟁 당시 프랑스 대통령은 누구였습니까?

○ 샤를 드골
○ 프랑수와 미테랑
○ 르네 코티

❺ 1958년 5월 13일에 알제리의 어느 도시에서 반란이 일어났습니까?

○ 오랑
○ 세티프
○ 알제

❻ 알제리 전쟁이 끝난 후 얼마나 많은 '피에 누아르'가 본국으로 갔습니까?

○ 100만 명
○ 500만 명
○ 900만 명

❼ 알제리에서 봉기를 주도한 정치 단체는 무엇입니까?

○ RLN
○ FLN
○ MLN

❽ 이스라엘 국가는 언제 선포되었습니까?

○ 1945년 6월 30일
○ 1948년 5월 14일
○ 1950년 9월 20일

❾ 1967년에 이스라엘이 이집트, 요르단, 시리아와 치렀던 전쟁은 얼마나 오래 걸렸습니까?

○ 6일
○ 6개월
○ 6년

❿ 최초의 인티파다는 언제 발생했습니까?

○ 1967년
○ 1977년
○ 1987년

⓫ 1993년 이스라엘과 팔레스타인 해방기구(PLO)가 상호 인정하기로 합의한 협정은 무엇입니까?

○ 뉴욕 협정
○ 모스크바 협정
○ 오슬로 협정

⓬ 이스라엘은 언제 가자 지구에서 철수를 완료했습니까?

○ 1987년
○ 1997년
○ 2007년

⑬ 아랍의 봄이 시작된 나라는 어디입니까?

....

○ 모로코
○ 알제리
○ 튀니지

⑭ 아랍의 봄으로 어느 나라의 독재 체제가 무너졌습니까?

....

○ 튀니지
○ 이집트
○ 리비아

⑮ 2011년 이후로 시리아 전쟁을 이끄는 사람은 누구입니까?

....

○ 호스니 무바라크
○ 바샤르 알–아사드
○ 야세르 아라파트

⑯ 이슬람 국가는 어느 영토를 점령했습니까?

....

○ 이라크 대부분
○ 레바논 대부분
○ 시리아 대부분

⑰ 이슬람 성지의 수호자는 어느 나라입니까?

....

○ 이집트
○ 모로코
○ 사우디아라비아

⑱ 모든 이슬람 분파의 공통된 성지는 어디입니까?

....

○ 메디나
○ 메카
○ 알레포 모스크

⑲ OPEC은 언제 창설되었습니까?

....

○ 1960년
○ 1970년
○ 1980년

⑳ 1961년 쿠웨이트 보호령을 포기한 국가는 어디입니까?

....

○ 미국
○ 프랑스
○ 영국

㉑ 아랍에미리트연합에 속하지 않는 국가는 어디입니까?

....

○ 카타르
○ 쿠웨이트
○ 바레인

㉒ 중동 지역에서 미국의 특혜를 받는 동맹국은 어디입니까?

....

○ 이라크
○ 카타르
○ 사우디아라비아

㉓ 2015년부터 사우디아라비아의 지도자는 누구입니까?

....

○ 무함마드 빈 살만
○ 알리 압달라 살레
○ 이븐 사우드

㉔ 두 번의 걸프 전쟁을 일으킨 이라크의 대통령은 누구입니까?

....

○ 마흐무드 압바스
○ 미셸 아훈
○ 사담 후세인

㉕ 1990년에 이라크가 침공한 국가는 어디입니까?

....

○ 이란
○ 쿠웨이트
○ 카타르

㉖ 쿠웨이트 해방을 위해 국제연합은 어떤 작전을 수행했습니까?

....

○ 모래 폭풍 작전
○ 사막의 폭풍 작전
○ 폭풍우 부대

㉗ 2003년에 이라크가 대량살상무기를 비축했다고 비난하면서, 이라크에 대한 공격을 단행한 국가는 어디입니까?
....
○ 이란
○ 러시아
○ 미국

㉘ 2003년에 이라크에 대한 공격을 거부한 국가는 어디입니까?
....
○ 프랑스
○ 독일
○ 영국

㉙ 2011년까지 이라크에 어느 나라의 임시 행정부가 주둔했습니까?
....
○ 러시아
○ 미국
○ 사우디아라비아

㉚ 미국 대통령은 몇 년 임기로 선출됩니까?
....
○ 4년
○ 5년
○ 6년

㉛ 미국 대통령은 몇 차례 재임할 수 있습니까?
....
○ 한 번
○ 두 번
○ 불가능하다.

㉜ 미국 대통령 투표를 하는 사람은 누구입니까?
....
○ 의회
○ 하원
○ 주의 선거인단

㉝ 미국의 가장 젊은 대통령이자 최초의 가톨릭 신자 대통령은 누구였습니까?
....
○ 버락 오바마
○ 존 피츠제럴드 케네디
○ 빌 클린턴

㉞ 1960년 대통령 선거에서 존 피츠제럴드 케네디와 경쟁한 대통령 후보는 누구였습니까?
....
○ 로널드 레이건
○ 리처드 닉슨
○ 제럴드 포드

㉟ 미국의 닉슨 대통령이 사임하게 된 원인은 무엇입니까?
....
○ 브리지게이트 사건
○ 워터게이트 사건
○ 라스트게이트 사건

㊱ 미국에서 아버지와 아들이 대통령에 당선된 집안은 어디입니까?
....
○ 트럼프
○ 부시
○ 레이건

㊲ 유럽의회 의원은 몇 년마다 선출됩니까?
....
○ 3년
○ 4년
○ 5년

㊳ 마스트리히트 조약은 언제 체결되었습니까?
....
○ 1992년
○ 1996년
○ 2000년

㊴ 유럽의회에는 몇 명의 의원이 있습니까?
....
○ 358명
○ 509명
○ 751명

40 에피쿠로스는 어느 나라의 철학자입니까?

○ 그리스
○ 로마
○ 이집트

41 2020년에 지구의 인구는 모두 몇 명입니까?

○ 52억
○ 76억
○ 93억

42 중국에는 얼마나 많은 사람들이 살고 있습니까?

○ 10억
○ 15억
○ 20억

43 세계 제2의 경제 대국은 어느 나라입니까?

○ 러시아
○ 미국
○ 중국

44 마오쩌둥을 계승한 사람은 누구입니까?

○ 후진타오
○ 시진핑
○ 덩샤오핑

45 중국은 어느 나라의 은행이라고 할 수 있습니까?

○ 일본
○ 러시아
○ 미국

46 북극의 별명은 무엇입니까?

○ 얼어붙은 대륙
○ 하얀 낙원
○ 추위의 세계

47 북극의 위치는 어디입니까?

○ 남극권
○ 북극권의 북쪽
○ 북극권의 동쪽

48 북극에 사는 사람들을 무엇이라고 부르나요?

○ 이누이트
○ 나우아
○ 케추아

49 기후 온난화를 상징하는 동물은 무엇입니까?

○ 바다표범
○ 북극곰
○ 펭귄

50 인류세란?

○ 새로운 외래종
○ 새로운 지질 시대
○ 새로운 의학

51 '지속 가능한 개발'이라는 용어를 처음으로 사용한 유명한 보고서는 무엇입니까?

○ 메도우 보고서
○ 루스벨트 보고서
○ 브룬틀란 보고서

52 북유럽의 신 중 마법과 승리의 신은 누구입니까?

○ 수르트
○ 티르
○ 오딘

53 북유럽의 신 중 천둥의 신은 누구입니까?

○ 오딘
○ 토르
○ 브라기

54 오딘의 아내의 이름은 무엇입니까?

○ 프라가
○ 이두나
○ 시프

55 오딘은 어디에서 지냅니까?

○ 올림포스
○ 발할라
○ 지옥

56 누가 로마라는 도시를 만들었습니까?

○ 레무스
○ 로물루스
○ 시저

57 로마인들에게 전쟁의 신은 누구입니까?

○ 마르스
○ 유피테르
○ 사투르누스

58 로물루스와 레무스 쌍둥이를 발견하고 젖을 먹인 동물은 무엇입니까?

○ 암말
○ 늑대
○ 염소

59 누가 레무스를 죽였습니까?

○ 형제
○ 아버지
○ 어머니

60 사제 서품을 받았던 유명한 클래식 음악 작곡가는 누구입니까?

○ 비발디
○ 몬테베르디
○ 모차르트

61 게오르크 프리드리히 헨델은?

○ 오스트리아 출신이다.
○ 독일 출신이다.
○ 헝가리 출신이다.

62 귀가 들리지 않았던 독일 작곡가는 누구입니까?

○ 모차르트
○ 바흐
○ 베토벤

63 1839년에 〈로미오와 줄리엣〉을 작곡한 작곡가는 누구입니까?

○ 비발디
○ 베를리오즈
○ 슈베르트

64 그 유명한 〈폴로네즈〉를 작곡한 작곡가는 누구입니까?

○ 스트라우스
○ 쇼팽
○ 베르디

65 오페라는 어느 나라에서 탄생했습니까?

○ 독일
○ 스페인
○ 이탈리아

66 프랑스에서 오페라의 탄생을 목격한 왕은 누구입니까?

○ 헨리 4세
○ 루이 14세
○ 루이 16세

67 베토벤은 단 하나의 오페라를 작곡했습니다. 무엇입니까?

○ 피가로의 결혼식
○ 라 트라비아타
○ 피델리오

68 1979년 이란의 샤 독재 체제를 전복한 혁명 지도자는 누구입니까?

○ 호메이니
○ 하메네이
○ 호라사니

69 할리우드 배우 출신의 미국 대통령은 누구입니까?

○ 버트 랭커스터
○ 커크 더글라스
○ 로널드 레이건

70 1963년에 댈러스에서 암살된 미국 대통령은 누구입니까?

○ 존 피츠제럴드 케네디
○ 아브라함 링컨
○ 프랭클린 루스벨트

71 유럽연합을 과거에는 무엇이라고 불렀습니까?

○ IEC
○ EEC
○ IOC

72 유럽의회는 몇 명의 시민을 대표합니까?

○ 1억 명
○ 3억 명
○ 5억 명

73 '세계의 공장'이라고 불리는 국가는 어디입니까?

○ 인도
○ 중국
○ 러시아

74 1951년 중국이 정복한 국가는 어디입니까?

○ 북한
○ 한국
○ 티베트

75 북극의 밤은?

○ 24시간 지속될 수 있다.
○ 6개월 동안 지속될 수 있다.
○ 1년 동안 지속될 수 있다.

76 앙골라는 독립하기 전에 어느 나라의 식민지였습니까?

○ 스페인
○ 포르투갈
○ 프랑스

77 미국에 앞서 베트남에서 전쟁을 벌였다가 패배한 나라는 어디입니까?

○ 독일
○ 스페인
○ 프랑스

78 베트남은 몇 년에 통일되었습니까?

○ 1970년
○ 1975년
○ 1980년

79 미국에서 대통령을 해임하려면 어떤 절차를 밟아야 합니까?

○ 탄핵
○ 해산
○ 요청

80 해마다 세계에서 얼마나 많은 비행이 계획되고 있습니까?

○ 1,200만 번
○ 3,700만 번
○ 5,500만 번

정답

1. 호치민
2. 1965년
3. 에비앙 협약
4. 르네 코티와 샤를 드골
5. 알제
6. 100만 명
7. FLN(민족해방전선)
8. 1948년 5월 14일
9. 6일
10. 1987년
11. 오슬로 협정
12. 2007년
13. 튀니지
14. 튀니지, 이집트, 리비아
15. 바샤르 알-아사드
16. 이라크와 시리아 대부분
17. 사우디아라비아
18. 메카
19. 1960년
20. 영국
21. 카타르와 바레인
22. 사우디아라비아
23. 무함마드 빈 살만
24. 사담 후세인
25. 쿠웨이트
26. 사막의 폭풍 작전
27. 미국

28. 프랑스와 독일
29. 미국
30. 4년
31. 한 번
32. 주의 선거인단
33. 존 피츠제럴드 케네디
34. 리처드 닉슨
35. 워터게이트 사건
36. 부시
37. 5년
38. 1992년
39. 751명
40. 그리스
41. 76억
42. 15억
43. 중국
44. 덩샤오핑
45. 미국
46. 하얀 낙원
47. 북극권의 북쪽
48. 이누이트
49. 북극곰
50. 새로운 지질 시대
51. 브룬틀란 보고서
52. 오딘
53. 토르
54. 프라가

55. 발할라
56. 레무스와 로물루스
57. 마르스
58. 늑대
59. 형제
60. 비발디
61. 독일 출신이지만, 영국으로 망명했다.
62. 베토벤
63. 베를리오즈
64. 쇼팽
65. 이탈리아
66. 루이 14세
67. 피델리오
68. 호메이니
69. 로널드 레이건
70. 존 피츠제럴드 케네디
71. EEC(유럽경제공동체)
72. 5억 명
73. 중국
74. 티베트
75. 24시간에서 6개월까지 지속될 수 있다.
76. 포르투갈
77. 프랑스
78. 1975년
79. 탄핵
80. 3,700만 번

보충 설명

1) 베트남을 북부·중부·남부로 나누었을 때, 남부 지방을 가리켜 주로 유럽인들이 부른 명칭이다. 코친차이나는 사이공 조약(1862)으로 프랑스령 직할 식민지가 되었고 베트남 북부의 통킹보호령, 중부의 안남보호령과 함께 1949년까지 프랑스의 지배를 받았다.

2) 베트남의 공산주의적인 독립운동단체 겸 정당으로 프랑스의 식민주의자 및 일본의 파시스트들과 투쟁하는 것'을 목표로 1941년 5월 결성되었다.

3) 북베트남의 지원을 받아 1960년 12월 20일 결성되어 남베트남 및 미국과 전쟁을 치른 베트남민족해방전선(Vietnamese National Liberation Front: NLF) 소속으로 정식명칭은 Viet Nam Cong San으로, 베트남공산주의자(Vietnamese Communists)라는 의미를 갖는다.

4) 살상력이 큰 네이팜 연료의 화염 무기로, 소이탄(燒夷彈)이라고도 한다. 한국전쟁, 베트남전쟁, 이라크전쟁 때 미군이 대량으로 사용하여 논란을 일으킨 무기로, 현재는 비인도적인 무기로 지정되어 사용이 금지돼 있다.

5) 테트는 베트남의 구정을 뜻하는데, 테트 전후 2주간은 전쟁을 치르지 않고 휴전을 하는 것이 관례였다. 그러나 1968년 구정이던 1월 31일에 북베트남 및 베트콩 연합군이 남베트남의 주요 도시를 기습공격했다. 이를 가리켜 '테트 공세'라고 한다.

6) '세계 시온주의자 기구'의 최고의결기관으로 약 4년을 주기로 예루살렘에서 개최되며 전 세계 유대인의 권익과 이스라엘의 정당성을 주창한다.

7) 1945년 3월 중동의 평화와 안전을 확보하고 아랍제국의 주권과 독립을 수호하기 위해 창설된 지역협력기구.

8) 팔레스타인의 정당이면서 무장 단체, 테러 조직, 군벌이다.

9) 미국의 개척 정신에 새로움을 더한 정책으로 국내 문제의 해결과 발전 뿐만 아니라 국외의 후진 지역에 대해서도 민주주의를 완성할 것을 목표로 한다.

10) 대담한 국내 개혁과 빈곤과의 전쟁

11) 프랑스 극우 정당

12) 고대 그리스의 정치철학자로 플라톤의 『고르기아스』에 등장하는 인물이다. 칼리클레스는 강자의 정의를 주장하며 소크라테스와 대립했다.

13) 국가를 유지하고 강화하기 위하여 지켜야 할 국가의 행동 기준

14) 이슬람 최대 성지

15) 이슬람 근본주의 교파의 하나로 엄격하고 청교도적인 수니파 이슬람 근본주의 운동

16) 독일의 기상학자 쾨펜이 1884년 고안한 기후구분이다. 세계 식생의 분포에 맞춰 경험으로 정했다. 식물과 인간 활동의 관계가 긴밀하므로 현재 가장 광범위하게 사용된다.

17) 엘도라도는 원래 '금가루를 칠한 인간'을 뜻하는 스페인어에서 나왔지만, 나중에는 '황금이 있는 곳' '황금의 나라'라는 의미로 사용되었다.

18) 지층의 복원된 형태, 배열 등을 다루는 과학

19) 특정 지역에만 분포하는 생물의 종

20) 『일리아스』의 등장 인물

21) 원래는 에트루리아인이 섬기던 신이었는데, 에트루리아인이 사비니인과 싸우던 로마를 도우러 왔을 때 유입되어 로마의 신으로 정착했다고 한다.

22) 고대 로마의 점쟁이

23) 로마 신화에서 유래한 말로 사람, 장소, 사물에 내재하는 영적 존재나 본질 등을 의미한다.

24) 신에게 술·우유·기름 따위를 바침

25) 로마에서 해마다 2월에 열리던 루페르칼리아 축제를 주관하던 사제들이다.

26) 북유럽 신화에 나오는 한 무리의 신들을 가리키는 말

27) 피아노의 전신

28) 그리스 신화나 고대의 영웅담을 제재로 한 엄숙하고 비극적인 이탈리아 오페라

29) 이탈리아어로 쓰인 가벼운 내용의 희극적인 오페라

30) 이탈리아의 작곡가

31) 이탈리아식으로 노래 부르는 것으로, 소리의 아름다움을 강조한다.

32) 사실주의

33) 등장인물이나 장소, 사건, 소도구 등에 일종의 주제 음악을 붙이는 방식이다. 주도동기(主導動機)·주도악구(主導樂句)·주악상(主樂想)이라고 하며, 바그너의 오페라에서 유래하는 용어다. 주로 오페라(때로는 교향시)에서 나타나는 되풀이되는 음악의 주제로서 악극에서 짧은 선율단위를 효과적으로 되풀이하여 극중 인물을 성격 짓기도 하고 극적 장면을 뒷받침하는 사상이나 감정을 이끌어내는 것을 일컫는다.

34) 〈니벨룽의 반지〉를 가리킨다.

35) 러시아 국민악파

36) 음렬 기법의 소재적 범위를 더욱 확장한 것이다. 즉, 음렬음악에서는 12음의 모든 음들의 높이만이 음렬의 소재가 되지만, 총렬음악에서는 음의 높이 외에 음의 길이, 음의 강도, 음색, 리듬, 박자, 아티큘레이션 등 음악의 온갖 요소에 음렬 기법의 원리가 적용된 것이다.

37) 지구상의 모든 소리를 자유롭게 녹음하여, 이를 다시 기계적, 전기적으로 변형·합성시켜 하나의 작품으로 완성시킨 음악

38) 12음 기법이라고도 한다.

39) 프랑스 파리 출생으로, 20세기 음향기법의 혁신자로 알려져 있다.

40) 소음의 의미론적 구성 요소를 소거하고 리듬, 음색 및 음조와 같은 음악적 가치를 강조하기 위해 소외 기술을 사용하는 것을 목표로 삼았다.

네 번째 주

이번 주에
배울 주제는 다음과 같습니다…

넬슨 만델라는 1962년부터 1990년까지 수감되었다.
인도와 파키스탄은 1947년에 독립을 선포했다.
샤를 드골은 제5공화국의 초대 대통령이다.
50만 종의 다양한 식물들이 존재하고, 그중에서 단 3천 종만이 재배되고 있다.
미국 국방 예산은 전 세계 군사 지출비의 36퍼센트를 차지한다.
수력 전기는 전 세계 전력의 16퍼센트를 차지한다.
영화는 뤼미에르 형제와 조르쥬 멜리에와 더불어 19세기 말 프랑스에서 탄생했다.

연도로 본 라틴아메리카

1945년 이후, 라틴아메리카 국가들은 세계대전으로
국력이 약해진 산업국에 판매되는 원자재의 가격 상승으로 경제 번영을 누렸다.

독재자들

이 시기에는 도시에 거주하는 대중을 기반으로 민중주의[1]가 나타나기도 했다. 아르헨티나의 후안 페론Juan Perón(1945~1955년 재임, 그의 아내인 에바 두아르테Eva Duarte는 인기가 많았으며 '에비타'Evita라는 애칭으로 불렸다. '데스카미사도'descamisados, 또는 셔츠를 입지 않은 사람들의 우상이었다)이 대표적이며, 브라질의 바르가스Vargas(1950~1954년 재임)는 전쟁 전에 독재를 펼쳤다. 칠레의 비델라Videla(1946~1952년 재임)는 공산당 출신 장관을 등용한 유일한 대통령이다.

1950년대에 원자재 가격이 정상으로 돌아오면서 **경제 위기**가 발생했다. 농업 문제가 심각했으며, 산업화는 뒤처져 있었고, 개혁 시도는 실패로 끝났다. 볼리비아(파스 에스텐소로Paz Estenssoro, 1964년 전복)와 칠레(에두아르도 프레이Eduardo Frei, 1964~1970년 재임)의 농업 개혁도 실패했다.

미국에 대한 경제적 의존과 미국의 정치 개입(CIA)으로 반미운동이 격렬했다. 유나이티드 프루트 컴퍼니United Fruit Company가 과테말라에 행사하는 절대 권한을 제한하려던 아르벤스Arbenz 대통령이 실각했으며(1954), 칠레의 사회주의 대통령 살바도르 아옌데도 CIA[2]의 개입으로 자리에서 물러났다(1973).

쿠바의 카스트로 혁명(1959)의 성공은 많은 시골 게릴라 조직(콜롬비아의 FARC[3], 페루의 민족해방군) 또는 도시 게릴라 조직(우루과이의 '투파마로스'Tupamaros, 아르헨티나의 '몬토네로스'Montoneros)의 본보기가 되었다. 1967년, '체'로 불리는 **에르네스토 게바라**Ernesto Guevara는 피델 카스트로 내각의 장관을 지내기도 했으며, 라틴아메리카 전역에 걸쳐 혁명을 일으키기 위한 여러 '거점'(포코foco)[4]를 만들고자 했다. 체 게바라는 결국 볼리비아에서 처형되었다. 죽음은 그를 혁명의 상징으로 만들었지만, 혁명 유토피아는 쇠퇴하기 시작했다.

19세기부터 계승된 정권의 취약성으로 인해 군대가 정치에 개입하는 일이 많아졌다. 브라질의 군사정권(1964~1985), 페로니스트가 잠시 권력을 잡았던 시기를 제외한 아르헨티나의 군사정권(1966~1983), 칠레 피노체트Pinochet의 독재(1973~1990)가 그 예이다.

···민주주의로

1980년대에 **군부독재**가 종식되었다(1980년 페루, 1983년 아르헨티나, 1985년 브라질, 1989년 파라과이, 1990년 칠레). 니카라과에서 마르크스주의를 표방하던 산디니스타 정권(1979~1990)은 아메리카 대륙에서 제2의 쿠바를 막기 위해 미국이 지원한 반군 세력에게 전복되었다.

카리브해 지역에 대한 북미의 개입이 이어졌다. 그레나다Grenada의 마르크스주의 군사정권을 무너뜨렸고(1983), 파나마Panama의 노리에가 장군을 축출하고(1989), 아이티Haiti의 아리스티드Aristide 대통령을 복귀시켰다(하지만 아리스티드 대통령은 독재적인 파행으로 국제적인 무장세력에 의해 2004년에 축출된다). 1982년 아르헨티나가 영국령 포클랜드 제도를 침공하면서 포클랜드 전쟁이 발발했고, 이 전쟁에서 패배한 아르헨티나 군부는 정권에서 물러났다.

라틴아메리카, 특히 엘살바도르(1992년까지 FMLN[5]), 페루(마오이즘을 추종하는 '빛나는 길'[6]), 멕시코(치아파스에 기반을 둔 자파티스타[7]) 및 콜롬비아(FARC[8]), 2016년 산토스 대통령과 평화 협정 체결 전까지)는 **끈질긴 게릴라 활동**의 무대가 되었다.

농업 위주의 국가(중앙아메리카, 안데스 국가)와 경제 도약이 가속화된 국가(브라질, 칠레, 아르헨티나, 멕시코) 간의 대조가 더욱 선명해졌다. 심각한 경기 침체는 **막대한 대외부채**로 이어졌다. 아르헨티나의 금융 위기는 사회 및 정치적 위기로 이어졌으며(2001), 브라질 지우마 호세프Dilma Rousseff 대통령이 재정 적자 규모를 속인 혐의로 해임되었다(2016). 2005년, 볼리비아에서 노동조합원 출신의 에보 모랄레스Evo Morales는 라틴아메리카에서 원주민 출신 최초의 대통령으로 당선되었다.

근대 일본

철저하게 쇄국 정치를 펼친 지 250년이 지난 후,
일본의 쇼군⁹⁾은 1853년에 '불평등 조약'을 통해서 유럽 강국들에 문호를 개방하도록 강요받았다.
이런 분위기에서 사무라이와 남부 지역의 다이묘¹⁰⁾들이 덴노의 이름으로 반바쿠후 운동을 추진했다.

메이지 시대

1868년에 바쿠후¹¹⁾가 몰락하고 메이지 시대가 시작되면서, 덴노의 이름으로 5개조 서약문이 발표되었다. 이를 통해서 국가의 서구화, 천황의 절대 권력, 전통문화 보호 등이 결정되었다.

이는 또한 봉건제의 종말을 의미했다. 다이묘의 영지는 현이 되었고, 사무라이는 군사적 지위를 잃었다. 그로 인해서 1877년에 사무라이들이 세이난 전쟁을 일으켰지만 진압되었다. 하지만 메이지 혁명은 위에서부터 이루어졌고, 과두정치에 대해 아무도 이의를 제기하지 않았다.

서구화는 불교 승려들의 재산의 국유화, 법 앞에서 모든 이의 평등, 공공 의무 교육(1872), 프랑스와 독일식 모델에 따른 입법과 프로이센 헌법에서 영감을 받은 1889년 헌법(제한 선거제를 통해 선출되지만 의회의 의원들은 오직 덴노 앞에서만 책임이 있으며, 정당은 대기업과 연결된 민간 이익 단체일 뿐이다) 선포로 진행되었다.
여전히 서구에 종속된 자본주의는 1894년에서 1899년 사이에 불평등한 조약이 폐지될 때까지 계속해서 빠르게 발전했다. 그 무렵 미쓰이, 미쓰비시, 스미토모 가문이 주도하는 카르텔(자이바츠¹²⁾)이 형성되었다. 그들의 주력 분야는 선박, 철도, 석탄 및 제철 산업이었다.

팽창주의 정책은 조선을 점령하기 위한 청일전쟁(1894~1895)을 통해 나타났다. 1910년에 조선을 합병한 일본은 포모사(대만)를 점령하고, 러일전쟁(1904~1905)을 일으켰다. 일본은 뤼순을 점령하고 쓰시마 해전에서 승리했다. 그 결과 뤼순과 사할린 남부 지방을 차지하게 되었다(이로 인해 서구에서는 '황화'¹³⁾에 대한 두려움이 생겼다).

1912년 메이지 덴노가 사망하고 다이쇼 덴노의 통치가 시작되었다. 다이쇼의 허약한 정신 건강 때문에, 아들 히로히토가 대리청정을 시작하여 1926년에 덴노를 계승했다.

하나의 전쟁에서 또 다른 전쟁으로

1914년 일본은 연합군 편에 서서 제1차 세계대전에 참전했다. 일본은 북태평양과 중국에 있는 독일의 조차지를 차지하고, 1915년에 '21개조 요구'를 중국 위안스카이 정부에 제출했다. 이것은 남만주와 동부 내몽골을 일본의 보호령으로 요구하는 것이었다. 이를 피하기 위해 중국은 1917년에 연합군에 가담했다.

영토를 확장하는 방식과 관련해서는 점진적으로 이루어지는 카르텔 방식(자유주의, 진보주의자)과 잔인하다고 평가될 수 있는 무력 확장 방식(비밀 단체의 지원) 사이에서 논란이 있었다.

1921년 이후에 경제 및 사회 상황은 악화되었다. 지나친 인구 증가, 1923년 관동대지진(10만 명 사망), 학생들의 시위와 공산주의에 대한 두려움, 엔화 평가절하, 1929년 위기로 수출 감소 등. 따라서 아시아에서의 무력 팽창은 일련의 '선동된 사건'을 통한 위기로부터 탈출하려는 시도로 보였다(1927년 다나카 상주문).

1931년에 무크덴^{Moukden}¹⁴⁾ 철도 사고가 발생했다. 만주를 정복한 일본은 '만주국'이라는 괴뢰정부를 수립하고 중국의 마지막 황제 푸이를 명목상의 통치자로 내세웠다. 그리하여 거기서부터 중국 북부로 전진하고자 했다. 일련의 정치적 공격과 쿠데타 이후, 1936년부터 군대가 국가를 장악했고, 히로히토 덴노의 승인을 받아 전체주의 국가의 이미지를 갖게 되었다.

1936년 소련에 대항하는 반코민테른 협정을 독일, 이탈리아와 체결했다. 1937년 일본은 공식적으로 중국과의 전쟁을 시작하여 체계적인 정복을 시작했다.

일본, 제국주의에서 민주주의로

한국과 만주를 이미 장악하고 있던 일본은
1937년부터 마오쩌둥의 공산당과 연합한 장제스의 중국과 전쟁을 벌였다.
1940년 9월 독일, 이탈리아와 삼자 협정을 체결하고, 1941년 4월 소련과 중립 조약을 체결했다.
이로써 일본은 극동 지역에서 주도권을 장악했다.

태평양의 제국

'대동아공영권' 프로젝트가 '대일본'(도조 수상)의 지휘로 미국을 고립주의에서 나오게 할 위험을 무릅쓰고 탄생했다. 1941년 12월 7일 일본은 **진주만**(하와이 제도)에 있는 미군 기지를 기습 공격했다. 일본은 동남아시아의 미국 식민지(필리핀), 영국 식민지(말레이시아, 버마, 싱가포르), 네덜란드 식민지(인도네시아) 및 프랑스 식민지(인도차이나)를 서구의 신탁통치에서 벗어나게 해주는 해방자라 자처하면서 신속하게 점령해나갔다. 그런 다음에 점령한 국가를 가혹하게 착취했다(심각한 기근, 급속한 인플레이션, 집단 매춘을 강요한 '위안부').

일본의 진격은 1942년 4월과 8월 사이에 태평양(산호해 해전, 미드웨이 해전 및 과달카날 해전)에서 제지당했다. 1942년부터 1945년까지 영국과 미국이 반격을 시작한 것이다. 1944년 봄에 니미츠Nimitz 제독15)은 동아시아에서, 맥아더MacArthur 장군은 남아시아에서 일본이 점령한 섬들을 하나씩 탈환하기 시작하여 필리핀과 버마를 재정복했다. 1945년 2월에는 일본 남부의 섬(오키나와, 이오지마)까지 도달했다.

일본 본토에서 맹렬한 저항(가미카제16))이 있을까 두려워한 미국은 **히로시마**와 **나가사키**에 원자폭탄을 투하했다(1945년 8월 6일과 9일). 붉은 군대는 그때를 이용하여 만주와 한국에 들어와 사할린과 쿠릴 열도를 점령했다. 일본은 1945년 8월 15일에 무조건 항복하고, 9월 2일에 항복 문서에 서명했다.

미국 점령

항복한 이후 1945년과 1951년 사이에 **미국의 일본 점령**을 관리한 기구는 맥아더 장군이 이끄는 SCAP(연합군 최고사령부)였다. 그런 다음 전범에 대한 재판이 시작되었다. 히로히토 덴노의 지위는 그대로 유지되지만 모든 권한을 잃었다.

일본에 민주화와 분권화가 실시되었다. 양원제 의회제도(1946년 헌법)가 채택되고, 교육 제도는 미국식 모델을 따랐으며, 자이바츠가 해체되었다.

한국전쟁으로 일본은 유엔군에 군수품을 조달하는 전략적 장소가 되었다. 이것은 **일본의 기적**의 시작이었다. 1951년에 샌프란시스코 조약이 체결되면서, 일본은 1854년 이후 계속해왔던 정복을 포기했지만 주권을 되찾았다. 그리고 그 이전에 일본이 침략했거나 위협했던 국가들의 우려 속에서 일본은 미국과 군사 조약을 체결했으며, 일본으로부터 위협당했던 국가들 역시 미국과 똑같은 안보 조약을 체결했다(ANZUS, 호주 및 뉴질랜드와 체결한 조약).

'일본의 기적'

이 '기적'은 일본의 급격한 경제 성장(철강, 조선, 자동차, 전자)과 자민당의 주도로 이루어졌다. 이데올로기적 적대감에도 불구하고 1970년대에는 어쩔 수 없는 무역 파트너인 중화인민공화국과 외교적 화해를 했다.

일본에서 히로히토 덴노가 사망하자(1989), 전쟁 이후로 쭉 권력을 장악해온 자민당이 1993년에 선거에서 절대 우위를 차지하지 못했으며, 그 후 2009년 선거에서 민주당에 패배했다. 쓰나미와 후쿠시마 원전 사고(2011) 이후로 다시 자민당이 집권하고 있다.

몇몇 연도로 본 현대 중국

1911년 혁명으로 난징에서 형성된 의회에서 민족주의자이자 근대화 추진자였던 쑨원을
중화민국이라는 공화국의 총통으로 추대했다. 마지막 황제 푸이(당시 6세)는 퇴위당했다.

중국 국민당

1912년에 쑨원은 청나라의 대신 위안스카이에게 축출되었다. 위안스카이는 수도를 베이징으로 옮기고 1916년 사망할 때까지 독재정치를 하면서 서서히 군주제에 다가갔다.

군벌 시대가 1916년부터 1928년까지 이어졌다. 각 군의 지도자들은 세금을 징수하고, 이웃 군벌을 제압하기 위해서 군대를 양성했다. 쑨원의 국민당은 광저우에 반체제 정부를 구성했으며, 소련과 가까이 지냈다. 쑨원이 사망하자(1925), 그의 후계자 **장제스**는 마오쩌둥 공산당의 도움으로 중국 북부에 있는 군벌들을 제압하기 위해서 북벌을 시작했고, 1927년에 군벌을 제압하고(상하이 대학살) 다시 한 번 승리했다.

1928년에서 1937년까지 **난징 10년**(장제스는 수도를 난징으로 옮겼다)이 이어졌으며, '새로운 생명력'을 가진 이 정부는 전통적인 도덕성과 서구화를 결합했다. 하지만 남부에서 장시성을 거점으로 소비에트 공화국을 설립한 공산주의자들 사이에는 부패와 대립이 만연해 있었다(그 후 마오쩌둥은 장제스로부터 공격을 받고 북부로 2간의 대장정을 시작했다).

1937년에 중국은 일본과 전쟁을 벌였고, 이로 인해 국민당과 공산당은 국공합작이라는 전략적 화해를 했다.

중국 공산당

1945년 일본이 항복한 후에 장제스의 국민당과 마오쩌둥의 공산당 사이의 연합정부가 깨지고, 마오쩌둥의 공산당은 동북을 점령한 소련으로부터 지원을 받았다.

1946년부터 1949년까지 마오쩌둥이 난징을 점령할 때까지 내전이 격렬하게 이어졌다. 마오쩌둥은 베이징에서 중화인민공화국을 선포하고, 장제스는 타이완으로 피난을 가서(중국 국민당) 죽을 때까지 그곳에서 지냈다(1975).

1949년부터 1957년까지 중화인민공화국은 농지 개혁, 인민 재교육 캠페인, 통화 개혁과 더불어 1953년부터 소련식 모델을 모방하는 시기를 거치며 더욱 강해졌다.

1950년 중화인민공화국이 점령한 **티베트**는 1965년부터 자치구가 되었다. 망명한 영적 지도자 달라이 라마Dalai-Lama의 국제적 명성에도 불구하고 티베트에서는 지속적인 억압과 강압적인 중국화 정책이 계속되고 있다.

1957년에 열린 백화운동[17]은 정권이 문화 부흥을 위해서 선동했음에도 불구하고, 정권에 대한 비판으로 이어진 문화 혁명이었다.

1958년과 1961년 사이에 마오쩌둥은 경제 정책인 **대약진 운동**을 통해서 토지의 공유뿐만 아니라 공동생활(인민 공동체)을 하며 생산을 촉진하고자 했다. 이것은 결국 경제적 대참사로 이어졌고, 수천만 명이 굶어 죽기에 이르렀다.

1959년에 마오쩌둥은 공화국의 주석 자리에서 물러났지만, 당 지도자로 남았다. 마오쩌둥은 1966년부터 1976년까지 10년 동안 '프롤레타리아 문화대혁명'을 이끌었으며, 군대(린뱌오[18])와 학생(홍위병)을 앞세워 당을 쇄신하고자 했고, 자아비판[19]을 체계화하고 **마오쩌둥 사상**('작은 빨간 책')을 숭배하게 했다. 1976년에 마오쩌둥이 사망한 후에 경제는 서서히 자유화되었고, **덩샤오핑**의 지휘로 중국은 외국에 개방되기 시작했다.

1989년에 일어난 **천안문 광장** 운동은 소련에서 고르바초프가 실시한 모델로 개혁을 촉구했지만, 이 운동을 폭력으로 진압한 공산당의 정치적 전능함을 다시 보여주었다. 덩샤오핑이 사망한 이후로(1998) 후진타오를 거쳐서 2012년부터 시진핑이 이끄는 공산당은 여전히 중화인민공화국의 국제적·경제적 위상을 다지고 있다.

독립 만세!

1950년대부터 1960년대까지 아프리카 대륙에 자유의 바람이 불었다.
독립의 물결은 새로운 가능성뿐만 아니라 새로운 문제도 불러일으켰다.

북아프리카에서

1956년 프랑스의 보호령에서 벗어난 모로코와 튀니지는 독재 군주정권(모로코의 하산 2세와 무함마드 6세)과 공화국 정권(튀니지의 부르기바, 벤 알리) 밑에서 서서히 **민주화**를 향해 나아가면서 유럽식 근대화 모델을 선별적으로 수용하기 시작했다.

왕정이 무너진 후에 나세르가 집권한 이집트(1954~1970)는 범아랍주의의 지도자임을 자처했고, 카다피가 이끄는 리비아(1969~2012)는 범아랍 사회주의 체제에서 노골적인 독재 체제를 시작했다.

이런 다양한 정권들(모로코 제외)은 **2011년부터 2012년까지 아랍 혁명**으로 전복되었다.

사하라 이남 아프리카에서

식민지화로 인위적으로 생긴 국경은 분리독립 취소(구 벨기에 콩고의 카탕가, 나이지리아의 비아프라), 분리독립 불인정(소말리아의 소말릴란드) 또는 분리독립 성공(1993년 에티오피아에서 에리트레아, 2011년 남수단에서 수단)으로 이어졌다.

독립 지도자의 역할은 논쟁의 여지가 매우 많았다. 그들은 독재자로 변하거나(가나의 엔크루마Nkrumah, 탄자니아의 니에레레Nyerere), 때로 권한을 세습하거나(케냐의 케냐타Kenyatta 또는 가봉의 봉고Bongo), 승계 갈등(코트디부아르의 우푸에부아니Houphouët-Boigny)을 빚기도 했다. 세네갈의 레오폴 세다르 상고르Léopold Sédar Senghor는 예외적으로 자진 퇴진했다.

아프리카의 이 지역에서는 특히 1994년 르완다 내전 중 후투족이 투치족을 학살했으며, 2003년 수단 공화국 서부 다르푸르에서 발생한 반란을 대학살로 진압하는 등 다수의 **민족분쟁**이 일어났다.

구 식민지 본국의 재정적·경제적 통제는 구 식민지 국가에 대해 계속 유지되었으며(신식민주의), 때로 군사적 개입이 정당화되기도 했다(프랑스는 2013년부터 2014년까지 이슬람주의자들의 위협에 대응하기 위해 말리에 개입했으며, 2013년부터 2016년까지 중앙아프리카 공화국의 내전에 개입했다).

남아프리카공화국

1948년부터 총리를 지낸 국민당의 말란Malan은 소수의 백인 아프리카인(300만 명)을 다수의 흑인(1,100만 명)과 분리하는 **아파르트헤이트**apartheid(분리) 정책을 강화했다. 진보당과 특히 앨버트 루툴리Albert Lutuli(1960년 노벨 평화상 수상)와 **넬슨 만델라**Nelson Mandela(1962년부터 1990년까지 수감)가 이끄는 아프리카민족회의ANC에 가담한 반투bantou 20) 흑인들은 이에 반대했다. 영연방 내에서도 비판을 받자, 남아프리카연방은 영연방을 탈퇴하고 1961년에 남아프리카공화국을 선포했다.

소웨토21)는 1976년에, 그리고 1985년과 1986년 사이에 수많은 폭동의 현장이 되었으며, 이를 폭력으로 진압하는 바람에 국제사회로부터 경제 제재를 받기도 했다. 이곳의 상황은 1965년부터 1979년까지 백인 정착민들이 지배하던 이웃 국가인 로디지아가 흑인이 지배하는 짐바브웨로 변모하기 전까지의 상황과 비슷했다.

1990년에서 1991년 사이에 프레데릭 데 클레르크Frederik De Klerk 대통령이 넬슨 만델라를 석방하면서 아파르트헤이트 법은 종식되고 **나미비아**(1920년부터 남아프리카공화국의 위임통치를 받던 구 독일령 남서아프리카)는 **독립**했다. 1994년에 처음으로 다인종 선거가 열렸으며, 여기서 ANC가 승리하여 만델라가 대통령으로 선출되었고, 드 클레르크가 부통령이 되었다. 1996년 새로운 헌법이 공포되면서, 드 클레르크와 국민당원들은 ANC와의 연립정권에서 탈퇴했다.

ANC는 타보 음베키Thabo Mbeki(1999~2008)와 제이콥 주마Jacob Zuma(2009~2018) 대통령으로 여전히 **권력을 유지**하고 있다. 다양한 스캔들에 연루된 주마 대통령이 사임하면서 시릴 라마포사Cyril Ramaphosa(2018년 이후)가 대통령이 되었다.

아파르트헤이트가 종식되었지만, 안타깝게도 대다수 반투의 지속적인 가난과 그로 인한 사회적 불안과 긴장은 끝나지 않았다.

인도 아대륙…

인도 아대륙의 탈식민화는 일찍 시작되었으며(1947), 관련된 인구수가 많으며(4억 명),
그로 인해 성장을 이루었다. 1906년에 내부 자치에 대한 요구(스와라지 운동)가
의회에서 채택되었다(이 시기는 무슬림연맹[22]이 설립된 해이기도 하다).

간디의 주요 역할

힌두교에 뿌리를 둔 변호사 출신의 **마하트마(위대한 영혼)**로 알려진 모한다스 카람찬드 간디(1869~1948)는 정치적 독립과 영적 해방을 결합하기를 원했다. 투쟁에 대한 간디의 보수주의와 도덕주의는 거기서 비롯되었다. 1919년에 전쟁 후에 약속을 이행하지 않는 영국에 실망한 인도인들이 시위를 벌이자, 영국군은 이 시위를 무차별 탄압하여 암리차르 대학살[23](1천 명 사망)을 일으켰다.

1920년부터 1942년까지 꾸준히 이어졌던 세 가지 사티아그라하[satyagraha(**진리 추구**)[24] 운동은 **시민 불복종과 비폭력**(아힘사[ahimsa)을 통해 영국에게 협력하지 않겠다는 투쟁이었다. 1935년에 '인도정부법'Government of India Act이 체결되면서 영국은 인도 제국에 자치권을 부여했다.

신속한 독립을 위해 1942년부터 1943년 사이에 '**인도를 떠나라**' 운동이 실시되었다. 급진파 찬드라 보세Chandra Bose는 임시정부를 수립하고 국민군을 창설하여 일본에 협력하고자 했다. 독립의 원칙이 1946년 영국(마지막 총독인 마운트배튼Mountbatten 경)에 의해 받아들여졌지만, 진나Jinnah[25]가 이끄는 무슬림연맹은 인도의 분할을 요구했다.

1947년 8월 15일에 인도 연방(초대 총리 네루Nehru)과 이슬람 국가인 파키스탄으로 분리되어 독립이 선포되었다. 1947년에서 1948년 사이에 힌두교도와 이슬람교도 사이에 전쟁이 시작되어 약 50만 명이 죽고, 많게는 1,500만 명에 이르는 사람들이 이주해야 했다. 실제로 둘로 분열된 카슈미르 지역에서 분쟁[26]이 계속되고 있다.

간디는 1948년에 그가 인도 분단을 일으켰다고 주장하는 한 힌두교 광신자에게 **암살당했다.**

적이 된 형제 파키스탄

미국의 동맹국으로 굳건히 자리 잡은 이 나라는 서파키스탄과 동파키스탄으로 나뉘어 강하게 대립했다. 결국, 동파키스탄은 1971년에 인도의 지원으로 독립하여 국호를 방글라데시로 바꾸었다.

1998년 파키스탄과 마찬가지로 인도가 핵무기를 개발하면서 두 나라 사이의 긴장감이 폭발했다. 여전히 공식적으로 미국의 동맹국인 파키스탄은 아프가니스탄의 이슬람 탈레반을 지지했다는 이유로 비난을 받고 있다.

인도 연방

네루는 1964년까지 총리로 지내면서 **유연한 사회주의 경제 정책**을 실시했다. 농업 개혁, 광업 및 철강 산업 활성화, 계획경제, 교육 발전, 시대에 뒤처진 종교 전통(카스트, 소 숭배) 철폐 등. 그럼에도 불구하고 1인당 소득은 계속 줄어들었다. 외교에서 네루는 '적극적 중립성'을 통해서 스스로 비동맹 리더임을 자처했다.

1984년 인도에서 네루의 딸 인디라 간디가 시크교 신자인 경호원에게 암살되면서, 인도 내에 힌두교, 이슬람교, 시크교 간의 종교적 긴장감이 표출되었다.

인도국민회의는 1989년 선거에서 처음으로 참패했다. 그 이후로 힌두 민족주의당인 인도국민당BJP과 허약한 연합 정권을 구성하며 정권을 번갈아 차지하고 있다.

프랑스 대통령

국가 원수에게 광범위한 특권(국민투표발의권, 헌법 제16조 등) 부여하는 제5공화국 헌법은
샤를 드골(1959~1969)에게 무제한적 권력 행사를 허용했다.
대규모 과업(탈식민지화, 경제 성장, 강대국과의 거리두기)을 이루어야 하는 1965년까지는 특히 그러했다.

샤를 드골에서 자크 시라크까지

1965년 대통령 선거와 1967년 입법 선거로 경고를 받고, 68년 5월 운동[27]으로 위기감을 느낀 드골은 1969년 국민투표 실패로 대통령직에서 물러났다. **조르즈 퐁피두**Georges Pompidou(1969~1974)는 '점진적인 변화'를 통해서 드골 장군의 유산을 보다 현대적인 스타일로 이어받았다. **발레리 지스카르 데스탱**Valéry Giscard d'Estaing(1974~1981)은 우파 공화당 소속으로 또 다른 성향을 나타냈다. 그는 보다 유럽주의자이고 자유주의자였으며, 드골주의를 계승한 공화국연합(RPR)과 거리를 두었다.

바레Barre 총리 정부의 경제 위기와 긴축 정책은 1981년에 좌파 연합, 그리고 사회당 대통령 후보였던 **프랑수아 미테랑**François Mitterrand에게 득이 되었다. 미테랑 대통령은 두 번의 7년 임기(1981~1995) 동안 최초로 정권 교체를 이루었고, 좌파 대통령과 우파 총리의 동거 체제를 통해서 제5공화국의 결속력을 강화했다.

1995년에 당선된 우파 대통령 후보 **자크 시라크**Jacques Chirac는 2002년에 82.15퍼센트라는 압도적인 득표율로 재선에 성공했다. 이는 국민전선의 장 마리 르펜Jean-Marie Le Pen 후보가 2위로 결선에 오른 데 놀라서 벌어진 일이다.[28]

우파 출신 '하이퍼 대통령'[29] **니콜라스 사르코지**Nicolas Sarkozy(2007~2012)가 기능적 개입주의 개념을 재도입한 이후에, 사회당의 '평범한 대통령' **프랑수아 올랑드**François Hollande(2012~2017)는 그 반대 방향으로 과도하게 기울어졌다. 2017년에는 최연소 대통령 엠마누엘 마크롱Emmanuel Macron(39세)이 깜짝 선출됐는데, 그는 좌파 출신으로 '앙 마르슈'En Marche(전진)[30] 운동에서 구심점 역할을 했다.

샤를 드골(1890~1970)

릴의 북부 부르주아 집안에서 태어나서 1912년 생-시르Saint-Cyr 육군사관학교에 입학한 샤를 드골은 부상을 당한 채 베르됭에서 포로로 잡히기도 했다(1916). 1920년에 드골은 붉은 군대의 침공을 받은 폴란드에서 임무를 수행한 후, 독일 분할점령지에서, 그 다음 레바논에서 연합군 사령관을 역임했다. 1924년부터 드골은 정치적·군사적 성찰을 담은 다양한 저서를 출간했으며, 당시 옹호받던 방어 전략에 대해 반대 의견을 제시했다. 1925년에 그는 페탱Petain 원수의 참모진으로 들어가지만, 개인적인 감수성을 이유로 페탱과 사이가 틀어졌다.

1940년 독일이 프랑스를 침공했을 때 기갑사단장이던 드골은 훌륭하게 싸워냈고, 임시직이지만 국방차관으로 승진했다. 하지만 프랑스 정부가 나치 독일에게 항복하자, 이에 불복한 드골은 런던으로 망명했다. 그리고 **1940년 6월 18일 호소문**[31]을 통해서 독일에 맞서 계속 싸울 것을 촉구했다. 1940년부터 1944년까지 자유 프랑스[32]의 수장으로서 드골은 비시Vichy 정권뿐만 아니라 연합국에 대해서도 국가 주권을 지켜내기 위해서 노력했다.

드골은 1942년 알제리에서 결성된 국민해방위원회의 위원장에 취임한 후, 1944년에 다시 파리로 돌아와 1946년까지 프랑스 공화국 임시정부의 수반이 되었다. 1947년에 제4공화국에 반대하는 프랑스국민연합Rassemblement du peuple français, RPF을 조직했지만, 1953년에 은퇴하여 『전쟁 회고록Mémoires de guerre』을 썼다.

1958년 6월에 알제리에서 쿠데타가 터지자 수상으로 다시 정계에 복귀한 드골은 제5공화국의 건립을 준비하고, 1959년에 초대 대통령이 되어 1969에 임기를 마쳤다. 대통령 직에서 사임한 후에 그는 『희망의 회고록Mémoires d'espoir』을 미완성으로 남겨두었다.

프랑스 제5공화국

프랑수아 미테랑(1916~1996)

자르낙Jarnac의 한 중산층 가정에서 태어난 미테랑은 파리 정치대학을 졸업했으며 법학을 전공했다. 그는 파리에서 민족주의 우파 모임을 자주 찾았지만, 정치적 격동에서 한 발 물러나 있었다. 반파시스트이자 반뵌헨주의자였던 미테랑은 제2차 세계대전에서 독일 포로로 붙잡히지만, 탈출하는 데 성공했다. 비시 정부에 대해 반감이 심했지만 페텡에 대해서는 반감이 없었던 미테랑은 1942년에 포로수용소장이던 모를랑 피노Morland Pinot의 사무실에서 잠시 일했다. 후에 미테랑은 모를랑이라는 가명으로 레지스탕스 조직을 만들었다.

1944년 전쟁 포로를 위한 기구의 사무총장으로 일하던 미테랑은 USDR(민주사회주의항전동맹) 창립에 참여했고, 그곳에서 SFIO(노동자인터내셔널 프랑스지부)와의 연합을 옹호했다. 1946년부터 1981년까지 니에브르 지역 국회의원, 상원의원을 포함하여 여러 장관직을 맡았다. 1958년에 정계에 복귀한 드골의 지명을 거부하고 정치에서 멀어졌으며, 1964년에 쓴 『영원한 쿠데타Le Coup d'Etat permanent』에서 드골의 정권 복귀를 비난했다.

비공산주의자 좌파 야당의 주요 지도자였던 미테랑은 1965년 대통령 선거에서 드골에게 2차 투표까지 가는 근소한 차이로 패배했다. 1971년 에피네Epinay 전당대회에서 사회당을 창당했고, 제1서기로 선출되었다. 1972년 좌파 공동 강령으로 좌파 연합을 이룬 그는 1974년 대통령 선거에서 발레리 기스카르 데스탱Valéry Giscard d'Estaing에게 근소한 차이로 패배했지만, 1981년에는 승리했다. 1981년부터 1995년까지 공화국 대통령을 역임한 미테랑은 사회주의 좌파에서 자유주의로 전환했다.33)

자크 시라크(1932~2019)

파리에서 태어나 파리정치대학을 졸업하고 국립행정학교를 다닌(1957~1959) 자크 시라크는 조르주 퐁피두 총리의 주요 협력자 중 한 명이 되었다. 1967년에 코레즈Corrèze 지역 국회의원이 되었으며, 퐁피두 대통령 정부에서 여러 장관직(농림부, 내무부)을 수행했다. 퐁피두가 사망하자, 그는 발레리 지스카르 데스탱의 대통령 입후보를 지지했고, 데스탱은 대통령에 당선되자 그를 총리로 임명했다(1974~1976).

자유주의자이며 친유럽적인 대통령과 UDR(공화국을 위한 민주연합, 자크 시라크가 총서기였다) 내에서 정통파 드골 지지자인 총리 사이의 대립은 점점 커졌다. 따라서 시라크는 1976년에 공화국을 위한 연합정당Rassemblement pour la République, RPR을 창당하여 드골주의를 되살리는 데 전념했다.

1977년에 자크 시라크는 지스카르 대통령 측 후보인 미셸 도르나노Michel d'Ornano를 이기고 혁명 이후 파리의 첫 번째 시장으로 선출되었다.

1981년 대선에 성공하지는 못했지만, 여전히 코레즈의 국회의원이자 파리 시장이던 시라크는 우파 대통령이 승리한 총선에서 다시 총리가 되어서 제5공화국 최초의 좌우동거 내각(1986~1988)을 구성했다. 1988년 대선에서 프랑수아 미테랑에 패한 시라크(45.98퍼센트의 득표율)는 다시 국회의원으로 RPR의 당수로 남았지만, 1993년부터 1995년까지 두 번째 좌우동거 내각에는 참여하지 않았다.

1995년에 시라크는 사회당 후보 리오넬 조스팽Lionel Jospin과 맞붙어 52.64퍼센트의 득표율로 공화국 대통령에 선출되었다. 2002년에 5년의 임기로 82.15퍼센트의 득표율로 재선된 그는 2007년에는 대통령 선거 출마를 포기했다.

PRÉSIDENCE DE LA RÉPUBLIQUE

국제기구

모스크바 회담(1943년 10월 30일)에서 최초로 공식 만남을 가졌던
루스벨트, 처칠, 스탈린은 세계대전을 피하기 위해서
과거에 실패했던 국제연맹을 대체할 수 있는 평화 유지를 위한 국제기구를 창설하기로 했다.

전쟁은 아직 끝나지 않았지만 덤바턴 오크스 회의^{Dumbarton Oaks Conference}(1944년 8~10월)에서 앞으로 만들 조직의 법령이 준비되었다. 이 법령은 1945년 2월 얄타에서 완성되었으며, 샌프란시스코 회의(1945년 4~6월)에서 최종적으로 유엔 헌장을 작성했다. 그리고 이것을 발표한 **10월 24일**이 국제연합(UN)의 공식 창립일이 되었다.

우선순위 : 평화 유지

유엔은 다음과 같은 목적을 정했다. 평화적 수단으로 또는 필요한 경우에는 다국적 군대의 무력 개입(과거 국제연맹에 빠져 있었던 설득 수단인 '파란색 헬멧'³⁴⁾)을 통해서 세계 평화를 보장한다. 한 국가의 방위권을 보장하지만, 내정에 간섭하지 않고, 경제·사회·문화적 협력을 구축한다.

유엔의 주요 기관은 총회이다.

1년에 한 번 또는 특별 총회는 뉴욕에서 개최된다. 주요 심의기관인 총회는 선출권을 가지고, 안전보장이사회의 제안에 따라 주로 행정적인 직무를 처리하는 사무총장을 5년 임기로 선출한다. 1961년 잠비아에서 평화를 위한 임무를 수행하던 중 순직한 스웨덴의 다그 함마르셸드^{Dag Hammarskjöld}(1953~1961 재직)나 2001년에 노벨 평화상을 수상한 케냐의 코피 아난^{Kofi Annan}처럼 강한 인상을 남긴 사무총장도 있다.

협상의 중심

집행 기관인 안전보장이사회는 항상 평화 유지에 대한 일차적 책임을 진다. 각 결정에 대해 거부권을 행사할 수 있는 5개의 상임이사국(미국, 러시아, 프랑스, 영국, 중국)을 포함한 **15개의 회원국**이 있다. 따라서 러시아가 시리아의 바샤르 알 아사드를 지원하는 바람에, 러시아는 2011년부터 내전을 겪고 있는 시리아에 대한 유엔의 개입을 차단하고 있다. 다른 주요 기관 중 **경제사회이사회**는 생활 수준의 전반적인 향상을 보장하고, **헤이그의 국제사법재판소**는 국가 간의 분쟁을 판결한다.

유엔의 회원국은 1945년에 50개국에서 2020년 193개국으로 늘어났다. 다시 말해서 세계에서 국가로 인정받는 거의 모든 국가(팔레스타인과 바티칸 제외)가 유엔에 가입했다. 국가의 지위를 주장하지만 국가로 인정받지 못하는 몇몇 영토(몇몇 국가들만 인정하는 대만, 코소보, 서사하라공화국과 어떤 국가도 인정하지 않는 소말릴란드, 티베트)는 유엔에 가입하지 못했다.

유엔은 특히 총회에서 6개의 공식 언어(영어, 아랍어, 스페인어, 프랑스어, 북경어 및 러시아어)를 사용한다. 하지만 사무국은 영어와 프랑스어만을 공식 언어로 사용하고 있다.

국제연합(UN)

유엔의 기구들

유엔의 기본 기구 외에도 수많은 전문 기구가 있으며, 대부분 1945년에서 1946년에 만들어졌다. 유엔이 창설되기 이전에 이미 존재했던 일부 기구는 이후에 유엔의 승인을 받았다. 국제노동기구(ILO, 1919년 국제연맹의 일부로 창설)와 국제전기통신연합(ITU, 1865년 설립되어 1947년 유엔 산하 기구로 승인)의 경우가 이에 해당한다.

국제부흥개발은행(IBRD 또는 세계은행이라고도 한다. 1946년에 설립)은 국가의 경제 발전을 위한 자금 조달을 맡고 있다.

국제통화기금(IMF, 1945년 창설, 1947년 승인)은 통화 및 국제 교류를 조직하고 통제한다.

식량농업기구(FAO)는 수확량 증가, 병충해 방제 등을 촉진하여 농업 발전을 위한 국제적인 지원을 제공한다.

유엔교육과학문화기구(UNESCO)는 파리에 본부를 두고 있으며, 문화 발전과 전 세계 문맹 퇴치를 책임지고 있다. 세계 유산 목록에 등재된 가치가 높은 자연 유적과 기념물을 보존한다. 흔히 **유네스코**로 불린다.

세계보건기구(WHO)는 국제 의료 협력을 제공한다.

국제개발협회(IDA, 1950년 설립)는 개발도상국가에 50년 상환 조건으로 무이자로 대출해준다.

세계기상기구(WMO, 1951)는 국제 기상 협력을 담당한다.

국제원자력기구(IAEA, 1956)는 원자력의 평화적 이용을 감독한다.

비판의 불씨

전후 문제를 해결하는 데 처음에는 효율적이었던 유엔은 **냉전**의 여파를 감당해야 했다. 중화인민공화국의 안전보장이사회 가입이 거부되자, 소련은 이에 대한 항의의 뜻으로 반복하여 거부권을 행사했고, 이로 인해서 공동 정책이 불가능해졌다. 하지만 소련의 불출석으로 인해, 한국전쟁(1950~1953)에서 공산주의 북한 정권을 침입자로 규정하고, 미국에 북한과 맞서 싸울 것을 명령할 수 있었다. 탈식민지화로 인해 유엔은 신생 국가들의 연단이 되었고, 구 벨기에령 콩고에 평화를 회복시키기 위한 시도, 그리스와 카탕가Katanga 분리주의자에 대한 조치, 그리스 주민과 터키 주민으로 분열된 키프로스Chypre에 대한 조치 등으로 존재감을 드러냈다.

하지만 1990년대 유엔은 **민족 분열**에 대해서 무력하다는 비난을 받았다. 1994년 80만 명이 사망한 르완다의 투치족 집단 학살, 1991년부터 1995년까지의 구유고슬라비아 분쟁, 특히 스레브레니차Srebrenica의 대학살에는 현장에 있던 400명의 네덜란드 평화유지군이 개입하지 못했다. 2010년 아이티 지진 당시에 유엔은 원조를 조율하지 못했으며, 결국 중요한 역할을 한 것은 미군이었다.

도덕적 진실이 존재할까?

자유민주주의 사회에서 이념 논쟁이나 의견의 다양성을 인정하지만,
그럼에도 불구하고 우리 사회는 도덕적 차원의 몇몇 주장에 대해서는 객관적 진실성을 유지하려고 한다.

판단의 영역에 대하여

예를 들어 도덕적 가치와 금기 사항이 시대와 문화에 따라 다르다는 점을 고려하더라도, 우리는 이들 중 몇 가지를 법적으로나 사회적으로 공식화하는 데 별 어려움이 없다. **하지만 도덕적 판단이 과학적 판단과 똑같은 수준의 객관성과 확실성을 가질 수 있을까?** "인종차별은 도덕적으로 비난받을 만하다"라는 진술이 "무거운 물체는 모두 낙하한다"와 같은 물리 법칙과 똑같은 수준으로 진실성을 확인받을 수 있을까?

논리 분야에서 진실은 무엇보다 그것이 설명하고자 하는 현실에 적합한 속성으로 간주된다. 이러한 진실의 개념에 대해서 그리스 철학자 아리스토텔레스 Aristotle 는 명제와 그 명제가 만들어내는 현실 사이의 단순한 대응관계로 볼 수 있다고 규정했다. 이런 식으로 볼 때, 진실은 대상이나 진술 그 자체에 있는 것이 아니라 그 둘을 이어주는 일치 관계에 있다. 진실은 단순히 그것이 무엇인지를 설명하고자 하는 것이다. 반면에 도덕성은 그것이 무엇이 되어야 하는지에 대한 것이다. 따라서 논리적이고 서술적인 진술은 도덕적이고 규정적인 진술과 근본적으로 다르다.

객관성에서 합의로

그러나 우리는 도덕적 진술에 대해 논리적 진술과 똑같은 정도의 진실성을 부여할 수 있을까? 진실은 개념의 범주처럼 순수하게 서술의 영역에서만 존재할 수 있다는 사실을 인정해야 하지 않을까? 한 개인이 도덕적 개념에 대해 말할 때 스스로 진실한지 확신할 수 있을까? 진실을 단순히 서술 논리의 영역에 국한한다면, 우리는 절대적 상대주의, 즉 명제의 진실성은 단순히 그 명제를 만드는 개인의 확신에 의존한다는 학설을 따를 위험이 있다. "모든 것이 별 차이가 없다면, 식인 풍습은 단지 음식 취향의 문제일 뿐이다"라고 레오 스트라우스 Leo Strauss 가 말했다. 도덕 문제를 넘어서, 이러한 상대주의는 잘못된 추론이다. "모든 것이 별 차이가 없다면"이라는 긍정명제는 결국 규범

적이고 긍정적인 속성을 가지고 있어서, 진술하는 동시에 무효화된다. 다시 말해서 모순된 진술이다. 이 진술에는 다른 의미가 포함되어 있다. 도덕 분야에 적용한다면, 이러한 원칙은 몇몇 도덕적 합의를 중심으로 이루어진 하나의 사회에 대해 같은 생각을 하는 것을 막을 수 있다.

사실상 진실은 보편적 지식 분야에 적용되는지, 혹은 도덕적 지식 분야에 적용되는지에 따라 **진실성 정도를 판단**하는 것이 나을 것이다. 흔히 말하는 도덕적 판단은 이론적·서술적 판단에서 나올 수 없다. 철학자 데이비드 흄 David Hume 은 그래야만 하는 것(도덕)을 그것이 무엇인지 설명하는 것(지식)을 바탕으로 공식화하는 것은 상상할 수 없다고 주장했다. 예를 들어, 과학 연구의 대상인 자연은 도덕적 목적성이 없기 때문에, 자연이 우리에게 보여주는 것으로 도덕 규정을 만드는 것은 위험하다.

오스트리아 철학자 비트겐슈타인 Wittgenstein 은 도덕적 진술을 진실의 영역 밖에서 고려해야 한다고 했다. 따라서 그는 "선 Good 은 사실의 영역 밖에 있다"고 말했다. 보편적 가치를 가진 도덕적 진실이란 불가능하며, 도덕에 대한 이론 역시 있을 수 없다. 실제로 윤리적 측면에서 채택해야 할 도덕적 행위를 판단하려면 각 사례에 따라 각각 진행할 필요가 있다.

위르겐 하버마스 Jürgen Habermas 는 민주적 토론이란 도덕적으로 진실이라고 판단되는 진술을 만들어내는 것이라고 말했다. 도덕적 판단은 무엇을 해야 하는지를 토론하는 사람들 사이의 관계에 따라 참 또는 거짓이 될 수 있다. 그러므로 도덕적 진실의 개념은 고정적이고 서술적이고 현실을 설명하는 이론이 아니라, 도덕적 관점에 대해 자유롭게 대립할 수 있는 개인들의 관계에서 나오는 결과이다.

살아 있는 존재는 기계와 같을까?

생물학 분야에서 생명체는 움직임, 주위 환경, 영양 섭취, 생식능력, 자기조절이라는
공통된 특성을 공유하는 존재로 정의한다.
이러한 기능들 전체 혹은 부분으로 특징 지워지는 생명체는 특히 자발적이고 자율적이며,
따라서 기계 장치와 반대로 외부 힘의 산물이 아니다.
기계는 외적인 원인으로 존재하고 외적인 원인으로 작동한다.
태엽을 감지 않는 한 시계는 스스로 시간을 알려주지 못한다.

영혼의 개념

몇몇 철학자들은 생체 기능의 자발성을 생명체에 '생존
원칙'을 부여하는 생명력의 증거로 간주했다. 그런 다음에
생명체에 대한 생명론적 관점을 이야기할 수 있다. 생명
론적 관점은 기계론적 관점과 반대된다. 아리스토텔레스
는 이것을 다음과 같이 설명했다. "생명에 의해서 우리는
스스로 영양을 섭취하고 성장하고 쇠약해지는 것을 이해
할 수 있다." 이 진술에서 가장 중요한 점은 생명체의 기
능에 대한 설명이 아니라 이 진술에 포함된 '스스로'라는
자율적 특성이다.

인간의 손으로 만든 시계와 달리 생명체는 스스로 움직이
고 휴식할 수 있는 원동력을 가지고 있다. 인간 활동의 내
면적인 원동력을 아리스토텔레스는 영혼이라고 말했다.
다시 말해서 영혼은 **인간을 움직이게 하는 것**이다. 이것
은 생명체의 영적인 개념에 관한 것으로, 그리스 철학자
는 영혼의 존재를 생명력의 조건으로 간주했다.

육체, 기계?

그럼에도 불구하고 현대 의학은 영혼의 존재에 대한 육체
적인 증거가 없기 때문에 생명론을 받아들이지 못하고 있
다. 16세기부터 시체 해부를 통해서 발견된 사실은 **생명
체를 유물론적 관점**에서 바라보게 했다. 데카르트Descartes

의 유물론은 우리가 기계 장치를 파악하는 것과 같은 방
식으로 살아있는 생명체를 분간하고 이해하고자 했다. 기
계에 대한 은유는 예를 들어 심장을 펌프로, 소화관을 튜
브로 설명하는 해부학에서는 흔한 일이다. 하지만 기계가
생명체를 설명하기에 적합한 모델일까? 데카르트는 영혼
의 존재를 믿었지만, 데카르트가 설명하는 영혼은 생명체
의 움직임이나 특성을 이해하는 것과 아무런 관련이 없었
다. 그러므로 생명체는 기계적 움직임의 결과이며, 따라
서 인체의 기능에 대한 연구를 통해서 생명의 속성을 파
악하는 것이 가능하다고 주장했다.

하지만 오해를 분명히 해소할 필요가 있다. 이것은 인간
에 대해 정의하려는 시도가 절대로 아니며, 따라서 병든
사람, 심지어 사망한 사람도 그 존재나 법적·도덕적 존엄
성이 없어졌다고 하더라도 인간으로 규정될 수 있는 것
이다. 공상과학 소설은 이와 같은 기계론 개념을 검증하
기 위해서 인간의 외모를 하고 있지만 인공적으로 만들어
진 인조인간이 서서히 자유 의지와 인간의 감정을 획득해
가는 장면을 연출하곤 했다(《블레이드 러너Blade Runner》《웨스
트월드Westworld》…). 실제로 기계에 대한 은유는 인체와 관련
된 과학적 지식을 쌓을 수 있도록 단순히 모델 역할을 해
주는 아날로그 장치일 뿐이다. 인간이 기계와 같다고 말
하는 것은 이러한 방법적 조건에서만 가능하다.

지구 인구를 어떻게 먹여 살릴 것인가?

2세기 동안 지구의 인구는 폭발적으로 증가했다.
그렇다고 해서 기아 문제가 악화되지는 않았으며,
오히려 그 반대로 질적 혹은 양적으로 식생활의 개선으로 이어졌다.
그 이유는 농업 생산력이 인구보다 더 빠른 속도로 늘었기 때문이다.

하지만 기아 문제는 계속되고 있다. **9억 명**에 가까운 사람들이 여전히 영양 부족 상태에 있으며, 특히 앞으로 30년 이내에 지구 인구가 20억 명 더 늘어날 것으로 예측된다. 지금까지는 집약적 농업의 발전으로 충분히 감당할 수 있었다. 심각해지는 환경 문제와 더불어, 생산량을 늘리기 위해 화학과 유전학에 계속 기대를 걸 수 있을까?

농업 생산을 늘리는 방법은 무엇일까?

첫 번째 해결책은 새로운 땅을 찾는 것이다. 현재 대륙 표면의 약 40퍼센트가 경작지로 이용되는 것으로 추정된다. 아직 경작되지 않은 땅이 있지만, 이는 제한적이다. 이런 경우에 무엇보다 삼림을 파괴할 위험을 고려하지 않을 수 없다.

두 번째 해결책은 효율성을 높이는 것이다. 그러나 관개와 비료 사용에 의존하는 집약적 농업 기술의 확장은 상당한 비용이 들 뿐 아니라 환경에 위험을 초래한다. **유전자변형식물**GMO은 생산력을 향상시킬 수는 있다. 전 세계 농지의 약 15퍼센트에서 유전자변형식물을 재배하고 있지만, 이것은 또한 예방 원칙, 윤리 문제(생태계 교란), 환경 문제 측면에서 많은 저항을 받고 있다.

주요 생태학적 과제 중 하나는 오염이 적은 농업, 특히 **유기 농업**의 개발이다. 현재 유기 농업은 생산량을 비롯한 많은 도전 과제를 안고 있다. 아직은 이른바 '재래식' 농업에 비해 생산량이 8~20퍼센트 정도 적다.

새로운 단백질 공급원의 소비를 촉진할 수 있을까?

인류의 약 3분의 1이 이미 곤충을 소비하고 있다. 그러나 이러한 소비의 대부분은 단지 보완적인 차원일 뿐이다. 수많은 연구소와 기업이 새로운 곤충 제품 개발을 고려하고 있다.

일부 식물성 제품 또한 단백질을 공급할 수 있다. 특히 아시아에서 소비되는 두부와 같은 콩 제품은 채식이나 비건 식단의 발달로 더 널리 퍼지고 있다. 하지만 여기에서도 최전선에 있는 것은 농업 제품이다.

식습관을 바꾸시겠습니까?

지구상에 약 **50만 가지**의 다양한 식물이 존재한다. 하지만 단지 **3천 종만이 재배되고** 있다. 이 중에서 중요한 식량으로 사용되는 것은 12종으로 밀, 쌀, 옥수수, 감자, 고구마, 카사바 등이다. 중요한 연구 과제 중 하나는 식량으로 사용할 수 있는 다른 식물들을 더 많이 알아보는 것이다.

단백질의 주요 공급원은 어업보다 축산업 제품에 더 많이 의존하고 있다. 이런 상황에서 경작지 면적을 늘리기 위해 목축업에 이용되는 면적이나 육류 소비를 줄여야 할까? 사실 농경지의 대부분은 목축이나 콩과 같은 동물 사료용 식물을 재배하는 데 이용되고 있다. 이 과정에서도 문화적(곤충에 대한 혐오감) 혹은 자연적(세계 가축의 대부분이 척박한 땅에서 사육된다) 측면에서 많은 장애에 부딪힌다.

대도시란 무엇일까?

척 보면 알 수 있다. 대도시는 지휘 기능에 초점을 맞춘 큰 도시이다.
실제로, 대도시에 대해서 거주민의 수를 기준으로 정의를 내린다면,
이러한 정의에 합의하기는 힘들 것이다.

선진국의 중형 도시가 때로 가난한 나라의 거대 도시보다 영향력이 더 크다. 더 눈여겨봐야 할 사실은 **일부 도시가 다른 도시를 지배하는 것처럼 보인다**는 것이다. 따라서 프랑스에서 도시들은 네트워크(지리학에서는 '도시망'이라고 함)를 이루고 있으며, 파리를 중심으로 도시들이 계층적인 구조로 이루고 있다.

세계 경제를 통제하는 도시?

세계적인 영향력을 행사하는 권한이 집중된 몇 개의 대도시를 가리켜 '세계 도시' 또는 '글로벌 도시'라고 한다. 약 10여 개의 글로벌 도시가 있으며, 그중 가장 중요한 도시는 뉴욕, 런던, 파리, 도쿄, 홍콩이다. 이 도시들은 특히 **대규모 다국적 기업의 본사들이 집중**되어 있는 것이 특징이며, 따라서 특정 국가에서 특정 공장을 열거나 닫는 결정이 내려지는 곳이기도 하다. 대기업은 이러한 도시에서 세계적인 차원의 기업 활동에 도움이 되는 대학과 수준 높은 노동력(예: 변호사)을 찾고 싶어한다.

이러한 집중화 현상의 장점 이면에는 단점도 있는데, 예를 들면 높은 부동산 비용으로 일반 서민들이 도시 내 대부분 지역에 거주할 수 없게 된다는 것이다.

사회학자 사스키아 사센[Saskia Sassen]이 설명했듯이, 이러한 도시들은 높은 보수를 받으며 대형 미술관을 먹여 살리는 전 세계의 엘리트들과 가장 허름한 동네에 거주하면서 생계를 위해서 밤마다 온갖 잡다한 일을 하는 가난한 이주민들이 동시에 몰려든다.

집중인가 분산인가

대도시가 경제 분야에서 맡은 근본적인 역할 때문에 프랑스는 **국토 개발 정책**을 서서히 변화시키고 있다. 1960년대에는 국가의 균형 개발을 위해서 다양한 활동을 재분배하고자 했지만, 이제는 첨단 분야 등에서 '시너지'를 얻기 위해서 경쟁력 있는 클러스터 구성으로 집중화를 장려하고 있다. 그 예로 남서부의 항공우주산업 단지나 '그랑 파리'[Grand Paris**35**]에 대한 홍보를 들 수 있다. 이에 따라 새로운 행정 개편이 이루어졌고, **21개 시가지**가 '대도시' 수준을 갖추었다.

반대로 대도시 외곽 지역은 세계화에서 배제되고 쇠퇴하고 있다는 느낌을 주기도 한다. 지리학자 크리스토프 길루이[Christophe Guilluy]가 제안한 것처럼, 대도시와 '프랑스 주변 지역' 사이에 단층이 만들어졌다는 비난이 일고 있기도 하다.

실제로 현실은 그렇게 단순하지 않다. 프랑스에서 활기 넘치는 수많은 지역이 대도시에서 멀리 떨어져 있으며, 반대로 일부 대도시는 어려움을 겪고 있다.

도시의 미래는 어떠할까?

브라질 파벨라[36]는 일반적으로 폭력 및 치외법권 지역과 동의어로 사용된다.
인도 뭄바이 근처 다라비(Dharavi)[37]의 거대한 빈민굴은 도시 인구 폭증으로 인한 비극을 잘 보여주고 있다.
도시라는 세이렌[38], 희망의 장소, 모든 기회의 통로는 마르크스주의 지리학자 마이크 데이비스(Mike Davis)가
"가능한 세상의 최악"(2007)이라고 표현한 지옥이 된 듯하다.

세계적인 현상

주로 거주민이 불법으로 직접 건축한 구조물에 기본적인 사회보장제도의 혜택을 적절히 혹은 전혀 받지 못하는 이러한 거주지에서 **도시 인구의 약 30퍼센트**가 살고 있다. 하지만 이 수치를 잘 살펴볼 필요가 있다. 실제로 유엔은 1990년에 세계 도시 인구의 약 45퍼센트가 빈민가에 살고 있다고 발표했다. 따라서 이러한 상황은 개선되었다고 볼 수도 있다. 하지만 세계화의 상징처럼 빈민가는 점점 더 부촌과 가까워지고 있지만, 부촌은 이것을 점점 더 받아들이지 못하고 있다.

'빗장 동네' (Gated Communities)란 무엇일까?

빈민가가 도시가 제공해야 하는 기본적인 사회보장제도에서 배제된 사람들의 상징이라면, '빗장 동네'는 반대로 부유한 사람들의 자발적인 폐쇄성을 드러낸다. '빗장 동네'는 공동으로 관리되는 넓은 사유지라고 할 수 있다.

1990년대 미국에서 등장한 이러한 유형의 주택 단지는 오늘날 전 세계에서 다양한 형태로 찾아볼 수 있다. 특히 미국에서 이러한 주택 단지는 하루 24시간 거의 군대식으로 보안이 이루어지고 다양한 서비스(음식, 학교 등)를 제공하는 **독립된 주거지**이다. 대부분의 이러한 주택 단지는 담으로 도시와 분리되어 있다.

사실, 이런 유형의 거주지는 폐쇄에 대한 의지보다 시민의 안전을 보장해야 하는 국가에 대한 신뢰의 부족을 나타내기도 한다. 특히 사회적 격차가 매우 심각한 폭력으로 나타나는 라틴아메리카의 경우는 더욱 그러하다.

여전히 존재하는 공간 분리

사회 계층 혼합 정책에도 불구하고, 빈민가와 '빗장 동네'의 사례 외에도 부유한 지역과 가난한 지역의 차이는 여전히 심각하다. 따라서 도시의 분열은 시장의 법칙에서 비롯된 보편적인 현상인 듯하다. 가장 부유한 사람들은 살고 싶은 곳이나 사고 싶은 곳을 선택하고 투자한다.

하지만 변하지 않는 것은 없다. 낙후된 지역이 활기를 띠면서 젠트리피케이션[39]이 발생하기도 한다. 이런 경우에 부유층이 이런 지역으로 유입되고 저소득층이 다시 밀려나기도 한다. 수많은 빈민가가 합법화되고, 심지어 완전한 권리를 갖춘 진정한 거주 지역이 되고 있다.

초강대국 미국: 신화인가 현실인가?

1999년 당시 프랑스 외교부 장관이던 위베르 베르딘(Hubert Védrine)은
미국에 대해 '초강대국'이라는 용어를 사용했다.
1991년 소련의 해체는 더 이상 경쟁 상대가 없어진 미국에게 완전한 자유를 주었다.

권력의 토대에서

경제적 관점에서, 미국은 가장 선진적인 국가이다. 인구가 3억 3천만 명으로 중국의 4분의 1에 불과하지만 사실상 모든 면에서 세계 경제를 계속 지배하고 있다. 달러는 국제 무역의 통화이며, 자체 자금을 조달할 수 있는 엄청난 능력을 가지고 있다. 20세기 초부터 이러한 경제력을 바탕으로 미국은 글로벌 영향력을 엄청나게 행사해왔다. 미국은 패션, 영화 또는 미국 대기업이 개발하고 배포하는 수많은 제품을 통해서 소프트 파워를 표현하고 있다. 동시에 더욱 고전적인 방식인 군대를 통해서 미국의 능력을 드러내기도 한다. 미국은 유엔 안전보장이사회의 5개 상임이사국 중에서 거대한 군산복합체[40]로 세계적 개입 역량을 갖춘 유일한 나라이다. 미국의 국방 예산은 전 세계 군사 지출비의 36퍼센트를 차지한다.

후퇴하는 초강대국?

이러한 엄청난 군사 능력으로 인해 미국은 일방적으로 개입을 결정하기 시작했다. 가장 극적인 사건은 아마 2003년 이라크에 대한 개입일 것이다. 조지 부시 대통령은 이러한 개입을 통해서 더 광범위한 틀 안에서 새로운 국제 질서를 확립하겠다는 의지를 보여주고자 했지만, 오히려 이것은 힘의 한계를 드러냈다. 이라크가 방화와 살육으로 황폐해지면서 이 개입은 점점 더 지지를 잃었고, 오바마 대통령은 미군을 철수시켜서 시리아 내전에 대한 개입을 줄이고자 했다. 이라크뿐만 아니라 아프가니스탄에 대한 개입에서도 분쟁이 복잡해지고 당사자들이 다양해지면서 한계가 더욱 분명하게 드러났다.

미국, 일방주의와 다자주의 사이에서

미국의 역사를 통틀어보면 철수와 개입을 반복하고 있다. 루스벨트 대통령은 일본의 진주만 공격 전에 제2차 세계대전에 직접 개입한다는 원칙을 받아들이기가 어려웠을 것이다. 그 이유는 미국이 개입한 결과로 발생한 참전 용사들의 사망이나 몇몇 패전으로 인해 트라우마가 생겼기 때문이다. 사실, 미국은 세계무대에서 입지를 다지기 위해서 국제법을 수호하는 경찰 역할을 하거나 국제 협력이라는 카드를 사용하는 다자주의, 그리고 동맹국의 입장을 고려하지 않고 개입하는 일방주의 사이에서 늘 흔들리고 있다.

2010년대 이후로 초강대국 미국은 경제 문제에 다시 집중하는 듯하다. 미국은 세계의 다른 나라들과 무역의 균형을 다시 맞추고 싶어하며, 이것은 2017년 도널드 트럼프의 당선 이후에 멕시코 및 캐나다와의 무역 협정 재협상, 중국과의 무역 경쟁 등 다양한 조치로 나타났다

국제무대에서의 러시아

1,700만 평방킬로미터의 러시아는 세계에서 영토가 가장 넓은 나라이다.
사실 러시아는 2,200만 평방킬로미터로 훨씬 더 광활한 영토를 가졌던 소련에서 비롯되었다.

초강대국의 유산

소련의 해체는 중요한 결과를 가져왔다. 전략적 군사시설들이 러시아로부터 멀리 떨어지게 된 것이다. 발트해에 위치한 러시아 항구 **칼리닌그라드** Kaliningrad 는 러시아에서 700킬로미터 떨어진 영토가 되었다. 흑해의 군사 항구인 **세바스토폴** Sevastopol 은 우크라이나에 위치하고 있어서, 러시아는 기지를 보존하기 위해서 합의에 서명해야 했다. 초강대국 소련을 상징하던 **바이코누르** Baikonur 우주 기지는 카자흐스탄에 있다. 무엇보다 러시아인들이 러시아 밖에서 거주하고 있다.

실제로 러시아 제국과 소련의 상황에 따라 러시아인들은 다른 지역을 차지하고 살고 있었다. 가장 상징적인 경우는 **발트해 연안 국가**의 경우이다. 인구 200만의 작은 국가 라트비아가 독립할 당시에 인구의 30퍼센트가 러시아인이었다. 하지만 1991년 헌법은 1940년(소련 합병 날짜)에 시민권을 가지고 있던 라트비아인과 그 후손에게만 시민권을 부여했다. 따라서 1995년에 복잡한 귀화 과정이 가능해지기 전에 라트비아 인구의 거의 3분의 1이 시민권을 잃었다.

2000년에 집권하자마자 블라디미르 푸틴은 러시아 인구의 방어를 외교 정책의 주요 라이트모티프로 삼았다. 푸틴이 우크라이나에서 친러시아 운동을 지지하는 것은 바로 이 노선에서 비롯된 것이다.

러시아의 개입주의

러시아는 국제관계에 지속적으로 영향을 미칠 수 있는 중요한 수단을 가지고 있다. 우선 러시아는 소련으로부터 유엔 안전보장이사회의 상설 의석과 대규모 핵무기를 물려받았다. 그리고 **가스와 석유라는 전략적 자원**을 보유하고 있어서, 이에 의존하는 수많은 유럽 국가에 영향력을 행사할 수 있다.

2000년대에 구소련 국가들을 러시아의 영향력 아래에 두기 위해서, 러시아는 개입을 통해 국제무대로 돌아왔다. 2008년에 조지아에서 진행되는 오세티아의 분리독립을 지원하기 위해서 내전에 개입했으며, 우크라이나 내의 친러시아 운동을 지지했다. 2015년 러시아는 동맹인 바샤르 알 아사드 Bashar al-Assad 를 지원하기 위해 시리아 내전에 직접 개입했다. 한편 러시아는 반러시아 서구 전선을 방해하기 위해서, 포퓰리스트 후보를 지원함으로써 유럽과 미국의 정치 캠페인에 참여한 혐의를 받고 있다.

2014년 크림반도 합병

크림반도는 18세기 말 러시아의 품에 들어갔다. 예카테리나 2세는 크림반도에 세바스토폴 요새를 세웠고, 그곳은 러시아의 군사 항구가 되었다. 19세기 말, 크림반도는 얄타(1945년에 스탈린, 루스벨트, 처칠이 독일 관리 문제를 회의한 곳)와 같은 해안 도시의 발전으로 휴양지가 되었다. 1954년에 소련의 틀 안에서 크림반도는 우크라이나에 편입되었으며, 1991년 독립할 때까지 우크라이나에 소속되어 있었다.

2013년에서 2014년에 새로운 정치적 위기가 친러시아파와 유럽연합 가입 지지자들이 맞서고 있는 우크라이나를 뒤흔들고 있었다. 크림 자치 공화국이 주민 투표를 통하여 러시아로의 편입을 추진했는데, 유엔과 유럽연합은 이 합병을 불법으로 간주했다.

역설의 땅 브라질

인구 2억 1천만 명, 국토 850만 평방킬로미터, 세계 8위의 경제대국 브라질은
라틴아메리카의 거인이다.
하지만 '아름다운 미래를 약속받은' 이 나라는 국제무대에서 점점 더 강대국이 될 것이라고 확신하지만,
아직 기대하던 발전을 경험하지 못했다.

북쪽에서 남쪽으로

광활한 영토의 브라질은 매우 성격이 다른 **세 지역**으로 나누어볼 수 있다. **북부**는 아마존 열대우림 지역에 해당한다. 수많은 아메리카 원주민 부족이 거주하는 북부는 도로와 도시를 출발점으로 하는 여러 식민지 전선의 무대이기도 했다. 따라서 산림 보호, 원주민 권리 수호, 경제 발전이라는 문제로 긴장이 감도는 지역이었다. **북동부**는 건기가 특징이며 노예 제도를 기반으로 대규모 설탕 및 코코아 농장들이 있는 지역이었다. 노예무역선이 항해를 마무리하는 곳이기도 했다. 오늘날 브라질에서 가장 가난한 지역이다. **남부**는 커피 산업의 발전과 인구 1,300만 명의 세계적인 거대 도시로 성장한 상파울루로 인해서 브라질 **경제의 원동력**이 되는 지역이다.

대안세계화가 포르투 알레그리에서 탄생하다

'대안세계화'Alter-Globalization란 자유주의 세계화를 거부하고 보다 규제된 세계화를 지향하는 모든 운동을 가리킨다. 대안세계화 운동은 2001년 인구 150만 명의 도시 포르투 알레그리Porto Alegre에서 개최된 제1차 세계사회포럼을 통해서 주목받게 되었다. 세계사회포럼은 해마다 글로벌 기업 지도자들과 주요 정책 책임자들이 모이는 세계경제포럼에 대한 대안으로 제시되었다. 오랫동안 브라질 좌파가 통치했던 포르투 알레그리는 1989년 참여 예산을 책정한 최초의 시가 되었다.

경제 성장 사이에서

이처럼 **대조적인 지역 특징**은 역설적이게도 포르투갈어와 더불어 브라질 국민을 하나로 묶어주는 시멘트 역할을 한다. 인구가 해안에 집중되면서, 1960년대에 균형 개발을 위해서 내륙에 정치 수도 브라질리아를 건설하고자 했다. 경제 발전의 필수 요소 중 하나가 되어준 넓은 영토 덕분에 수출용 농작물을 경작할 수 있는 **거대한 농업 단지**를 조성할 수 있었다.

게다가 과거에 커피 사이클이 있었다면, 오늘날에는 **콩 사이클**이 있다. 동물 사료로 널리 사용되는 콩과 식물은 중국의 수요로 인해 1990년대부터 눈부신 발전을 이루었다. 브라질은 특히 마투 그로수Mato Grosso 지역의 거대한 땅을 경작(그리고 벌채)에 이용하여 이러한 수요에 대응할 수 있었다. 2020년에 브라질의 재배 면적은 **6,400만 헥타르**이다(2002년에는 1,600만 헥타르였다). 이것은 브라질 경제력의 역설적인 특징으로, 산업의 눈부신 발전에도 불구하고, 브라질 경제는 여전히 원자재와 농산물 수출에 크게 의존하고 있다.

…그리고 사회적 불평등

특히 2003년부터 2011년까지 농산물 무역을 위해 적극적인 외교를 펼친 룰라Lula 대통령 시절에 브라질의 경제력은 국제무대에서 존재감을 드러낼 수 있었다. 룰라 대통령은 남아메리카 국가들의 경제공동체인 **메르코수르**Mercosur **41**의 영향력과 수많은 아프리카 국가들을 통합할 수 있는 능력을 바탕으로 미국의 영향력에 대응했다. 하지만 그 당시 시행된 재분배 정책에도 불구하고, 브라질은 여전히 매우 불평등하고 **만성적인 폭력**이 난무했다. 2018년 대선에서 자이르 보우소나루Jair Bolsonaro의 승리는 분열된 국가의 정치적 위기를 상징한다.

댐과 인간

댐은 많은 국가에서 중요한 자산이다.
댐은 전기를 생산하고 비가 오는 계절에 물을 저장하여
건조한 계절에 물을 다시 흘려보내서 작물에 관개한다.

중요한 자산

1960년대에 건축된 이집트의 아스완 댐은 인구가 폭발적으로 늘어나고 있는 이 나라에서 나일 계곡의 광대한 지역을 경작할 수 있게 해주었다. 사실, 수많은 국가의 경제는 이러한 댐의 존재에 달려 있다. 중국에 있는 2만 2천 개를 포함하여 세계에는 **약 5만 개의 대형 댐**이 있다. 수력 전기는 전 세계 전기의 16퍼센트를 차지하며, 무엇보다 **재생 에너지의 주요 원천**이다.

중국의 싼샤 댐

1994년부터 2012년까지 시행된 대형 프로젝트인 양쯔강의 싼샤 댐은 최대 저수량 390억 입방미터로 세계에서 가장 강력한 수력 발전소를 가동하여 중국 전력 소비의 3~5퍼센트를 담당한다.

댐 건설로 140만 명이 이주해야 했으며, 현대화된 마을 수천 개가 파괴되었다. 특히 이러한 댐에 문제가 생긴다면 하류 지역에 재앙을 초래할 수 있으므로 철저한 모니터링이 필요하다.

강력한 반대

그러나 댐은 **많은 부정적인 결과**를 초래하기도 한다. 댐이 고용과 에너지의 원천이기는 하지만, 댐 건설로 인해서 수많은 토착민이 이주해야 한다. 보상이나 새로운 거처 마련 조건은 매우 다양하며 때로는 전혀 없는 경우도 있기 때문에, 수많은 사람이 거주지를 강탈당했다고 느끼기도 한다. 댐 건설로 인한 이재민은 4천만 명에서 8천만 명으로 추산된다. 게다가 댐이 환경에 끼치는 영향력도

심각하다. 댐으로 인해 생긴 새로운 수역은 생태계를 파괴한다. 댐은 물고기(물고기 이동 통로가 필요하다)에게 장애물이며, 상류에 침전물을 가두게 된다. 또한 댐으로 생긴 저수지는 다양한 활동(예를 들면 여가 활동)에 활용될 수 있지만, 모기가 급속하게 번식할 우려도 있다. 마지막으로 댐은 때로 역사적인 유적지를 사라지게 할 수도 있다.

따라서 댐 건설에 세계적으로 막대한 자금을 사용할 수 있는데도 불구하고, **댐 건설을 반대하는 집회**가 확산되는 것을 볼 수 있다. 정부가 댐을 개발 수단으로 제시하면, 반대파들은 과도한 비용과 환경에 끼치는 영향을 반대 이유로 내세운다. 가난한 국가에선 댐 건설이 인구의 극히 일부에게만 혜택을 주기도 한다. 예를 들면, 2012년에 우간다에서 건설된 부자갈리 댐은 250메가와트의 엄청난 양의 전기를 생산하지만, 인구의 5퍼센트만이 국가 전력망에 연결되어 있다.

지정학적 문제

댐 건설은 일반적으로 **정부가 해당 지역에 보내는 강력한 신호**이다. 예를 들어, 터키는 지역의 잠재력 때문에 쿠르드 주민이 정착해서 살고 있는 산악지역에 많은 댐을 건설했다. 하지만 이것은 또한 터키 정부가 그 지역 개발에 대한 관심이 있다는 사실을 쿠르드 주민들에게 보여주는 것이기도 했다.

그러나 상류에 위치한 국가의 댐 건설은 국제적으로 우려뿐 아니라 **긴장**을 유발하기도 한다. 나일강의 경우가 그러했다. 에티오피아는 아프리카에서 가장 큰 수력발전소에 수력을 공급할 그레이트 르네상스 댐을 건설하고 있다. 하지만 나일강에서 관개하는 이집트와 수단은 댐 건설로 인해서 물 공급을 위협받을 수 있다고 생각한다.

기후 난민의 현실

1990년대 초, NGO들이 '기후 난민'이라는 표현을 사용하기 시작했다.
이것은 환경 악화로 인해서 자신의 국가를 떠나야만 하는 사람들을 가리킨다.

2050년에 2억 5천만 명?

기후 문제(특히 가뭄이나 열대성 저기압이 계속되는 동안 발생하는 문제) 혹은 침식 위기로 인해 가난한 사람들이 자신의 고향을 떠나고 있다. 이 문제는 2018년에는 1,600만 명에게 영향을 끼쳤으며, 이는 분쟁 지역을 탈출한 사람들의 수보다 더 많은 수치다.

'난민'이라는 용어는 사실 투사를 가리켰다. 1951년 제네바 협약은 실제로 박해 때문에 고국을 떠나는 사람들을 수용할 수 있도록 국제법상에 난민 지위를 규정했다. 따라서 기후 난민이라는 표현은 '환경 문제로 이주한 사람들'을 보호할 수 있는 법 제정을 간청하는 의미가 담겨 있다. 하지만 이러한 이주에 대해 정의를 내리는 데는 많은 어려움이 있다. 왜냐하면 일반적으로 이러한 이주에 있어서 환경적 이유 외에도 다른 이유가 추가되는 경우가 많기 때문이다. **경제적 불안정성, 정치적 불안정성, 인구 증가**가 일반적으로 관련되는 요인이다. 그럼에도 불구하고 기후 변화에 대한 예측에 따르면 아마도 수천만 명이 자신이 살던 지역을 떠나야 할 것이라 한다. 2018년 세계은행 보고서에 따르면 2050년에 이재민의 수는 1억 4천만 명이 될 것으로 추산되며, 유엔은 이 시점까지 2억 5천만 명이 될 것이라고 보고 있다.

법적 지위일까 아닐까?

언론, NGO, 정치인들이 내세우는 수치에 대해서 아무리 걱정해도 부족하지 않다. 이는 실제 이주민 수를 어림잡은 수치일 뿐이다. 연구에 따르면 이주민 대부분이 인근 지역으로 이주하기 때문에, 실제로 수많은 사람이 국내 실향민이 되고 있다.

하지만 난민의 법적 지위 자격에 환경 조건을 더하는 것은 여전히 논란의 여지가 많다. 사실 기후 변화의 영향을 피해 도망가는 사람들을 되돌려 보내는 것은 인권에 위배되지는 않지만, 이는 생존권을 침해하는 것이 아닐까?

따라서 천연자원이 위협받거나 해수면 상승으로 침식되고 있는 가난한 국가들은 NGO의 지원을 받아 **기후 난민 지위를 확보**하기 위해 움직이고 있다. 하지만 부유한 국가들은 가난한 이주자들을 받아들여야 할 의무가 생기는 그러한 지위의 존재에 관심이 없다.

이오안 테이티오타의 투쟁

2007년, 해수면 상승으로 위협을 받는 태평양 군도 키리바티의 타라와에서 온 이민자가 뉴질랜드에 망명을 신청했지만 거부당했다. 따라서 그는 유엔 인권위원회에 항소하여 땅의 염분화를 초래하고 지역 사회에서 심각한 토지 분쟁을 유발하고 산호초를 사라지게 하는 해수면 상승이 자신에게 가해지는 위협에 대해 설명했다. 위원회는 이오안 테이티오타 Ioane Teitiota 의 주장에 전적으로 동의하지는 않았지만, 2020년에 발표된 결정문에서 '기후 난민에 대한 망명 요청을 인정할 가능성'을 표명했다.

해변이 사라질까?

모래 또는 자갈의 축적물로 해안의 거의 3분의 1을 차지하는 해변은
인류 사회가 차지한 지 오래되지 않았다.
20세기가 진행되는 동안 대규모 해수욕장 관광의 발전은 해변의 운명을 급격히 바꾸어놓았다.
하지만 세계의 모든 관광지 해안에서 대부분 해변이 감소하고 있다.

심각한 연안 침식

이것은 모래사장과 사구의 **콘크리트화**로 인한 회복력 상실 때문이다. 실제로 해안가의 산책로, 도로, 주차장, 건물 등의 건설은 모래언덕이 바람의 상태에 따라 주기적으로 모래를 저장해두었다가 해변을 다시 충전하는 것을 방해한다. 원래 해변은 모래언덕 쪽으로 모래가 사라지는 단계를 거친 후에 이를 다시 보충하곤 한다.

연안 침식을 제한하기 위해 해안선과 평행하게 움직이면서 퇴적물을 쌓는 연안류를 조절하기 위한 **제방**이나 작은 둑을 수직으로 세웠다. 하지만 이런 모든 보호 조치는 오히려 **회복력 상실**을 더 강화할 뿐이다. 사실 연안 침식은 강과 댐에서 모래를 먼저 채취하는 바람에 해안가 모래 공급이 감소한 것과도 큰 관련이 있다.

오늘날에는 법으로 해안에 너무 가까운 곳에 건축을 금지하고 있으며, 대부분의 해변 대형 리조트들은 여름철 이전에 의무적으로 해변에 모래를 재충전해야만 한다. 특히 해수면 상승으로 연안 침식이 심각해질수록 비용이 더 많이 들고 있다.

모래에 대한 위협

관광지가 아닌 해안의 경우에 **과도한 모래 채취**와 같은 또 다른 이유로 해변이 파괴되고 있다. 실제로 모래는 콘크리트의 구성 성분으로 건축에 필수적인데, 사구의 풍화된 모래는 바다나 하천의 모래 알갱이와 달리 너무 부드러워져서 사용하기에 적합하지 않다.

매년 세계에서 채취되는 모래의 양은 물의 흐름에 따라 이동하는 양보다 3배에서 5배 정도 더 많다. 그 결과 재생 불가능한 자원이 고갈될 위기에 놓였고, 다시 이러한 모래가 **밀거래**되기에 이르렀다. 따라서 대부분의 국가는 해변과 모래 자원을 보호하는 법안을 만들었다.

특수한 '마피아'

모래의 불법 채취가 증가했다. 모로코의 경우 고립된 해변은 말 그대로 모래가 거덜났다. 인도 남부 타밀나두주의 해변 모래는 석류석과 지르콘과 같은 귀중한 광물을 함유하고 있다. 따라서 2013년에 금지했음에도 불구하고 모래의 약탈과 수출은 계속되고 있다. 이 밀거래에 연루된 회사를 조사한 언론인들은 살해당하거나 살해 위협을 받았으며, 이런 일들은 모래 밀거래가 얼마나 수익성이 있는지를 보여준다.

중국과 일본의 신화와 전설

아주 일찍부터 중국 사람들은 천상 세계, 별자리, 우주와 군주 사회 사이의 평행선을 찾았다.
따라서 왕은 국가의 수호자이자 지상에 내려온 '하늘의 아들'이었다.

하늘의 제국

천상의 신들은 땅의 신들이나 정령들(4방위 신, 강의 신 등)과 대조를 이뤘다. 이 모든 신을 영접하려면 **제물**을 바쳐야 했지만, 중국 사람들은 특히 **조상**을 중재자로 이용하기도 했다. 조상들의 사후 영향력은 도움이 될 수도 있고 해가 될 수도 있다. 예를 들면, 죽은 조상은 질병을 내보내고 꿈에 나타나거나 예언을 하기도 한다. 중국에서 가장 상징적인 길조인 **용**은 상상 속의 동물로 색깔(한족의 용은 검은색이다), 뿔의 유무에 따라 수많은 모습을 하고 있었다.

인생의 모든 행위는 세심한 의식으로 이루어진다. 원시 장례 의식은 문헌이나 고고학을 통해서 우리에게 잘 알려져 있다. 왕이나 위대한 인물이 죽으면 그와 동행시키기 위해서 죽은 사람의 아내나 친척, 종을 함께 묻는 순장을 행했다. 중국을 통일하고 기원전 210년에 사망한 진시황제는 죽어서도 실물 크기의 진흙으로 만든 군사들로 이루어진 거대한 군대의 호위를 받고 있었다.

유교와 불교

한나라 문제 때부터 유교[42]는 중국의 **공식적인 사상**이 되었다. 공자(B.C. 551~B.C. 479)는 종교의 창시자가 아니라 인간의 지적·육체적·사회적 본성을 성숙시키는 것을 목표로 하는 도덕주의자였다. 공자는 계급이나 재산에 대한 차별 없이 공리주의적 접근 방식으로 시민으로서의 도덕이나 규범을 가르치고자 했다. 공자는 "은둔해서도 무리를 이뤄서도" 안 되며, "지혜란 사람과 덕을 알고, 그들을 사랑하는 것이다"고 말했다.

불교는 공자의 사상이 공인될 무렵 중국에 전해졌다. 그러나 불교가 대중화된 것은 불교 경전의 가장 유명한 번역자 현장 스님이 불교의 발상지인 인도에 갔다가 돌아온 7세기경이었다.

한국을 거쳐 일본으로 전해진 불교는 일본의 **국교**가 되었다. 부처를 본받아 깨달음을 얻기 위해서 명상수행 혹은 연구에 주력하는지에 따라 **열두 종파**로 나뉜 불교는 신도(神道)라는 일본의 전통 종교를 지우지는 않았다.

신도와 황제 숭배

일본에서 신도는 죽은 조상이나 '가미'[43]를 숭배하는 다신교이다. '높은' 또는 '우월한'을 의미하는 이 용어는 신, 자연의 힘, 신격화된 황제를 포괄하며, 이들을 태양의 여신 아마테라스의 후손으로 간주했다. 제도화된 종교와는 거리가 멀고 교리나 전례가 없는 신도는 정령숭배에 더 가깝다. 신도의 목적은 적절한 의식을 통해서 인간 세계와 가미 세계 사이의 균형을 유지하는 것이다.

유목민의 신화와 전설

비록 다른 문명에 속하지만,
광활한 영토의 사하라, 유라시아, 북아메리카는 모든 곳에 존재하는 하늘의 지배를 받으며,
자연환경과 신성한 관계를 유지하고 있다.

베두인과 투아레그족

이슬람화된 아라비아반도의 베두인과 사하라 사막의 투아레그족은 이슬람교 이전에 존재하던 신앙의 영향으로 마술, 집단의식, 특별한 기도를 유지하고 있다.

근동에서는 **신성한 돌**[44]을 통해 신을 숭배했으며, 동물 제물을 바쳐서 조상을 숭배했다. 세계는 이러한 관습을 받아들여서 조상을 성인인 '왈리'로 승격시켜서 숭배했다. 알라가 여전히 최고의 신이지만 유일한 신이 아니던 시대에 알라에게는 딸 또는 동반 여신으로 알라트('여신')와 알웃자('강한 자')가 있었으며, 그리고 운명과 행운의 여신인 알마낫이 있었다. 그런 다음에 이슬람교는 엄격한 일신교로 진화하기 시작했다.

외딴 장소에 숨어 있다가 사막에서 길을 잃은 희생자들을 끌고 가는 악령 진은 이슬람교에서는 시인에게 영감을 주고 남자들에게 조언을 주는 요정으로 순화되었다.

몽골인

라마 불교로 개종하기 전에, 몽골인들은 자연의 힘을 숭배했고 지금도 남아 있는 샤머니즘 풍습에 둘러싸여 있었다.

샤먼[45]은 몸과 영혼이 나뉘어 접신이 시작되면, 생명수 꼭대기에 있는 둥지로 올라가서 삼라만상의 지식을 얻는다. 샤먼은 또한 북소리에 맞춰서 영혼을 소환하고 질병을 몰아내고 죽의 자와 조상의 영혼을 달래기도 한다.

옛날에 훈족이나 불가르족처럼 몽골인의 상상 속에서, 최고의 신인 텡그리는 우주를 다스렸다. 끝없는 푸른 하늘을 뜻하는 텡그리는 하늘에서 99개의 왕국을 다스리고, 땅의 어머니를 뜻하는 에제는 땅에서 77개의 왕국을 다스렸다. 그리고 하늘과 땅은 생명수로 연결되어 있다.

아메리카 원주민

다양한 부족들이 존재하지만, 북아메리카의 원주민들을 하나로 묶어주는 것은 모든 존재가 원처럼 서로 연결되어 있다는 특이한 인생관 때문이다. 자연이 영원히 반복되는 순환 주기를 가지고 있다고 생각한 아메리카 원주민들은 하나의 창조신 '위대한 영혼'을 믿었다. 하지만 이 위대한 영혼은 부족의 수만큼 각기 다른 이름으로 불렸다. 이 창조신은 동물이나 식물, 조상으로 나타나는 여러 보조적인 신들과 동반했다.

신들과 소통하기 위해서는 환상을 보기 위한 정화 의식을 거쳐야 한다. 정화 의식은 신성한 약초(담배, 자작나무 껍질, 피요테선인장)나 사우나를 통해서 신체 불순물을 제거하는 과정이다. 신성한 춤의 목적은 단순한 리듬의 멜로디를 읊조려서 영혼을 불러내 접신을 이루는 것이었다. 신성한 춤 중에는 1881년에 백인들이 금지한 '태양의 춤'과 '뱀의 춤'이 가장 유명하다.

페르시아와 인도의 신화와 종교

똑같이 인도유럽어족을 기원으로 하는 북부 인도의 아리아인과
옛 이란의 페르시아인들은 신앙 면에서도 가깝다.

조로아스터교 또는 마즈다이즘

페르시아 종교는 주신 **오르무즈드**Ormuzd **또는 아후라 마즈
다**Ahura Mazda에 대한 믿음을 바탕으로 하며, 마즈다이즘이
라는 이름 역시 아후라 마즈다에서 유래했다. 세상을 창
조한 아후라 마즈다는 사람들을 선으로 인도한다. 빛의
신 마즈다는 악마의 왕자이자 마귀의 수호자 아리만Ahriman
이 지배하는 악과 지옥의 세계와 대립한다. 이 두 세력 사
이에 갇힌 인간은 자유롭게 선택할 수 있지만 죽은 이후
에 심판이 인간을 기다리고 있다. 인간의 영혼은 땅과 하
늘을 연결하는 다리를 건너야 하는데, 이 다리는 의인에
게는 넓고 악인에게는 칼날처럼 좁다. 만약 다리에서 넘
어진다면 그 영혼은 심연에서 썩게 되고, 회개한다면 시
간의 끝에서 구원을 받는다.

기원전 7세기에 **조로아스터**Zoroastre **46)는** 개혁을 통해서 아
후라 마즈다를 유일신으로 세우려는 헛된 시도를 했지만,
사람들은 이를 따르지 않고 계속 다른 신들을 섬겼다. 아
후라 마즈다를 이 모든 신들을 포괄하는 신으로 제시했음
에도 불구하고 말이다.

아후라 마즈다에 대한 숭배는 불을 숭배하는 형태로 지속
되어서, 이란 중부 지역에서는 여전히 모든 의식에 불을
피우고 있다.

브라만교에서 힌두교까지

인도에서 발생한 가장 오래된 종교인 브라만교의 신들은
우주의 힘을 대표한다. 불의 신 아그니Agni, 전쟁의 신 인
드라Indra, 신성한 물약의 신 소마Soma. 브라만교에서는 종
교적 힘과 마법의 능력을 가진 사제들이 중심적인 위치를
차지하고 있다.

기원전 1500년경에 쓰인 베다Vedas를 경전으로 하는 힌두
교는 브라만교가 발전한 종교로 세상을 창조한 브라흐마
Brahma, 세상을 유지하고 보호하는 비슈누Vishnu, 세상을 파

괴하고 재건하는 시바Shiva와 같은 신들이 중요한 비중을
차지하고 있다. 인도 사상의 주요 개념은 여기에 이미 나
타나 있었다. 존재는 **삶, 죽음, 재탄생을 반복**하는 '삼사
라'47)로 계속 이어지며, 이것은 전생에서 어떤 행위를 했
는지 카르마Karma(業)에 따라 결정된다. 만약 카르마48)가
부정적이었다면, 그 영혼은 동물이나 식물로 다시 태어난
다. 따라서 힌두교도의 삶을 지배하는 것은 행동 강령인
다르마Dharma(法)이다.

시바파Shaivism, 비슈누교Vishnuism, 자이니즘Jainism과 같은 많은
사상과 종파가 힌두교에서 파생되었으며, 자이니즘은 불
교와 공통점이 많다.

인도에서 탄생하여 밖으로 전파된 불교

부처의 가르침(B.C. 6세기~B.C. 5세기)은 그가 훗날 영향
을 끼친 막대한 문학 작품들과 구분하기가 힘들다. 불
교는 고통과 불만을 인간 본성에 내재되어 있으며 존재
에 대한 욕망, 집착, 갈망에서 흘러나오는 것으로 인식
한다. 부처는 환생을 끝내는 니르바나(열반49)를 통해서
이러한 고통과 불만의 상태에서 벗어날 수 있다는 희망
을 제시한다. 고행의 길을 따라 생각, 말, 행동을 바로
잡음으로써 누구나 니르바나에 도달할 수 있다.

인도의 여러 왕조(마우리아Maurya, 굽타Gupta, 하르샤Harsha)를
거친 불교는 서기 7세기 이후에 인도에서 사실상 사라
졌다. 하지만 다양한 종파(소승불교, 대승불교 등)로 아시
아의 다른 나라들(티베트, 중국, 한국, 일본, 베트남)로 퍼
져나갔다.

시공간 여행

공상과학(SF)은 순수하게 오락적인 상상력과 과학 연구의 진보가 결합하여 탄생했다.
공상과학은 인간 존재와 세계에 대한 대안으로
로켓, 로봇, 기계, 창조물(휴머노이드, 외계인, 돌연변이)과 같은 첨단 기술을 제안했다.
우주 정복, 지구 재앙, 시간 여행, 평행 우주 또는 인공지능은
이 분야의 거장들이 많이 다루는 주제이다.

선구자

1902년에 쥘 베른Jules Verne과 H. G. 웰스H. G. Wells에게 영감을 얻은 **조르주 멜리에스**Georges Méliès 감독의 〈달 세계 여행Le Voyage dans la Lune〉은 공상과학 영화 역사상 특수효과 기술을 사용한 선구적인 영화였다. 프리츠 랑Fritz Lang은 〈메트로폴리스Metropolis〉(1927)에서 거대한 미래 도시를 상상했으며, 그곳에서 망상에 사로잡힌 과학자는 주인공의 영혼을 로봇의 몸으로 옮기고자 시도한다.

재미있는 외계인

외계인의 이미지는 인류의 적이 될 수 있다는 느낌과 함께 진화해왔다. 바이론 허스킨Byron Haskin 감독은 〈우주 전쟁War of the Worlds〉(1953)에서 화성인들이 캘리포니아를 침공하는 상상을 했다. 이러한 공포심은 1979년 **리들리 스콧**Ridley Scott의 〈에일리언Alien〉으로 이어졌다. 로버트 와이즈Robert Wise의 〈지구 최후의 날The Day the Earth Stood Still〉(1951)에서 클라투는 다른 은하계에서 로봇 고트를 데리고 지구로 와서 지구인들에게 핵무기를 포기하도록 설득한다. 피에르 불Pierre Boulle의 소설(1965)을 원작으로 하는 프랑클린 J. 샤프너Franklin J. Schaffner, 1965의 〈혹성 탈출〉(1968)은 행성을 탐사하던 우주 비행사들이 자신도 모르는 사이에 미래를 여행하다가 원숭이들이 지배하는 세계에 착륙하게 된다.

당황스러운 기계

SF는 **인간이 만들었지만, 인간을 능가하게 되는 기계의 능력에 대한 교훈**을 전하고 있다. 〈2001: 스페이스 오디세이2001: A Space Odyssey〉(1968)에서 스탠리 큐브릭Stanley Kubrick은 과학 다큐멘터리에 걸맞는 환상적인 볼거리를 제공하지만(의인화된 로봇이나 외계인, 화려한 액션은 없다), 인공지능 컴퓨터 '할'이 스스로 우주선을 통제하기 시작하면서 악몽으로 바뀐다.

그로부터 30년 후인 1999년 릴리Lilly와 라나 워쇼스키Lana Wachowski 자매의 〈매트릭스Matrix〉는 매개 변수를 바꾸어놓았다. 젊은 컴퓨터 전문가인 네오Neo는 세상이 인공지능에 의해서 제어되는 모의현실일 뿐이라는 사실을 발견한다.

장르의 혼합

SF는 여러 장르를 섞기에 적합하다. **조지 루카스**George Lucas의 〈스타워즈Star Wars〉 시리즈는 1977년에 동명의 영화로 개봉하여 2020년에 에피소드 9로 막을 내렸는데, 이것은 무훈시 혹은 무협영화에서 영감을 얻었다. 〈블레이드 러너Blade Runner〉(1982)에서 리들리 스콧은 미래 도시를 배경으로 복제인간이 등장하는 이 장르를 수사물과 섞어놓았다. **제임스 카메론**James Cameron은 〈터미네이터Terminator〉(1984)에서 타임 패러독스라는 주제를 탐구했고, 최신 컴퓨터 그래픽 기술과 모션 캡처 기법을 이용하여 3D로 상영한 〈아바타Avatar〉(2009)에서 지구에서 몇 광년 떨어져 있으며 원시 세력이 지배하는 행성에 대한 생태 우화를 그렸다.

이 장르의 대가인 **스티븐 스필버그**Steven Spielberg는 SF의 모든 면을 탐구했다. 〈미지와의 조우Close Encounters of the Third Kind〉(1977)에서 외계인과의 접촉은 평화로웠으며, 심지어 〈ET〉(1982)에서는 길을 잃은 외계인을 도와주기까지 한다. 〈에이아이A. I. Artificial Intelligenc)〉(2001)와 〈마이너리티 리포트Minority Report〉(2002)에서 로봇 공학과 첨단 기술을 아찔할 정도로 보여주고 나서, 〈우주 전쟁War of the Worlds〉(2005)을 더욱 충돌이 강조된 내용으로 리메이크했다.

예술의 흐름

팝아트와 하이퍼리얼리즘

추상표현주의에 반발한 영국과 미국의 '팝 아티스트'들(탐 웨슬만Tom Wesselmann)은 광고, 신문 기사, 스타 사진, 만화 등 일상생활이나 미디어에 등장하는 이미지로 만든 대중문화에 관심을 가졌다. 결과적으로 이 흐름은 역으로 광고나 디자인에 다시 새로운 스타일에 대한 영감을 주었다.

미국의 하이퍼리얼리즘Hyperrealism(돈 에디Don Eddy)은 일상용품과 같은 소재를 선택했다는 점에서 **팝아트**pop art와 매우 비슷해 보인다. 모든 것이 예술적 시도가 될 수 있다고 확신한 하이퍼리얼리스트들은 1970년대의 현실을 최대한 충실하게 재현하려고 노력했다. 하지만 그들의 특이한 레이아웃을 통해 주관성이 드러나고 있었다.

도시 예술

도시의 특정 지역에서는 스텐실, 모자이크, 콜라주와 같은 **다양한 기법을 사용한 일시적 예술**ephemeral art이 등장했다. 즉흥성이 특징인 뉴욕 그래피티는 초창기에 반항정신을 표현하기 위해서, 미국 시민 권리 운동, 프랑스의 68년 5월 운동, 힙합 문화, 도시 예술과 함께 나타났다. 뉴욕의 그래피티는 1980년대부터 설치 예술과 랜드아트[50]의 경계에서 더욱 장난스럽거나 시적인 면을 발달시키면서 전 세계의 벽을 정복했다. 대부분 익명이나 무상으로 그렸지만, 때로 공식적인 요청에 따라 그려지기도 하는 그래피티는 이제 인기와 수익을 가져다주는 예술 분야가 되었다. 그래피티 예술가들은 일시적으로 거리를 갤러리로 변

모시킨다. 그들 중에서 에르네스트 피뇽 에르네스트Ernest Pignon-Ernest, 제롬 메스나제Jérôme Mesnager, 미스 틱Miss. Tic, 셰퍼드 페어리Shepard Fairey가 가장 유명하다.

현대 조각

약 8세기 동안 구상 예술이 전성기를 보낸 후에 서양 조각에서 자연을 모델로 표현하는 예술은 더 이상 중요한 자리를 차지하지 못했다. 20세기의 미적 혁명은 **새로운 재료, 새로운 형태, 공간 또는 주제와의 새로운 관계에 대한 탐색**으로 이루어졌다.

아웃사이더 아트[51]를 대표하는 가스통 셰사크Gaston Chaissac 등은 문화적인 상투성에서 벗어나서 유쾌하고 자발적인 분위기로 초보적 형태와 강렬한 색상의 작품을 만들었다. 청동과 철로 제작한 거대한 거미 〈마망Maman〉(1999)을 통해 자식을 보호하려는 어머니의 모습과 무시무시한 괴물의 모습을 양면적이고 복합적으로 표현한 루이스 부르주아Louise Bourgeois는 정신 분석과 무의식을 조각으로 가져왔다. 리처드 세라Richard Serra는 '공간은 소재'라고 생각했다. 따라서 그는 각각 기념비적 조각품들을 독특하게 배치해서, 작품과 배경 사이에 특별한 대화가 이루어지도록 했다.

디자인

건축, 도시 계획, 생활용품 등 일상생활의 요소가 환경과 조화롭게 어울리는 모습을 보고 싶다는 바람에서 탄생한 디자인은 실용성이나 아름다움에 상관없이 개발되었다. 이러한 예술의 창작 과정은 처음부터 끝까지 설계도에 따라 이루어진다. 1966년 가에 아울렌티Gae Aulenti는 박쥐pipistrello 램프를 만들었는데, 이 제품은 이탈리아 상류층 사이에 인기를 끈 후에 세련된 장식품의 상징이 되었다. 2002년 필립 스탁Philippe Starck은 루이 16세 스타일의 의자를 쌓을 수 있는 형태로 재해석하여 폴리카보네이트의 투명한 소재에 다양한 색깔을 넣은 고스트 체어를 만들었다.

이탈리아 영화 들여다보기

이탈리아를 대표하는 창작물 중 영화는
특히 그 기원부터 풍부하고 생동감 넘치며 창의적이다.

떠들썩한 시작

이탈리아 영화는 시장 가건물이나 카페 콩세르[52]에서 상영되어 단번에 수많은 관객을 모았다. 1907년에 이미 100편 이상의 영화가 이탈리아에서 제작되었으며, 1912년에는 700편이 넘는 영화가 제작되었다! 제1차 세계대전 직전에 로마와 밀라노에 50군데에 달하는 많은 제작사가 빠르게 생겨났다. 이러한 제작사들은 특히 모든 곳에서 열정으로 환영받을 수 있는 역사 영화를 전문으로 제작했다. 그런 다음에 〈마치스테Maciste〉 시리즈와 같은 모험 영화가 비약적으로 발전했다. 하지만 가장 주목할 사실은 미국 시장의 정복이었다. 1914년 이탈리아 영화는 이미 절정에 이르렀고, 이탈리아 작품들은 전 세계에 판매되었다.

위기에서 네오리얼리즘으로

1923년에 주요 영화사들이 결집한 이탈리아영화연합이 해체되면서, 이탈리아 영화의 황금기는 저물었다. 전통적인 장르 중에서도 〈쿠오바디스?Quo Vadis?〉(1924)나 〈폼페이 최후의 날Gli ultimi giorni di Pompei〉(1926)과 같은 역사 영화만이 여전히 흥행했다.

파시즘이 등장했지만, 이탈리아는 독일처럼 수많은 선전 영화를 만들지 않았다. 오히려 새로운 이탈리아에 대한 이상적인 비전을 제시하는 오락 영화를 만들었다. 전후 이탈리아 영화에 새로운 명성을 가져다준 네오리얼리즘은 인간이 처한 현실에 눈을 돌리고자 하는 의지에서 시작되었다. 루키노 비스콘티Luchino Visconti의 영화 〈강박관념Ossessione〉(1942)은 네오리얼리즘의 효시라고 할 수 있다. 로베르토 로셀리니Roberto Rossellini의 〈무방비 도시Roma città aperta〉(1945), 〈전화의 저편Paisan〉(1946), 그리고 비토리오 데 시카Vittorio De Sica 감독의 〈구두닦이Sciuscià〉(1946), 〈자전거 도둑Ladri di biciclette〉(1948)이 대표적이다. 네오리얼리즘은 이탈리아 영화사에서 한순간에 불과했지만, 영화인들의 관심을 명확한 사회인식으로 모으면서 위대한 작가들, 마리오

모니첼리Mario Monicelli, 루이지 코멘치니Luigi Comencini, 페데리코 펠리니Federico Fellini의 등장을 알렸다.

새로운 전성기를 향해

1960년대는 1945년만큼 중요한 전환점이었다. 일종의 창조적인 번영 속에서 기존 영화 제작자들은 가장 의미 있는 작품들을 쏟아냈고, 동시에 새로운 세대의 감독들이 등장하기 시작했다. 〈달콤한 인생La Dolce Vita〉(페데리코 펠리니, 1960), 〈로코와 그의 형제들Rocco e i suoi fratelli〉(루키노 비스콘티, 1960), 〈살바토레 줄리아노Salvatore Giuliano〉(프란체스코 로시Francesco Rosi, 1960), 〈추월자들Il Sorpasso〉(디노 리시Dino Risi, 1962), 〈맘마 로마Mamma Roma〉(피에르 파올로 파졸리니Pier Paolo Pasolini, 1962) 등, 완전히 새로운 영감으로 눈에 띄는 작품들이 셀 수 없을 정도로 많았다. 이 시기의 작품들은 아직 컬러 영상으로 넘어가지 않았는데도, 세계적으로 인정을 받기에 충분했다. 이러한 명성은 1970년대로 이어져서 타비아니Taviani 형제, 베르나르도 베르톨루치Bernardo Bertolucci, 에토레 스콜라Ettore Scola, 마르코 페레리Marco Ferreri와 같은 감독들과 비토리오 가스만Vittorio Gassman, 마르첼로 마스트로야니Marcello Mastroianni, 우고 토그나지Ugo Tognazzi, 니노 만프레디Nino Manfredi와 같은 섬세하고 거침없는 배우들의 오래된 재능뿐만 아니라 새로운 재능을 확인시켜 주었다.

국가의 운명과 밀접하게 연결된 이탈리아 영화는 타협하지 않고 균형을 추구하는 이미지로 **사회의 모순**을 가려내려는 지식인과 예술가들의 노력을 보여주었다.
제작의 위기와 대중화된 텔레비전과의 과도한 경쟁으로 인해, 1980년대 초에 황금기가 끝났지만, 영화는 여전히 이탈리아인들의 현실에 대한 관심과 환상, 꿈, 그리고 아름다운 창조성을 표현하고 있다. 특히 난니 모레티Nanni Moretti(〈나의 즐거운 일기Caro Diario〉(1993)와 마르코 벨로키오Marco Bellocchio(〈배신자Le Traître〉(2019))가 대표적이다.

프랑스 영화 들여다보기

프랑스 영화는 뤼미에르(Lumière) 형제(〈열차의 도착(L'arrivée du Train en Gare de la Ciotat)〉, 1895) 및
조르주 멜리에스(〈달 세계 여행〉, 1902)와 함께 탄생했다.

세계를 선도하다

세계대전 전까지 뱅센의 파테Pathé 스튜디오와 라 빌레트
La Villette의 고몽Gaumont 스튜디오는 그들이 제작한 작품으로
세계를 장악했다. 감동적인 주제, 시리즈(루이 푀이야드Louis
Feuillade의 〈팡토마Fantômas〉), 단막극을 주로 제작했으며, 채플
린Chaplin의 모델이기도 한 막스 랭데Max Linder와 같은 스타가
이때 제작된 단막극을 통해서 세계적인 인기를 얻기도 했
다. **1910년경 전 세계에 판매된 영화의 60~70퍼센트가
파리의 스튜디오에서 제작되었다.**

위기와 재창조

하지만 1914년부터 제작사들이 자체적인 문제로 쓰러지
면서, 프랑스 영화는 재정적으로 취약해졌다. 그리고 이
는 적어도 1980년대까지 프랑스 영화의 특징으로 지속되
었다. 미국과 독일의 창의성에 추월당한 프랑스는 새롭게
탄생할 필요가 있었다. 그러나 '트릭'(마르셀 레르비에Marcel
L'Herbier의 오버랩과 슬로모션)의 사용과 상상력의 한계에 도
전한 아벨 강스Abel Gance(〈나폴레옹Napoléon〉(1926))의 작품들에
도 불구하고, **유성영화의 출현**은 프랑스 영화의 기술적
후진성만 확인시켜 주었다. 사샤 기트리Sacha Guitry와 마르셀
파뇰Marcel Pagnol의 영화화된 연극을 제외하고는, 1930년대
에 성공한 영화는 보기 드물었다.

꿈과 시간에 대한 환멸이 스며 있는 시적 리얼리즘(쥘리
앙 뒤비비에Julien Duvivier, 장 르누아르Jean Renoir, 마르셀 카르네Marcel
Carné)의 물결이 영화 제작을 침체기에서 벗어나게 한 것은
인민 전선53) 때였다. 〈멋진 친구들La Belle Équipe〉〈안개 낀 부
두Quai des brumes〉〈새벽Le jour se lève〉〈위대한 환상La Grande Illusion〉
은 1936년부터 1939년을 대표하면서, 장 가뱅Jean Gabin과 같
은 배우의 위상을 확립시켜 준 영화들이다. 그러나 르누
아르의 〈게임의 규칙La Règle du jeu〉(1939)으로 실망감은 이미
드러나고 있었다.

점령기에서 누벨바그까지

역설적이게도, 프랑스 영화에 **예상치 못한 번영**을 가져
다준 것은 점령기였다. 이 시기 동안 프랑스 영화는 미국
과의 경쟁에서 벗어났으며, 전쟁 전 수많은 제작자가 망
명하거나 추방되면서 자크 베케르Jacques Becker, 로베르 브레
송Robert Bresson, 앙리 조르주 클루조Henri Georges Clouzot 및 클로
드 오탕라라Claude Autant-Lara와 같은 새로운 감독들이 등장했
다. 이 시기의 영화는 과거나 정교한 형식에 대한 관심으
로 현실에서 벗어나고자 했다. 1945년에 망명자들이 되
돌아오면서 이 운동에 가세하여 1950년대에 찬사를 받은
일련의 작품들, 〈육체의 악마Le Diable au corps〉〈황금 투구Casque
d'or〉〈공포의 보수Salaire de la peur〉를 제작했다.

하지만 10년이 지나고 젊은 비평가가 나타나면서 '아빠
시대' 영화의 형식주의를 비판하고 그들 시대에 맞는 작
품을 열망했다. 이것이 바로 **누벨바그**Nouvelle Vague였으며,
1959년에 빛을 본 몇몇 소중한 작품들(장 뤽 고다르Jean Luc
Godard의 〈네 멋대로 해라A bout de souffle〉, 프랑수아 트뤼포François
Truffaut감독의 〈400번의 구타Les Quatre Cents Coups〉, 클로드 샤브롤
Claude Chabrol 감독의 〈미남 세르쥬Le Beau Serge〉)에 한정되지만, 그
뒤로 알랭 레네Alain Resnais, 루이 말Louis Malle, 에두아르 몰리
나로Édouard Molinaro와 같은 열정적인 감독들의 등장을 예고
했다.

할리우드 영화

로스앤젤레스에 위치한 할리우드는 미국의 영화 및 텔레비전 산업의 중심지가 되었으며,
사실상 미국 영화와 동일시되고 있다.

실용적인 영화

뉴욕을 중심으로 발전한 미국의 영화 산업은 1910년까지 누적 입장객 수가 2,600만 명을 기록했다. 미국의 영화 산업은 표절 덕분에 외국 영화와의 경쟁에서 승리했다. 그중 프랑스 감독 조르주 멜리에스가 표절의 가장 큰 피해자였다. 그 당시 미국 영화는 번영을 위한 두 가지 조건, 즉 도시화로 크게 늘어난 대중과 무성 영화에 대한 이민자들의 취향을 갖추고 있었다. 1927년까지 미국 대중이 외국 문화에 별로 호기심이 없었으며, 영화사들이 표절에 대해 아무런 양심의 가책이 없었고, 미국의 보호주의 무역도 미국 영화 번영에 한몫 했다고 할 수 있다.

제1차 세계대전 전에 에드윈 S. 포터Edwin S. Porter가 연출한 작품에 등장하는 자국 주인공들에 대중은 열광했다. 데이비드 W. 그리피스David W. Griffith는 〈국가의 탄생Birth of a nation〉(1915)에서 극적인 감각, 시각적 감각, 그리고 혁신적인 재능을 보여주었으며, 〈인톨러런스Intolerance〉(1916)에서 영상 표현의 기본 원칙, 즉 클로즈업, 트래킹샷, 플래시백, 병렬 편집 등을 정교하게 다루었다. 그때부터 미국 영화는 서사 스타일(긴장 속의 기다림, 추격, 전투), 거대한 세트, 상징적 주인공(서부 또는 과거 남부, 빈민가, 순진한 젊은이)과 같은 전형적인 특징을 갖게 되었다. 역사가 짧음에도 불구하고 미국 영화는 멜로드라마, 역사극, 서부극으로 장르를 나누기 시작했다.

주류의 탄생

대형 회사들(키스톤Keystone, 파라마운트Paramount, 메트로 골드윈 메이어Metro-Goldwyn-Mayer, 유니버설Universal, 폭스Fox, 워너브라더스Warner Bros, RKO)이 나타난 것은 1912년에서 1924년 사이였으며, 이 회사들은 곧 할리우드의 대형 스튜디오에 정착하여, 그곳에서 대부분의 촬영을 진행하게 되었다. 이 회사들은 독립적인 공간에 그들의 작품들을 한데 모아서 촬영하기 시작했으며, 관객을 중산층으로 넓히고자 했다.
스타 중심주의는 장르 시스템과 스튜디오 시스템을 완성시켰다. 대중들에게 찰리 채플린Charlie Chaplin, 버스터 키튼Buster Keaton 또는 해럴드 로이드Harold Lloyd라는 이름은 코믹 영화, 루돌프 발렌티노Rudolph Valentino라는 이름은 유혹 영화, 더글라스 페어뱅크Douglas Fairbanks라는 이름은 모험 영화를 뜻했다. 탄탄한 재정적 기반 위에 할리우드의 고전이 확립되었다.
세실 B. 드밀Cecil B. DeMille의 서사극(〈십계The Ten Commandments〉, 1923년 제작, 1956년 리메이크)에서 채플린의 작품(〈키드The Kid〉(1921), 〈위대한 독재자The Dictator〉(1940))에 이르기까지 의도와 작품성은 차이가 있었지만, 명쾌하고 생생한 동시에 웅장함으로 대중을 매료시키는 간결한 작품들이 등장했다. 이러한 경향은 에른스트 루비치Ernst Lubitsch 감독의 풍자에서 에리히 폰 슈트로하임Erich von Stroheim 감독의 거친 자연주의에 이르기까지 영화가 가진 독창성을 방해하지 않았다. 이러한 다양한 스타일과 할리우드의 자유로운 관습은 미국 대중을 불안하게 하여, 때때로 터지는 스캔들에 대해 폭력적인 비난을 쏟아붓게 만들기도 했다.

무성영화에서 유성영화로

할리우드의 새로운 분위기를 반영하듯 그레타 가르보Greta Garbo와 같은 스타들의 화려한 성공과 영광에도 불구하고, 1920년대 말에 영화 제작자들은 영화 관객 중 일부를 집 안에 묶어두는 라디오와의 경쟁에서 위기의식을 느꼈다. 이런 상황이 유성영화의 출연을 앞당겼다.

유성영화

아직 초보 수준이지만 〈재즈 싱어(The Jazz Singer)〉(1927)의 등장으로,
유성영화는 진보를 바라던 대중을 순식간에 만족시켰다. 그리고 등장인물들을 훨씬 더 간단하게
직접 소개할 수 있게 되면서 차츰 대중에게 익숙한 배우들이 나타나게 되었다.
제임스 캐그니(James Cagney), 게리 쿠퍼(Gary Cooper), 스펜서 트레이시(Spencer Tracy), 존 웨인(John Wayne),
제임스 스튜어트(James Stewart), 헨리 폰다(Henry Fonda)뿐만 아니라, 조안 크로포드(Joan Crawford),
베티 데이비스(Bette Davis)와 같은 열정적인 젊은 여자 배우들이 등장했다.

탁월한 장치들

마이클 커티즈Michael Curtiz, 하워드 혹스Howard Hawks 및 라울 월시Raoul Walsh와 같은 감독의 영향으로 할리우드는 **간결한 대사, 명쾌한 성격의 등장인물, 생동감 넘치는 액션** 등 발성 영화에 적합한 영화 언어를 사용하게 되었다. 미국 영화의 표준적인 표현 방식인 이러한 스타일은 1930년대부터 1960년대까지 계속되었으며, 매우 복잡한 장치들을 이용했다. 영화사 워너Warner와 탐정 영화(또는 필름 누아르[54])가 이 새로운 언어의 발전에 특별한 역할을 했다.

수많은 현지 법률로 인해 생기는 문제를 극복하기 위해서, 영화는 자기 검열 규칙을 갖추기 시작했다. 이로 인해서 할리우드 영화는 연상 이미지를 많이 사용하거나 감각적이거나 에로틱한 장면을 암호화하는 등 내용 전개 기법에서 비약적인 발전을 하게 되었다. 이러한 검열 규칙은 1960년대에 사실상 사라지게 되지만, 역설적이게도 창의성에 크게 기여했다. 안소니 만Anthony Mann이나 돈 시겔Don Siegel 감독의 저예산 B급 시리즈물이 유행하면서 이러한 제작 방식이 널리 퍼지게 되었다. 결국 영어라는 언어의 영향력으로 미국 영화는 제2차 세계대전 이후 **비교할 수 없을 정도로 확장된 해외 시장**을 얻게 되었다.

대릴 자누크Darryl Zanuck나 데이비드 셀즈닉David Selznick과 같은 신중한 감독들이 이끌던 이러한 시스템은 개성의 표현과 예술적 창의력에는 거의 도움이 되지 않았다. 하지만 오슨 웰스Orson Welles의 〈시민 케인Citizen Kane〉(1941)이 성공을 거두면서 할리우드는 1930년대의 위기를 극복하고 반나치 선전에 효과적으로 참여할 수 있었다. 유럽에서 일어난 불행은 프리츠 랑Fritz Lang, 빌리 와일더Billy Wilder, 알프레드 히치콕Alfred Hitchcock과 같은 중요한 감독들이 대서양을 건너게 했다. 험프리 보가트Humphrey Bogart의 탐정 영화와 에롤 플린Errol Flynn의 모험 영화처럼 장르 시스템과 스타 시스템은 계속 유지되었다.

우려와 재적응

전후에 할리우드는 매카시즘[55]과 반공산주의 검열(1947~1952)로 분열되고, 텔레비전의 확산으로 극장 관객이 크게 줄어들었다. 영화는 찰턴 헤스턴Charlton Heston(윌리엄 와일러William Wyler 감독의 〈벤허Ben-Hur〉(1959))과 엘리자베스 테일러Elizabeth Taylor(조셉 맨키비츠Joseph Mankiewicz 감독의 〈클레오파트라Cleopatra〉(1963))와 같은 슈퍼스타들이 출연하는 초대작(미래의 블록버스터)을 선호해서 전체적인 영화 제작량을 줄여서 수익을 유지했다.

기술 분야에서는 **시네마스코프[56]**(1953), **파노라마 촬영**, 와이드 또는 구형의 다양한 화면 연출 등과 같은 이미지 확대 및 확장에 **광학 기술**을 사용했으며, **돌비 스테레오**와 같은 사운드 기술을 적용했다. 더 조급하고 현실적인 신세대 감독들은 제작 표준을 만들어갔다. 존 휴스턴John Huston, 아서 펜Arthur Penn, 엘리아 카잔Elia Kazan과 같은 감독들은 텔레비전의 유치함에 싫증 난 관객들을 끌어들이기 위해서 정신 분석에 기반하여 캐릭터에 진정성을 부여하거나 정치에 대한 비판적 비전을 제공했다. 말론 브란도Marlon Brando, 폴 뉴먼Paul Newman, 마릴린 먼로Marilyn Monroe는 스크린에 더욱 강렬한 볼거리를 제공했다.

스타일에 대한 질문

1970년대 이후로 약점을 극복한 미국 영화는 블록버스터(조지 루카스George Lucas와 〈스타워즈〉 시리즈, 리들리 스콧)와 대부분 뉴욕 스타일인 독립 영화(우디 앨런Woody Allen, 존 카사베츠John Cassavetes, 짐 자무시Jim Jarmusch) 사이를 오갔으며, 낙관주의와 비판적 경각심(〈인디아나 존스Indiana Jones〉에서 〈마이너리티 리포트Minority Report〉에 이르기까지 스티븐 스필버그 감독이 탐구한 모든 영역)을 모두 보여주었다.

예술, 취미

옛날 옛적에 서쪽에서…

1840년과 1900년 사이에 황무지를 개척하고 인디언의 땅을 정복하던 시기의
미국 서부를 배경으로 하는 서부 영화는 인기 있는 모험 영화의 하나의 장르가 되었다.

상징적인 장르

미국의 역사적 사건들과 관련이 있는 전형적 미국 영화인 서부 영화는 이탈리아와 같은 다른 나라에서도 제작을 시도하여서 마카로니 웨스턴[57]이라는 패러디 형식을 만들어내기도 했다.

영화 역사상 중요한 최초의 서부 영화(에드윈 포터Edwin S. Porter 감독의 〈대열차 강도〉)는 1903년으로 거슬러 올라간다. 서부 영화의 성공으로 단편 영화들이 쏟아져 나오면서, "주제는 바꾸지 않고 말만 갈아탔다"는 말이 나올 정도였다. 1910년대에 막 탄생한 할리우드에서 서부 영화는 왕이었고, 이 분야 최초의 전문 스타인 윌리엄 S. 하트William S. Hart와 톰 믹스Tom Mix가 등장했다. 1920년 이후에는 두 영화감독 제임스 크루즈James Cruze의 〈서부로 간 카라반The Caravan to the West〉(1923)과 존 포드John Ford의 〈철마The Iron Horse〉(1924)가 강한 인상을 남겼다.

스파게티 웨스턴

미국의 서부 영화를 모방한 이탈리아의 모험 영화인 스파게티 웨스턴은 이 장르의 가장 두드러진 면을 과감하게 강조하면서 전형적인 형식을 취했다. 즉, 불필요한 폭력이나 틀에 박힌 상황으로 역사적 진실을 지웠다. 스파게티 웨스턴은 거의 성공을 거두지 못했지만, 세르지오 레오네Sergio Leone가 연출하고 엔니오 모리코네Ennio Morricone가 음악을 담당하여 상상력을 발휘한 작품들은 인기를 얻었다. 고독한 무법자 클린트 이스트우드가 출연한 3부작 시리즈인 〈황야의 무법자A Fistful of Dollars〉〈석양의 건맨For A Few Dollars More〉〈석양의 무법자The Good, the Bad and the Ugly〉(1964~1966)와 이른바 '혁명 웨스턴 시리즈'인 〈옛날 옛적 서부에서Once Upon a Time in the West〉(1968)와 〈석양의 갱들Once Upon a Time in the Revolution〉(1970)이 그것이다.

유성영화가 등장하면서, 그때까지 소수를 위한 대중 장르로 간주되던 서부 영화는 라울 월시 감독의 〈빅 트레일〉(1930), 세실 B. 드밀 감독의 〈대평원〉(1939), 존 포드 감독의 〈역마차〉(1939)로 위상이 높아졌다. 그때부터 거의 모든 위대한 감독들, 윌리엄 와일러, 프리츠 랑, 윌리엄 웰먼William Wellman, 킹 비더King Vidor, 하워드 혹스, 헨리 해서웨이Henry Hathaway, 델머 데이브즈Delmer Daves, 프레드 진네만Fred Zinnemann, 조지 스티븐스George Stevens, 안소니 만, 존 스터지스John Sturges, 니콜라스 레이Nicholas Ray, 로버트 알드리치Robert Aldrich, 로버트 와이즈Robert Wise, 리처드 브룩스Richard Brooks는 **서부의 전설**을 그들 나름의 방식대로 찬양했다.

쇠퇴와 변화

제2차 세계대전 이후 미국 영화 제작량의 최대 25%까지 차지했던 서부 영화는 1950년대 후반에 양적으로 감소하면서 지적인 요소가 덧붙기 시작했다. 이 장르 최고의 영화 제작자들(샘 페킨파Sam Peckinpah, 아서 펜, 몬테 헬먼Monte Hellman, 시드니 폴락Sydney Pollack, 로버트 알트만Robert Altman)은 **대자연의 황금 전설**에 도전하고, 인기 있는 주인공들(아서 펜의 〈작은 거인Little Big Man〉(1970)의 커스터 장군, 빌리 더 키드, 버팔로 빌)을 기만에서 깨어나게 하고, 반영웅 · 친원주민적 내용으로 때로는 상징적이거나 사회정치적인 우화를 담아냈다.

1970년 이후에 서부 영화는 미국 영화 제작에 있어서 사라지지는 않았지만, 똑같이 인기 있는 다른 장르에 자리를 내주면서 점점 뜸해졌다. 하지만 클린트 이스트우드(〈페일 라이더Pale Rider〉(1985), 〈용서받지 못한 자The Unforgiven〉(1992))와 쿠엔틴 타란티노Quentin Tarantino(〈장고, 분노의 추적자Django Unchained〉(2012), 〈헤이트풀 8The Hateful Eight〉(2015))는 **더욱 과장된 서사**로 서부 정복을 재해석하여 서부 영화를 영속시켰다.

166

네 번째 퀴즈

❶ '체'로 불리는 에르네스토 게바라는 어느 나라의 혁명 가였습니까?

○ 볼리비아
○ 쿠바
○ 아르헨티나

❷ 무장혁명조직 FARC는 어느 나라에서 만들어졌습니까?

○ 콜롬비아
○ 페루
○ 칠레

❸ 1982년 포클랜드 전쟁에서 승리한 나라는 어디입니까?

○ 미국
○ 아르헨티나
○ 영국

❹ 일본의 메이지 시대의 특징을 고르시오.

○ 쇼군의 몰락
○ 봉건제의 종말
○ 서구에 개방

❺ '메이지'의 다음 시대는 무엇입니까?

○ 다이쇼
○ 쇼와
○ 헤이세이

❻ 진주만은 어디에 있습니까?

○ 필리핀
○ 인도네시아
○ 하와이

❼ 진주만 공격을 주도한 나라는 어디입니까?

○ 중국
○ 소련
○ 일본

❽ 1945년에 원자폭탄으로 파괴된 일본의 도시는 어디입니까?

○ 히로시마
○ 도쿄
○ 나가사키

❾ 어느 나라가 원자폭탄을 투하했습니까?

○ 중국
○ 미국
○ 소련

❿ 제2차 세계대전이 끝날 무렵, 일본에 대해 보호령 조치를 한 나라는 어디입니까?

○ 중국
○ 미국
○ 소련

⓫ 제2차 세계대전 당시 일본을 통치한 황제는 누구입니까?

○ 히로히토
○ 진무
○ 메이지

⓬ 티베트는 어느 나라의 자치 지역입니까?

○ 인도
○ 러시아
○ 중국

⑬ 1958년과 1961년 사이에 마오쩌둥이 발표한 경제 정책의 이름은 무엇입니까?

○ 백화 운동
○ 대약진 운동
○ 새생명 운동

⑭ 마오쩌둥을 찬양하는 내용의 책 제목은 무엇입니까?

○ 작은 빨간 책
○ 문화 혁명의 큰 책
○ 붉은 성경 가이드

⑮ 천안문 광장 운동은 언제 시작되었습니까?

○ 1979년
○ 1989년
○ 1999년

⑯ 마오쩌둥이 사망한 후에 중국을 다스린 사람은 누구입니까?

○ 덩샤오핑
○ 후진타오
○ 시진핑

⑰ 2012년부터 중국을 다스린 사람은 누구입니까?

○ 덩샤오핑
○ 후진타오
○ 시진핑

⑱ 1956년까지 프랑스의 보호령이었던 국가는 어디입니까?

○ 모로코
○ 알제리
○ 튀니지

⑲ 1950년대에 왕정이 무너진 후 이집트를 다스린 사람은 누구입니까?

○ 네루
○ 나세르
○ 부르기바

⑳ 투치족 대학살이 일어난 아프리카 국가는 어디입니까?

○ 나이지리아
○ 케냐
○ 르완다

㉑ 아파르트헤이트는 어느 나라의 정책이었습니까?

○ 수단
○ 남아프리카공화국
○ 콩고

㉒ 1994년에 대통령으로 선출된 아프리카의 정치 지도자는 누구입니까?

○ 마하트마 간디
○ 아웅산 수치
○ 넬슨 만델라

㉓ 아파르트헤이트를 종식시킨 대통령은 누구입니까?

○ 타보 음베키
○ 프레데릭 데 클레르크
○ 말란

㉔ 넬슨 만델라가 이끌었던 정치 조직은 무엇입니까?

○ ANC
○ WTO
○ UN

㉕ 만델라는 몇 년 동안 감옥에 있었습니까?

○ 8년
○ 18년
○ 28년

㉖ 인도와 파키스탄이 독립을 선언한 해는 언제입니까?

○ 1947년
○ 1957년
○ 1967년

㉗ 간디는 원래

○ 의사였습니다.
○ 변호사였습니다.
○ 교수였습니다.

㉘ 인도의 '적이 된 형제'는 어느 나라입니까?

○ 중국
○ 방글라데시
○ 파키스탄

㉙ 과거에 동파키스탄이라고 불렸던 나라는 어디입니까?

○ 네팔
○ 부탄
○ 방글라데시

㉚ 간디가 사망한 해는 언제입니까?

○ 1938년
○ 1948년
○ 1958년

㉛ 독립한 후에 인도를 이끌었던 사람은 누구입니까?

○ 마운트배튼 경
○ 네루
○ 간디

㉜ 인디아 간디는 누구의 딸입니까?

○ 간디
○ 네루
○ 나세르

㉝ 유엔의 다국적 군대를 무엇이라고 부릅니까?

○ 파란색 헬멧
○ 평화군
○ 흰색 깃발

㉞ 국제사법재판소는 어느 도시에 있습니까?

○ 제네바
○ 헤이그
○ 암스테르담

㉟ 2020년에 유엔 회원국은 모두 몇 개국입니까?

○ 51개국
○ 193개국
○ 252개국

㊱ 프랑스 제5공화국의 초대 대통령은 누구였습니까?

○ 샤를 드골
○ 조르즈 퐁피두
○ 르네 코티

㊲ 아르헨티나의 영부인이었던 에바 두아르테의 애칭은 무엇입니까?

○ 에비타
○ 아르테
○ 데스카미사도

㊳ 칠레의 사회주의 대통령으로 CIA의 개입으로 대통령 자리에서 물러난 사람은 누구입니까?

○ 살바도르 아옌데
○ 후안 페론
○ 에르네스토 게바라

㊴ 마오쩌둥에게 밀려난 장제스는 어디로 갔습니까?

○ 타이완
○ 홍콩
○ 베트남

㊵ 일본은 어떤 전쟁을 계기로 기적적인 경제 성장을 시작했습니까?

○ 한국전쟁
○ 걸프전쟁
○ 아프가니스탄전쟁

41 베수비오 화산 폭발은 어느 도시를 파괴했습니까?

○ 나폴리
○ 로마
○ 폼페이

42 파리에 재앙적인 홍수가 발생했던 해는 언제입니까?

○ 1910년
○ 1920년
○ 1930년

43 30년 이내에 세계 인구는 얼마나 증가할 것으로 예측됩니까?

○ 10억 명
○ 20억 명
○ 30억 명

44 세계에서 얼마나 많은 사람들이 기아 상태에 있습니까?

○ 2억 명
○ 5억 명
○ 9억 명

45 지구상 얼마나 다양한 식물들이 존재합니까?

○ 20만 종
○ 50만 종
○ 80만 종

46 현재 대륙 표면의 몇 퍼센트가 경작지로 이용되고 있습니까?

○ 대륙 표면의 20퍼센트
○ 대륙 표면의 40퍼센트
○ 대륙 표면의 60퍼센트

47 낙후된 지역이 활성화되자 부유층이 유입되어 원래 살던 주민을 밀어내는 현상을 무엇이라고 합니까?

○ 빗장 동네
○ 젠트리피케이션
○ 캘리포니케이션

48 전 세계에서 빈민가에 거주하는 도시 인구의 비율은 얼마입니까?

○ 10퍼센트
○ 20퍼센트
○ 30퍼센트

49 미국의 인구는 얼마입니까?

○ 3억 3천만 명
○ 5억 명
○ 7억 5천만 명

50 세계에서 가장 큰 나라는 어디입니까?

○ 중국
○ 러시아
○ 캐나다

51 브라질의 인구는 몇 명입니까?

○ 1억 5천만 명
○ 2억 1천만 명
○ 3억 2천만 명

52 브라질 경제의 원동력이 되는 지역은 어디입니까?

○ 북부
○ 북동부
○ 남부

53 브라질의 수도는 어디입니까?

○ 상파울루
○ 리우데자네이루
○ 브라질리아

54 반세계화 운동은 어느 나라에서 시작되었습니까?

○ 스페인
○ 이탈리아
○ 브라질

55 세계에는 얼마나 많은 댐이 있습니까?

○ 3만 개
○ 5만 개
○ 7만 개

56 세계 최대 재생 에너지 원천은 무엇입니까?

○ 풍력
○ 수력
○ 태양광

57 산샤 댐이 건설된 강은 어디입니까?

○ 라인강
○ 나일강
○ 양쯔강

58 불교는 어느 나라에서 탄생했습니까?

○ 인도
○ 네팔
○ 티베트

59 힌두교도의 삶을 지배하는 행동 강령은 무엇입니까?

○ 카르마
○ 삼사르
○ 다르마

60 최초의 공상과학 영화 중 하나인 〈메트로폴리스 (Metropolis)〉를 만든 감독은 누구입니까?

○ 로버트 와이즈
○ 바이론 허스킨
○ 프리츠 랑

61 〈2001: 스페이스 오디세이(2001: A Space Odyssey)〉를 감독한 사람은 누구입니까?

○ 스탠리 큐브릭
○ 스티븐 스필버그
○ 제임스 카메론

62 1941년에 〈시민 케인(Citizen Kane)〉을 만든 감독은 누구입니까?

○ 앨프리드 히치콕
○ 빌리 와일더
○ 오슨 웰즈

63 최초의 서부 영화는 몇 년에 만들어졌습니까?

○ 1903년
○ 1921년
○ 1943년

64 발성 영화가 만들어진 해는 언제입니까?

○ 1915년
○ 1927년
○ 1932년

65 뤼미에르 형제는

○ 텔레비전을 만들었다.
○ 영화를 만들었다.
○ 라디오를 만들었다.

66 레오폴 세다르 상고르는 어느 나라의 지도자였습니까?

○ 가나
○ 탄자니아
○ 세네갈

67 핵무기를 보유한 국가는 어디입니까?

○ 인도
○ 파키스탄
○ 북한

68 유엔의 전신은 무엇이었습니까?

○ 나토
○ 국제연맹
○ I LO

69 유네스코 본부는 어디에 있습니까?

○ 브뤼셀
○ 파리
○ 뉴욕

70 WHO는 어느 분야를 담당하고 있습니까?

○ 교육
○ 건강
○ 경제

71 프랑스 사회당은 어느 전당대회에서 창당했습니까?

○ 샤르트르 전당대회
○ 에피네 전당대회
○ 자르낙 전당대회

72 무협영화에 영감을 받아 제작된 조지 루카스의 SF영화 시리즈는 무엇입니까?

○ 스타트렉
○ 블레이드 러너
○ 스타워즈

73 1945년 얄타 회담에 참석한 지도자는 누구입니까?

○ 프랭클린 루스벨트
○ 윈스턴 처칠
○ 스탈린

74 얄타는 어디에 위치해 있습니까?

○ 라트비아
○ 크림 반도
○ 크로아티아

75 러시아의 전략적 자원은 무엇입니까?

○ 금
○ 가스
○ 석유

76 세바스토폴 도시를 세운 사람은 누구입니까?

○ 레닌
○ 알렉산더 대왕
○ 예카테리나 2세

77 '덴노'라는 칭호를 사용한 나라는 어디입니까?

○ 일본
○ 한국
○ 중국

78 공자는 어느 나라 사람입니까?

○ 중국
○ 인도
○ 일본

79 아메리카 원주민들이 접신을 위해서 추었던 신성한 춤은 무엇입니까?

○ 뱀의 춤
○ 태양의 춤
○ 용의 춤

80 힌두교 신화에서 세상을 파괴하고 재건하는 신은 누구입니까?

○ 비슈누
○ 시바
○ 인드라

정답

1. 쿠바
2. 콜롬비아
3. 영국
4. 셋 다
5. 다이쇼
6. 하와이
7. 일본
8. 히로시마와 나가사키
9. 미국
10. 미국
11. 히로히토
12. 중국
13. 대약진 운동
14. 작은 빨간 책
15. 1989년
16. 덩샤오핑
17. 시진핑
18. 모로코와 튀니지
19. 나세르
20. 르완다
21. 남아프리카공화국
22. 넬슨 만델라
23. 프레데릭 데 클레르크
24. ANC(아프리카민족회의)
25. 28년(1962~1990)
26. 1947년
27. 변호사였습니다.

28. 파키스탄
29. 방글라데시
30. 1948년
31. 네루
32. 네루
33. 파란색 헬멧
34. 헤이그
35. 193개국
36. 샤를 드골
37. 에비타
38. 살바도르 아옌데
39. 타이완
40. 한국전쟁
41. 폼페이
42. 1910년
43. 20억 명
44. 9억 명
45. 50만 종
46. 대륙 표면의 40퍼센트
47. 젠트리피케이션
48. 30퍼센트
49. 3억 3천만 명
50. 러시아
51. 2억 1천만 명
52. 남부
53. 브라질리아
54. 브라질

55. 5만 개
56. 수력
57. 양쯔강
58. 인도
59. 다르마
60. 프리츠 랑
61. 스탠리 큐브릭
62. 오슨 웰스
63. 1903년
64. 1927년
65. 영화를 만들었다.
66. 세네갈
67. 인도, 파키스탄, 북한
68. 국제연맹
69. 파리
70. 건강
71. 에피네 전당대회
72. 스타워즈
73. 프랭클린 루스벨트, 윈스턴 처칠, 스탈린
74. 크림 반도
75. 가스와 석유
76. 예카테리나 2세
77. 중국
78. 중국
79. 뱀의 춤과 태양의 춤
80. 시바

보충 설명

1) 산업화 과정에서 소외된 하층 계급의 정치적 불만에 편승하여, 하층 계급의 보호자를 자임함으로써 정치권력을 장악하려는 현대 라틴아메리카의 정치 이념. 파시즘과 유사하나 이데올로기적 특성이 없으며, 아르헨티나의 정치가 페론이 주창한 것이 대표적이다.

2) Central Intelligence Agency, 미국의 중앙정보국

3) 콜롬비아 무장혁명군

4) 1960년대 라틴아메리카를 풍미했던 시골 게릴라 전략. 피델 카스트로가 1959년 쿠바 혁명 때 사용한 전략을 발전시킨 것으로 주민들과의 친목, 자원봉사 등을 통해 거점을 만든다는 전략이다.

5) 파라분도 마르티 민족해방전선. 엘 살바도르의 혁명가 아구스틴 파라분도 마르티의 이름을 붙인 엘살바도르의 통일무장혁명조직.

6) 페루의 최대 반정부 게릴라 단체

7) 무장혁명단체

8) 콜롬비아 최대 반군 조직으로 콜롬비아 무장혁명군

9) 일본의 역대 무신정권인 막부의 수장을 가리키는 칭호

10) 일본 헤이안(平安) 시대 말기에서 중세에 걸쳐 많은 영지(領地)를 가졌던 봉건 영주. 무사 계급으로서 그 지방의 행정권·사법권·징세권을 가졌으며 군사 사무도 관할했다.

11) 12세기에서 19세기까지 쇼군을 중심으로 한 일본의 무사 정권을 지칭하는 말

12) 재벌

13) 19세기 말과 20세기 초, 일본과 중국을 비롯한 황인종들에게 정복당할지도 모른다는 유럽인들의 위기론

14) 중국 심양

15) 태평양전쟁 당시 미군의 지휘권은 둘로 나뉘어 있었다. 육군사령관 더글러스 맥아더와 해군사령관 체스터 니미츠였다.

16) 제2차 세계대전 때 폭탄이 장착된 비행기를 몰고 자살 공격을 감행한 일본군 특공대.

17) 중화민국 초기의 문학 운동

18) 중국의 정치가, 군인

19) 홍위병을 동원하여 자아비판이라는 명목하에 비판적 지식인, 관료와 정적들을 길거리로 끌어내 모욕을 주고 공개처벌했다.

20) 순수한 아프리카 흑인

21) 남아프리카공화국 하우텡 주에 있는 도시. 정부에서 흑인 주거지로 설정한 도시로, 아파르트헤이트로 차별받은 흑인이 살던 대표적인 지역이다.

22) 인도 분리독립 이전에 이슬람교도의 지위와 이익을 지키기 위하여 결성된 정당이다. 간디의 국민회의파와 인도무슬림연맹은 인도의 자치 획득이라는 공동의 목표 아래 손을 잡았다.

23) 1919년에 영국에 인도 독립에 대한 약속 이행을 요구하는 인도 군중을 영국군이 무력으로 진압한 사건. 영국군의 발포로 수많은 사상자를 냈다.

24) 간디의 반식민(反植民)투쟁의 근본사상

25) 인도의 독립운동가이자 인도 이슬람교 정치인. 파키스탄의 정치인이며 파키스탄의 초대 총독이다.

26) 1947년 인도와 파키스탄의 분리독립 이후 카슈미르 지역에서 계속해서 일어나는 영유권 다툼이 일어났다.

27) 1968년 5월에 학생과 근로자들이 연합하여 벌인 대규모의 사회변혁운동

28) 프랑스 국민은 르펜을 막기 위해서 시라크에게 몰표를 던졌다.

29) 강한 카리스마와 열정을 지니고 일하는 대통령을 일컫는 말로 프랑스의 전 대통령인 니콜라 사르코지 대통령의 별명으로 '슈퍼 사르코' 등과 함께 처음으로 '하이퍼 대통령'이라는 말이 사용됐다.

30) 마크롱 대통령이 소속된 정당 이름이기도 하다.

31) 1940년 6월 18일 드골은 런던에서 BBC 라디오를 통해 프랑스 국민에게 나치 독일에 저항하자고 호소하는 '6·18 호소문'을 연설했다.

32) 제2차 세계대전 당시 샤를 드골 등의 프랑스 군부 지도자들이 영국에 망명해서 세운 프랑스 망명 정부. 전후 프랑스에서는 이들이 결국 프랑스의 정권을 장악해 제4, 제5공화정을 이루었고 지금의 프랑스 정부는 여기서 이어진다.

33) "삶의 방식을 바꾸자"는 구호를 들고 나와 프랑스 사상 최초의 좌파 대통령으로 집권한 미테랑은 정반대 정책을 폈다. 복지와 형평성을 중시한 사회당 정부는 집권 초 기업 국유화 단행, 사양산업과 성장산업 동시 지원, 부자 증세 등 사회주의적 통제경제 정책을 폈다. 그러나 결국 프랑스도 인플레이션 심화 등의 문제에 부딪혀 1980년대 말 자유시장 경제체제로 전환했다.

34) 오늘날 평화유지군이 쓰는 파란색 헬멧은 평화유지군의 정체성이 되어서, 평화유지군을 파란색 헬멧이라고 부르는 사람들도 있다.

35) 그레이터 파리(Greater Paris). 프랑스 정부는 2012년부터 10년간 350억 유로(약 60조 원)를 투입해 파리를 미국 뉴욕을 능가하는 경쟁력을 갖춘 거대도시로 재탄생시킨다는 '그랑 파리' 계획을 밝혔다.

36) 포르투갈어로 빈민촌이란 뜻으로, 브라질에서 도시 빈민가를 통칭하는 말

37) 인도 마하라슈트라 주의 뭄바이에 있는 지역으로 아시아에서 가장 큰 빈민가 중 하나이다.

38) 그리스 신화에 등장하는 반인반어(半人半魚)의 요정으로 뱃사람들을 아름다운 목소리로 홀려 난파시켰다고 함

39) 낙후된 구도심 지역이 활성화되어 중산층 이상의 계층이 유입됨으로써 기존의 저소득층 원주민을 대체하는 현상을 가리킨다.

40) 군부와 대규모 방위산업체들의 상호의존체제를 일컫는 용어

41) 브라질 아르헨티나 우루과이 파라과이 등 남미 국가 간 무역장벽을 없애기 위해 1991년 창설된 남미공동시장이자 경제공동체. 2012년 베네수엘라가 정식 가입해 정회원국이 5개국으로 늘었다.

42) 공자에게서 비롯된 중국 대표 사상

43) 神, 신앙의 대상

44) 진(Jinn, 靈鬼)이 사람에게 해를 가한다고 두려워하며 자연석이나 신의 모습을 새긴 돌을 성석(聖石)과 신상(神像)으로 숭배했다.

45) 일종의 무당

46) 조로아스터교의 창시자이자 고대 페르시아의 종교 개혁가로 후대에 큰 영향을 끼쳤다.

47) 윤회

48) 업

49) 번뇌가 소멸된 상태 또는 완성된 깨달음의 세계를 의미하는 불교 교리

50) 1960년대 후반에 생겨난 개념 미술 또는 설치 미술의 한 경향. 대자연을 재료로 하여 표현하고 일정 기간 전시 후 철거하는 반문명적·반자본주의적 예술이다.

51) 정식으로 미술 교육을 받지 않은 이들이 기성 예술의 유파나 지향에 관계없이 창작한 작품

52) 식사, 음료를 들면서 음악이나 쇼를 즐길 수 있는 식당

53) 1936년 프랑스 제3공화국에서 사회주의 정당 SFIO와 좌파 자유주의 정당 급진당, 프랑스 공산당이 연합하여 수립된 시기를 가리킨다.

54) 암흑가를 다룬 영화

55) 1950~1954년 미국을 휩쓴 일련의 반(反)공산주의 선풍

56) 초대형 화면으로 영화를 상영하는 한 방법

57) 이탈리아식 서부극이라고도 한다.

다섯 번째 주

이번 주에

배울 주제는 다음과 같습니다…

간디는 변호사였다.

셍겐 협정은 1995년에 발효되었다.

요한 바오로 2세는 1523년 이후 처음으로 이탈리아 출신이 아닌 교황이다.

재생 가능한 전력은 거의 100퍼센트 아이슬란드와 노르웨이에서 생산된다.

68 운동으로 그르넬(Grenelle) 협정이 타결되었으며, 대학 개혁이 이루어졌다.

프랑스 정교분리법은 1905년에 시행되었다.

1928년 월트 디즈니는 '미키'라는 캐릭터를 만들었다.

제1차 바티칸 공의회에서 제2차 바티칸 공의회까지

산업화 시대에 가톨릭 교회는 전통주의, 자유주의, 사회주의 사이에서
분열되어 양면적인 태도를 보였다.

갈림길에 선 교회

교황권은 자성과 개방을 반복했다. 1864년 회칙 '콴타 쿠라'Quanta cura에 근대 세계에서 발생하는 모든 오류 목록인 '오류표'Syllabus Errorum를 첨부하여 종교적 관용 및 모든 종교가 서로 동등하다는 주장을 비난했다. 1870년 제1차 바티칸공의회에서 교황의 무오류성[1] 교리를 선포하고, 1907년에 마침내 성경 해석에 '모더니즘'을 적용하는 것을 비난했다. 그리고 한편으로 1891년 회칙 '새로운 사태'Rerum novarum[2]와 1931년의 '40주년'Quadragesimo anno에서 사회 개혁을 옹호하고, 1892년의 회칙 '내부 우려'Inter sollicitudines에서 가톨릭 신자들의 공화국 집회를 권장하고 프랑스 공화국 체제에 대해 개방적인 태도를 보였다.

20세기 초, 프랑스는 1901년 사적 교육을 반대하는 결사에 관한 법률, 그리고 1904년부터 1921년까지 이어지는 바티칸과의 외교 단절을 통해 반교권주의를 강화했다. 1905년 정교분리법은 종교 예산 및 종교 장관을 없애고, 성직자들이 공권력으로부터 보수를 받는 것도 중단시켰다. 초기의 혼란에도 불구하고 이 법안은 대체로 양측 모두로부터 호응을 얻었다.

전체주의 정권에 대해서 안일하게 대처했던 보수적 성향의 교황 비오 12세(1939~1958) 이후에 교황이 된 요한 23세(1958~1963)는 교회에 대해 '아조르나멘토'aggiornamento('현대화' '갱신')를 요구했다.

제2차 바티칸 공의회 : 전환점

이러한 열망은 바오로 6세(1963~1978)가 마무리한 제2차 바티칸 공의회(1962~1965)에서 절정에 달했다. 이 공의회에 이례적으로 2,450명에 달하는 주교들이 모여서 지나치게 법률적 문제에만 초점을 맞추던 트리덴티노 정신(16세기 트리엔트 공의회에서 비롯되었다)에서 벗어나서, 다양한 주제에 접근하고 복음주의 정신으로 되돌아가겠다는 의지를 확인했다.

이제부터 가톨릭 교회는 현대 세계와 현대 문화에 대한 개방적인 태도로 기술 및 사회의 세속화, 식민지 민족의 해방 문제를 고려하겠다는 의지를 밝혔다. 종교 간 대화를 시도하여 처음에는 개신교와 정교회, 그다음에는 유대교, 이슬람교, 불교와 대화를 시작한 것도 같은 정신에서였다.

어떤 영향을 끼쳤는가?

마르셀 르페브르Mgr. Lefebvre 대주교를 비롯한 전통주의자들은 공의회에 대해 거부 반응을 보였지만, 일부 사제들은 라틴아메리카의 군부 체제와 반동 정권에 맞서 '해방 신학'[3]에 참가하는 등 다양한 반응을 불러일으켰다. 그러나 교황권은 1523년 이후 최초의 비이탈리아 출신 교황이던 폴란드 출신 요한 바오로 2세(1978~2005)부터, 1294년 이후로 교황관을 내려놓은 최초의 교황인 독일의 베네딕토 16세(2005~2013)로 중단되었다가, 최초의 비유럽 출신 교황인 아르헨티나 출신 프란치스코(2013년부터)에 이르기까지 제2차 바티칸 공의회의 정신을 지키고 있다.

68 운동, 세계적인 물결

국제 운동(일본, 미국, 멕시코, 프랑스, 이탈리아, 프랑스)으로 번진 1968년 5월 운동은
세대 문제와 대학 위기에 지나치게 물질화되고 가치관을 잃어버린 사회에 대한 비난이 결합되어 나타났다.

"금지함을 금지하라!"

1960년대에 개인의 비판 능력을 빼앗은 소비사회에 대한 비판이 제기되었다. 철학자 헤르베르트 마르쿠제Herbert Marcuse의 사상에서 영향을 받은 이러한 비판은 마르크스주의 및 정신 분석과 결합하여 산업사회에 대한 급진적인 비판으로 이어졌고, 히피 문화로 표출되었다.

68 운동은 아주 적극적인 무정부주의, 마오주의, 트로츠키주의 경향을 강하게 띠고 있었으며, 지나치게 체제에 통합된 전통적인 정당에 대한 불신을 깔고 있었다. **하지만 이것은 정치 혁명이 아니었다.** 이 공산주의자들은 절대로 권력을 장악할 의도가 없었다. 프랑스에서 드골 장군 지지파가 휘두르는 전체주의 유령의 위협에도 불구하고 말이다. 선례들 때문에 손가락질을 받던 이 좌파 집단들은 성공할 가능성이 거의 없는 정권 전복에는 전혀 관심이 없었다.

68 운동은 무엇보다 소비사회의 소외계층들에게 파급 효과를 주기를 바라는 **젊은이들의 자발적인 표현**이었다.

학생에서 노동자로

프랑스에서 이 모든 것은 3월 22일 운동(파리 서부 낭테르 대학에서 규율 완화를 요구하며 탄생했다)으로 시작되어서 5월 3일 소르본Sorbonne 대학 점령으로 이어졌다. 그 후 몇 주 동안 벽을 뒤덮었던 슬로건으로 매우 시적이고 무정부주의적인 성향을 드러냈다. "권력에 상상력을!" "금지함을 금지하라!"

학생들이 시작한 이 운동은 사회로 번지고 **총파업으로** 이어졌다. 하지만 소비사회에 반기를 든 학생들과 소비사회에 들어가기를 원하며 이 학생들을 지나치게 응석받이인 베이비붐 세대라고 생각하는 노동자들 사이에 모호한 분위기가 퍼져나갔다.

질서로의 복귀와 열광의 괄호 기간

정부 당국은 다양한 방식으로 반응했다. 멕시코는 이 운동을 참혹하게 진압했지만, 프랑스는 그르넬Grenelle 협정과 다시 정권을 잡은 드골이 주도한 사회개혁을 통해서 프랑스의 전통적 특징인 사회적 타협을 보여주기도 했다(하지만 이것이 1969년 드골의 사임을 막지는 못했다).

"권력에 상상력을!"

68 운동의 영향력이 가장 컸던 것은 문화적인 측면이다. 그 이유는 산업 사회가 발전하면서 나타나는 위기를 폭로하면서 물질 성장과 관습을 조화시키려고 했기 때문이다. 68 운동은 또한 사회의 기능적 위계에 의문을 제기하고 구시대적 이유로 소외된 집단, 즉 어린이, 청소년, 여성, 학생 등의 의사결정 참여를 요구함으로써 계급 갈등의 노선을 바꾸려고 했다는 의미에서 혁명이다.

이 운동은 자유주의에 열광하는 시대의 시작을 알렸다. 성 혁명, 도시 소외와 거리가 먼 공동체 생활을 통한 진정성 추구, 1969년 우드스탁 페스티벌, 1970년 아일 오브 와이트 페스티벌 등. '질서로의 복귀'는 1973년 **제1차 석유파동**으로 모든 사회적 논쟁을 뒤로 밀어내 버린 경제 위기 때문부터 1981년 에이즈가 나타날 때까지 서서히 이루어졌다. 이것으로 "마법 같은 이야기"가 끝났다.

여성의 권리에 대한 짧은 역사

기독교 전통에 충실한 산업사회는 가부장적 굴레를 유지했다.
여성은 성적, 기능적, 사회적 측면에서 남성에게 복종해야 했다.
프랑스에서 특히 인구증가찬성론자 및 출산장려주의자들은
낙태나 피임을 금지하는 1920년 법을 옹호했다.
비시 정부는 심지어 이 법을 더욱 강화했다.

중세에서 벗어나다

1950년대 대량 소비 시대는 여성을 가정에 더욱 한정시켰다. 하지만 대학 입학 자격 취득자 중 남학생 수보다 여학생 수가 점점 더 많아지고, 능력이 같은 남성에 비해 더 적은 임금을 받는 여성의 연령층이 늘어나면서, **변화에 대한 열망**은 점점 더 커졌다. 남편 및 아버지의 권한과 여성의 복종 의무를 합법화한 1804년 민법전이 폐지되면서, 1965년 이후로 이러한 진보는 가속화되었다.

페미니즘과 정치

페미니즘은 시몬 드 보부아르Simone de Beauvoir의 『제2의 성 Deuxième Sexe』(1949)의 영향으로 성장했다. 시몬 드 보부아르는 주체인 남성과 대상인 여성을 대립시키기를 거부했다.

1968년에 만들어진 MLF(여성 해방 운동)은 여성들의 특수한 상황과 그 상황을 개선할 방법을 분석하고자 했다. 이 운동의 중심에서 **혁명적 페미니스트** 단체는 여성 해방의 원인을 근본적으로 찾기 위해서, 가정 폭력 고발, 어머니의 날 반대 시위, 1974년 여성들의 파업 등을 주도했다.

1973년 변호사 지젤 알리미Gisèle Halimi는 『여성의 이유La Cause des femmes』를 집필하고, 1920년의 법률 폐지를 목표로 '선택' 운동을 창설했다. 지젤 알리미는 343명의 여성 유명인사, 예술가, 지식인, 정치 활동가들이 '나도 낙태했다'라는 주장하면서 법에 도전장을 내민 **'343명 잡년들의 선언'**('르 누벨 옵세르바퇴르Le Nouvel Observateur』 1971년 4월호에 실린 청원)에 서명을 한 여성 중의 한 명이다.

이런 가운데 현대 여성의 모델에 대해 다시 의문이 제기되었다. 중산층이 제시한 이러한 모델이 과연 적합한 것일까? 1980년대에는 **페미니즘이 정체**되었고, 신문 1면에 등장하는 몇몇 여성들, 즉 미디어의 스타 기자들(안 생클레르Anne Sinclair, 크리스틴 오크랑Christine Ockrent)이나 여론 조사에서 인기 있는 장관들(프랑수아즈 지루Françoise Giroud, 시몬 베이유Simone Veil)은 그럼에도 불구하고 남성 세계에서 자신들의 존재감을 부각시켰다. 1993년부터 1994년까지 프랑스에서 유일하게 여성 총리를 지냈던 에디트 크레송Édith Cresson에 대한 대중의 적대적인 반응은 아직 가야 할 길이 멀다는 사실을 보여주었다.

2010년대에 와서야 **평등권**에 대한 요구가 정치 분야에서 효력을 거두기 시작했다. 2017년 대선 후보였던 에마뉘엘 마크롱은 이것을 선거 캠페인으로 내세웠다.

매 순간의 전투

1967년 뉴워스Neuwirth 법은 피임에 대한 권리를 인정했다. 출산과 성을 분리시키면서, 여성들을 성에 대한 죄책감에서 해방시켰다. 1975년, 보건부 장관이던 시몬 베이유는 출산장려주의자들과 종교적 교리를 충실히 지키려는 가톨릭 신자들의 맹렬한 반대에도 불구하고 IVG(자발적 임신중단)[4]에 대한 법을 폐지했으며, 이는 그 효과가 제한적이라고 할지라도 전환점이 되었다. 같은 해 프랑스에서는 상호 동의와 동거 생활 종료라는 단순화된 절차로 이혼이 성립되었다.

이탈리아 공화국 만세!

베니토 무솔리니가 실각하고
시칠리아에 상륙한 연합군들의 길목을 차단하기 위해 이탈리아 북부를 점령하고 있던 독일이 패전하면서,
이탈리아는 1945년부터 1946년 사이에 대규모 반파시스트 정화가 시작되었다.

군주국에서 공화국으로

국민해방위원회의 영향력은 전통적인 정당들의 권력에 도전할 만큼 강했다. 하지만 기독교민주당이라는 대규모 정당의 결성을 통해서 결국 전통 전당이 승리를 거두었다. 당시 기독교민주당은 유럽 통합을 구상했으며(이탈리아는 1957년부터 EEC의 창립 회원국이다), 1945년부터 1953년까지 총리를 지낸 **알치데 데가스페리**Alcide De Gasperi가 당을 이끌고 있었다.

파시스트 정권과 타협하고 비토리오-에마누엘레 3세가 퇴위한 지 한 달 후인 1946년 6월 18일 국민 투표로 공화국이 선포되고 비토리오-에마누엘레 3세의 아들이자 이탈리아의 마지막 왕인 움베르토 2세Umberto II가 추방되었다. 1947년 2월 10일, **파리 평화 조약**으로 이스트라 반도(유고슬라비아), 도데카니사 제도(그리스), 에리트레아, 리비아, 소말리아 식민지를 빼앗기는 대신 이탈리아는 민주주의 국가들과의 협력 속에서 재건을 시작했다.

기독교민주당의 시대

1947년 5월에 알치데 데가스페리 총리는 내각을 구성하면서 냉전으로 인해서 결정적인 정치 권력을 계속 행사해온 공산당을 배제시켰다.

마셜 플랜 Marshall Plan을 통한 미국의 원조 덕분에 '이탈리아의 경제 기적'이 펼쳐지는 동안에도 남부와 북부 사이의 불균형은 계속되고 있었다. 1949년부터 1950년 사이에 농업 개혁을 통해서 여전히 라티푼티아Latifundia(대농장)가 절대적으로 많은 메초조르노Mezzogiorno 5)에 소규모 농민 계층을

만들기 위해 미개간지를 농민들에게 나누어주었다.

1953년 이후로 정부가 불안정해지고 기독교민주당이 영향력을 상실하면서, 기독교민주당은 팔미로 톨리아티Palmiro Togliatti가 이끄는 공산당의 부상에 대응하기 위해서 사회민주당(1963)과 함께 '좌파에 대한 개방'을 추진할 수밖에 없었다.

1975년 공산주의자들은 선거에 대한 영향력이 절정에 달했을 때 기독교민주당과 '역사적 타협'을 열망했고, 이는 1979년까지 지속되었다. 하지만 이탈리아에게 이 시기는 '암울한 시기'였다. 대학가의 소요, 붉은여단의 공격(1978년 기독교민주당 대통령 알도 모로Aldo Moro의 납치와 암살, 1982년 반마피아 투쟁 책임자 달라 키에사Dalla Chiesa 장군 암살)이 이어졌기 때문이다.

1980년대에 정치 지도부가 개편되었다. 대선에서 참패하면서 기독교민주당은 처음으로 정부 지도력을 잃었고, 사회당의 베티노 크락시Bettino Craxi가 1983년부터 1987년까지 집권했다. 공산당은 소련 붕괴 후 좌파 민주당으로 전환했다. '마니 풀리테'Mani Pulite('깨끗한 손')6)는 그 당시 **정치권이 얼마나 부패했는지**를 보여준다.

1986년 '회개한 대부' 토마소 부세타Tommaso Buscetta의 폭로 이후에 마피아 지도자들에 대한 '막시 재판'으로 마피아와의 싸움은 안정기에 접어들었다. 하지만 이 재판을 이끌었던 두 명의 반마피아 판사, 지오반니 팔코네Giovanni Falcone와 파올로 보르셀리노Paolo Borsellino가 살해당한 사건은 세계적으로 이슈가 되었다. 대단한 선동가인 실비오 베를루스코니Silvio Berlusconi는 부패한 전통 정당에 대한 대안으로 자신을 내세우면서 1994년과 2011년 사이에 세 차례 총리로 당선되었다.

아일랜드의 짧은 역사

20세기 초에 가톨릭(90퍼센트)과 개신교 간의 종교적 평등을 이루고
영국인 부재지주에 대한 특권을 줄여서 경제적 여건을 개선한 후,
아일랜드인들은 영국에 대해 정치적 독립을 요구했다.

아일랜드, 자치에서 독립으로

1912년 영국 의회에 아일랜드 자치 정부를 주장하는 자치 법안이 제출되었지만, 상원의 반대로 1914년이 되어서야 통과되었다. 하지만 얼스터Ulster(북아일랜드) 문제는 따로 남겨두었다. 주민 대다수가 개신교이고 산업화가 이루어진 얼스터는 영국과의 관계를 그대로 유지하기를 원했다. 1912년부터 1914년까지 통합주의자7)(카슨Carson), 자치를 요구하는 신페인당Sinn Fein('우리들 자신'), 아일랜드 의용군8) 사이에 문제가 증가했다.

1914년에 제1차 세계대전이 발발하자 영국 정부는 아일랜드 문제를 접어두고 아일랜드를 전쟁에 끌어들이기 위해서 연합군을 제안했다. 그리고 아일랜드 자치법의 시행 시기를 전쟁이 끝난 후로 연기했다. 하지만 전쟁이 길어지고 영국이 언제 아일랜드에게 자치권을 줄지 불투명해지자, 1916년에 아일랜드 자치주의자들은 **더블린에서 부활절 봉기**를 일으켰다. 독일로부터 공급을 약속받았던 무기가 오지 않는 바람에, 아일랜드 자치주의자들은 영국군에게 무참히 진압당하고 패트릭 피어스Patrick Pearse와 같은 많은 지도자가 처형되었다.

1919년에서 1920년 사이에 에이먼 데벌레라Eamon de Valera가 이끄는 아일랜드공화국군대(IRA)는 영국군과 통합주의자들을 상대로 **내전**을 벌였다. 1920년에 영국 의회는 '아일랜드 정부법'The Ireland Act을 통과시켰다. 이 법에 따라 아일랜드는 영연방의 일원으로 남아일랜드와 얼스터, 두 개의 자치 지역으로 나뉘었다. 하지만 내전은 계속되었다.

1921년 런던 조약에 의해서 얼스터 지역의 6개 주를 영국의 직접 통치 지역으로 남기고, 남아일랜드의 26개 주는 영연방의 일원으로 **아일랜드 자유국**을 형성했다. 하지만 공화당은 이를 거부하고, 온건파에 대한 투쟁을 시작했다(그 과정에서 혁명가 마이클 콜린스Michael Collins가 암살되었다). 결국 공화당은 1923년에 항복했지만, 1927년까지 아일랜드

얼스터의 드라마

북아일랜드에서 민족주의의 각성은 1960년대에 나타났다. 1968년에 영국에 남기를 원하는 영국계 개신교도와 에이레 공화국과의 통일을 주장하는 IRA 사이에서 내전이 발생했다. 그러던 중 런던데리Londonderry에서 영국 정부군 군대가 가톨릭 평화 시위대를 무력으로 진압한 '피의 일요일'Bloody Sunday(1972) 사건이 터지면서, 폭력은 절정에 달했다.

1994년에 영국 보수당의 존 메이저John Major 총리가 평화 협상을 시작해서, IRA(북아일랜드공화국군)와 영국계 개신교도는 휴전을 선언했다. 1998년 벨파스트에 있는 스토몬트Stormont에서 협정을 체결하면서 30년간의 내전이 공식적으로 종식되었다. 하지만 IRA가 공식적으로 무장 투쟁을 포기한 것은 2005년이었다.

그러나 긴장은 여전히 감돌고 있다. 북아일랜드는 유럽에 남기를 원하지만, 2020년에 영국의 유럽연합 탈퇴(브렉시트)가 발효되면 다시 긴장이 강해질 위험이 있다.

의회에 참석하기를 거부했다.

1932년에 총선에서 승리를 거두고 집권한 데 벌레라는 1937년에 새로운 헌법을 위한 투표를 하고, 아일랜드가 영연방을 탈퇴하고 공화국(국명 '에이레'Eire)임을 선포했다. 1948년에 에이레 공화국은 영연방Commonwealth과 완전히 결별했다.

집단 학살의 세기

1943년 법학자 라파엘 렘킨(Raphael Lemkin)은 '집단 학살'이라는 용어를
국가, 민족, 인종 또는 종교 집단 전체
또는 일부를 소멸시키려는 의도로 저지른 범죄를 가리키기 위해 사용했다.
집단 학살은 그들의 행위 때문이 아니라,
그들의 존재 자체가 해롭다고 간주하는 집단을 근절하려는 욕망에서 비롯된다.

20세기 최초의 집단 학살

식민지에 대한 수많은 폭력 가운데 1904년 독일이 서아프리카에서 저지른 헤레로^{Herero}족 집단 학살은 조직적으로 자행되었기 때문에 더욱 눈에 띈다.

1915년 코카서스에서 러시아에 패배한 오스만 제국은 아르메니아인들에 대해 적과 공모했다는 혐의로 집단 학살을 시작했다. 쿠르드족 비정규군은 아르메니아인들을 학살하거나 끝없는 사막을 걷게 해서 추방했다. 이 집단 학살을 통해서, 오스만 제국은 전쟁 패배에 대한 관심을 다른 곳으로 돌리고자 했다. 하지만 오스만 제국은 이미 쇠퇴의 길을 가고 있었다. 1920년 이후에 터키 서부에서 그리스인을 추방했던 사건 역시 구체적으로 언급하지 않더라도 이와 비슷한 절차로 이루어졌다.

홀로코스트

폴란드를 침공(1939)한 후, 독일은 유대 민족에 대한 **급진적인 말살 정책**을 시행했다. 독일은 유대인들을 게토⁹⁾로 분리한 다음 그 자리에서 처형하거나 집단 학살 수용소로 이동시켰다. 소련의 침공(1941) 이후, 아인자츠그루펜^{Einsatzgruppen}(이동학살부대)은 공산당 간부와 유대인을 제거하기 위해 최전선에서 행동했다. 이것은 '총알에 의한 홀로코스트'였다. 1942년 1월 20일, 반제 회의^{Wannsee Conference}에

서 강제 노동, 아사, 즉각 처형 등에 의한 유대인 말살 계획인 '최종 해결책'이 결정되었다.

아우슈비츠^{Auschwitz}, 트레블린카^{Treblinka}, 소비보르^{Sobibor}, 헤움노^{Chelmno} 및 베우제츠^{Belzec}의 강제수용소에서 가스 트럭, 가스실, 치클론 B^{Zyklon B 10)}에 의한 질식사로 450만 명의 유럽 유대인을 대상으로 집단 학살이 이루어졌다. 온갖 형태로 자행된 집단 학살로 희생된 유대인은 500만~600만 명(유럽 유대인의 2/3였다)이었다. 집시들 역시 나치로부터 비슷한 집단 학살을 당했다.

세기 말의 집단 학살

1994년 르완다에서 후투족 출신의 쥐베날 하비자리마나^{Juvénal Habyarimana} 대통령이 암살된 사건은 북부 후투족이 집단 학살을 조직하게 되는 구실이 되었다. 후투족은 **적어도 80만 명**의 투치족과 정권에 반대하는 '후투족'을 살해했다. 이 과정에서 밀 콜린스 라디오 방송국(RTLM)을 비롯한 미디어는 '바퀴벌레'를 박멸하라고 선동하기까지 했다.

구 유고슬라비아에서 세르비아인들은 1994년부터 1995년까지 크로아티아인, 특히 보스니아 무슬림에 대한 '민족 정화'를 수행했고, 1998년부터 1999년까지 코소보의 알바니아인들에 대해 같은 범죄를 반복했으며, 이는 집단 학살로 보일 수 있다.

과거를 돌이켜보면, 20세기 이전의 집단 학살은 유럽인들이 앤틸리스 제도에서 아메리카 원주민들에 대해 저지른 만행도 집단 학살로 분류할 수 있다. 이로 인해서 서인도 제도에서 아메리카 원주민들이 완전히 사라졌다.

> '쇼아'^{Shoah}(히브리어로 '절멸'라는 용어는 나치가 유럽의 유대인을 말살한 것을 가리키기 위해서 1980년대에 사용되기 시작했다. 피해자들이 어떤 이유에 의해서 희생된 것으로 해석될 수 있는 '홀로코스트'('불에 의해 희생된 제물'라는 용어 대신 사용된다.

테러리즘

은밀히 이루어지는 테러리즘은 장소를 옮기고 있으며,
시간이 지나면서 형태와 강도가 변하고 있다.

정치 테러

1970년대와 1980년대에는 (19세기 후반의 무정부주의 노선에 따라) 부르주아 국가의 붕괴를 목표로 하는 극좌파 또는 신나치 극우파가 강하게 개입된 정치 테러가 지배적이었다.

현재는 프랑스의 악시옹 디렉트Action Direct 11), 서독의 적군파('바더 마인호프'라고도 불렀다)12), 이탈리아의 붉은여단13) (1980년 볼로냐 역 테러로 85명 사망), 그리고 자본주의 국가인 이스라엘에 맞서는 PFLP(팔레스타인 인민해방전선)이라는 테러단체가 활동하고 있다. 1983년에 베이루트Beyroute 에서 미국 대사관에 대한 자살폭탄테러, 그 뒤 이어진 미군과 프랑스군에 대한 자살폭탄테러로 300명의 희생자가 발생하면서 레바논 전쟁이 시작되었다.

콘도르 작전으로 대표되는 **국가 테러**도 있다. 라틴아메리카의 여러 독재 정권들은 공산주의를 '차단' 하기 위해서 CIA의 지원을 받아 좌파 반대 세력을 제거할 목적으로 테러를 조직했다.

분리주의 테러는 바스크 지방의 ETA, 스리랑카의 타밀 호랑이, 북아일랜드의 IRA 등이 있다. 그리고 1990년대 모스크바에서 체첸인들이 저지른 테러도 이에 속한다.

종교 테러

1980년대부터 **종교 테러**가 증가했다. 파리의 코페르닉 거리(1980)와 로시에 거리(1982)에서 반유대주의 테러가 발생했으며, 1995년 도쿄 지하철에서 옴진리교의 독가스 테러가 있었다.

1990년대 중반 이후에는 이슬람 급진주의가 두각을 나타냈다. 헤즈볼라14)와 이슬람 지하드15)가 이스라엘과 그 동맹국에 대해 테러를 저지르고 있으며, GIA(무장 이슬람 단체)가 알제리와 파리에서 테러 공격을 했고(알제리에서 이륙 준비를 하는 파리행 에어 프랑스 소속 에어버스 비행기를 납치했으며, 그 후로 다섯 차례 파리를 공격했다), 사우디아라비아 출신 오사마 빈 라덴이 조직한 알 카에다(아랍어로 '기지')는 1998년 케냐와 탄자니아 주재 미국 대사관을 공격했다.

알 카에다가 저지른 2001년 9월 11일 뉴욕의 세계 무역센터와 펜타곤 본부 테러 공격으로 테러리즘은 절정에 달했다. 2011년에 미국이 특공대 작전으로 파키스탄에서 빈 라덴을 사살한 이후로 알 카에다는 쇠퇴하고, 이라크와 시리아를 넘어 국제적으로 움직이는 이슬람 국가(다에시Daesh) 조직이 부상했다. 다에시는 2015년 파리에서 풍자 주간지 샤를리 에브도Charlie Hebdo 본사와 슈퍼마켓을 습격했고, 같은 해 연말에 카페와 레스토랑 테라스에서 총격을 가했다. 130명이 사망한 바타클란Bataclan 콘서트홀 테러는 제2차 세계대전 이후 프랑스에서 가장 치명적인 공격이었으며, 2004년 191명이 사망한 마드리드 기차역 테러 다음으로 유럽에서 많은 희생자를 발생시켰다.

다에시 조직 일원으로 이슬람 급진주의를 주장하는 테러리스트들이 노골적으로 목표로 삼는 것은 그들이 퇴폐적이고 물질적이라고 판단하는 서구적인 삶의 방식이다.

태평양에 오신 것을 환영합니다

19세기 유럽인들의 성공적인 태평양 탐험은 정복 전쟁으로 이어졌다.
식민지 경쟁은 아프리카에서처럼 태평양에서 재연되었다.

유럽의 식민지 정복

멜라네시아에서 프랑스는 1853년에 누벨칼레도니(카낙인 [16])들을 무시하고 이곳을 프랑스의 유형지로 이용했으며, 1878년 카낙 반란을 무력으로 진압했다). 1880년에 타히티를 점령했고, 영국은 피지(1874)를 점령했으며, 두 강대국은 뉴헤브리디스 제도의 지배권을 공유했다. 폴리네시아에서 타히티의 왕 포마레 5세는 타히티에 대한 프랑스의 지배를 인정했다. 그 무렵 영국은 마오리족과 격렬한 전쟁을 벌여서 뉴질랜드를 강압적으로 굴복시켰다. 미국은 사탕수수를 착취하기 위해서 하와이 제도를 합병하고, 스페인령 괌과 필리핀 제도를 빼앗았다.

제1차 세계대전이 끝나면서, 독일 식민지(마리아나 제도, 솔로몬 제도, 마셜 제도, 뉴기니)는 일본, 미국, 호주, 뉴질랜드의 위임통치를 받게 되었다.

19세기 말에 태평양은 야자나무, 코프라[17), 사탕수수 경작을 통해서 세계 경제에 편입되었다. 20세기 초에 유럽인들은 지하로 관심을 돌렸다. 나우루의 인광석, 솔로몬 제도와 피지의 금, 누벨칼레도니의 금속(니켈)에 눈독을 들인 것이다. 뉴질랜드와 오스트레일리아에서 금맥이 발견되면서 이민자들이 꾸준히 몰려들었다(1871년에 200만 명). 1901년에 오스트레일리아 연방이 발족하면서, 이 섬 대륙의 다양한 식민지들을 하나로 모았다. 제1차 세계대전에 원주민들이 참전하면서(1915년 터키에 맞서 갈리폴리 전투 참전) 유럽과의 관계가 강화되는 듯했지만, 원주민(오스트레일리아 원주민과 마오리족)의 권리는 여전히 완전히 무시되고 있었다.

1907년에 매우 진보된 입법으로 뉴질랜드 자치령이 출범했다. 1893년에 여성들은 투표권을 얻었다.

끝나지 않은 탈식민화

영국은 1968년에서 1980년 사이에 여러 점령지(나우루, 통가, 피지, 파푸아뉴기니, 솔로몬 제도, 현 투발루인 엘리스 제도, 현 키리바시인 길버트 제도)의 독립을 허용하며 태평양에서 철수했다. 그리고 영국이 프랑스와 공동 통치로 지배했던 뉴헤브리디스도 1980년에 바누아투라는 이름으로 독립했다. 1962년 뉴질랜드가 서사모아의 통치를 포기하면서 서사모아도 독립했다.

미국은 이 지역(사모아, 괌, 웨이크 섬, 북마리아나 제도)에 대한 다양한 지원을 유지하면서, 미크로네시아와 마샬 제도(1979), 그 다음으로 팔라우(1994)의 독립을 허용했다. 프랑스는 폴리네시아(프랑스는 이 나라를 핵 실험장으로 이용하여 많은 비판을 받았다), 왈리스 푸투나, 누벨칼레도니(카낙족 분리주의자들이 식민지에서 거주하는 유럽인들의 후손인 칼도쉬에 대해 적의를 표출하고 있다)를 자국의 영토로 유지했다.

태평양 전쟁

1941년에서 1945년 사이에 태평양은 일본과 미국의 거대한 해상 전투의 무대가 되었다. 1941년 12월 7일 일본이 진주만을 기습 공격하고 숨 막히는 진격을 한 후에, 1942년 4월과 8월 사이에는 산호해 해전, 미드웨이 해전, 과달카날 해전으로 진격이 중단되었다. 그때부터 1945년까지 영국과 미국이 반격을 시작하여 필리핀을 다시 정복하고 일본 영토를 공격(오키나와 전투)했다.

간디는 누구인가?

변호사 모한다스 카람찬드 간디(1869~1948)는 남아프리카로 건너가
오랫동안 변호사로 일하면서 당국의 인도 이주민에 대한 차별에 대해 비폭력 무저항으로 맞선다.
1915년 인도로 돌아온 그는 영국의 지배에 저항하며 국민의회당의 정신적 지도자가 되었다.

인도로 돌아갈 때까지의 간디(1869~1915)

부유한 상인 집안에서 태어나 신앙심이 깊었던 간디는 서구의 물질주의에 대해서는 적대적이지만 서구의 몇몇 철학 사상에 대해서는 개방적이었다. 간디는 영국에서 법을 공부하고 변호사가 되었다. 1893년부터 1914년까지 남아프리카에서 일하면서 수많은 인도 이민자들을 **인종차별**로부터 보호했다. 간디는 그 과정에서 비폭력('아힘사')과 무저항('사티아그라하')을 성공적으로 이용했다. 간디는 1915년에 인도로 귀환하여 인도의 민족주의 운동에 비폭력과 무저항 원칙을 적용했다.

인도에서 투쟁의 시작(1915~1928)

간디는 정치적 투쟁과 사회적 투쟁을 분리하지 않았지만, 활동가로서의 기간과 아쉬람[18]의 긴 은둔생활을 번갈아하는 바람에 그의 협력자들조차 당황하게 만들었다. 국민의회 내에서 순식간에 정신적 지도자가 된 간디는 스와데시[19]('경제적 민족주의')와 스와라지('자치')를 요구하는 시민 불복종 운동을 여러 차례 주도했고, 식민 당국에 대한 압박을 주기 위해서 **단식과 보이콧**을 이용했다. 1922년 첫 번째 유혈 사태가 일어난 이후로 간디는 비폭력 윤리에 충실하기 위해 갑자기 활동을 중단했다.

독립을 향한 긴 행진 (1928~1948)

네루가 이끄는 국민회의가 과격화되자, 간디는 다시 정치에 뛰어들어 새로운 캠페인을 이끌었다. 영국의 소금 독점에 반대하고 인도가 영국의 자치령이 되는 것을 거부하기 위해서 소금 행진(1930)을 시작했으며, **불가촉천민 분리선 거구제** 반대 투쟁(1932)

전통에 대한 집착, 가난한 삶, 여러 차례의 투옥으로 간디는 대단한 인기를 얻었다. 특히 1930년부터 간디는 인도 사람들을 **시민 불복종**에 동원했다. 간디는 1947년 독립을 달성하는 데 큰 역할을 했지만, 인도와 파키스탄으로의 분할은 그에게 끔찍한 실패였다. 간디는 1948년 힌두교 광신자에게 암살당했다.

을 했다. 그러나 1934년에 국민회의 지도자들과의 대립으로 정치에서 은퇴하게 되었다.

제2차 세계대전이 일어나자 간디는 다시 민족운동의 선봉에 섰지만, '인도를 떠나라' 운동(1942)으로 영국인들에게 인도를 떠날 것을 요구하면서 다시 감옥으로 갇히게 되었다. 전쟁 후에 독립은 불가피했지만, 인도는 힌두교와 이슬람교의 분열로 인해서 두 개의 나라로 분할 독립할 예정이었고, 간디는 이에 대해 필사적으로 반대했다. 하지만 1947년에 인도 연합과 파키스탄으로 **분할 독립**이 이루어졌다. 마하트마('위대한 영혼')는 이를 개인적 실패로 여겼다. 수많은 동포로부터 제대로 이해받지 못하던 간디는 1948년에 힌두교 광신자에게 암살당했다.

그가 원했던 대로 인도인들의 사고방식을 근본적으로 바꿀 수는 없었지만, 비폭력 무저항에 대한 그의 메시지는 수많은 후세에게 전달되었다.

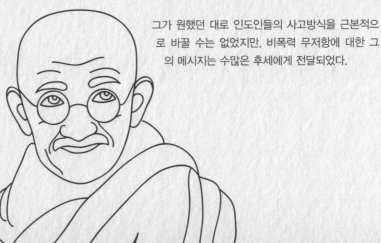

마오쩌둥은 누구인가?

마오(1893~1976)는 1921년 중국 공산당 창당에 참여했다.
그는 국민당을 피해서 대장정을 하던 중 1935년에 공산당의 지도자가 되었다.

일본 그리고 국민당과 전쟁을 치른 마오는 1949년에 중화인민공화국을 수립하고 사망할 때까지 통치했으며, **대약진운동[20]**, **문화대혁명[21]**과 같은 무모한 시도로 경쟁자들을 제거했다. 나라를 붕괴시킬 위기에 빠뜨렸음에도 불구하고, 마오는 여전히 혁명적 이상을 구현하고 있다.

중화인민공화국 이전의 마오(1893~1949)

부유한 농민의 아들로 태어난 마오는 학업을 마친 후 베이징 대학교의 사서가 되었다. 그는 1921년에 천두슈[22]와 소수의 마르크스주의자들과 함께 중국 공산당(CCP) 창당에 참여했다. 그리고 국민당의 민족주의 정부와 마찬가지로 군벌 세력과 제국주의자들의 손아귀에서 국가를 해방시키기를 열망했다. 마오는 **농민들의 혁명적 잠재력**을 보고 난 후에 후난성에서 봉기를 조직했지만 실패했다. 이로 인해 1927년 중국 공산당 정치국에서 쫓겨났다.

같은 해에 국민당과 관계를 끊은 마오쩌둥은 장시성에서 농민 혁명 기반을 조직하여 '중화소비에트공화국'을 세우고 1930년에 주석이 되었다. 당 지도부에서 밀려난 마오는 국민당에게 쫓겨 북쪽으로 **대장정(1934~1935)**을 시작했으며, 그러는 동안 마침내 중국 공산당의 지도자로 인정받았다. 일본과 전쟁(1937~1945)을 치르기 위해서 다시 국민당과 동맹을 맺은 마오는 그 후에 국민당을 상대로 한 2차 내전을 이끌었고, 결국 1949년 10월 1일에 중화인민공화국을 선포했다.

중국 인민의 지도자(1949~1976)

중국 공산당과 중화인민공화국의 주석이 된 마오는 정권의 다양한 시기를 이끌었다. 1957년부터는 이데올로기보다 전술에 더 집중하는 혁명가로서 명성을 높이면서 경쟁자들을 뛰어넘었다.

신민주주의 시기(1949~1953)에 국가 회복에 전념한 후에

소련식 모델을 모방하는 시기(1953~1956)에 마오는 소련의 스탈린 숭배에 간접적으로 영향을 받았다. 1957년에 **백화운동**을 시작으로 다시 주도권을 잡고 1958년에 대약진 운동을 시작했지만, 이로 인해 경제 참사를 일으켜 3,600만 중국인을 죽음으로 몰고 갔다. 1959년에 공화국의 주석 자리를 류샤오치에게 내어주고 물러난 마오는 반격을 준비했다.

마오는 1966년부터 "사회주의 건설을 지연시키는" 모든 것을 제거하여 '신 인간'을 만들기 위해 **문화대혁명**을 시작했다. 현실에서 점점 더 단절되고 파벌 싸움에 집중하면서 마오쩌둥은 1976년 사망할 때까지 권력을 유지하는 데 성공했다. 중국의 사회주의를 희생시켜 경제 근대화로 전환하려는 중국은 소련의 비스탈린화에 필적하는 비마오화를 아직 경험하지 못하고 있다.

노벨상 시상식

스웨덴의 알프레드 노벨(Alfred Nobel)은 1896년 사망하면서 가장 핵심적인 발명품인 다이너마이트로 번
1억 8천만 유로에 해당하는 재산을 남겼다. 자녀가 없었던 노벨은 자신의 재산을 해마다
다섯 가지 서로 다른 분야(평화 또는 외교, 문학, 화학, 생리학 또는 의학, 물리학)에서
인류를 위해 놀라운 기여를 한 사람들에게 상금을 주는 재단을 만드는 데 써달라는 유언을 남겼다.

다섯 분야의 노벨상

1901년 이후로 **매년 10월에 수상자**가 가려졌고, 시상식
은 알프레드 노벨의 사망 기념일인 12월 10일에 개최되었
다. 1968년 노벨 재단의 동의로 스웨덴 은행은 비록 공식
적이지는 않지만 노벨을 기념하는 경제학상을 제정했다.
1936년 이후로 수여되고 있는 **필즈상**은 때로 노벨 수학상
과 동등한 것으로 소개된다. 하지만, 필즈상은 진행 중인
경력에 대한 격려로 수여되는 반면에, 노벨상은 이미 성
과를 이룬 경력에 대한 보상으로 수여된다.

유명한 수상자

가장 유명하고 언론의 주목을 받는 수상자들은 **노벨 평
화상** 수상자들이다. 그들 중에서도 적십자의 창시자 앙
리 뒤낭Henry Dunant(1901년 수상), 의사이자 신학자로 인간
미 넘치는 식민주의의 상징인 알베르트 슈바이처Albert
Schweitzer(1952년 수상), 흑인 인권 운동가이자 비폭력주의자
마틴 루터 킹Martin Luther King(1964년 수상), 캘커타의 성인이자
가톨릭 교회 수녀 마더 테레사Mother Teresa(1979년 수상), 미얀
마의 정치인이자 인권운동가 아웅산 수치(1991년에 수상했
지만, 소수민족인 로힝야족 탄압에 대해 묵인 방조했다는 이유
로 2016년에 노벨 평화상 박탈이 거론되기도 했다), 그리고 미
국의 버락 오바마Barack Obama 대통령(2009년 수상)을 꼽을 수
있다.
기관이나 단체 역시 여러 차례 노벨 평화상 수상자
로 선정되었다. 세 차례 수상한 국제적십자위원회
(1917, 1944, 1963), 두 차례 수상한 유엔난민고등판무관
(1954, 1981), 유엔 사무총장으로 수상한 다그 함마르셸드
Dag Hammarskjöld(1961년 수상)와 코피 아난Kofi
Annan(2001년 수상), 그리고 유럽연합(2012
년 수상)이 있다.
노벨 문학상 수상자로는 어니스트 헤
밍웨이Ernest Hemingway(1954년 수상), 존 스
타인벡John Steinbeck(1962년 수상), 알렉산드

르 솔제니친Aleksandr Solzhenitsyn(1970년 수상), 가브리엘 가르시
아 마르케스Gabriel García Márquez(1982년 수상), 귄터 그라스Günther
Grass(1999년 수상), 마리오 바르가스 요사Mario Vargas Llosa(2010년
수상), 그리고 밥 딜런Bob Dylan(2016년 수상)이 있다.

거부당한 노벨상

노벨상 수상 거부는 예외적인 경우이기 때문에 언론을 통
해서 훨씬 더 많이 보도되었다. 첫 번째 경우는 강요된 경
우였다. 1938년부터 1939년까지 아돌프 히틀러Adolf Hitler는
3명의 독일 수상자에게 노벨상을 거부하도록 강요했으
며, 그들은 결국 전쟁이 끝날 때까지 노벨상을 받지 못했

2009년까지 전체 수상자 중 남성 수상자가 766명인
데 비해 여성 수상자가 40명에 불과했기 때문에 평등
은 보이지 않았다. 그러나 노벨상을 두 번이나 수상한
네 사람 중에 여성 수상자가 한 명 있다. 바로 마리 퀴
리Marie Curie로 물리학상(1903에 남편 피에르Pierre와 함께 수
상)과 화학상(1911)을 수상했다. 그들의 딸인 이렌 졸리오
퀴리Irène Joliot-Curie도 남편 프레데릭 졸리오Frédéric Joliot와 함
께 1935년에 노벨 화학상을 수상했다.

다. 1958년 소련 정부는 보리스 파스테르나크Boris Pasternak가
노벨 문학상을 받기 위해 스톡홀름으로 가는 것을 금지했
으며, 그의 소설 『닥터 지바고』를 반소련적이라고 비판했
다. 최초로 자발적으로 수상을 거부한 경우는 1964년 **장
폴 사르트르**Jean-Paul Sartre였는데, "작가는 작품으로 평가받아
야 하며 제도화된 영예에 기대서는 안 된다"는 이유로 수
상을 거부했다. 1973년에 미군의 베트남 개입을 종결시킨
파리 협정에 참석한 북베트남의 협상가 레둑토Le Duc Tho는
진정한 평화가 확립되지 않았다며, 미국과 공동 수상할
예정이던 노벨상 수상을 거부했다.

ALFR.
NOBEL

세계에서 가장 큰 안보기구, OSCE

1973년에 CSCE(유럽안보협력회의)가 임무를 시작했다.
CSCE는 동구권 국가들의 지위를 인정하고
국가 내정 불간섭을 확립하고자 했던 소련의 주도로 설립되었다.
소련은 특히 소련에 대해 꾸준히 제기되는 개인의 자유 침해에 대한 비난에 대해 맞서고자 했다.

CSCE와 냉전

CSCE는 1975년 모든 유럽 국가들(알바니아 제외)과 미국, 캐나다가 헬싱키 최종의정서에 서명하면서 완성되었다. CSCE는 **국경 불가침, 국가 간 평등 및 인권 존중**을 준수할 것을 요구했다. 제2차 CSCE 회의(마드리드, 1980)와 제3차 CSCE 회의(빈, 1989)에서 소련과 인민민주주의 국가들이 계속해서 준수하지 않아서 비난을 받은 것은 마지막 주제와 관련해서였다. 동구권이 사라진 후 제4차 CSCE 회의(헬싱키, 1992)는 더 큰 유럽 조직을 위한 토대를 마련했으며, 마침내 같은 원칙에 따라 통합되었다.

유럽을 넘어선 OSCE

1995년 제5차 회의에서 CSCE는 OSCE(유럽안보협력회의)에 자리를 내주었다. 그 당시에 OSCE는 **52개 회원국**으로 구성되었다. 2020년에 회원국은 57개국으로 늘어났다. 본부가 빈에 있는 OSCE는 유럽 대륙의 국가 전체뿐만 아니라 소련 해체로 탄생한 국가들(중앙아시아, 코카서스), 몽골, 캐나다 및 미국을 회원국으로 받아들이면서, 종합적인 소명을 가진 유일한 유럽 기구가 되었다. 특히 57개 회원국에 호주와 태국을 포함한 11개 협력국이 추가되면서, '유럽'이라는 정체성은 상대적으로 옅어지고 있다.

OSCE의 조직

상설이사회는 주요 상설기구로 매주 빈에서 회의가 개최되며, 정치적 협의와 정책 결정을 담당한다. 각료이사회는 해마다 회원국의 장관들이 모여서 회의를 진행하며, 매년 교대로 맡게 되는 의장국의 외무 장관이 의장을 맡게 된다. 의회는 코펜하겐에 본부를 두고 **1년에 두 번** 개최되며 OSCE 관할 분야의 결의안을 채택한다.

제6차 OSCE 회의(리스본, 1996)에서 유럽 안보를 정의하는 데 주력했고, 제7차 회의(이스탄불, 1999)는 **유럽안보헌장**을 채택했다. 2011년에 빈 문서를 체결함으로써 각 회원국은 다른 회원국의 영토에서 조사할 수 있는 권리를 갖게 되었다.

OSCE는 철저하게 정치 조직이며, 의결 사항을 집행하기 위해 어떠한 군사력도 사용하지 않지만, 필요한 경우에 나토 또는 러시아군이 사실상 집행군 역할을 한다. OSCE의 역할은 **자문**에 국한되어 있으며, 이것으로 발칸 반도(구유고슬라비아), 코카서스(체첸, 남오세티야, 압하지야) 및 중앙아시아에서 무력 충돌을 막을 수 없었던 것으로 확인되었다.

2016년에 러시아 해커들이 OSCE에 대해 사이버 공격을 저질렀다. 러시아는 그들의 관점에서(냉전 당시 소련과 마찬가지로) OSCE의 편향된 태도를 늘 비판했으며, 그로 인해서 이 기구가 추구하는 합의에 취약하다고 주장했다.

셍겐 협정

1985년 6월 14일에 독일, 프랑스, 벨기에, 룩셈부르크, 네덜란드의 대표들이
룩셈부르크의 작은 마을인 셍겐에 모여서 이웃하는 국간들 간의
국경검문소 철폐 및 비자에 대한 공동 정책을 적용하는 협정을 체결했다.

확장된 지역

셍겐 협정의 장기적인 목표는 점진적인 국경 폐지, 지역 내 사람들의 자유로운 이동, 긴밀한 협력을 통한 안보 개선이다.

1990년 6월 19일, 셍겐 협정은 회원국들 사이에 경찰 협력, 이민 및 망명에 대한 공통 기준을 분명히 정했다. 1995년 3월 26일에 마침내 발효된 셍겐 협정은 스페인, 포르투갈, 그리고 곧 오스트리아로 확장되었다. 1997년 10월 2일, 암스테르담 조약은 셍겐 협정을 유럽연합법에 통합했다.

따라서 셍겐 지역은 영국, 아일랜드, 키프로스, 불가리아, 루마니아, 크로아티아를 제외한 대부분의 유럽연합 회원국으로 확대되었다. 2001년부터 2011년 사이에 노르웨이, 아이슬란드, 스위스, 리히텐슈타인 등 EFTA(유럽자유무역연합, 1960년 영국을 중심으로 EEC의 경쟁 협회로 만들어졌다)에 남아 있던 회원국들도 가입했다.

모두 26개국인 회원국들 사이에 국경 통제가 사라졌지만, 외부 국가들에 대해서는 더욱 강화되었다.

국경의 폐지

1985년 협정이 체결되기 전에 유럽연합의 국경 대부분은 감시 초소가 세워져 있고 순찰을 돌고 있었다. 협정이 체결된 후로 도로, 철도 또는 공항을 이용하는 승객들은 더 이상 체계적인 출입국 수속을 할 필요가 없어졌지만, 필요한 경우에는 여전히 통제가 가능하다. 공공질서나 내부 안보에 심각한 위협이 있는 경우에 회원국 간의 국경 통제는 일시적으로 복원될 수 있다.

셍겐 협정 규정에 따르면 회원국들은 서로 경찰 및 사법 협력을 제공한다. 한 회원국에서 다른 회원국으로 이동하는 사람이 '이 지역 내에서 사라지는' 것은 이론적으로 불가능하다. 만약 범인 인도가 가능한 범죄에 가담한 것으로 의심되는 사람에 대해서 경찰은 국경을 넘어서 추적할 수 있다.

유럽연합이 관세동맹과 통합 VAT 지역을 구성함에 따라 국경을 지나는 상품에 대한 세관 통제나 절차는 일반적으로 사라졌다. 그럼에도 불구하고 덴마크는 2011년에 세관 통제를 강화했으며, 그리고 2016년에는 합법적인 이민이나 조직범죄에 대하여 이 조치를 정당화했다.

영국이 셍겐 협정에 가입하지 않은 이유는 영국으로 들어오려는 불법 이민자의 유입 때문이다. 이로 인해서 영불 해협을 지나는 터널 근처에 설치된 이주민 및 난민 캠프인 '칼레의 정글'과 같은 심각한 문제가 발생하고 있다.

긴장 지역?

2015년부터 이주 문제(특히 시리아와 이라크 같은 중동, 리비아와 에리트레아 같은 아프리카 출신의 이민자 유입)와 특히 이슬람주의자들을 비롯한 테러리즘으로 인해 셍겐 지역에 대한 의문이 제기되고 있다. 2년 8개월 동안 규칙을 어길 수 있다는 이 협정의 예외 조항에 따라, 10개 회원국은 국경을 일시적으로 다시 통제하고 있다.

인간은 많은 자연종 중 하나일 뿐일까?

현대와 고대의 철학은 동물과 근본적으로 구별되는
인간의 독립적 지위를 인정하는 문제에서 인류학적 입장을 취했다.
자연성과 인간성의 대립은 지적이고 도덕적인 반응이며, 인간에게 특별한 존엄성을 부여한다.

인간 또는 동물?

인간에게 있어서 상호관계를 만드는 데 본능을 대체할 수 있는 것은 도덕과 문화이다. 이러한 생각은 계몽주의(특히 칸트Kant와 루소Rousseau) 시기에 절정에 달했지만, 동물의 조건과 인간의 조건 사이의 연속성을 입증한 라마르크Lamarck와 다윈Darwin의 생물학적 관점에서 그다지 명확하지 않다. 우리는 철학적 차원에서 인간과 자연을 이렇게 계속해서 분명하게 구분할 수 있을까? 심지어 철학적으로 뒷받침하기 위해서 이미 구식이 된 진부한 생각이나 엄격하게 신학적인 주장이라도 이용해야 할까? 결국 인간에게 더 높은 존엄성을 부여하는 것이 우리에게 무슨 소용이 있을까?

칸트는 교육이라는 주제로 그 사실을 확신했다. 교육은 인간에게 자발적이고 자연스러운 모든 것, 즉 공격적인 성향, 불합리한 충동, 감정 기복 같은 것이 없어지도록 **인간을 단련하는 것**이다. 그러므로 인간의 존엄성은 인간에게 자연스러운 것으로부터 빠져나올 때 이룰 수 있다. 이러한 관점은 인간이 다른 동물과 마찬가지로 동물이라는 것을 인정하지만, 인간은 문화의 중재와 정신의 개발을 통해서 본성으로부터 느리지만 분명하게 자신을 분리할 수 있는 유일한 존재라는 점을 강조한다.

진화 이론

하지만 이와 동시대의 몇몇 철학자들은 인간과 동물 사이의 경계를 좁히는 데 주저하지 않았다. 콩디야크Condillac [23]는 『동물론Traité des animaux』에서 동물이 분별력, 의지력, 언어 능력을 가지고 있다고 주장했다. 콩디야크는 그럼에도 불구하고 인간과 동물 사이에 질적 차이, 따라서 계층적 차이가 있기 때문에, 인간은 동물보다 우월하다고 설명했다. 그리고 동물은 감각을 비교하기 위해 단지 기억에만 의존하지만, 인간은 끊임없이 진화하는 진정한 세계를 만들어낸다고 했다. 따라서 인간이 동물에서 '발생'했다고 가정하는 진화론자들의 이론은 인간과 동물 사이에서 볼 수 있는 본질적인 차이를 없애지 못했다.

이 질문에 대한 연구에서 반복적으로 거론되는 것은 문화이다. 인간은 시간이 지나면서 변화하지만, 오랜 세월에 걸쳐 문화를 만들어내고 발전시킬 수 있는 유일한 존재이다. 문화의 역사를 살펴보면, 문화는 인간이 자연과 거리를 두게 되는 곳이며, 때로는 숭배의 대상이고 때로는 단순한 도구일 수도 있다.

하지만 문화가 인간과 인간의 자연성을 구분 짓는 경계라면, 그것은 인간과 동물 사이에 단순한 정도의 차이가 있을 뿐 본질적인 차이가 없다는 것을 인정하는 것이다. 왜냐하면 지적 능력, 도덕적 능력, 도구 사용 능력을 개발한다는 의미에서, 문화를 사용하지 않는다고 간주한 동물들은 꿀벌이나 돌고래처럼 매우 정교한 언어라는 문화적 기초를 이용할 수 있기 때문이다. 따라서 문화는 인간과 동물을 구분 짓는 경계라기보다는 단순히 정교함과 체계성 측면에서 정도의 차이만 있을 뿐이다.

"각자 취향대로"라고
말할 수 있을까?

미적 판단과 관련된 토론을 마무리하기 위해, 사람들은 "각자 취향대로"
또는 "취향과 색깔에 대해서는 서로 토론하지 않는다"라고 말하곤 한다.
이러한 표현은 우리가 높이 평가하는 예술 작품을 누군가가 비판할 때,
그 사람의 수준이 낮다거나 교육을 충분히 받지 못했다고 생각하는 것을 막아준다.

보편적인 아름다움?

아름다운 자연이나 잘생긴 얼굴처럼 미적 속성을 갖춘 몇몇 대상에 대해 모든 사람들은 기분 좋게 받아들인다. 하지만 '각자 취향대로' 같은 상대주의적 진술은 예술을 **일시적인 사고의 대상**으로 정의하려는 것이다. 그렇다면 어떻게 하면 다양한 판단을 불러일으킬 수 있는 현상을 효과적으로 정의하고 판단하고 이론화할 수 있을까? 사실 전통적으로 예술과 관련된 술어인 아름답다는 표현에 대해 고정적인 정의를 내릴 수는 없다. 훌륭한 예술 작품이 아름답다고 인정할 때조차도, 심지어 이 작품이 왜 아름다운지 알지 못하는 경우가 있다. 그렇다면, 우리는 취향에 대한 기준을 명확하게 정할 수 있을까? 취향은 감각일까, 혹은 인지하는 방식일까? 우리는 취향의 자의적인 특성을 인정할 필요가 있다. 우리는 좋은 취향 혹은 나쁜 취향이라고 말할 수 없다.

각자 취향을 결정짓는 것은 다양한 경험적 요소이다. 그 이유는 아마 취향을 구성하는 데 있어서 감수성이 중요한 역할을 하기 때문일 것이다. 예를 들어 예술 작품을 통해서 느끼는 불편함, 기쁨, 공포를 해소하기 위해서 이성적인 논쟁을 하거나 다른 사람들의 감수성을 문제 삼는 것은 별로 그럴듯해 보이지 않는다. 다시 말해서, 취향은 논리적인 차원에서 다룰 수 없는 대상이다.

따라서 칸트는 '각자 취향대로'라는 긍정명제가 진부한 표현이 아니라 '모두에게 기분 좋은 것'을 중시하는 원칙을 확인시켜 주는 것이라고 말한다.

그렇지만 우리는 이러한 상대주의적 입장에 만족할 수 있을까? 예술적 경험이나 그에 대한 판단에 대해 정말로 생각할 수 없을까? 결국 철학적 관점에서 이러한 상대주의를 확인하는 것은 미적 판단의 비판적인 측면을 없애는 것과 같다.

토론의 기술

실제로 칸트는 이처럼 기분 좋은 것이 중요하다는 상대주의적 관점에 만족하지 않았다. 사실 수학의 정리를 증명하는 것과 같은 방식으로, 기분 좋은 것과 관련 있는 만족이나 기쁨을 증명하는 것은 참으로 어리석어 보인다. 하지만 이것은 아름다움에 대해서는 가능하다. 우리가 어떤 것이 아름답다고 생각할 때, **우리는 이러한 판단을 보편화하는 경향이 있다.** 즉, 다른 사람도 그렇게 판단하기를 원한다. 만약에 사람들이 무엇이 아름다운지 서로 합의하지 못했다고 하더라도, 그들은 아름다움이 보편적인 권리라고 생각한다. 만일 이것이 아름다운 것이라면, 모두가 나와 함께 이렇게 판단해야 한다고 생각하는 것이다.

"각자의 취향대로"라는 긍정명제는 미적 판단의 존재 자체를 부정하기 때문에, 아름답다는 술어에 대해 아무런 가치도 두지 않는다. 따라서 아름다움에 대한 보편적 생각은 미학 분야에서 토론의 대상이 될 수는 있다. 내 취향이 다른 사람의 취향보다 낫다고 단호한 태도로 독단적 요구를 하는 것보다 내 취향에 대해 열린 대화의 바탕이 되는 것이다.

성지에서

모든 사회에서 성스러운 것은 지역 내에서 중요한 위치를 차지한다.
높은 토지 비용에도 불구하고,
도시의 많은 기념물과 장소는 종교적 소명을 맡고 있다.

종교의 이름으로

기원전 5세기 아테네의 아크로폴리스 신전, 아즈텍이나 마야의 신전, 파리의 노트르담, 팀북투[24] 또는 일본 나라의 도다이지 등 종교와 연관이 있는 기념물의 목록은 끝이 없어 보인다. 구석기 시대의 장식 동굴이 신성한 기능을 가졌을 가능성은 말할 것도 없다. 이러한 기념물에 신성한 가치를 지닌 넓은 땅을 추가할 필요가 있다. 특히 묘지의 경우처럼 말이다.

상업적으로 평가할 수 없는 가치 때문에, 이런 지역들은 순식간에 긴장의 장소가 되기도 한다. 절, 교회 또는 모스크를 모욕했다는 이유로 한 집단이 다른 집단과 대치하고, 종교의 이름으로 영토를 서로 뺏고 빼앗긴다.

경제 활동의 중요한 원천

가장 눈에 띄는 현상은 순례지의 존재이다. 세계 관광기구에 따르면, 해마다 세계 주요 종교 유적지를 방문하는 방문자는 약 3억 3천만 명으로 전체 관광객의 약 3분의 1을 차지한다. 순례지가 있는 지역은 순례자들을 맞이하기 위한 시설을 갖추게 된다. 성소를 오가는 교통 시설, 순례지의 숙박 시설 또는 상업 시설 등으로 순례자들을 맞이한다.

예루살렘, 성지가 긴장의 근원이 될 때

예루살렘은 세 종교의 성지로 유명하다. 세 종교의 중요한 기념물인 유대인을 위한 통곡의 벽, 기독교인을 위한 성묘 영면 교회, 이슬람교도를 위한 성전산 바위 돔 사원이 예루살렘에 집중되어 있다. 이러한 이유로 유엔은 예루살렘을 국제사회 관할 지역으로 두고자 했지만, 1948년 이스라엘 국가 선포로 불가능해졌다.

아주 작은 역사 도시인 예루살렘에서 이러한 상황은 종종 긴장을 야기한다. 유대 근본주의자들은 과거의 히브리 수도를 찾기 위해 아랍인 구역에 건물을 사들였다. 이슬람교도들은 모스크 광장의 발굴을 거부했다. 그로 인해서 관리가 복잡해졌다. 이슬람교 성지는 요르단 재단인 와크프[25](Waqf)에 의해 운영되고 있어서, 유대인들은 그곳에서 기도를 할 수 없다. 중세부터 성묘의 열쇠는 정교회와 가톨릭 사이의 갈등을 피하기 위해 무슬림이 보관하고 있다!

순례지의 인기 순위

가장 인기 있는 두 순례지는 모두 힌두교와 관련이 있다. 약 1억 명이 다녀간 쿰브 멜라(Kumbh Mela)와 그 다음으로 3천만 명의 순례자가 다녀간 아야판(Ayyappan) 순례지이다.

2,000만 명이 방문한 멕시코시티의 과달루페 성모 성당과 1,500만 명의 시아파 무슬림들이 다녀간 이라크 카르발라가 그 뒤를 잇는다. 중국의 난푸퉈 사원에는 1천만 명의 순례자가 다녀갔다.

루르드 성지는 700~800만 명의 방문객이 다녀간 곳으로 대략 8위를 차지했다. 메카는 약 300만 명의 방문객으로 19위에 불과하다.

세상 밖에서

현대 문명에서 따로 떨어져서 살고 있는 부족을 발견하는 일은
오랫동안 인류를 매료시켰다.

마지막 자유인?

식민지 정복이나 '석기 시대' 숲에 사는 부족의 발견은 문명화되지 않은 사람들의 야만성이나 순수성에 대한 수많은 이야기를 만들어냈다. **선량한 야만인의 신화**는 거기서 만들어졌다. 1500년에 페드루 알바라스 카브랄 Pedro Álvares Cabral이 브라질에 도착했을 때, 그는 '아무것도 걸치지 않고 벗은 채 걷고 있는, 아주 순수한' 사람들을 만났다. 따라서 몽테뉴와 루소와 같은 지식인은 이러한 사람들을 인간은 본래 선하지만, 사회가 인간을 타락시킨다는 증거로 삼았다. 동시에 선교사들은 복음화를 시작했다.

점차 이러한 부족은 현대사회에 어느 정도 동화되었고, 이로 인해서 그들의 문화를 파괴하고 때로는 그들의 토지 약탈을 정당화하는 데 기여하기도 했다. 특히 브라질 아마존에서는 보존 구역이 설정될 정도이다.

신비한 센티널족

안다만 제도[26]에는 수 세기 동안 다른 사회와 접촉하지 않은 것으로 보이는 부족이 살고 있는 작은 섬이 있다. 많은 사람들이 그들에게 다가가려고 했지만, 화살로 철저하게 접근을 막았다. 2004년에 인도양을 휩쓸고 간 쓰나미에서 이 사람들이 어떻게 살아남을 수 있었는지를 설명하는 것은 불가능하다.

보호해야 할 소수자

놀라울 정도로 급변하는 역사 속에서 이러한 부족괴의 관계는 이제 역전된 듯하다. 사실 '접촉이 없었던 부족', 즉 고립된 채 살아가면서 '현대사회'와 아무런 접촉이 없었던 부족을 발견했을 때, 우리는 이제 그들을 모든 접촉으로부터 보호하고자 한다. 이것은 문화적 이유(우리의 문화를 강요하지 않으려는 의지)뿐만 아니라 건강상의 이유(유럽인들이 아메리카 대륙에 도착했을 때처럼, 그 부족의 면역체계에 알려지지 않아서 그들을 빠르게 사망에 이르게 할 수 있는 세균과의 접촉으로부터 보호)로 설명될 수 있다. 이러한 보호 자체 역시 아무런 문제가 없는 것은 아니다. 우리에게 한 부족을 모든 접촉으로부터 금지할 권리가 있을까?

아무런 접촉을 하지 않았던 이러한 부족들은 실제로 그 수가 매우 적기 때문에 더욱 매력적이다. 그들이 고립된 생활을 하기 위해서는 매우 특별한 조건이 필요하다. 그러기 위해서는 아마 가장 접근하기 어려운 지역으로 피난하여 고립된 상황을 이어가야 할 것이다. 이러한 부족은 지형상의 이유로 접근이 힘든 숲이나 고립된 섬에서 주로 살고 있다. 아마존(공식적인 자료에 의하면 브라질에는 67개의 부족이 살고 있다)이나 뉴기니의 숲, 인도양의 일부 섬에 그들이 존재하고 있다는 사실은 밝혀져 있다. 정확한 수를 알지는 못하지만, 아마도 수천 명을 초과하지는 않을 것이다.

관광이라는 꿈

2019년에 세계 관광객은 15억 명을 돌파했다.
국경을 건너는 사람들의 첫 번째 이유가 기분 전환이었다.
이는 관광이나 쇼핑을 위해서 다른 국가를 방문한다는 뜻이다.

성장하고 있는 산업

이 수치는 관광의 '대중화'로 인해서 꾸준히 성장한 결과이기 때문에 더욱 주목할 만하다. 1950년에는 2,500만 명의 국제 관광객이 있었던 것으로 추정된다. 따라서 관광이라는 활동이 경제에서 차지하는 비중은 꽤 크다. **세계 GDP의 10퍼센트**, 전 세계 일자리의 9퍼센트를 차지하고 있다. 방문객이 도착하는 리듬에 따라 생활하는, 예를 들면 정치적 위기 등으로 관광객이 없어지면 관광객을 목이 빠지게 기다리는 지역에서 관광은 특히 중요하다.

이러한 관광 지형 역시 세계에 존재하는 불평등을 드러낸다. 유럽은 관광객의 절반 이상을 받고 있지만, 아프리카는 겨우 5퍼센트를 받을 뿐이다. 마찬가지로 **중국**은 관광 분야에서 가장 크게 성장하여 4위로 뛰어올라 이탈리아를 넘어섰다!

관광의 창안

'관광'이라는 개념은 18세기부터 시작된 그랜드 투어에서 유래되었다. 그랜드 투어는 유럽을 도는 영국 귀족들의 교육 여행이었다. 이것이 확대되면서, 엘리트들은 온천이나 해변 휴양지에 머물거나 산을 찾기 시작했다.

주말과 유급 휴가를 맞이하여 일할 필요가 없는 가족들은 점점 더 다른 지역으로 여행을 떠나고 있다. 이렇게 해서 20세기 후반에 부유한 국가들에서 관광이 보편화되었다.

현실인가 환상인가?

지리학자 실비 브뤼넬Sylvie Brunel은 세계가 관광지가 되는 과정을 설명하기 위해 '세계의 디즈니랜드화'라는 표현을 제안했다. 관광은 지구상 수많은 지역의 얼굴을 완전히 바꾸어놓았다. 왜냐하면 관광을 떠날 때 사람들은 자기가 사는 지역이 아닌 다른 지역을 방문하면서 다른 사람이 되고 싶어하지만, 관광의 대중화는 어쩔 수 없이 제공되는 서비스의 표준화로 이어진다. 이것은 관광객들의 다름뿐만 아니라 표준에 대한 이중적인 기대감 때문인 것으로 설명될 수 있다.

그때부터 관광 지역은 관광객이 머무르게 될 숙박 시설이나 서비스 면에서 모두 비슷해지기 시작했다. 실비 브뤼넬에 의하면, "우리는 야생이지만 온순한 동물, 원시지만 관리되는 숲, 야만이지만 친절한 사람들"을 꿈꾸기 때문이다(『디즈니랜드화된 지구, 책임 있는 관광을 위해La Planète disneylandisée. Pour un tourisme responsible』(2012)). 따라서 관광지는 관광객의 기대에 따라 꾸며진 일종의 진정한 무대가 되는 것이다.

마라케시의 제마 엘프나Jemaa el-Fna 광장은 더 이상 플라스틱 제품 판매자를 받지 않고, 그 장소에 대해 기대되는 '정체성'에 맞는 제품의 판매자만 받아들여야 한다. 마찬가지로 케냐의 '마사이 마을'은 이 부족의 전통적인 모습을 보존하면서, 동시에 목축업자들에게 목초지를 빼앗아서 자연공원을 만들었다. 따라서 관광은 종종 양면성을 지니고 있다. 관광이 활기와 부를 가져다주는 것은 분명하지만, 개발이라는 명목으로 특정 주민들로 하여금 직업을 바꾸거나 거주지를 포기하게 만들기도 한다.

사하라 이남 아프리카 한복판에서

오랫동안 '검은 아프리카'로 불려온 사하라 이남 아프리카 지역은
낙후성과 민족 분쟁의 상징으로 남아 있다.
이러한 문제들이 보편적으로 존재하지만,
그렇다고 해서 사하라 이남 아프리카 지역에서 매우 빠르게 성장하고 있는 국가들을 포함하여
다양한 모습으로 변화하고 있는 국가들에 대해서 잊어서는 안 된다.

힘든 과거

수 세기 동안 이어져 오다가 19세기 말이 되어서야 끝난 노예무역의 상흔이 수많은 지역에 깊이 남아 있다. 노예무역은 인명 손실 외에도 노예를 잡아들이는 집단과 희생된 부족을 계속 대립하게 만들었다. 이러한 비극은 식민지화로 이어졌고, 식민지 본국은 자신들에게 이익이 되는 활동을 계속 이어갔다.

이 국가들이 독립했을 때 국가 경제는 여전히 낙후되어 있고 소비를 할 수 있는 중산층이 부족했다. 따라서 외부에 의존하는 상황은 계속되었다. 프랑스와 **협력 협정**을 체결했던 프랑스어권 아프리카 국가들은 대부분 이런 경우였다. 프랑스는 아프리카 정부나 프랑스 기업의 이익을 위해서 '프랑사프리크'Françafrique**27)** 시스템을 통해 개입하면서 아프리카 주민들에 대한 여파는 전혀 고려하지 않았다.

동아프리카는 다양하고 복잡한 원인의 민족 분쟁이 두드러진 지역이며, 그중 가장 극적인 사건은 1994년 후투족에 의한 투치족 대학살이었다. 이러한 분쟁으로 인해서 수많은 사람이 강제로 이주해야 했다.

지속적인 성장

그럼에도 불구하고 아프리카 국가들의 경제적 미래는 암울하지 않다. 최근 몇 년 동안 동아프리카는 매년 5%를 초과하는 성장률로 상당한 발전을 이루었다. 이는 전 세계 경제성장률의 거의 두 배이다. 1994년 아파르트헤이트에서 벗어난 남아프리카공화국은 **떠오르는 강국**이 되었다. 일부 국가의 막대한 **천연자원**, 아직 개발되지 않은 광

활한 영토의 농업 잠재력, 그리고 공업화의 부진은 점점 더 많은 투자자들로 하여금 사하라 이남 아프리카에 관심을 가지게 하는 요소이다.

하지만 구조적 문제는 여전히 심각하다. 불평등이 여기저기서 폭발하고 있으며, 인구 증가로 많은 일자리가 필요해졌다. 따라서 아프리카의 젊은이들은 자산일 뿐만 아니라 큰 도전이기도 하다.

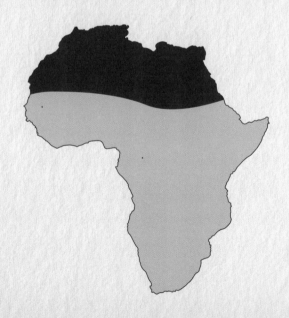

바다는 누구의 것일까?

수 세기 동안 바다는 섬이나 대륙처럼
소유할 수 없을 것이라는 생각이 지배적이었다.

강력한 수단

바다의 주인이 된다는 것은 해상 전투력을 갖는 것이지, 그 면적을 소유하는 것이 아니었다. 네덜란드의 유명한 법학자 그로티우스Grotius는 1609년 '해양자유론'Mare liberum에 대해 설명했다. 몇 해리를 넘어선 바다는 **어느 나라에도 속하지 않고 누구나 자유롭게 접근**할 수 있으며, 단순히 항해를 위한 공간이었다. 이러한 설명은 특히 어업에 주력하는 해양 국가에 유리한 주장이었다.

1950년대 말에 제3세계 국가들은 강대국들의 부당한 지배에서 벗어나기 위해 **탈식민지화** 운동과 반환 청구를 하고 있었다. 이런 상황에서 나온 이 이론은 더 약한 국가들의 해안을 약탈할 수 있는 자유를 뒷받침해 주려는 듯했다. 해양학의 발달로 몇몇 국가들은 '그들의' 대륙붕에서 나오는 자원을 완전히 개발하려는 욕심을 부리고 있었기 때문에 침범당했다고 판단하는 국가들은 더더욱 영해 확장을 요구했다. 1945년에 트루먼 대통령은 멕시코만의 '그들의' 대륙붕에 대한 주권을 일방적으로 선언했다. 협상이 시작되고, 1958년에 **제네바 협약**이 체결되면서, 각 국가에 대해 수심 200미터 깊이까지의 대륙붕을 개발할 수 있는 주권적 권리를 인정했다.

새로운 국경?

이로 인해서 해양법이 힘겹게 개정되기 시작했고, 1982년에 자메이카 몬테고 베이Montego Bay에서 체결된 1994년에 발효된 몬테고 베이 협약을 통해서 마무리되었다. 이 협약은 자국 연안으로부터 200해리(370킬로미터) 안에 있는 해양에 대해 독점적 권리를 행사할 수 있는 **배타적 경제수역**을 인정한다. 이러한 법적인 정의를 통해 해면의 3분의 1을 즉시 소유할 수 있는 권리에 실질적인 근거를 마련할 수 있었다. 하지만 미국을 위시하여 모든 국가들이 이 협약을 받아들인 것은 아니다.

또한 이 협약은 배타적 경제수역의 경계선을 둘러싼 수많은 분쟁과 갈등의 원인이 되었다. 해안은 직선이 아니기 때문에, 여러 국가들의 연안 200해리 구역이 겹친다. 1899년 네덜란드에 설립된 상설 중재 법원[28]은 대부분 경계선 분쟁을 다루고 있다.

중국과 남중국해

중국은 배타적 경제수역을 이용하여 남중국해 대부분을 점령하려고 시도했다. 그러기 위해서 파라셀Paracel 군도[29]와 스프래틀리Spratly 군도[30]를 비롯한 남중국해의 섬들을 합병했다. 이 섬들의 소유권을 주장하고 개발함으로써, 중국은 전략적으로 도움이 되며, 수산 자원과 더불어 탄화수소의 존재가 확인되면서 경제적으로도 가치가 있는 해양 영토를 장악하고자 한다.

새로운 에너지를 찾아서

1980년대부터 한정된 자원인 화석(석유, 천연가스, 석탄) 및
원자력 에너지의 가격이 꾸준히 상승하면서,
'새로운' 또는 '재생 가능한' 에너지의 이용이 증가하고 있다.

재생 가능한 에너지

새로운 에너지는 무한한 자원(태양광, 풍력, 수력, 지열)에 의존하거나 빠르게 재생되는 자원(작물, 숲)을 이용한다. 이러한 재생 가능한 에너지 이용은 온실가스 배출을 증가시키지 않으며 대기 오염 물질이나 해로운 핵폐기물을 방출하지 않는다. 따라서 '청정' 또는 '녹색' 에너지라고 할 수 있다.

신재생 에너지 중에서 **해양 기술**은 조수, 조류(조력 터빈 사용), 파도 또는 파랑(부력 시스템) 또는 담수와 해수의 염도 차이(삼투압 원리 이용)를 활용한다.

풍력 에너지는 바람의 힘을 기계적 에너지 또는 전기로 변환한다. 수심 수십 미터 깊이의 해상 풍력 터빈과 해안에서 멀리 떨어진 곳에 설치할 수 있는 부유식 풍력 터빈도 있다.

수력 발전은 물의 흐름을 막는 댐이나 둑과 물레방아처럼 더 작은 구조물을 이용하여 강이나 폭포로 에너지를 만들어낸다.

태양광은 다양한 장비(가정용 패널, 태양광 발전소, 태양광 가로등)로 열을 회수하는 감지기 또는 그것을 전기로 전환하는 감광성 물체를 통해 수집된다.

기후와 무관하고 환경에 영향을 주지 않는다는 장점이 있는 **지열 에너지**는 땅속에 있는 열을 이용한다. 깊이에 비례하는 지온에 따라 다음과 같이 구별할 수 있다. 섭씨 30도 미만은 매우 낮은 에너지의 지열, 섭씨 30~90도는 낮은 에너지 지열, 섭씨 90~150도는 중간 에너지 지열, 섭씨 150도 이상(깊이 1,500~3,000미터)은 고에너지 지열로 구분한다. 처음 두 단계의 지열은 난방용 에너지를, 그 다음 단계의 지열은 난방용 에너지와 전기를, 마지막 단계의 지열은 오직 전기만을 생산한다.

바이오매스는 생물학적 원료로부터 열, 전기 또는 바이오연료를 만들어낸다. 여기에는 땔감, 짚, 농작물이나 농산물 가공품의 찌꺼기, 식물성 기름 등이 포함된다. 이것은 연료로 직접 사용하거나 발효를 통해 가스로 전환할 수 있다.

대조적인 효과

이러한 새로운 에너지의 개발은 때로 환경에 부정적인 영향을 미칠 수 있다. 풍력 발전 단지의 시각 및 소음 공해, 댐 저수지의 홍수 문제, 조수 터빈이 수중 동식물과 퇴적층에 미치는 영향 등이 있다.

댐은 상류 및 하류 생태계의 불균형 또는 파괴를 유발할 수 있으며, 수중 생물들의 이동에 장애가 된다. 규모가 큰 댐은 인구 이동을 유발하기도 한다.

2010년대 말부터 아이슬란드와 노르웨이는 소비 전력량의 100퍼센트를 재생 가능한 전기로 공급하고 있으며, 전 세계적으로는 소비 전력량의 약 15퍼센트는 신에너지로 공급하고 있다. 유럽연합은 2020년까지 전체 에너지 소비량의 20퍼센트를 재생 에너지로 공급하는 것을 목표로 삼았다.

자드의 세계에서

개발이 만들어낼 환경 침해를 이유로 개발을 반대하는 시위를 환경 분쟁이라고 한다.
사실, 이러한 환경 분쟁은 그 역사가 아주 오래되었다.

지역 내 집회 세력의 증가

그러나 20세기 말 이후로 전화 기지국이나 유독성 쓰레기 하치장 설치 반대부터 댐이나 공항 건설 반대에 이르기까지 다양한 규모의 환경 분쟁이 다시 발생하고 있다.

환경 분쟁은 꽤 중요하게 다루어지고 있다. 그 이유는 환경 분쟁이 우리 시대에 **성장에 대한 열망, 환경에 대한 관심, 기존 생활환경을 보존하려는 의지** 사이에서 발생하는 긴장감을 드러내기 때문이다. 환경 분쟁을 통해서 시민들은 전문 지식을 만들어내고, 개발을 더 이상 국가와 대기업의 손에 맡기지 않겠다는 새로운 능력을 보여주기도 한다. 그들의 활동 방식은 청원, 시위, 전단지 배포, 청문회 등 노동조합의 활동 방식과 유사하다. 때로 현장 점거 시위를 하기도 한다.

급진적인 투쟁을 상징하는 자드

프랑스에서는 이러한 갈등으로 인해 새로운 형태의 집회, 즉 자드ᶻᴬᴰ³¹가 생겨났다.

모든 것은 낭트, 더 정확히 말해서 낭트 외곽에서 시작되었다. 이곳에 대서부 국제공항 건설이 예정되었다. 1974년에 국가에서 '구획 정리 예정 지구'ᶻᵒⁿᵉ ᵈ'ᵃᵐᵉ́ⁿᵃᵍᵉᵐᵉⁿᵗ ᵈⁱᶠᶠᵉ́ʳᵉ́를 설정했는데, 이는 공항 건설을 위해 고려 중인 지역에 다른 모든 건설 행위를 금지하는 행정 절차였다. 따라서 이 지역은 도시의 확산으로부터 보존되었다. 이 계획이

2000년대에 다시 부활하자 주민들은 이에 반발했다. 주민들은 공항 건설을 반대하기 위한 환경적 근거를 찾아냈고, 청년들은 2008년에 이 땅에 정착하여 투쟁을 이어갔다. 그들은 땅을 점령하고 **지켜내야 할 지역**ᶻᵒⁿᵉ ᵃ ᵈᵉ́ᶠᵉⁿᵈʳᵉ이라고 선포하면서 자드의 의미를 바꾸어 사용하기 시작했다.

고전적인 의미의 집회와 달리 자디스트³²⁾는 땅을 지키기 위해서 무력 사용을 거부하지 않았고, 이러한 폭력에 대해 국가 역시 불법적으로 진압하기도 했다. 또 다른 특징은 이러한 투쟁을 이끌어가기 위해서 종종 다른 지역이나 다른 나라의 자디스트들이 동원되기도 한다는 것이다. 결국 **자유주의 세계화**에 대항하는 **지역적인 투쟁**이 보다 세계적인 투쟁을 나타내게 되었다.

낭트의 경우에 자드 운동은 성공했다(공화국 대통령이 결정한 지역 주민 투표 결과는 이 계획에 호의적이었지만, 결국 2017년에 공항 개발 계획은 중단되었다). 그러나 자드를 구축하려는 또 다른 시도들도 있었지만, 대부분은 실패했다. 단, 시벤ˢⁱᵛᵉⁿˢ 댐 건설을 반대하던 활동가가 무력 진압으로 인해 사망한 타른ᵀᵃᵐ 지역의 자드 운동은 예외이다.

완전히 변화 중인 도시

2008년에 인류는 한 고비를 넘었다.
그리고 그 시기부터 세계 인구의 절반 이상이 도시에 살고 있다!
인구 통계학자들에 의하면, 2030년에 지구에 살게 될 83억 인구 중에 50억이 도시인이 될 것이고,
이것은 약 1억 명의 사람들이 도시에서 거주할 것이라는 의미이다.
유엔은 2050년까지 25억 명이 추가로 도시인이 될 것으로 예상한다.

꾸준한 도시화의 가속화

도시의 총 표면적은 분명히 제한되어 있다. 현재 전체 육지 면적의 약 0.5퍼센트이다. 그러나 도시 인구가 주거하고 그로 인해 만들어진 폐기물을 없애기 위해서 매우 높은 에너지 소비와 상당한 에너지 흐름이 필요한 도시는 **지구에서 가장 인공적인 환경**이다. 무엇보다 난방, 운송, 공장 등으로 인해 도시는 온실가스를 배출하여 **지구 온난화에 상당한 부담을 주고 있다.** 따라서 도시화 문제는 심각한 과제이다. 프랑스에서만 도시화되는 지역이 환경, 즉 일반적으로 농지를 연간 5만 헥타르씩 갉아먹고 있다.

특히 아시아의 대규모 공업 도시에서 점점 더 피해자를 많이 발생시키고 있는 대기 오염과 관련된 문제들은 이러한 **도시 건설을 재고할 것**을 요구한다.

지속 가능한 도시 만들기

그러나 지속 가능한 개발에 더 적합한 도시, 다시 말해서 환경, 경제, 사회 문제를 조화시킬 수 있는 도시를 어떻게 건설할 수 있을까? 도시는 오염을 일으킬 뿐만 아니라 사회 경제적 불평등을 일으키고, 그로 인해서 강력한 사회적 분열을 야기한다.

수많은 제안에 대해 신중한 검토가 이루어지고, 오늘날 도시에 관한 토론에서 핵심 문제로 다루어지고 있다. 선진국에서는 **자동차의 점유율을 줄이고** 친환경 대중교통(트램)과 자전거와 같은 소위 '가벼운' 교통수단을 점점 더 강하게 권장하고 있다. 하지만 직장 밀집 지역이 주로 거주지에서 멀리 떨어져서 형성되기 때문에 이러한 교통수단의 촉진은 불가능하다. 따라서 도시에 **점점 더 많은 식물을 심어서**, 낮에 열을 저장해두었다가 밤에 방출하는 아스팔트의 타르와 같은 물질로 인한 열섬 현상에 대응하기도 한다. 비가 오는 날씨에도 통행할 수 있도록 방수 포장재를 사용하기도 하는데, 이 방법은 가난한 도시의 주민들에게 유용하다.

사실, 지속 가능한 도시는 도시 확장을 제한하기 위해 밀도를 높이고 **다양성을 결합한 구역(직장과 거주지가 섞인 구역)**을 재건하고, 물의 사용과 건축(온실가스를 덜 방출하는 재료를 사용하여 단열 효과를 높인 건물)에 대해서 다시 생각할 것을 요구한다. 그러나 이것은 비용이 많이 들고 도시를 전체적으로 고려할 것을 요구한다. 그러므로 **기후 위기**는 주택 수요에 긴박하게 대응하는 사회 경제 문제 내에서 고려하기가 힘들다.

유럽, 올보르 헌장

'지속 가능한 도시'라는 개념은 올보르 Aalborg 헌장(1994)을 통해서 유럽에서 공식화되었다. 지속 가능한 도시 개발은 아젠다 21 Agenda 21, 즉 지속 가능한 개발 프로그램과 생태 지역 설립을 기반으로 이루어질 수 있다. 이것은 대부분 사회적 통합과 시민 참여 프로그램을 통해서 이루어지며, 이 두 가지 목표를 실행하는 것은 매우 복잡해 보인다.

오세아니아의 신화와 전설

큰 섬, 작은 섬, 산호초들이 흩어져 있는 거대한 오세아니아에서 종교나 신화가 똑같지는 않지만,
모든 신앙은 환경을 신성하게 생각하고 조상을 극진하게 모시고 금기를 삼가고 초자연적 힘인
마나(Mana, 힘, 진실 또는 효율로 번역될 수 있다)의 존재를 믿는다는 공통점이 있다.
신성한 동물의 고기를 먹으면 마나를 얻을 수 있다고 생각하고,
가면, 동상, 무기와 같은 몇몇 물건을 매우 소중히 다루기도 한다.

'꿈의 시간'

뉴질랜드의 마오리족은 **최고의 두 창조주**, 하늘인 랑기Rangi와 땅인 파파Papa가 세상을 다스렸다고 생각했다. 태초의 공허에서 결합한 두 신은 여섯 명의 자손을 낳아 그들을 어둠 속에 꼭 붙잡아두었다. 농작물의 신 롱고Rongo, 바다의 신 탕가로아Tangaroa, 바람과 다른 요소의 신 타휘Tawhui, 숲과 나무의 신 타네Tane 등. 타네는 서로 꼭 붙어 있던 부모를 떼어놓자고 제안했다. 모든 신들이 그 일에 매달렸고, 결국 타네가 자신의 몸으로 하늘의 신 랑기를 들어 올려서 세상에 빛이 들어오게 한다. 타네는 다양한 여성의 영과 결합하여 돌, 동물, 풀, 강을 만들었다. 하지만 진정한 아내를 가지기를 간절히 바랐던 타네는 진흙으로 여자를 빚어 **최초의 인간** 히네하우오네Hinehau-one('진흙으로 만든 처녀')에게 생명을 준다.

폴리네시아인들은 **태초의 우주**는 두 영역으로 분리되어, 오른쪽에는 인간이 거주하고 왼쪽에는 죽은 자, 하늘과 신의 영이 거주한다고 생각한다.

호주의 애보리진[33]들 사이에 '꿈의 시간'은 세상과 인간이 만들어지던 태초의 무한한 시간이다. 애보리진들은 특별한 의식을 통해서 늘 존재하고 있으며, 모든 생명체 간의 상호작용을 담당하는 이 원초적 시간 속으로 들어간다.

복잡한 의식

의식과 통과 의례는 사람들의 **세계관과 사회적 역할**을 반영하는 상징적 언어이다. 바누아투의 주민들은 농사의 풍작을 기원하고 남성성을 증명하기 위해 뛰어내리기 의식을 수행한다. 춤을 추고 나서 나뭇가지를 엮어 만든 대략 20미터 높이의 망루에 올라가서 칡넝쿨로 발목을 감은 후에 아래로 뛰어내려 머리가 땅을 가볍게 스치게 한다.

영국의 항해가 제임스 쿡James Cook이 1779년 하와이 제도에 도착했던 시기는 황소자리 별자리가 수평선 위로 나타나 겨울이 시작될 무렵으로 로노(랑기Rangi에 해당한다) 신이 나타나는 시기와 일치했다. 원주민들은 이 항해가를 로노 신으로 착각해 그를 신으로 받들지만, 그는 다시 항해를 떠났다. 하지만 그는 전쟁의 신인 쿠Ku의 계절이 다가왔을 때, 파손된 배를 수리하기 위해서 다시 돌아오는 실수를 범한다. 하와이 사람들은 신들의 주기를 유지하기 위해서 제임스 쿡을 죽였다.

죽은 자에게 경의를 표하다

장례 의식은 어디에나 있다. 누벨칼레도니의 카낙Kanak족에게 죽음은 생명의 연장선에 있다. 죽음은 단순히 매체가 변하는 것으로 죽음을 통해 사람이 동물이나 식물이 될 수도 있다. 뉴기니의 잘레족은 영혼이 화장을 통해서 죽은 자를 떠나며, 전투에서 죽은 전사의 영혼도 달래주어야 한다고 생각한다. 뉴기니의 또 다른 부족인 쿠렐루족은 전투에서 죽은 사람을 기리기 위해 마을의 연장자들이 그들의 은신처에서 부족의 신적인 조상으로부터 물려받은 신성한 돌을 꺼낸다. 이 마우웨mauwe 의식에서 그들은 돼지를 도살하는데, 그 숫자는 부족과 부족장의 힘을 상징한다.

아프리카의 신화와 전설

널리 퍼진 경전 종교, 기독교, 유대교, 이슬람교의 영향 아래에서도
사라지지 않았던 아프리카 문명의 종교와 의식은 무한할 정도로 다양해서
모두 요약하는 것은 불가능하다.

창조신화

말리의 도곤Dogon족에게 창조신은 알인 암마Amma였다. 암마는 일곱 번 진동한 후 깨져서 남자아이와 여자아이 쌍둥이 놈모Nommo를 낳았다. 암마는 다시 대지와 결합하여 흰 여우를 탄생시켰다. 흰 여우는 어머니 대지의 연인이 되어서 오직 자신의 후손들로 세상을 채우겠다고 위협한다. 그래서 암마는 도곤족의 직계 조상이 되는 새로운 네 쌍의 쌍둥이 놈모를 만든다. 이로 인해서 도곤족은 사람이 **두 개의 영혼, 하나는 남자, 다른 하나는 여자인 영혼**을 가지고 있으며, 완전한 남자와 여자가 되기 위해서는 할례를 통해 보완적인 부분을 포기해야 한다고 생각한다.

사하라 사막에서 남부 아프리카까지 널리 퍼져 있던 반투족에게 창조는 **수고스러운 여러 단계를 통해 이루어지는데**, 창조의 신 웰레Wele가 6일 만에 세상을 만들었다(남자와 여자는 넷째 날에 만들었다). 하지만 어떤 부족에게도 인간은 한 번에 창조된 적이 없다. 첫 번째 시도에서 절반만 인간의 모습을 한 채 땅으로 떠밀려 내려왔다가, 두 번째 시도에서 다시 머리가 크고 손가락이 24개인 인간이 만들어졌다. 세 번째 시도에서 드디어 인간이 완성되었다.

짐승, 사람, 신

야생 상태의 인간에게 문명의 기초를 가르치는 **대장장이 신의 신화**는 아프리카 전역에 널리 퍼져있다. 베냉Benin의 폰족의 경우에, '구Gu'라는 이름의 쌍둥이 창조의 신이 태어났다. 아버지에 의해 검으로 변신한 구는 사람들에게 야금술과 농업을 주입시켰다. 도곤족의 경우, 또 다른 프로메테우스라고 할 수 있는 구가 태양에서 불을 훔쳐서 금속 사슬을 타고 하늘에서 내려와 사람들에게 가져다 주었다.

베냉의 신화에 등장하는 **영리한 에슈Eshu라는 인물**은 사람들에게 겉모습을 경계하도록 주의를 주고, 불쾌한 속임수를 통해 가장 터무니없는 분쟁을 극복하도록 가르쳤다. 두 마을이 뻗어 있는 길에서 두 가지 색깔의 모자를 쓰고 왔다 갔다 하면서, 에슈는 사람들이 자신의 모자 색깔에 대해서 말다툼을 벌이고 결국 전쟁을 하게 만들었다. 이를 통해서 인간의 교만과 맹신을 조롱했다.

동물은 아프리카 신화에서 여기저기 등장한다. 자신의 어머니를 덤불숲의 정령인 대지라고 생각하는 흰 여우 외에도, (칼라하리Kalahari 사막의 산San족을 위해) 뜨거운 석탄 형태의 불을 날개 아래에 지키고 있는 타조에게 속임수를 써서 불을 훔쳐서 인간에게 가져다주었다고 추정되는 사마귀도 있다.

부두교

서아프리카에서 시작된 부두교(또는 보두교)는 노예무역을 통해 팔려온 노예들을 통해 서인도 제도와 브라질(마쿰바교라는 이름으로 불렸다)에 전파되었다. 로아신loa, 자연의 힘을 숭배하는 부두(부두의 첫 번째 의미는 '신'이다)교는 자연의 힘(천둥, 번개)뿐만 아니라 장소(바위, 물웅덩이)를 숭배했다. 부두교에서 최고의 신은 마우였다. 마우는 창조되지 않았으며 영원히 존재한다. 결코 모습을 드러내지 않지만, 종종 호출되었다. 부두교는 또한 죽은 자에게 영향력을 행사할 수 있다고 믿었다. 마법의 능력을 가진 사제가 혼미한 상태에 빠지면 좀비를 땅에서 나오게 하여 통제할 수 있다고 믿었다.

콜럼버스 이전의 신화와 전설

아메리카 대륙의 부족들은 1492년부터 그들을 발견한 유럽인들에게는
당황스러울 정도로 풍부한 신화를 가지고 있었다.

마야에서 아즈텍으로

멕시코 남부와 과테말라의 마야인들은 사악한 신들과 자비로운 신들을 대립시키는 **자연주의적이고 이원적인 종교**를 가졌다. 세상의 창조자는 후납Hunab이다. 그의 아들은 낮과 밤의 신으로 글과 달력의 발명한 이참나Itzmna이며, 예배는 주로 태양의 신인 킨에 대한 숭배와 관련이 있었다. 다른 주목할 만한 신들은 비(착), 바람(쿨칸), 옥수수(융 칵스), 전쟁(엑 추아), 죽음(아 푸치)의 신들이다. 예배는 제물과 매우 엄격한 의식으로 이루어졌다. 10세기에 유카탄 반도에서 새로운 왕국이 나올 때까지 인간 제물을 바치지는 않았다.

멕시코의 중앙 고원에서 발달한 아즈텍Aztec 문명은 16세기 초에 정복자들이 파괴했지만, 예술, 건축, 우주, 천문학 측면에서 매우 높은 문화 수준을 보였다. 기존의 여러 전통이 뒤섞인 그들의 종교는 **현실에 대한 이원론적 개념**을 기반을 두었다. 인류에게는 두 창조신 테스카틀리포카 Tezcatlipoca와 케찰코아틀Quetzalcóatl이 있었다. 케찰코아틀(추방되었지만, 동쪽에서 돌아오겠다고 약속했다)이 정복자 코르테스에게 동화된 것은 아즈텍 제국의 붕괴에 중요한 역할을 했을 것이다. 부족의 신은 '벌새 마법사' 우이칠로포치틀리Huitzilopochtli이다.

의식과 재물

이러한 주요 신들과 더불어 **수많은 남신과 여신**이 복잡한 의식을 통해 숭배되었다. 비의 신이자 지하세계의 주인 틀랄록Tlaloc(틀라로칸Tlalocan 34), 옥수수의 남신과 여신 찰치우틀리쿠에Chalchiuhtlicue(신테오틀Cinteotl과 치코메코아틀Chicomecoatl 35), 꽃의 신(쇼치필리Xochipilli 및 쇼치케찰Xochiquetzal), 봄의 신(히페 토텍Xipe Totec, '가죽이 벗겨진 왕'이란 뜻으로, 제사장들은 제물의 가죽으로 자신의 몸을 덮었다)이 있었다. 심지어 풀케Pulque 36(의식에 쓰이는 술)의 신도 있다. 다양한 기원을 가진 이 모든 신 중에서 태양과 전쟁의 신으로 세계의 통치자인 우이칠로포치틀리는 전쟁 포로 중에서 선택한 제물을 바치며 숭배했던 새롭게 등장한 신이다.

가장 유명한 제물은 테스카틀리포카를 기리기 위한 의식에 쓰인 제물이다. 신을 상징하는 한 청년이 1년 동안 신으로 숭배를 받은 후에 신성한 피라미드 꼭대기에 놓인 제단에서 네 명의 처녀와 함께 살해된다. 네 명의 제사장이 그의 가슴을 5조각으로 찢은 후 심장을 꺼내어 신의 동상에 던졌다.

잉가 문명

스페인 사람들이 도착한 지 불과 한 세기 만에 사라진 마지막 안데스 문명은 잉카Inca 문명이다. 잉카 문명은 모치카 문화37)와 차빈Chavin 문화와 마찬가지로 별을 숭배하는 종교를 가지고 있었다. 가장 중요한 신은 통치 왕조의 조상인 태양신 인티Inti이다. 가장 중요한 신전인 코리칸차 Qorikancha는 쿠스코에 있었다. 그들이 정복한 다른 모든 영토에서도 태양신을 숭배했다.

가장 엄숙한 축제는 9월에 열린다. 사람들은 의식을 위해 몸을 깨끗이 하고, 기도로 나라에 닥칠 수 있는 악을 몰아낸다. 몇몇 경우에 마야와 아즈텍 세계에서는 인간, 특히 어린 아이를 제물로 받치기도 했다. 인티 외에도 잉카인들은 다른 중요한 두 명의 신, 즉 창조신 비라코차Viracocha와 비를 내리게 하는 천둥의 신 인티 이야파Inti Illapa를 숭배하며 가뭄이 닥칠 때 열렬히 기도했다.

애니메이션 영화의 마법

애니메이션 영화 예술은 프랑스인인
에밀 레이노(Émile Reynaud, 1876년 프락시노스코프(PRAXINOSCOPE)[38]를 발명하고
1892년 테아트르 옵티크(théâtre optique)[39]를 발명했다)로 시작되었다.
하지만 1906년 콤마 촬영을 개발한 것은 미국의 제임스 스튜어트 블랙톤(James Stuart Blackton)이다.

개척의 시대

이러한 기술이 완성되면서 미국에서 팻 설리반Pat Sullivan
과 오토 메스머Otto Messmer는 만화 및 애니메이션 영화 역사
상 가장 인기 있는 캐릭터 중 하나인 고양이 펠릭스Felix the
Cat를 만들면서 이 분야의 길을 열었다. 고양이 펠릭스는
1919년부터 1930년대 초까지 수많은 연재 시리즈로 만들
어졌다.

하지만 장편 애니메이션 영화를 만들기 시작한 것은 **월
트 디즈니**Walt Disney였다. 1928년에 미키를 만든 이 영화감
독 겸 프로듀서는 특유의 '둥근' 스타일로 만든 많은 생명
체를 의인화시켜서 수많은 관객에게 꿈을 꾸게 했다. 전
통적인 영화에 필적하는 최초의 장편 애니메이션 영화 데
이비드 핸드David Hand의 〈백설 공주와 일곱 난장이〉(1937)는
애니메이션 영화 역사상 전환점이 되었다. 돼지 포키 피
그Porky Pig, 개 드루피Droopy, 토끼 벅스 버니Bugs Bunny의 제작자
텍스 에이버리 Tex Avery는 '만화'를 엉뚱하고 우스꽝스러운
방향으로 이끌었다.

20세기 후반에는 체코의 전통 인형 애니메이션이 주목을
끌었다. **이리 트른카**Jiří Trnka는 인형 애니메이션 분야의 전
문가를 키우는 학교의 대표작이자 그의 걸작품인 〈올드
체코 레전드Old Czech Legends〉(1952)에서 나무로 만든 전통적인
마리오네트 인형극을 영화에 적용했다.

창의성의 폭발

애니메이션 영화의 유행은 이제 어른과 아이 모두를 만
족시키는 다양한 작품으로 국제적인 무대에서 선보였다.
폴 그리모 Paul Grimault는 프랑스 애니메이션 영화의 아버지로
간주된다. 그의 작품은 안데르센 동화를 소재로 많이 사
용했으며, 1953년에 프랑스에서 개봉했던 애니메이션 영
화 〈양치기 아가씨와 굴뚝 청소부La Bergère et le Ramoneur〉의 최
종 버전으로 1980년에 재작업하여 개봉한 〈왕과 새Le Roi et
l'Oiseau〉(1980)로 절정에 이르렀다. 미야자키 하야오의 〈센과
치히로의 행방불명〉(2001)은 모든 장면을 손으로 그려서
일반 대중에게 일본 애니메이션의 특별한 시각적·서사적
힘을 보여주었다. 닉 파크Nick Park의 〈월레스와 그로밋Wallace
and Gromit〉에서는 스포트라이트의 열에 강한 점토로 만든
인형이 등장했다. 이 작품은 실험적인 애니메이션에 대한
제작자의 취향이 반영되어 있다.

오늘날에는 몇몇 영화를 3차원(3D)으로 만들 수 있게 되
면서, 디지털 기술이 이 장르를 놀라운 방식으로 새롭게
바꾸고 있다. 존 라세터John Lasseter(1995)가 디즈니 픽사 스튜
디오에서 제작한 디지털 전문 기술의 결과물인 〈토이 스
토리Toy Story〉는 전적으로 컴퓨터 그래픽으로 제작된 최초
의 장편 애니메이션 영화이다.

말풍선 속의 삶

선구자 로돌프 토페르(Rodolphe Töpffer, 『자보씨 이야기(Histoire de Monsieur Jabot)』(1833))와
크리스토프(Christophe, 『페누야르 가족(La Famille Fenouillard)』,
『병사 카망베르(Les Facéties du Sapeur Camember)』(1889~1896))에서부터 기술적이고 형식적인 제약을
작업의 도구로 삼은 우바포(OuBaPo) 작가들(잠재만화작업실(ouvroir de bande dessinée potentielle)[40], 1992)의
현대적인 그림에 이르기까지,
만화는 '아홉 번째 예술'로서의 지위를 얻게 될 때까지 발전을 멈추지 않았다.

글과 그림을 섬세하게 결합하여 전통적인 유머와 모험에서 '성인'으로 주제를 확대하고 있는 만화는 **보편적인 표현 수단**으로 시대에 발맞춰가고 있다.

만화가 있습니다!

1920년대 미국에서는 타잔Tarzan, 벅 로저스Buck Rodgers, 발리언트 왕자Prince Valiant, 플래시 고든Flash Gordon과 같은 캐릭터와 더불어 모험 시리즈가 인기를 끌었다. 이러한 새로운 액션 시리즈의 인기에도 불구하고, 유머 시리즈가 인기를 잃지는 않았다. 20세기 초에 영미 언론에 게재되던 코미디 시리즈를 가리키던 '코믹'[41]이라는 용어가 보다 보편적으로 사용되면서 모든 종류의 이야기(유머 여부는 상관없다)를 가리키게 되었다. 특히 **슈퍼히어로**가 등장하는 만화가 인기를 끌게 되었다. 1938년에 슈퍼맨이 처음으로 등장했으며, 배트맨이 곧 그 뒤를 이었다.

명료한 선

타잔(1929)과 같은 해에 태어난 땡땡Tintin이라는 캐릭터를 만든 에르제Hergé는 부피감 없이 선으로 사실적인 표현을 했는데, 그의 이런 그래픽 스타일은 전쟁 후에 추종자들을 만들었다. 네덜란드의 그래픽 디자이너인 요스트 스바르트Joost Swarte는 이를 바탕으로 1977년에 '명료한 선'Clear Line 드로잉 스타일을 만들었다. 이 스타일은 벨기에, 그리고 프랑스에서 이른바 '마르시넬'Marcinelle 학파(『불과 빌Boule et Bill』, 『가스통 라가프Gaston Lagaffe』를 창작한 프랑캥Franquin이 주도)를 중심으로 퍼져 나갔으며, 만화 잡지를 통해서 인기를 끌게 되는 **서사적이고 유희적인 만화**를 탄생시켰다(『땡땡Tintin』, 『스피루Spirou』, 『필로트Pilot』가 유명한 만화 잡지이다. 『필로트』는 『럭키 루크Lucky Luke』 『아스테릭스Astérix le Gaulois』 『이즈노구드Iznogoud』를 그린 르네 고시니Rene Goscinny가 만들었다).

시사 만화

1970년대에는 완전히 탈바꿈한 만화는 독자를 더욱 다양한 연령대로 확장했다. 장 마르크 레제르Jean-Marc Reiser, 카부Cabu, 조르주 볼린스키Georges Wolinski가 만든 『샤를리 엡도Charlie Hebdo』의 지면에 실린 만화는 **논쟁 정신**을 풀어놓았다. 프랑스의 새로운 스타일의 연재만화는 특히 창의적인 만화가들과 함께 이 분야에서 가장 풍요로운 볼거리를 제공했다. 자크 타르디Jacques Tardi, 제라르 루지에르Gérard Lauzier, 클레르 브레테셰Claire Bretécher, 고틀리브Gotlib, 엔키 빌랄Enki Bilal이 대표적이다. 조안 스파르Joann Sfar(『랍비의 고양이Le Chat du rabbin』)는 이를 충실히 표현했으며, 자유로운 이야기를 풀어내기 위해서 크로키에 가까운 스타일로 그림을 그렸다.

만화는 이탈리아와 같은 몇몇 국가에서 특수한 학파가 등장하면서 국제화되고 있다. 흑백의 거장으로 서사 문학과 모험 소설에서 영감을 얻는 이탈리아의 위고 프라트Hugo Pratt는 그래픽 노블graphic noble의 아버지 중 한 명으로 여겨진다. 그의 주인공인 코르토 말테제Corto Maltese는 태평양에서 카리브해와 에디오피아를 거쳐서 시베리아로 갔다.

망가

일본에서 온 망가는 정확한 그래픽 규칙이 적용된다. 가장 주요한 특징 중 하나는 등장인물의 감정 표현을 터무니없을 정도로 '왜곡'한다는 것이다. 하지만 일본 만화를 유럽에 알리는 데 기여한 다니구치 지로와 같은 몇몇 만화가는 이러한 표현 규칙 중 일부만을 사용하고 있다.

서커스에 오신 것을 환영합니다!

원래 로마에서 공연은 일정한 공연장 없이 확 트인 공간에서 이루어졌다.
그런 다음 주요 도시는 키르쿠스(Circus)를 갖추기 시작했다.
키르쿠스는 전차 경주에 적합하도록 바닥에 모래를 깔고 스피나(Spina)라고 하는 중앙 분리대를 세우고
동상과 기둥으로 장식했다. 처음에 서서 관람을 하던 관중들은 나중에 계단식 좌석을 이용하게 되었다.

오래된 기원

가장 중요한 건물은 로마의 키르쿠스 막시무스Circus Maximus로 네로 황제 시대에는 25만 명을 수용할 수 있었다. 무엇보다 경기장으로 주로 이용된 키르쿠스는 사냥 장면을 연출하고 검투사 전투를 개최했다. 그곳에서 기독교인들을 맹수에게 넘기기도 했다. 그래서 로마 제국이 기독교를 받아들인 이후에는 키르쿠스에서 폭력적인 공연을 금지하고, 현대 서커스에서 보여주는 감각적인 프로그램(코끼리 줄타기, 황소 균형 잡기)으로 대체하게 되었다.

로마 제국이 몰락한 후 키르쿠스는 서서히 버려지기 시작했고, 주로 장터로 이용되거나 주택단지가 들어선 이곳에서 여행자들의 발길을 붙잡아두기 위한 행사가 진행되기도 했다. 이런 분위기는 18세기 말까지 지속되었다.

현대 서커스

지금 통용되는 의미의 서커스는 1783년 파리에 서커스 공연장을 만든 영국인 **필립 애슬리**Philip Astley가 창시했다. 하지만 프랑스의 서커스 공연장 벽에 '서커스'라는 단어가 등장한 것은 애슬리의 후계자 베니티앙 프랑코니Vénitians Franconi가 1807년에 파리에 '올림픽 서커스'Cirque olympique를 개관하면서였다. 그 당시에 이 단어는 공연뿐만 아니라 공간을 가리켰다.

루이 드장 Louis Dejean은 지금의 '겨울 서커스장'Cirque d'Hiver이 된 '나폴레옹 서커스장'Cirque Napoléon의 건축을 담당하여 1852년에 개장했다. 그 후 1934년에 나폴레옹 서커스장은 그 유명한 부글리오네Bouglione 가문이 매입하면서 겨울에만 운영하는 겨울 서커스장이 되었다. 가장 유명한 서커스단으로는 프랑스의 아마르Amar, 팽데르Pinder, 알렉시 그뤼스Alexis Gruss, 스위스의 크니Knie, 독일의 론칼리Roncalli 및 크로네Krone, 러시아의 모스크바 서커스Moscow Circus, 미국의 링글링 브로스 앤드 바넘 앤 베일리 서커스Ringling Bros. and Barnum & Bailey Circus와 더 빅 애플 서커스The Big Apple Circus가 있다.

곡예 서커스는 중국(베이징 서커스)과 북한(평양 서커스)에서 매우 발달했다.

오늘날에는 '새로운 서커스'가 개발되고 있다. 단순히 계승하거나 동물 공연을 완전히 포기하고 다양한 형태의 서커스를 만들기 위한 시도가 이어지고 있다. 프랑스의 플륌에징가로Plume et Zingaro 서커스, 독일과 스위스의 고쉬Gosch 서커스, 캐나다의 태양의 서커스Cirque du Soleil가 대표적이다.

소극, 올가미, 재주넘기

신체 기량은 서커스에서 기술로 통합되었으며, 그러한 기술 중 곡예는 서커스의 현대적인 변화에도 불구하고 여전히 이어지고 있다. 이러한 맥락에서 태양의 서커스는 곡예에 제작을 집중하여 월드투어를 진행하고 있다. 그리고 주요한 고전 공연물을 모두 훌륭하게 현대화시켰다.

어릿광대는 프라텔리니Fratellini에서 그록Grock에 이르기까지 서커스의 상징이다. 1980년대 중반부터 시르크 플륌Cirque Plume과 같은 많은 극단이 어릿광대의 전형적인 이미지를 뛰어넘어 시적이고 미학적인 차원에 도달했다. **동물**은 서커스의 중심에 있다. 승마와 안무를 놀라울 정도로 잘 결합한 테아트르 에케스트르 징가로Théâtre Équestre Zingaro는 현대 서커스 무대에서 동물의 인기를 되찾는 데 기여했다.

장 외젠 로베르 우댕Jean-Eugène Robert-Houdin과 해리 후디니Harry Houdini 이후 **환상과 마술**도 따로 떼어놓을 수 없다. 서커스와 관련된 직업이 서서히 쇠퇴하면서, 일부 서커스 종사자들은 교육 기간을 만들기도 했다. 그중 프라텔리니 아카데미와 국립 서커스 예술 센터CNAC가 있다.

시리즈의 세계에서

전 세계 수백 개의 채널에서 방송되는 TV 시리즈들은 여러 세대에 걸쳐 시청자에게 영향을 미쳤다.
시청자들의 습관이나 상상력에 깊은 흔적을 남기고,
정교해진 커뮤니케이션 방식으로
TV 시리즈 속 인물들과 공감대를 형성한 시청자들을 충성 고객으로 만들었다.

오래된 기원

기술적인 관점에서 볼 때, 이러한 시리즈들은 영상을 자르거나 축소할 필요 없이 텔레비전 포맷으로 직접 제작되었다는 이점이 있다. 서사적인 관점에서 볼 때, **매일, 매주, 또는 계절에 따라 정기적으로 방영**하여, 대중을 TV 앞에 붙잡아둘 가능성을 높였다.

시리즈의 기원은 라디오 드라마와 시리즈 영화로 거슬러 올라갈 수 있다. 시리즈 영화는 제1차 세계대전 직전에 창안된 형식으로 각 에피소드로 나뉘어서 극장에서 상영되었다. 그러다가 1950년대에 와서 시리즈는 비약적인 발전을 이루기 시작했다. 수많은 국가에서 제작하고 있지만(이집트는 감성적인 시리즈로 아랍 시장을 휩쓸고 있다), 특히 **미국, 영국, 프랑스**의 시리즈들을 눈여겨볼 만하다.

문화 현상

1950년대와 1960년대에 미국의 최초의 시리즈는 미국 문화 흐름에서 영감을 받은 수사극, 서부극, 우주 정복, 공상과학(〈스타 트렉Star Trek〉), 판타지 등이 있었다. 심지어 〈와일드 와일드 웨스트Wild Wild West〉는 네 가지 장르를 결합하기도 했다.

약간의 침체기를 거친 후에 1980년대에 텔레비전 통신망(네트워크)이 비약적으로 발전하고, 1990년대에 케이블 채널이 증가하고, 2000년대에 품질이 결합 되면서 새로운 **황금시대**가 시작되었다. 병원(〈그레이 아나토미Grey's Anatomy〉), 수사(〈CSI〉), 반전이 넘치는 일상(〈위기의 주부들Desperate Housewives〉), 역사(〈매드맨Mad Men〉), 영웅 판타지(〈왕좌의 게임Game of Thrones〉)가 엄청난 대중적인 성공을 거두게 되면서, TV 시리즈 제작에 대한 사회적 관심이 증가했다.

영국에서 BBC가 제작한 시리즈는 1960년대 이후 공영 방송을 놀라울 정도로 자유롭게 발전시켰다. 역사(〈아이반호Ivanhoe〉부터 가장 최근의 〈로마Rome〉 및 〈다운튼 애비Downton Abbey〉까지), 수사(〈어벤저스The Avengers〉), 〈세인트The Saint〉, 〈전격 대작전The Persuaders!〉), 또는 판타지와 스파이, 첨단 기술이 뒤섞인 시리즈(〈포로The Prisoner〉) 등 다양한 시리즈들이 등장했다.

오징어 게임

영화 〈도가니〉 〈남한산성〉을 연출한 황동혁 감독이 글로벌 OTT 서비스인 넷플릭스NETFLIX의 투자를 받아 만들어낸 시리즈 〈오징어 게임〉은 2021년 전 세계에 공개되어 놀라운 성공을 거두었다. 이제 시리즈는 글로벌한 플랫폼을 통해 더 광범위한 시청자들에게 다가가고 있다.

다섯 번째 퀴즈

❶ 풍력 에너지의 원료는 무엇입니까?

○ 물
○ 바람
○ 태양

❷ 지열 에너지는 다음 중 무엇을 이용합니까?

○ 바람의 힘
○ 파도의 힘
○ 땅속에 있는 열

❸ 소비 전력량의 100퍼센트를 재생 가능한 전기로 공급하는 나라는 어디입니까?

○ 아이슬란드
○ 노르웨이
○ 독일

❹ 68 운동은 어디까지 확산되었습니까?

○ 유럽
○ 세계
○ 프랑스

❺ 68 운동에 영향을 끼친 철학자는 누구입니까?

○ 장 폴 사르트르
○ 헤르베르트 마르쿠제
○ 아리스토텔레스

❻ 68 운동의 상징적인 슬로건은 무엇입니까?

○ "금지함을 금지하라!"
○ "권력에 상상력을!"
○ "혁명은 지금이다!"

❼ 이 운동은 어느 대학에서 시작되었습니까?

○ 소르본느 대학
○ 낭테르 대학
○ 데카르트 대학

❽ 68 운동으로 체결된 유명한 협정은 무엇입니까?

○ 베르사유 조약
○ 바스티유 조약
○ 그르넬 협정

❾ 68 운동 당시에 프랑스 대통령은 누구였습니까?

○ 조르즈 퐁피두
○ 발레리 지스카르 데스탱
○ 샤를 드골

❿ 제1차 석유 파동은 언제 발생했습니까?

○ 1968년
○ 1973년
○ 1976년

⓫ 에이즈는 언제 나타났습니까?

○ 1971년
○ 1981년
○ 1991년

⓬ 여성 해방 운동(MLF)은 언제 만들어졌습니까?

○ 1968년
○ 1978년
○ 1981년

⓭ 자발적 임신 중단에 대한 법이 폐지된 것은 언제입니까?

○ 1968년
○ 1975년
○ 1981년

⓮ 자발적 임신 중단에 대한 법의 폐지를 주도한 프랑스의 보건부 장관은 누구입니까?

○ 베르나르 쿠시네
○ 시몬 베이유
○ 프랑수아 지루

⓯ 1970년대 이탈리아에서 활동한 테러리스트 조직은 무엇입니까?

○ FARC
○ IRA
○ 붉은여단

⓰ 이탈리아의 마지막 왕은 누구입니까?

○ 비토리오-에마누엘레 2세
○ 움베르토 1세
○ 움베르토 2세

⓱ 1994년과 2011년 사이에 세 차례나 이탈리아 총리로 당선된 사람은 누구입니까?

○ 마리오 몬티
○ 로마노 프로디
○ 실비오 베를루스코니

⓲ 아일랜드는 몇 개의 자치 지역으로 분할되었습니까?

○ 2개
○ 3개
○ 4개

⓳ 아일랜드는 몇 년에 공화국을 선포했습니까?

○ 1927년
○ 1937년
○ 1947년

⓴ 영국군을 상대하기 위해서 북아일랜드에서 조직된 아일랜드 의용군의 이름은 무엇입니까?

○ GIA
○ IRA
○ 영국 공군

㉑ 아일랜드 내전은 몇 년이나 지속되었습니까?

○ 10년
○ 20년
○ 30년

㉒ '쇼아'라는 용어의 의미는 무엇입니까?

○ 말살
○ 절멸
○ 인류에 대한 범죄

㉓ 얼마나 많은 유대인이 쇼아의 희생자가 되었습니까?

○ 200만 명에서 300만 명 사이
○ 500만 명에서 600만 명 사이
○ 800만 명에서 900만 명 사이

㉔ 1994년에 르완다 대학살의 피해자는 누구였습니까?

○ 후투족
○ 투치족
○ 반투족

㉕ 1990년대에 어떤 유럽 국가가 '민족 정화'를 했습니까?

○ 구유고슬라비아
○ 폴란드
○ 라트비아

㉖ 아랍어로 '알 카에다'(Al-Qaida)는 무슨 뜻입니까?

○ 근원
○ 기지
○ 둥지

㉗ 19세기 말에 미국이 합병한 섬은 어디입니까?

○ 갈라파고스
○ 하와이
○ 바하마

㉘ 뉴질랜드에 사는 원주민을 무엇이라고 부릅니까?

○ 마오리족
○ 파푸족
○ 라파누이족

㉙ 누벨칼레도니에 사는 원주민을 무엇이라고 부릅니까?

○ 반투족
○ 카낙족
○ 마오리족

㉚ 누벨칼레도니에 거주하는 유럽 정착민의 후손을 무엇이라고 부릅니까?

○ 칼도시
○ 칼보트
○ 데칼쿠오스

㉛ 현재 OSCE 회원국은 몇 개국입니까?

○ 42개국
○ 57개국
○ 63개국

㉜ 셍겐은 어느 나라의 작은 마을입니까?

○ 벨기에
○ 스위스
○ 룩셈부르크

㉝ 셍겐 지역을 설정한 목적은 무엇입니까?

○ 국경 폐지
○ 사람들의 자유로운 이동
○ 안보 개선

㉞ 셍겐 협정은 언제부터 발효되었습니까?

○ 1990년 6월 19일
○ 1995년 3월 26일
○ 1997년 10월 2일

㉟ 셍겐 지역에 속하지 않는 국가는 어디입니까?

○ 아일랜드
○ 사이프러스
○ 루마니아

㊱ 1523년 이래 처음으로 비이탈리아 교황으로 선출된 사람은 누구입니까?

○ 베네딕토 16세
○ 요한 바오로 2세
○ 바오로 6세

㊲ 프란치스코 교황은 어느 나라 출신입니까?

○ 브라질
○ 아르헨티나
○ 콜롬비아

㊳ 교황관을 최초로 내려놓은 교황은 누구입니까?

○ 요한 바오로 2세
○ 비오 7세
○ 베네딕토 16세

㊴ 간디는

○ 변호사였습니다.
○ 의사였습니다.
○ 교수였습니다.

㊵ 간디는 어느 당의 지도자였습니까?

○ 평화의 당
○ 지혜의 당
○ 국민회의

㊶ 인도는 몇 년에 독립을 이루었습니까?

❍ 1938년
❍ 1947년
❍ 1955년

㊷ 중국에서 마오쩌둥이 창당한 당은 무엇입니까?

❍ 공산당
❍ 사회당
❍ 공화당

㊸ 마오쩌둥의 원래 직업은 무엇이었습니까?

❍ 교수
❍ 의사
❍ 사서

㊹ 마오쩌둥이 주도한 혁명의 이름은 무엇입니까?

❍ 문화대혁명
❍ 인민혁명
❍ 노동자혁명

㊺ 마오쩌둥은 언제까지 중국에서 권력을 유지했습니까?

❍ 1966년
❍ 1976년
❍ 1981년

㊻ 알프레드 노벨은 무엇으로 재산을 얻었습니까?

❍ 가족 유산
❍ 발명품인 다이너마이트
❍ 식민지 매각

㊼ 알프레드 노벨의 국적은 어디입니까?

❍ 스위스
❍ 독일
❍ 스웨덴

㊽ 노벨상은 일반적으로 매년 12월 10일에 수여됩니다. 왜 이 날짜로 정해졌습니까?

❍ 알프레드 노벨의 생일이기 때문입니다.
❍ 알프레드 노벨의 사망 기념일이기 때문입니다.
❍ 재단 창립 기념임이기 때문입니다.

㊾ 노벨상은 몇 가지 분야에서 수여됩니까?

❍ 다섯 분야
❍ 일곱 분야
❍ 열 분야

㊿ 노벨 수학상과 동등한 가치가 있는 상은 무엇입니까?

❍ 훈장
❍ 필즈상
❍ 인류상

(51) 노벨 평화상을 수상한 사람은 누구입니까?

❍ 버락 오바마
❍ 마틴 루터 킹
❍ 마더 테레사

(52) 노벨 문학상을 수상한 사람은 누구입니까?

❍ 존 스타인벡
❍ 밥 딜런
❍ 마크 프루스트

(53) 노벨상을 두 번 수상한 유명한 여성은 누구입니까?

❍ 시몬 드 보부아르
❍ 아웅산 수치
❍ 마리 퀴리

(54) 노벨상 수상을 거부한 사람은 누구입니까?

❍ 장 폴 사르트르
❍ 어니스트 헤밍웨이
❍ 귄터 그라스

(55) 벅스 버니의 제작자는 누구입니까?

❍ 월트 디즈니
❍ 오토 메시머
❍ 텍스 에이버리

(56) 프랑스 애니메이션 영화의 아버지로 간주되는 사람은 누구입니까?

❍ 에밀 레이노
❍ 폴 그리모
❍ 장 르누아르

(57) 컴퓨터 그래픽으로 최초의 장편 애니메이션 영화를 제작한 사람은 누구입니까?

❍ 존 라세터
❍ 제임스 카메론
❍ 스티븐 스필버그

(58) 만화는

❍ '일곱 번째 예술'의 지위를 얻었습니다.
❍ '여덟 번째 예술'의 지위를 얻었습니다.
❍ '아홉 번째 예술'의 지위를 얻었습니다.

(59) 최초의 슈퍼히어로는 누구입니까?

❍ 스파이더맨
❍ 슈퍼맨
❍ 배트맨

(60) 땡땡이라는 캐릭터를 만든 사람은 누구입니까?

❍ 에르제
❍ 프랑캉
❍ 우데르조

(61) 망가는

❍ 중국 만화입니다.
❍ 한국 만화입니다.
❍ 일본 만화입니다.

(62) 불과 빌, 가스통 라가프를 창작한 사람은 누구입니까?

❍ 르네 고시니
❍ 프랑캉
❍ 휴고 프라트

(63) 서커스의 발상지는 어디입니까?

❍ 이탈리아
❍ 그리스
❍ 이집트

(64) 할리우드는 어디에 있습니까?

❍ 뉴욕
❍ 로스앤젤레스
❍ 런던

(65) 찰리 채플린이 출연한 영화는 무엇입니까?

❍ 키드
❍ 국가의 탄생
❍ 위대한 독재자

(66) 마야인들에게 세상의 창조자는 누구입니까?

❍ 쿨칸
❍ 차아
❍ 후납

(67) 아즈텍 문명에서 세상을 창조한 신은 누구입니까?

❍ 테스카틀리포카
❍ 케찰코아틀
❍ 윰칵스

(68) 아즈텍인들은 어디에 살았습니까?

❍ 멕시코
❍ 브라질
❍ 페루

㉖ 마지막 안데스 문명은 무엇입니까?

··

○ 아즈텍 문명
○ 잉카 문명
○ 마야 문명

㉗ 잉카의 가장 중요한 신전인 코리칸차(Coricancha)는
어디에 있습니까?

··

○ 마추픽추
○ 리마
○ 쿠스코

㉘ 마오리족은 누가 세상을 창조했다고 생각합니까?

··

○ 파파
○ 마마
○ 랑기

㉙ 영어의 항해가이자 탐험가인 제임스 쿡은 어디에서 살
해되었습니까?

··

○ 하와이
○ 바누아투
○ 뉴기니

㉚ '부두'는 무엇을 의미합니까?

··

○ '왕'
○ '왕자'
○ '신'

㉛ 부두교에서 최고의 신은 누구입니까?

··

○ 마우
○ 로아스
○ 에슈

㉜ 가장 인기 있는 순례지는 어디입니까?

··

○ 루르드
○ 메카
○ 쿰브 멜라

㉝ 예루살렘은 몇 종교의 성지입니까?

··

○ 두 종교
○ 세 종교
○ 네 종교

㉞ 센티넬 부족은 어디에 숨어 있습니까?

··

○ 안다만 제도
○ 아마존 숲
○ 뉴기니 숲

㉟ 성묘 영면 교회는 어디에 있습니까?

··

○ 로마
○ 예루살렘
○ 파리

㊱ 인류의 몇 퍼센트가 도시에 살고 있습니까?

··

○ 15퍼센트
○ 30퍼센트
○ 50퍼센트

㊲ 중국이 합병한 섬은 어디입니까?

··

○ 파라셀 군도
○ 스프래틀리 군도
○ 키리바시 군도

정답

1. 바람
2. 땅속에 있는 열
3. 아이슬란드, 노르웨이
4. 세계
5. 헤르베르트 마르쿠제
6. "금지함을 금지하라!"와 "권력에 상상력을!"
7. 낭테르 대학
8. 그르넬 협정
9. 샤를 드골
10. 1973년
11. 1981년
12. 1968년
13. 1975년
14. 시몬 베이유
15. 붉은여단
16. 움베르토 2세
17. 실비오 베를루스코니
18. 2개
19. 1937년
20. IRA
21. 30년
22. 절멸
23. 500만 명에서 600만 명 사이
24. 투치족
25. 구유고슬라비아
26. 기지
27. 하와이
28. 마오리족
29. 카낙족
30. 칼도시
31. 57개국
32. 룩셈부르크
33. 국경 폐지, 사람들의 자유로운 이동, 안보 개선
34. 1995년 3월 26일
35. 아일랜드, 사이프러스, 루마니아
36. 요한 바오로 2세
37. 아르헨티나
38. 요한 바오로 2세
39. 변호사였습니다.
40. 국민회의
41. 1947년
42. 공산당
43. 사서
44. 문화대혁명
45. 1976년
46. 발명품인 다이너마이트
47. 스웨덴
48. 알프레드 노벨의 사망 기념일이기 때문입니다.
49. 다섯 분야
50. 필즈상
51. 버락 오바마, 마틴 루터 킹, 마더 테레사
52. 존 스타인벡, 밥 딜런
53. 마리 퀴리
54. 장 폴 사르트르
55. 텍스 에이버리
56. 폴 그리모
57. 존 라세터
58. '아홉 번째 예술'의 지위를 얻었습니다.
59. 슈퍼맨
60. 에르제
61. 일본 만화입니다.
62. 프랑캉
63. 이탈리아
64. 로스앤젤레스
65. 키드, 위대한 독재자
66. 후납
67. 테스카틀리포카, 케찰코아틀
68. 멕시코
69. 잉카 문명
70. 쿠스코
71. 파파, 랑기
72. 하와이
73. '신'
74. 마우
75. 쿰브 멜라
76. 세 종교
77. 안다만 제도
78. 예루살렘
79. 50퍼센트
80. 파라셀 군도, 스프래틀리 군도

보충 설명

1) 어떤 조건에서도 교황은 신앙과 도덕성에 있어 잘못을 말하는 일이 없도록 신의 보호를 받는다는 뜻이다.

2) 현대의 첫 사회 교서인 레오 13세 교황의 「새로운 사태」 Rerum Novarum(1891)에는 산업화 과정에서 발생하는 노동자들의 비참한 상황과 저개발국들의 비인간화에 관한 예리한 통찰과 따뜻한 애정이 배어 있다.

3) 가톨릭 신학 사조의 하나. 1960년대 말기에 일어난 것으로, 교회는 억압받는 자의 해방을 위하여 혁명 운동에 적극 참여해야 한다고 주장했다.

4) 낙태는 태아를 떨어뜨린다는 의미도 있지만, 윤리가 (땅에) 떨어졌다는 의미로도 볼 수 있는 것이다. 결국 잘못된 행동(낙태)을 한 여성을 비난하려는 의도가 있는 글자라고 할 수 있다. 따라서 국제적으로 루이즈 바이스, 시몬 베이유 등 프랑스의 페미니스트이 주도한 자발적 임신중단 운동에서 나온 말을 존중해 IVG(프랑스어: Interruption Volontaire de Grossesse, 자발적 임신중단)라고 부르기도 한다.

5) 이탈리아 남부지역을 가리키는 말

6) 1992년부터 이탈리아에서 전개된 부패추방운동

7) 아일랜드 독립에 반대

8) 1913년 아일랜드의 독립을 위해 결성된 무장단체. 1912년에 결성된 얼스터 의용군에 대항하여 조직되었다.

9) 유태인 강제 거주 구역

10) 독일에서 만들어진 시안화계 화합물로, 원래 살충제로 쓰였으나 나중에 독가스로 사용되게 된 물질이다.

11) 제국주의 타도와 프롤레타리아 보호를 모토로 1977년 결성된 프랑스의 극좌 비밀 게릴라 조직

12) 냉전 당시 서독의 극좌파 테러 단체

13) 이탈리아의 극좌 과격파 테러 단체

14) 미국, 이스라엘을 대상으로 테러행위를 벌여온 레바논의 이슬람 시아파 무장세력

15) 이슬람 과격 무장단체

16) 누벨칼레도니의 원주민

17) 코코넛야자 열매 알맹이를 말린 것

18) 인도의 전통적인 암자 시설이다. 주로 고행자들의 수도원 역할을 하며 구루가 제자들을 가르치는 학교 시설로서의 역할을 하기도 한다.

19) 자치경제

20) 마오쩌둥의 주도하에 1958년부터 1960년 초 사이에 일어난 노동력 집중화 산업의 추진을 통한 경제성장운동으로, 중국을 발전시키기 보다는 농·경공업의 퇴보와 중화학공업의 과다발전이라는 기형적 결과를 낳으며 중국 전체 경제적·문화적 수준을 20년 이상 퇴보시키는 결과를 낳았다.

21) 중국 마오쩌둥의 주도로 1960년대 후반기에서 1970년대 전반기에 걸쳐 일어난 대규모 사상, 정치 투쟁. 사회주의에서 계급투쟁을 강조하는 대중운동을 일으키고, 그 힘을 빌려 중국 공산당 내부의 반대파들을 제거한 투쟁을 말한다.

22) (1879~1942) 중국의 사상가 · 혁명가, 중국 공산당 창립자

23) (1715~1780) 프랑스의 철학자.

24) 14~15세기경에 지어진 유명한 이슬람 사원들이 오늘날까지 남아 있는 곳으로 역사적·문화적 가치를 인정받아 1988년 도시 전체가 유네스코 세계 유산으로 선정되었다

25) 이슬람교에서 무슬림이 재산을 사회에 환원하거나 기부하는 여러 형태 중 하나로써, 주로 공익목적의 재단을 설립하는 것을 의미한다.

26) 벵골만(灣)의 동부에 있는 제도

27) 프랑사프리크는 프랑스와 아프리카의 합성어로 중층적 의미를 지닌다. 표면적으로는 프랑스와 아프리카의 긴밀한 관계를 뜻하지만, 프랑스 지도층이 아프리카 정권을 정치적으로 보호해주고 그 대가로 경제적 이익을 확대하는 것을 비꼬는 말이다.

28) 국제해양법재판소(International Tribunal for the Law of the Sea), 유엔해양법협약의 해석 및 운영 등에 관련된 분쟁을 해결하기 위해 설립되었다.

29) 중국 명칭은 시사 군도이다.

30) 중국 명칭은 난사 군도이다.

31) 자드(ZAD)의 원래 의미는 '구획 정리 예정 지구'(Zone d'Amenagement Differe)이라는 말의 약자였다. 이 말을 환경운동가들이 '지켜야 할 지역'(Zone a Defendre)이라는 의미의 자드(ZAD)로 바꾸어 사용하기 시작했다.

32) 자드 지역을 수호하기 위해 머무르는 사람들을 가리킨다.

33) 18세기 말엽, 유럽인에 의하여 식민지로 개척되기 이전에 오스트레일리아에 거주하던 원주민을 말한다.

34) 틀라로크 신이 다스리는 세계

35) '일곱 마리의 뱀'이라는 뜻으로, 농경의 신이다.

36) 용설란의 수액을 추출하여 제조하는 멕시코 전통 발효주

37) BC 200~AD 900년 페루 북해안에 번영한 안데스 고대고전기(古代古典期) 문화

38) 기존의 옵티컬 토이를 발전시켜 스크린에 움직이는 그림을 영사(映寫)할 수 있는 혁신적인 영상기계장치

39) 띠 모양의 애니메이션 원시 필름

40) 1960년대 프랑스에서 형성된 울리포(ouvroir de littérature potentielle, '잠재문학작업실'이라는 뜻)는 각종 '제약'을 문학의 도구로 삼았다. 문학을 만화를 바꾸어 이를 적용하는 운동을 가리킨다.

42) 연재 만화를 뜻하게 되었다.